建设工程
法律实务指引

JIANSHE GONGCHENG
FALÜ SHIWU ZHIYIN

主　编　王新明
撰稿人　王新明　王明均　张　冉　李瑞华
　　　　安维鹏　李　硕　吴凌云　孟国利

中国政法大学出版社

2023·北京

声　　明　　1. 版权所有，侵权必究。

　　　　　　2. 如有缺页、倒装问题，由出版社负责退换。

图书在版编目（CIP）数据

建设工程法律实务指引/王新明主编.—北京：中国政法大学出版社，2023.12
ISBN 978-7-5764-1261-1

Ⅰ.①建…　Ⅱ.①王…　Ⅲ.①建筑法－中国　Ⅳ.①D922.297

中国版本图书馆CIP数据核字(2024)第010001号

出 版 者	中国政法大学出版社
地　　址	北京市海淀区西土城路25号
邮　　箱	fadapress@163.com
网　　址	http://www.cuplpress.com（网络实名：中国政法大学出版社）
电　　话	010-58908435(第一编辑部) 58908334(邮购部)
承　　印	固安华明印业有限公司
开　　本	787mm×1092mm　1/16
印　　张	23
字　　数	463千字
版　　次	2023年12月第1版
印　　次	2023年12月第1次印刷
定　　价	96.00元

作者简介
AUTHOR PROFILE

王新明 男，山西阳泉人，民主党派九三学社成员。1995年毕业于中国政法大学，法学学士学位。1999年起从事专职律师工作。现为北京市中盾律师事务所高级合伙人，北京市中盾律师事务所昌平分所主任，张家口仲裁委员会、承德仲裁委员会等仲裁机构仲裁员。专业领域为建设工程、资产处置、企业合规、公司法等。王新明律师长期担任多家建筑工程类央企、国企、民企常年法律顾问。建设工程领域实践经验丰富，为上述顾问单位和其他企业提供了大量诉讼及仲裁服务，为企业挽回巨额经济损失，依法保障了合法权益。王新明律师理论功底深厚，曾出版《公司法实务全书》等作品。

王明均 男，重庆市梁平区人，中共党员。高级工程师、国家一级注册造价师、注册安全工程师。现任中铁六局集团法律合规部部长。多年来一直从事央企工程经济和法律合规管理工作，对建设工程投资风控、安全及经济纠纷有着丰富的理论及实践经验。

张冉 男，山西太原人，中共党员。法学学士学位。现任中铁六局集团北京铁路建设有限公司法律合规部部长。专业领域为建设工程、侵权、劳动争议、知识产权、公司法等。多年来一直从事央企法律合规管理工作，对建设工程纠纷有着丰富的理论及实务经验。主编的《基于工程项目多维协同的法律风险防控体系构建》获得2021年企业管理现代化创新成果一等奖。

李瑞华 女，中国国民党革命委员会党员。法学学士学位。现为北京市恒嘉律师事务所合伙人律师，北京市律协专委会委员，北京政府法制研究会理事。主要业务领域为建设工程合同纠纷、股权纠纷、投融资、民间借贷、婚姻家庭等方面。执业十年，积累了丰富的诉讼经验。

安维鹏 男，山西太原人，中共党员。法学学士学位。现任中铁六局集团有限公司建筑安装分公司法律合规部副部长兼中铁六局集团公司律师。专职从事建工行业法律事务 12 年，具有建工领域独到的疑难案件解决思路，以及在建工领域法律合规管理中的丰富实践经验。

李硕 男，河北邯郸人，中共党员。法学学士学位。现为北京市中盾（昌平区）律师事务所合伙人律师，北京市律协青年律师公益法律服务团成员。主要业务方向为民商事案件争议解决、建设工程领域案件诉讼与执行业务，以及刑事辩护。具有丰富的诉讼案件代理及执行经验。

吴凌云 女，北京人。法学学士学位。现为北京市中盾（昌平）律师事务所合伙人律师。业务方向专注民商事领域、合同纠纷以及建设工程等商事业务。执业期间代理多家国企央企及其他大型企业的诉讼案件，积累了大量办案经验。

孟国利 男，河北保定徐水人，中共党员。北京大学政治学与行政学专业（夜大）毕业、法学学士学位，在职研究生学历。高级政工师，现任中铁六局集团社管后勤中心主任（党支部书记）。近年来，供职于央企国家重点工程指挥部党工委书记，直接参与组织指挥北京南站、京津城际、京沪高铁、津秦高铁、浩吉铁路（原蒙华铁路）、北京丰台站和京通铁路电化改造工程建设，主要从事党建思想政治文化建设、征地拆迁建设协调及后勤事务管理、社会保险、年金及离退休管理、系统法规合规建设，等等。喜欢法律事务方面内容，喜欢新闻宣传、写作、摄影及企业文化研究，先后在人民网、新华网等各级各类报刊、网站发表新闻、文学、摄影作品 500 余篇。

前　言
PREFACE

一直以来，建筑业是我国国民经济的重要支柱产业之一。根据国家统计局发布的信息，2023年上半年建筑业实现增加值 37 003 亿元，同比增长 7.7%，增速高于国内生产总值增速 2.2 个百分点。建筑业增加值占国内生产总值的比重为 6.24%。建筑业在整个国民经济体系中的重要地位不言而喻。

截至 2023 年 6 月底，全国有施工活动的建筑业企业 139 740 个，从业人数 4016.41 万人。仅 2023 年上半年，全国建筑业企业签订合同总额就达到了 514 959.2 亿元。可以说，我国拥有全球最大的建设工程市场。建设工程行业在推动国民经济发展、改善人民生活水平、解决就业、不断提升我国城市化发展效率等各个方面，均作出了突出的贡献。

但不可否认，由于市场庞大、参与主体众多、从业人数巨大，建设工程领域各类问题、矛盾、纠纷十分突出。根据最高人民法院公布的数据，2017 年，全国法院审理一审建设工程施工合同纠纷案件 10.29 万件；2018 年，全国法院审理一审建设工程施工合同纠纷案件 11.32 万件；且案件数量呈现逐年上升的趋势。

建设工程施工合同履行期间长，影响因素多，涉及的管理性规定多，实践中违法建筑、明招暗定、"黑白合同"、非法转包、违法分包等问题突出，认定事实与适用法律难度很大。诉讼中的合同效力问题、鉴定问题、损失赔偿问题、优先权行使条件问题、实际施工人权利保护问题等均需要统一裁判规则。建设工程施工合同纠纷与商品房买卖合同纠纷、民间借贷纠纷、劳动争议纠纷、执行异议之诉纠纷等相互交织，处理难度大。党的十八大以来，随着依法治国战略方针的全面确立，国家先后出台了《中华人民共和国民法典》《最高人民法院关于审理建设工程施工合同纠纷案件适用法律问题的解释》等法律和司法解释，力图对建设工程领域相关纠纷进行规范和解决；亦因于此，适用上述新出台相关法律和司法解释的案例较少，本书编写虽选用案例多为上述法律出台之前，但基本不影响大家借鉴以解决实务中的相关法律问题，如遇变动较大的法律规定，请各位读者朋友注意更新。但徒法不足以自行，要真正解决现实中发生的各类问题，还需要广大律师、审判人员及相关法律工作者去切实解读、宣讲和正确运用法律。

  本书从招投标和合同效力、工程主体、工程价款、工程期限、工程质量和保修、工程竣工和验收以及司法鉴定五个方面出发，选取了大量的典型案例，通过"以案说法"的形式，力图将深奥的法律问题简洁化。同时，本书更注重实用性，行文通俗易懂，希望给广大建设工程行业从业者提供实用、有效的指导；此外，本书也适合从事和即将从事建设工程领域法律服务的企业法务部门、律师等司法从业者阅读，亦可作相应参考。

  本书的编写者均为从事建工领域争议解决多年的一线律师和法务部门负责人，具有丰富的实践经验。书中的不少案例系编者亲身经历和参与，因此更能从专业的角度契合建设工程市场主体的现实需求。本书因撰稿人写作习惯不同，故第二、三章与其他章节在体例上存在差异，但因属不同章节，亦不影响读者阅读。

  必须承认的是，受编写者能力所限，本书难免会存在这样那样的不足。疏漏之处，敬请读者朋友及时批评、指正。

本书编写组
2023 年 9 月

目 录
CONTENTS

第一章 招投标和合同效力 ... 1
 第一节 建设工程招标投标和合同的效力认定 ... 1
 第二节 "阴阳"合同 ... 91

第二章 工程主体 ... 118
 第一节 转包与违法分包 ... 118
 第二节 存在挂靠 ... 136
 第三节 实际施工人 ... 141

第三章 工程价款 ... 151
 第一节 工程价款结算 ... 151
 第二节 固定价合同 ... 173
 第三节 工程欠款违约责任 ... 187

第四章 工程期限 ... 208
 第一节 对工程期限的认定 ... 208
 第二节 对工程期限延误的认定及索赔 ... 230
 第三节 工程期限的顺延 ... 245

第五章 工程质量和保修 ... 256
 第一节 工程质量责任 ... 256
 第二节 工程质量保修 ... 278

第六章 工程竣工和验收以及司法鉴定 ... 295
 第一节 工程竣工和验收 ... 295
 第二节 司法鉴定 ... 321

后 记 ... 361

第一章 招投标和合同效力

第一节 建设工程招标投标和合同的效力认定

一、南通市通州百盛市政工程有限公司与苏州市吴江东太湖综合开发有限公司建设工程施工合同纠纷[1]

基本案情

（一）基本情况

2009年4月，吴江市东太湖综合开发有限公司（吴江市东太湖综合开发有限公司于2012年12月11日经核准更名为苏州市吴江东太湖综合开发有限公司，以下简称"东太湖公司"）委托招标代理机构吴江市建设造价师事务所有限公司公开招标"东太湖综合整治工程——围垦区团结圩取土工程"标段工程，并于2009年4月2日至2009年4月9日期间发布招标公告。

该项目招标文件于2009年4月15日经吴江市建设工程招标投标办公室备案，招标文件载明：项目名称为"东太湖综合整治工程-围垦区团结圩取土工程"，建设地点"吴江市东太湖"，为市政基础设施工程"土方"，工程估价"7000万元"，其他"250万m³"。招标主要范围：土方的挖运、堆放、便道、便桥、土源管理等。招标质量"合格"，定额工期为1090天（日历天），招标工期1090天（日历天），计划：2009年5月6日开工，2012年4月29日竣工。招标文件第三部分"投标报价"载明：投标报价范围：投标人报价应包括招标文件所确定的工程量清单等资料注明的全部内容，以及为完成该内容所必须的全部费用。投标报价方式：本工程项目采用固定单价报价。招标文件同时规定，限价公布为"最高限价"，公布时间为开标前3天。对合同主要条款，招标文件明确了工程付款进度及比例：本工程无预付款，中间付款按每月完成量

---

[1]（2011）苏中民初字第0032号；（2014）苏民终字第00367号；（2015）民申字第884号。

或每完成20万方[1]土的挖运堆放后支付，按完成量的70%支付工程款；当完成100万土方量后支付中标措施费的50%，工程完成后，付至完成量的70%，措施项目费也付至中标措施费的70%；土方的数量须四方（施工方、接收方、接收方监理及业主）确认并审计后付至审定造价的90%，余款一年后付清，须凭发票支付工程款。

2009年4月20日，招标代理机构吴江市建设造价师事务所有限公司发布"东太湖综合整治工程-围垦区团结圩取土工程"最高限价为5130万元，开标日期为2009年4月23日9：30。

2009年4月28日，东太湖公司向通州市百盛市政工程有限公司（通州市百盛市政工程有限公司于2009年7月6日经核准更名为南通市通州百盛市政工程有限公司，以下简称"百盛市政公司"）发出《中标通知书》，确定百盛市政公司为"东太湖综合整治工程-围垦区团结圩取土工程"的中标人，中标价为5129.653629万元，中标内容：取土等，规模：土方约277万 m³。该中标通知书经招标单位东太湖公司、招标代理机构吴江市建设造价师事务所有限公司、吴江市招标办盖章确认。

2009年5月8日，东太湖公司与百盛市政公司签订《建筑工程施工合同》。项目名称：东太湖综合整治工程-围垦区团结圩取土工程；建设单位：东太湖公司；承包人：百盛市政公司；工程内容：土方的挖运、堆放、便道、便桥等。合同约定开工日期2009年5月6日（按实际开工日期为准），竣工日期2012年4月29日（按实际开工日期推算），合同工期总日历天数1090天，工程质量标准：合格。合同价款为51 296 539.29元。合同专用条款第23.2约定，本合同价款采用固定单价方式确定。采用固定价格合同，合同价款中包括的风险范围：综合单价的风险因素（包括人工费、材料费、机械费、管理费、利润），吴建定便函〔2008〕3号文；风险费用的计算方法：风险费的计算按吴建定便函〔2008〕3号文；风险范围以外合同价款调整方法：按规定。合同第23.3条，双方约定合同价款的其他调整因素：工程量增减等。合同第26条，双方约定的工程款（进度款）支付的方式和时间：本工程无预付款，中间付款按每月完成量或每完成20万方土的挖运堆放后支付，按完成量的70%支付工程款；中间土方计量支付金额不包含措施费，当完成100万土方量后支付中标措施费的50%；工程完成后，付至完成量的70%，措施项目费也付至中标措施费的70%；土方的数量须四方（施工方、接收方、接收方监理及业主）确认并审计后付至审定造价的90%，余款一年后付清，须凭发票支付工程款。合同补充条款1：单价确定原则：土方运距暂按10km计，中标后每增减1km单价按10km中标价折算单价，增减运距由监理及业主根据现场实际情况确认，不足1km且超过500m按1km计算，不足500m不计；当运距不足5km时，单价按5km计算；当运距超过20km时，单价按20km计算。补充条款4：

---

[1] "方"为建工领域常用语，1方 = 1m³。

便道中所用土源在取土坑内，其挖装运卸费用计入便道费用中，土源费不计，不再在主体土方工程中另计挖装运卸费；便道、便桥的日常维护费、安全标志标牌等安全措施费在报价中考虑，便道（含取土区及卸土区便道）、便桥报价费用一次性包干，结算时不因土方数量的变化作任何调整；便道用土量由施工方、业主或监理根据实际情况原则按取土坑内实测挖土方量计算，并在取土坑总土方量中扣除。补充条款 8：土方计量按天然密实方计算。补充条款 15：为防止不平衡报价，清单计价土方运输的价格取 1+2 或 1+3 的 72%。合同附件的《工程质量保修书》第 4 条约定：工程质量保修金一般不超过施工合同价款的 3%，本工程约定的工程质量保修金为施工合同价款的 5%，质量保修金银行利率为同期银行存款利率；第 5 条约定：发包人在保修期满后一个月内，将剩余保修金返还承包人。

2010 年 3 月，双方签订《补充协议》，约定就排水及便道新增费用达成协议部分内容如下：①在运动中心填土中按照填土面积增加 9.2 元/hm² 的排水费用（填土区面积以测量报告为准）。②填土区新增施工便道 4700m，施工队需按照东太湖公司给定的便道路线图进行施工，便道按照 58 万元/km 的价格包干。③运动中心填土工作按期完成后，本协议所定费用支付至 70%，审计后付至审定造价的 90%，余款一年内付清。

2010 年 6 月 22 日，监理单位在百盛市政公司提交的工程计量申报表中确认"依据协议便道定 4.7km，排水 827.24 亩（约为 55.15hm²）"，东太湖公司审核意见："1. 便道长 4.7km，费用 272.6 万元；2. 填土面积 827.24 亩，费用 11.415 912 万元。"2010 年 10 月 12 日，东太湖公司确认监理单位审核的该部分工程款支付 50%，即 1 420 079 元，并载明全部完成再次支付。2010 年 1 月 17 日，东太湖公司在关于该部分变更工程的工程计量表上确认监理单位意见，即"经审核，运动中心已完成约 65% 的工程量。根据合同要求，待验收后付至 70%，本次暂不计量。"

2010 年 5 月 25 日，因涉案工程新增约 60 万 m³ 供土计划，双方协商一致在原中标合同基础上增加 60 万方土方工程量。对此，2010 年 10 月 27 日，东太湖公司水利工程指挥组主持召开了会议，其《会议纪要》载明需对芦荡路进行土方回填，总需求量约 60 万方，因此，拟在团结圩取土坑中局部粘土较多区域进行深挖，拟增加深挖区至原便道间新修便道长度约 800m。深挖面积约 15 万 m²，开挖深度约 4m，单价参照团结圩取土工程中标土方挖装运单价。便道费用根据原中标便道单价乘以新修便道长度计算。百盛市政公司于 2010 年 11 月 16 日制作了工程计量申报表并附《单位工程费汇总表》，计算新增 60 万 m³ 土方费用总价为 1133.359 854 万元，单价同投标文件一致。在实际施工过程中，百盛市政公司认为芦荡路新增工程因取土坑内距离较长而双方口头约定运距均增加 1km。2011 年 1 月 14 日，百盛市政公司主张之前芦荡路填土的补充价款，即芦荡路松陵大道 62 090.68m³、芦荡路中山南路东 14 907.62m³ 已完土方工程要求补充 1km 运距的价款，经监理单位复核后计算为 67 408 元，东太湖公司审核意见为

"暂不支付"。双方一致确认芦荡路新增土方工程量包含在最终测量的所有土方验收方量内。

2010年5月25日，双方就运动中心填土区新增便道及排水费用、云龙西路村道口铺设及五鱼塘翻运淤泥便道铺设、淤质土变更三项变更施工内容进行变更备案登记，变更造价分别为284.015 912万元、30.316 022万元、207.057 147万元，合计备案变更造价为521.389 081万元。双方一致确认上述三项变更工程价款监理暂估为458万元，最终以审计为准。

2010年6月2日，东太湖公司委托苏州市协诚工程咨询有限公司（以下简称"协诚公司"）对淤质土变更工程费用进行造价咨询，协诚公司出具结论认为该部分工程造价为2 070 571.47元。东太湖公司在有关"淤质土翻运填土（变更）"的工程计量申报表上确认按询价报告书备案，最终以审计报告为准。2010年8月2日，东太湖公司确认了监理单位审核的该部分工程款按备案金额的50%支付，即1 035 285.74元，同时载明仅作中间支付依据。2011年1月17日，东太湖公司在该部分变更工程的工程计量表上确认同意监理单位的意见，即"经审核，本取土区淤质土约完成90%左右，本次暂付至备案金额的60%，已支付50%。本次同意支付10% = 2 070 571×10% = 207 057.15元。"

2011年7月4日，双方又签订《补充协议》一份。工程内容：（芦荡路供土）途经所有便道日常洒水、保养、下穿段围堰加固、便道一次性修复及日常维护、日常排水等（双方均简称之为"下穿230"工程），协议费用为129 529元，具体以审计为准。付款方式：合同签订后付至协议费用的70%，审计结束后付至审计价的90%，余款一年内付清。下穿230工程属于另外结算的工程，不需要土方。下穿230工程进度款于2011年12月30日经双方及监理审核后付至70%。

2010年8月2日，东太湖公司签字盖章同意监理单位关于云龙西路村口便道铺设、鱼塘翻运淤质土便道铺设付款支付备案价50%，即151 580.11元，并载明仅作中间支付依据。2011年施工结束后，东太湖公司确认同意监理单位关于该部分变更工程的进度款支付方案，即"经审核，施工便道已经完成。根据合同要求可支付措施费的70%，本次可支付303 160.22×20% = 60 632元（为20%）；上次已支付措施费的50%"。

2010年11月4日，双方就军用港北侧太湖供土便道一次性加固（铺设20cm厚二灰结石）增加工程进行变更备案，变更金额为43.056万元。2010年11月17日，东太湖公司同意监理单位关于上述变更工程量的计算方案，即"长：1600m；宽：9m；铺设厚度：0.2m；$1m^3$二灰结石为2.3t；单价参照C3地块备案价格二灰结石为65元/t"，计算价款为43.056万元。2011年1月17日，东太湖公司同意监理单位关于该部分变更工程的进度款支付方案，即"经复核，由于军用港便道车流量较大，便道损坏严重，针对本情况，施工单位经业主同意，对本段施工便道进行加固处理，已经完成。根据合同要求，可支付备案金额的70% = 430 560×70% = 301 392元。"百盛市政公司认为军港路北侧的加固工程不需要土方。东太湖公司认为便道有 5m 的落差，便道的修建需要大量土方，应在总的土方工程量中扣除。

施工过程中，双方又协商一致增加了学院路便道工程，价款为 33 万元，不需要土方，仅需加固。进度款于 2011 年 12 月 30 日经双方及监理审核后付至 70%。

双方一致确认本案工程于 2009 年 5 月 6 日实际开工，土方工程以测绘验收为准，实际施工过程中四方签字代表验收合格。现所有工程量已经经过四方签字确认，不需撤场交接。最后验收土方日期为 2011 年 9 月 10 日。

2011 年 7 月 28 日，百盛市政公司报请监理单位称"目前合同内工程量已完成"，报请监理、业主组织相关单位验收。监理单位及业主意见均同意验收。2011 年 7 月 29 日至 8 月 8 日期间，双方、监理单位江苏省水利工程科技咨询有限公司、测绘单位苏州市水利设计研究院有限公司联合对围垦区团结圩取土工程取土坑进行了测量。8 月 14 日，测绘单位出具《团结圩取土区土方验收测量技术总结报告》，该报告第 4.6 条载明：取土方量：平场面积 632 543.8m^2，平场标高 0.142m，取土土方量 43 509.1m^3，填土土方量 2 886 803.3m^3，实际取土方量 2 843 294.2m^3。百盛市政公司签收该报告后未提出异议。2011 年 8 月 12 日，施工单位、监理单位、业主及接收方四方代表签字确认芦荡路收方 25 344.32m^3；9 月 10 日四方代表签字确认鲈乡南路西侧收方 7730.9m^3（1808.5+5922.4）。百盛市政公司认为上述 8 月 12 日及 9 月 10 日的收方量未包含在 8 月 14 日的测绘报告内，而东太湖公司认为 8 月 14 日的测绘报告包含了截至 9 月 10 日百盛市政公司所有已完成的土方工程量。

此外，2009 年 4 月 18 日，协诚公司受东太湖公司委托，为"东太湖综合整治工程-围垦区团结圩取土工程"进行标底编制咨询，并出具了苏协标字第（2009）第 043 号《关于东太湖综合整治工程-围垦区团结圩取土工程标底编制报告》，其标底造价为 83 154 456.80 元，工程概况：建设规模约 7000 万元；工程特征：取土约 2 770 000m^3，运距暂按 10km 计。

双方一致确认截至一审庭审辩论终结前，东太湖公司已付款总额为 40 721 790 元，包含中标合同工程量、新增的芦荡路约 60 万方土方工程、运动中心填土区新增便道及排水费用、云龙西路村道口铺设及五鱼塘翻运淤泥便道铺设、淤质土变更、军用港北侧太湖供土便道一次性加固（铺设 20cm 厚二灰结石）、下穿 230 工程、学院路便道工程，进度款均已付至 70%。上述已付款同时包含了经由双方及监理单位审核的暂定项目措施费及暂估税金，按照 70% 计算。

2012 年 2 月 14 日，百盛市政公司向一审法院提出鉴定申请：①涉案工程招标范围内工程的成本价；②东太湖公司招标设置的最高限价是否低于成本价；③已完成工程的总造价。对此，一审法院委托苏州市姑苏工程造价事务所（以下简称"姑苏造价事务所"）进行了鉴定。2013 年 11 月 21 日，姑苏造价事务所出具鉴定报告，载明了相应的计价数据,其中:围垦区团结圩取土工程实际全部已完工程(包括经过备案的芦荡土方工程)以及淤质土变更的成本价,按照实际施工期为2009年5月6日至2011年7月28日计,按市场询价,运输车辆的载重量按13m³计,为68 602 861.03元;以市政定额计算的工程造价为104 305 699.61元。

2013年2月27日,苏州市吴江区基建项目审计中心出具工程造价报告(以下简称"审计报告"),载明:该工程标底价为83 154 456.8元,中标价为51 296 536.29元,中标让利幅度为38.31%。结论:①合同内造价为46 952 481.74元。②合同外部分:其一,运动中心填土区新增施工便道及排水费用根据《补充协议》及备案资料造价为3 034 449.36元;淤质土变更造价为2 496 879.33元;军用港北侧太湖便道一次性加固造价为430 569.58元;因对双捕河进行筑坝运土,影响村民船只通行,补偿费用5938.75元,以上四项共计5 967 737.02元。其二,云龙西路村道口铺设计五鱼塘翻运淤泥便道费用造价为228 139.09元。其三,吴江市政府南地块填土便道及绿化土翻平造价为246 391.77元。其四,军用港北侧便道、S230大浦口桥下便道保养维护造价为129 529元。

一审法院依照《合同法》[1]第44条、第60条、第61条之规定,判决:①东太湖公司支付百盛市政公司工程款17 551 564.3元,并自2011年9月1日起按照中国人民银行同期贷款利率计算至判决生效之日止的利息,于判决生效后15日内履行;②驳回百盛市政公司的其他诉讼请求。案件受理费567 386元,由东太湖公司负担156 620元,由百盛市政公司负担410 766元;鉴定费1 400 000元,由百盛市政公司负担。

一审宣判后,百盛市政公司不服,向江苏省高级人民法院提起上诉称:涉案东太湖综合整治工程项目获得国家发改委审批的时间是2012年3月22日,而东太湖公司发布招标公告的时间是2009年4月,双方签订《建筑工程施工合同》的时间是2009年5月8日,早于涉案工程获得批准的日期,因此东太湖公司的招标行为违法。东太湖公司公布的投标最高限价为5130万元,仅为标底价的60%,超过了苏州市工程造价管理处制定的苏建价便〔2008〕2号《关于调整苏州市建筑、装饰、安装和市政工程最高限价合理浮动幅度的通知》中规定的93%的合理浮动幅度。双方签订的《建筑工程施工合同》约定的工程价款低于成本价。基于东太湖公司在招标和签订合同过程中均违反了法律强制性规定,《建筑工程施工合同》应认定为无效。根据《最高人民法院关于审理建设工程施工合同纠纷案件适用法律问题的解释》(简称"《施工合同司法解释》")第2条的规定,赋予承包人可选择的权利,即在建设工程施工合同无效、但经竣工验收合格的情况下,承包人可选择按合同约定结算工程款,也可选择按照定额

---

[1]《合同法》,即《中华人民共和国合同法》,为表达方便,本书中涉及的我国法律直接使用简称,省略"中华人民共和国"字样,全书统一,不再赘述。另,本书所称法律及法条数,均以案件裁判文书所载为准,请读者注意法律更新。

结算工程款，因此东太湖公司应按照姑苏造价事务所依据市政定额计算的工程造价与百盛市政公司结算工程款。由此，百盛市政公司请求撤销原判，改判支持百盛市政公司的一审诉讼请求，一、二审诉讼费用由东太湖公司负担。

东太湖公司答辩称：《招标投标法》第9条关于招标项目需要按照国家有关规定履行项目审批手续的规定是管理性规范，不能作为认定《建筑工程施工合同》无效的依据。东太湖公司制定的最高限价参照了同期同类工程的市场成交价格，招标文件和最高限价均经备案，符合建设工程主管部门的要求，百盛市政公司没有提供证据证明其企业的个别成本，也没有证据证明系被迫低于成本价投标及签订合同，在参与投标和履行合同期间也未提出过工程价款低于成本价的异议，其报价中包含了企业管理费和利润，并承诺不低于成本价投标。现涉案工程已施工完毕，百盛市政公司以其自身行为违反法律规定主张合同无效，违背诚实信用原则。姑苏造价事务所的鉴定结论载明运输车辆载重量在$16m^3$的情况下，最低成本价为45 979 696.34元，东太湖公司公布的最高限价为5130万元，高于最低成本价。最高限价是根据招标文件要求确定的，工程变更、风险费等均不应计入成本，招标文件中未限定工程机械的型号，允许投标企业使用大型车辆降低成本投标。如百盛市政公司以较低的价格中标，却以实际使用小型车辆造成较高成本而主张合同无效，对其他投标人不公平。因此双方签订的《建筑工程施工合同》是有效的，本案应以苏州市吴江区基建项目审计中心出具的审计报告为结算依据。即使工程价款低于成本价而导致合同无效，东太湖公司也有权要求参照合同约定的价款结算。一审判决在运距和利息的计算上已倾向保护了百盛市政公司，百盛市政公司要求按照市政定额结算涉案工程款，没有事实和法律依据。故东太湖公司请求驳回上诉，维持原判。

二审另查明：2008年2月，中华人民共和国水利部、江苏省人民政府联合下发了水规计〔2008〕72号《关于东太湖综合整治规划的批复》，批复同意了东太湖综合整治规划。江苏省发展和改革委员会事后又以苏发改农经发〔2010〕870号文件批复同意了东太湖综合整治工程初步设计。

姑苏造价事务所出具的鉴定报告载明：①围垦区团结圩取土工程招标范围内工程的成本价，采用苏州市建设行政主管部门颁发的苏建价〔2007〕3号文、苏建价〔2008〕10号文得到的成本价为57 926 557.54元（计风险费）、55 510 060.17元（未计风险费），上述成本价均包含投标时的成本价、增加取土区场内便道成本价及钢便桥调整的成本价。采用市场询价得出的成本价载重按每车$8m^3$，投标时成本价为69 323 066.13元（计风险费）、66 105 011.60元（不计风险费），实际施工期成本价73 079 129.35元；载重按每车$13m^3$，投标时成本价为55 318 704.74元（计风险费）、52 767 524.56元（不计风险费），实际施工期成本价58 295 408.78元；载重按每车$16m^3$，投标时成本价为48 191 485.10元（计风险费）、45 979 696.34元（不计风险费），实际施工期成本价 50 771 550.99 元。②围垦区团结圩取土工程实际全部已完工程（包含经过备案的芦荡土方工程）以及淤质土变更成本价，按实际施工期计，按市场询价，运输车辆的载重量按 13m³ 计，为 68 602 861.03 元。③围垦区团结圩取土工程实际全部已完工程（包含经过备案的芦荡土方工程）以及淤质土变更成本价，按实际施工期计，以市政定额计算，为 104 305 699.61 元。

二审法院依照《民事诉讼法》第 170 条第 1 款第 1 项之规定，判决驳回百盛市政公司的上诉，维持原判。

后百盛市政公司不服，向最高人民法院申请再审审理。百盛市政公司申请再审称：①一审、二审法院认定双方签订的建设工程施工合同合法有效系认定事实和适用法律错误：首先，《招标投标法》第 9 条规定招标项目按照国家有关规定需要履行项目审批手续的，应当先履行审批手续，取得批准。案涉工程项目获得国家发改委批准的时间是 2010 年 3 月 22 日，而东太湖公司发布招标公告的日期为 2009 年 4 月、《建设工程施工合同》的签订日期为 2009 年 5 月 8 日，都在该工程项目获批日之前，故东太湖公司的招标行为违反了法律的强制性规定，应认定为无效。其次，本案在一审法院审理时，委托鉴定机构姑苏造价事务所对招标范围内的工程成本价进行了鉴定，鉴定结论显示涉案工程的成本价为 66 105 011.60 元（不计风险费），高于中标合同约定的工程价款 51 296 536.29 元，合同约定的工程价款低于成本价。综上，案涉合同应认定为无效合同。②应该按照市政定额结算案涉工程款。案涉合同无效的主要原因是合同约定的工程价款低于成本价，如果再参照合同约定的工程价款进行结算显然不妥。虽然《施工合同司法解释》第 2 条规定"建设工程施工合同无效，但建设工程经竣工验收合格，承包人请求参照合同约定支付工程价款的，应予支持。"但该司法解释赋予承包人可选择的权利，即承包人可选择按合同约定结算工程价款，也可选择不按照合同约定而按照定额的方式结算工程款。因为发包的主动权和决定权在发包人手中，发包人在发包和签约过程中压价是国家限制和禁止的，该解释的宗旨是制裁建筑市场的违法发包行为。本案在一审法院的审理过程中，对涉案工程招标范围内的成本价、招标设置的最高限价是否低于成本价、已完工程总造价曾委托专业机构依法进行了鉴定，鉴定机构也作出了鉴定结论，人民法院理应参照鉴定结论依法作出判决。但一审法院在同意百盛市政公司提出的鉴定申请、百盛市政公司缴纳 140 万鉴定费用、鉴定机构历时 1 年多作出鉴定结论后，在一审、二审判决书中却未予采纳，显属不当。

（二）争议焦点

百盛市政公司与东太湖公司签订的《建筑工程施工合同》是否有效。

首先，2008 年 2 月，中华人民共和国水利部、江苏省人民政府联合下发了水规计〔2008〕72 号《关于东太湖综合整治规划的批复》，批复同意了东太湖综合整治规划。

此后，江苏省发展和改革委员会又以苏发改农经发〔2010〕870号文件批复同意了东太湖综合整治工程初步设计。上述文件作出时间均在案涉工程招标之前，故案涉项目已经依法履行了相关审批手续，百盛市政公司以东太湖公司的招标行为违法为由主张案涉《建筑工程施工合同》无效，没有事实和法律依据。

其次，《招标投标法》第33条所称的"低于成本"，是指低于投标人的为完成投标项目所需支出的个别成本。每个投标人的管理水平、技术能力与条件不同，即使完成同样的招标项目，其个别成本也不可能完全相同，个别成本与行业平均成本存在差异，这是市场经济环境下的正常现象。实行招标投标的目的，正是为了通过投标人之间的竞争，特别在投标报价方面的竞争，择优选择中标者，因此，只要投标人的报价不低于自身的个别成本，即使是低于行业平均成本，也是完全可以的。本案中，姑苏造价事务所出具的鉴定结论书系依据建筑行业主管部门颁布的工程定额标准和价格信息编制的，反映的是建筑市场的社会平均成本，不能等同于百盛市政公司的个别成本，百盛市政公司也没有证据证明合同约定价格低于其个别成本，故百盛市政公司所称合同约定价格低于其成本价无事实依据，其主张案涉《建筑工程施工合同》因此而无效没有事实和法律依据。

最后，由上所述，并根据本案一审、二审查明的事实，百盛市政公司与东太湖公司签订的《建筑工程施工合同》系当事人真实意思表示，不违反法律、行政法规的强制性规定，故该合同合法有效，应当作为双方结算案涉工程款的依据，百盛市政公司主张按照市政定额结算工程款于法无据。

（三）处理结果

最高人民法院驳回南通市通州百盛市政工程有限公司的再审申请。

案件评析

本案在东太湖公司进行招标时，便公布了本工程最高限价为5130万元，百盛市政公司以5129.653 629元中标，后双方签订了《建筑工程施工合同》，合同价款与百盛市政公司中标价一致。百盛市政公司认为，东太湖公司系违法招标，擅自设立计价标准压低规费，故意隐瞒压低编制招标标底并设置投标最高限价，合同约定的工程价格大大低于成本价，致使百盛市政公司遭受巨大损失，故诉至法院。

工程成本是指承包人为实施合同工程为达到质量标准，必须消耗或使用的人工、材料、工程设备、施工机械台班及其管理等方面发生的费用和按规定缴纳的规费和税金。《招标投标法》第33条规定："投标人不得以低于成本的报价竞标，也不得以他人名义投标或者以其他方式弄虚作假，骗取中标。"从该条的立法目的来看，"成本"是指每个投标人为完成投标项目所需支出的"个别成本"，"低于成本"则是指低于投标人的为完成投标项目所需支出的个别成本。该条法律规定的主要目的是：其一，为了避免出现投标人在以低于成本的报价中标后，再以粗制滥造等违法手段不正当地降低成本，挽回损失，给工程质量造成危害；其二，是为了维护正常的投标竞争秩序，防止产生投标人以低于其成本的报价进行不正当竞争，排挤其他竞争对手，损害其他以合理报价进行竞争的投标人的利益。不同的承包人因其施工的条件、影响因素的不同，在工程成本上会存在不同的大小差异，有的企业的成本可能明显低于当时的社会平均成本，这是市场经济环境下的正常现象。对于市场主体基于其自身业务的正常商业判断所做出的商业行为，在不存在法律规定的无效或可撤销的情形下，法院不应代替市场主体对合同价格是否合理进行判断，而应该是充分尊重市场竞争的结果。

对于低于成本价招标签订的建设工程施工合同，首先，法律并未对投标人以低于成本的报价竞标的法律后果予以明确规定，《招标投标法》33条的规定也不属于效力性强制规定，不符合合同无效的情形。其次，最高人民法院在司法实践中有明确低于行业平均成本不导致合同无效，但未明确低于个别成本是否会导致合同无效。最后，如果认定低于个别成本投标签订的施工合同无效，无疑会诱发投标人在竞标时恶意压低中标价，最终结算时再主张合同无效、要求按照市场价进行结算工程款的隐患。该行为不仅会造成投标市场的秩序混乱，损害其他竞标人的利益和市场竞争秩序，也与建设工程招投标领域的立法精神相悖。

本案在审理过程中进行了工程造价鉴定，最终得出的鉴定结论无论是按照投标时时成本价还是实际施工期成本价，均低于东太湖公司的最高限价。行业平均成本也不等于个别成本，百盛市政公司也没有提供证据证明合同约定的价格低于其企业的个别成本，故其主张的《建筑工程施工合同》约定的工程价款低于成本价，没有得到法院的支持。

不同的承包人因其施工的相关技术水准、工艺水平、使用的相关机械、企业的经营管理等条件或影响因素的不同，在工程成本上存在或大或小的差异，这是市场经济环境下的正常现象。市场主体应基于对自身条件的认识，在承揽工程时做好充足的准备工作及预算，据此判断其是否有能力参与工程的竞争、投标等。

二、广西建工集团第一建筑工程有限责任公司与芜湖新翔科技孵化器建设项目开发有限公司建设工程施工合同纠纷[1]

基本案情

（一）基本情况

2013年5月31日，芜湖新翔科技孵化器建设项目开发有限公司（以下简称"芜湖

---

[1]（2019）最高法民终1925号。

新翔公司")与广西建工集团第一建筑工程有限责任公司(以下简称"广西一建公司")签订一份《建设工程施工合同》。该合同主要约定：工程名称：芜湖新翔科技孵化器建设项目；工程内容：土建工程、水电安装工程、土建装饰装修工程（二次装修工程除外）、防雷工程、室外道路、停车场等附属工程；总建筑面积：240 934.54m^2，其中地下面积 78 000m^2，地上面积 162 934.54m^2；资金来源：自筹；承包范围：发包人在本合同签订前提供的经双方签字确认的设计图纸中已明确的土方、基坑支护、人防、桩基础、土建、土建装饰（二次装修工程除外）、水电、门窗、防雷、总坪道路、围墙等；承包方式：包工包料；合同工期：开工日期为 2013 年 6 月，但实际开工日期应以本工程单栋工程具备开工条件、总监理工程师签发的正式开工报告为准，竣工日期为 2015 年 12 月，但实际竣工日期应以单栋工程通过竣工验收日期为准，单栋工程合同工期总日历天数为 810 天，不低于国家定额工期的 80%；工程质量标准：按现行国家有关标准评定为合格工程；合同价款：暂定 45 000 万元。该合同由双方法定代表人或委托代理人签字并加盖单位公章。

同日，双方又签订一份《补充协议》。该协议主要约定：①承包人承诺：在发包人已按合同约定全面履行义务的前提下，承包人同意在按原合同约定的工程计价依据及取费标准的基础上办理竣工结算并按工程结算造价的 2% 让利给发包人。②承包人向发包人提供履约保证 3000 万元，并在本协议签订之日起 3 日内提供，发包人于 2013 年 12 月 31 日前全部退还履约保证金。③由于工程量大，管理难度高，发包人同意本工程除按原合同约定的工程计价依据及取费标准支付工程款外，另向承包人支付项目管理费每月 50 万元，合计 350 万元，项目管理费在承包人向发包人提供履约保证金之日起每 3 个月支付一次，每次支付 150 万元，直到 2013 年 12 月 31 日止付清项目管理费。④在承包人支付履约保证金前，发包人同意用第三方保证担保协议向承包人保证，如发包人未能按本协议履行义务或责任的，由第三方承担保证责任。⑤如因发包人原因造成本工程停建或缓建的，原合同解除。从停工之日起发包人除按本协议约定退还承包人提供的全部履约保证金及支付应付项目管理费外，另向承包人赔偿 1000 万元可得利润损失。承包人已施工的工程量按原合同的约定进行结算，且发包人自收到承包人结算资料之日起 20 个工作日内双方结算审核确认，30 个工作日内付清承包人已施工工程量的价款。⑥如发包人未按合同约定支付工程款，视为发包人违约，发包人按原合同约定承担违约责任外，从违约之日起发包人另按月息 2% 计付欠款利息。⑦本协议与双方签订的原合同、补充协议，具同等法律效力，本协议与原合同内容有冲突的，按补充协议执行。该协议由双方法定代表人或委托代理人签字并加盖单位公章。2013 年 6 月 6 日，芜湖新翔公司向广西一建公司出具一份《委托付款函》，载明："现我公司委托贵公司将芜湖新翔科技孵化器建设项目履约保证金 3000 万元转入广西翔业投资有限公司银行账户。"2013 年 6 月 8 日，广西一建公司按照芜湖新翔公司委托将 3000

万元履约保证金汇入广西翔业投资有限公司银行账户。

2013年9月24日，芜湖新翔公司向广西一建公司发出《中标通知书》，通知广西一建公司在芜湖县201303号地块孵化器项目孵化器大楼工程招标中，经评标组综合评定，确定广西一建公司为中标单位。2013年9月25日，双方签订一份《建设工程施工合同》。该合同主要约定：工程名称：芜湖县201303号地块孵化器项目孵化器大楼工程；工程地点：芜湖县城南文教园区；总建筑面积：26525.7m²，其中地下室6581.3m²，地上19944.4m²；合同工期：开工日期为2013年9月28日，但实际开工日期应以本工程单栋工程具备开工条件、总监理工程师签发的正式开工报告为准，竣工日期为2014年7月25日，但实际竣工日期应以单栋工程通过竣工验收日期为准，单栋工程合同工期总日历天数为300天，不低于国家定额工期的80%；合同价款：暂定27870430.97元；工程款支付：工程进度按月支付，每月的30日前发包人按承包人当月实际完成工程量（含工程变更及签证增加的合同价款等）的85%向承包人支付工程进度款，工程竣工验收合格之日起7天内支付至合同价款（含工程变更及签证增加的合同价款等）的90%，余款在工程竣工结算确定之日起14天个工作日内，除预留经双方确认的单栋工程结算总造价的2%保修金外，其余工程款一次性付清；发包人违约责任：发包人不按合同约定支付工程进度款，双方又未达成延期付款协议，导致施工无法进行，承包人可停止施工，发包人自违约之日起每天按延付金额的0.03%向承包人支付违约金。

2013年9月28日，监理单位浙江中润工程管理有限公司签发孵化器大楼工程开工令，通知广西一建公司开工。2013年10月24日，芜湖新翔公司通知监理单位和广西一建公司："经我公司研究决定，孵化器大楼的每根人工挖孔桩在进入持力层后，扩孔部分暂不开挖。直至建设方下发具体扩孔尺寸数据，方可继续施工。"2013年11月11日，芜湖新翔公司给监理单位和广西一建公司出具一份《工作联系单》，载明：经过勘察单位现场补勘、设计单位核定分别作以下修改：①2013年10月23日设计修改通知单；②2013年11月5日设计修改通知单；③2013年11月9日修改通知单。即同意按照以上设计修改通知单进行人工挖孔桩扩孔部分恢复施工。后芜湖新翔公司将孵化器大楼基础由原来的人工挖孔桩调整为柱下独立基础施工，为此，设计单位对孵化器大楼基础进行重新设计。2014年11月25日，中科·创新广场孵化器大楼工程主体结构通过竣工验收。

2014年3月18日，芜湖新翔公司向广西一建公司发出《中标通知书》，通知广西一建公司在中科·南湖郡8#、16#、17#楼工程招标中，经评标组综合评定，确定广西一建公司为中标单位。2014年3月21日，广西一建公司、芜湖新翔公司签订一份《建设工程施工合同》。该合同主要约定：工程名称：中科·南湖郡8#、16#、17#楼；工程地点：芜湖县城南文教园区；工程规模及结构：总建筑面积：21734.42m²，其中8#楼建筑面积

12 320.82m²，16#楼建筑面积 4706.8m²，17#楼建筑面积 4706.8m²；合同工期：开工日期为 2014 年 6 月 25 日，但实际开工日期应以本工程单栋工程具备开工条件、总监理工程师签发的正式开工报告为准，竣工日期 8#楼为 2015 年 4 月 5 日，16#、17#楼为 2015 年 2 月 19 日，但实际竣工日期应以单栋工程通过竣工验收日期为准，合同工期总日历天数 8#楼为 285 天，16#、17#楼为 240 天；合同价款：暂定 22 833 185.17 元，其中 8#楼为 12 673 622.05 元，16#楼为 5 079 781.56 元，17#楼为 5 079 781.56 元；工程款支付：工程进度按月支付，每月的 30 日前发包人按承包人当月实际完成工程量（含工程变更及签证增加的合同价款等）的 85%向承包人支付工程进度款，工程竣工验收合格之日起 7 天内支付至合同价款（含工程变更及签证增加的合同价款等）的 90%，余款在工程竣工结算确定之日起 14 天个工作日内，除预留经双方确认的单栋工程结算总造价的 2%保修金外，其余工程款一次性付清；发包人违约责任：发包人不按合同约定支付工程进度款，双方又未达成延期付款协议，导致施工无法进行，承包人可停止施工，发包人自违约之日起每天按延付金额的 0.03%向承包人支付违约金。2014 年 3 月 18 日，监理单位浙江中润工程管理有限公司签发 8#、16#、17#楼工程开工令，通知广西一建公司开工。2015 年 8 月 28 日，中科·南湖郡 17#楼主体结构分部工程通过验收。2015 年 9 月 15 日，中科·南湖郡 16#楼主体结构分部工程通过验收。2017 年 1 月 20 日，中科·南湖郡 8#楼工程通过竣工验收。

2015 年 7 月 20 日，芜湖新翔公司向广西一建公司发出《中标通知书》，通知广西一建公司在中科·南湖郡 8#、9#、16#、17#楼的地下车库、9#、15#楼建设工程招标中被确定为中标单位。2015 年 7 月 23 日，双方签订一份《建设工程施工合同》。该合同主要约定：工程名称：中科·南湖郡 8#、9#、16#、17#楼地下车库、9#、15#楼建设工程；工程地点：芜湖县城南文教园区；工程结构及规模：9#楼为钢筋砼剪力结构，总建筑面积 12 751.14m²（含架空和商铺），15#楼为框架结构，总建筑面积 4706.8m²，8#、9#、16#、17#楼的地下室为框架结构，总建筑面积 8600.58m²（其中 8#、9#楼建筑面积 5309.75m²，16#、17#楼建筑面积 3290.83m²）；合同工期：开工日期为 2015 年，但实际开工日期应以本工程单栋工程具备开工条件、总监理工程师签发的正式开工报告为准，实际竣工日期应以单栋工程通过竣工验收日期为准，合同工期总日历天数 9#楼为 360 个日历天，15#楼为 200 个日历天，8#、9#、16#、17#楼的地下车库各为 90 个日历天；合同价款：暂定 30 039 213.19 元，其中 9#楼为 13 110 855.14 元，15#楼为 6 239 645.71 元，8#、9#楼地下车库为 6 465 360.69 元，16#、17#楼地下车库为 4 223 351.65 元；工程款支付：工程进度按月支付，每月的 30 日前发包人按承包人当月实际完成工程量（含工程变更及签证增加的合同价款等）的 85%向承包人支付工程进度款，工程竣工验收合格之日起 7 天内支付至合同价款（含工程变更及签证增加的合同价款等）的 90%，余款在工程竣工结算确定之日起 14 天个工作日内，除预留经双方确认的单栋工程结算总造价的2%保修金外，其余工程款一次性付清；发包人违约责任：发包人不按合同约定支付工程进度款，双方又未达成延期付款协议，导致施工无法进行，承包人可停止施工，发包人自违约之日起每天按延付金额的0.03%向承包人支付违约金。2015年8月24日，监理单位浙江中润工程管理有限公司签发9#楼工程开工令，通知广西一建公司开工。2015年10月29日，中科·南湖郡9#楼地基与基础分部工程通过验收，2016年10月1日，中科·南湖郡9#楼16层剪力墙柱和17层梁板隐蔽工程通过验收，2016年10月17日，中科·南湖郡9#楼17层剪力墙柱和18层梁板隐蔽工程通过验收，2016年11月21日，中科·南湖郡9#楼18层剪力墙柱屋面梁板工程通过验收。

2016年4月5日，双方与监理单位召开监理例会，形成《会议纪要》。该纪要载明：①16#、17#楼外架拆除至2层，等待贴砖进场施工，8#楼塔吊因费用问题目前还未拆除。②双方因签证问题未能达成一致意见，施工单位采取了暂停措施。③由于施工现场资金问题，施工单位希望双方公司高层进行沟通协调，建设单位建议双方搁置分歧，不要影响施工进度。2016年3月中旬，芜湖县规划建设委建筑市场行为专项检查组就中科·南湖郡9#楼工程向双方和监理单位发出一份《2016年芜湖县建筑市场行为专项检查整改通知书》，其中第1项内容：建设单位未按合同约定每月支付工程款，要求责任主体7天内整改并书面报备。2016年5月31日，广西一建公司以工程联系单的方式通知芜湖新翔公司：发包方未按照合同约定及时支付工程进度款，双方也未达成延期付款协议，导致工程无法施工，承包人按约可停止施工，自2016年3月1日起停止施工。2016年8月31日，广西一建公司向芜湖新翔公司发出一份《工作往来函》，载明："我司承建的中科·创新广场孵化器大楼及中科·南湖郡工程，因建设方资金不到位，导致工期延长，我方要求工期顺延。中科·创新广场孵化器大楼、中科·南湖郡8#、9#、15#、16#、17#楼工期顺延至竣工之日。"2016年9月11日，芜湖新翔公司向广西一建公司发出一份《联系回复单》，载明："同意贵部提出的工期顺延要求，希望贵部加大人力、物力投入，尽快完成8#楼交房任务。"2017年5月3日，广西一建公司向芜湖新翔公司发出一份《关于中科·南湖郡9#楼业主私自安装塔吊及搭设外加架的函》，载明："我公司承建的中科·南湖郡9#楼工程，由于贵公司资金不到位，导致我公司无法继续施工，于2017年1月停工，并已通知贵公司。"自2015年1月至2018年2月，芜湖新翔公司支付广西一建公司工程款合计3266.5万元，其中，广西一建公司认可该款中包括返还的履约保证金3 235 542.88元和支付的垫资施工利息2 210 484.65元。2017年4月27日，芜湖新翔公司发给广西一建公司一份《回函》，载明："附表一为我公司已同意的应计算利息，请查收。"但广西一建公司依据该证据仅主张应付工程进度款为33 418 311.74元，未主张延期付款利息数额。

此外，自2013年9月13日起，涉案工程项目陆续取得《建设工程规划许可证》

《国有土地使用证》《建筑工程施工许可证》。2015年1月，广西一建公司和芜湖新翔公司签订一份《合作融资协议》。该协议部分内容如下：广西一建公司为芜湖新翔公司所开发芜湖科技孵化器建设项目的施工单位，芜湖新翔公司因资金紧张，暂不能全额支付广西一建公司工程进度款。为确保本项目建设的顺利进行，双方商定由芜湖新翔公司提供本项目土地使用权作为抵押担保，广西一建公司向远东国际租赁有限公司（以下简称"远东公司"）融资解决本项目的建设资金。为明确双方的权利义务，特签订本协议，供双方共同遵守执行。①双方确认：截至2014年12月31日，芜湖新翔公司应向广西一建公司归还履约保证金3000万元、借款1000万元，支付项目管理费950万元、工程进度款2932.5万元、垫资施工利息204.99万元以及损失赔偿费用500万元，合计8587.49万元。芜湖新翔公司应按以下要求偿还上述拖欠款项：2015年3月29日前还款390万元；2015年6月29日前还款390万元；2015年9月29日前还款3390万元；2015年12月29日前还款330万元；2016年3月29日前还款330万元；2016年6月29日前还款330万元；2016年9月29日前还款3330万元；2016年12月29日前还款974 900元。以上还款时间和金额，应与广西一建公司和远东公司签订保理合同的各期借款及利息的还款金额、期限一致；如不一致，以广西一建公司与远东公司贷款合同的还款时间和金额为准。②广西一建公司以保理的方式或名义分两期向远东公司借款1.5亿元，应付利息2700万元。各期借款及其利息的还款金额、期限，详见《保理借款偿还清单》。为配合广西一建公司的该项借款，芜湖新翔公司同意以位于芜湖县大道北侧、水阳江路南侧、罗福湖路西侧的土地使用权，向远东公司提供抵押担保。抵押财产涉及的土地面积共50 222.9m²，土地估价共15 614.3万元，土地使用证号为芜国用（2013）第003099号。抵押财产抵押登记后，上述①中拖欠的款项自2015年1月1日起，芜湖新翔公司无需再按双方在本协议签订前的签署合同和协议承担利息、违约金及损失赔偿。但本协议另有约定的除外。③广西一建公司应在获取远东公司第一期借款后3日内向芜湖新翔公司提供履约保证金2000万元，获取第二期借款后3日内再向芜湖新翔公司提供履约保证金1500万元。所有保证金应转入芜湖新翔公司或芜湖新翔公司指定的账户，芜湖新翔公司只能用于本项目。自各期提供的履约保证金提供之日起届满730日时，芜湖新翔公司应同时将该期履约保证金返还给广西一建公司。④因本工程的施工规模大、施工难度大等，芜湖新翔公司同意除按原合同约定向广西一建公司支付工程价款以外，另行向广西一建公司支付工程项目管理费840万元。芜湖新翔公司应自本协议签订之日起，每季向广西一建公司支付管理费210万元，直到付清管理费840万元。⑤芜湖新翔公司必须按原合同约定向广西一建公司支付工程款。在远东公司向广西一建公司提供各期借款的期限届满前，芜湖新翔公司支付或返还的工程款、垫资利息、保证金及其他应付款的金额，必须达到广西一建公司按《保理借款偿还清单》中的还款金额、期限等向远东公司返还的各期借款本息金额。⑥违约责任。广西一建公司不按上述③约定履行义务的，广西一建公司每日按应提供而实际未提供的保证金的0.05%支付违约金，同时赔偿芜湖新翔公司因此受到的损失。芜湖新翔公司不按上述③约定使用保证金的，从违约之日起每日应按违约时用的保证金的0.05%支付违约金。芜湖新翔公司不按本协议约定偿还或支付上述①中的拖欠款项、③中的保证金、④中的管理费，每逾1日，芜湖新翔公司应按年利率24%支付拖欠的利息，直到芜湖新翔公司的所有应付款全部付清日止。芜湖新翔公司不按上述⑤约定履行义务的，对远东公司应承担的罚息、违约金、赔偿款等，全由芜湖新翔公司承担。广西一建公司被远东公司追索的，可向芜湖新翔公司追偿。该协议由双方负责人签字并加盖公司公章，芜湖新翔公司由芜湖新翔公司负责人签字并加盖公司公章。

2015年2月2日，芜湖新翔公司向广西一建公司出具一份《委托书》，载明："现我公司委托贵公司将履约保证金2000万元转入广西翔业投资有限公司银行账户。"2015年2月10日，广西一建公司按照芜湖新翔公司的委托将2000万元履约保证金汇入广西翔业投资有限公司银行账户。2015年8月4日，广西一建公司向芜湖新翔公司银行账户6次汇付履约保证金合计1500万元。2015年9月22日，广西一建公司向芜湖新翔公司发出一份《工作联系函》，载明："依照2015年1月的《合作融资协议》第一条的约定，经双方确认，截至2014年12月31日，贵司应向我方归还履约保证金3000万元，借款1000万元，项目管理费950万元，工程进度款2932.5万元，垫资施工利息2 049 900元及损失赔偿费用500万元，合计85 874 900元。"另外，其要求芜湖新翔公司于2015年9月29日前归还第3期欠款3390万元。2015年9月25日，芜湖新翔公司财务主管童某签收该函。2016年3月8日，广西一建公司再次向芜湖新翔公司发出两份《工作联系函》，要求芜湖新翔公司支付拖欠的工程进度款、履约保证金、项目管理费及利息合计3 773 080元。2016年3月14日，芜湖新翔公司签收该函并加盖公章。2017年5月23日，广西一建公司向芜湖新翔公司出具一份《确认函》，载明："贵公司累计拖欠我公司《合作融资协议》约定归还款项59 189 900元、项目管理费502万元、履约保证金3500万元、工程进度款43 963 400元，拖欠融资款项产生的违约金20 048 900元，拖欠工程进度款违约金53 446 00元，合计168 566 800元。"2017年6月2日，芜湖新翔公司签收该函并加盖公章，注明"收到，具体数据待核算后才能确认"。

经广西一建公司申请，一审法院依法委托安徽世强工程项目管理有限公司（以下简称"世强项目管理公司"）对涉案已完工程价款进行鉴定。2019年5月10日，世强项目管理公司出具《中科·南湖郡建设项目工程造价鉴定意见书》，鉴定意见：涉案已完工程价款为77 105 007.19元。

一审法院认为，综合双方的举证、质证及诉辩意见，本案争议焦点：①涉案4

份《建设工程施工合同》及《补充协议》是否有效,广西一建公司诉请芜湖新翔公司承担违约责任并解除上述合同能否成立;②广西一建公司诉请芜湖新翔公司支付73 993 024.82元工程欠款及利息能否成立;③广西一建公司诉请芜湖新翔公司返还履约保证金61 764 457.12元、支付项目管理费15 969 459.41元,并承担上述款项延期付款利息能否成立;④广西一建公司诉请芜湖新翔公司支付垫资施工利息1 828 815.35元,并承担该利息的延期付款利息能否成立;⑤广西一建公司诉请芜湖新翔公司赔偿4 460 742.85元损失费用,并承担该损失费用延期付款利息的利息能否成立;⑥广西一建公司诉请在芜湖新翔公司欠付工程款及利息范围内就涉案已完工程折价或拍卖价所得价款享有优先受偿权能否成立。

关于涉案4份《建设工程施工合同》及《补充协议》是否有效,广西一建公司诉请芜湖新翔公司承担违约责任并解除上述合同能否成立。广西一建公司主张涉案工程项目建设资金均为开发商自筹,项目资金并非源自国家投资或融资,也未使用国际组织或者外国政府贷款、援助资金的情形,因此,涉案工程项目不属于《招标投标法》第3条第1款第1项、第2项规定的必须进行招投标的项目,涉案《建设工程施工合同》及《补充协议》并未违背法律、行政法规强制性规定,合法有效。芜湖新翔公司辩称,涉案工程项目土地规划用途明确是"住居、商业、科教(孵化器)",其中科教用地占总面积30%且全部用于孵化器建设,占总用地面积10%的商住用地则用于孵化器配套建设,属于省级认定的高新技术创业服务中心,政府特别拨款200万元中央预算资金及200万元地方配套资金。另一方面,在合同中标前,双方已就整个工程项目的价款承包范围及方式等实质性内容进行谈判,并签订了协议,违背了法律、行政法规强制性规定,涉案《建设工程施工合同》及《补充协议》亦违背了法律、行政法规强制性,应属无效。

经审查,依据2013年5月31日的《建设工程施工合同》及《补充协议》的约定,涉案工程施工范围包括大型商品房工程、孵化器工程、地下车库工程等,工程造价约4.5亿,工程巨大,明显涉及社会公共利益、公众安全。因此,涉案工程项目属于《招标投标法》第3条第1款第1项规定的必须进行招投标的项目。因此,双方未经招投标程序于2013年5月31日签订的《建设工程施工合同》及《补充协议》,显属无效。此外,2013年9月25日《建设工程施工合同》、2014年3月21日《建设工程施工合同》、2015年7月23日《建设工程施工合同》系双方另行签订的分部分项工程施工合同,属于2013年5月31日的《建设工程施工合同》及《补充协议》约定的工程施工范围。上述3份合同的签订亦未经法定招投标程序,芜湖新翔公司却发出3份中标通知书,显然违背了法律、行政法规强制性规定,因而无效。合同无效,自始无效,不存在解除问题。

因此,广西一建公司诉请解除合同,于法无据,一审法院不予支持。合同无效,合同中违约条款亦无效。因此，广西一建公司诉请芜湖新翔公司承担7 644 715.77元违约责任，于法无据，一审法院不予支持。合同虽无效，但依照《施工合同司法解释》第2条的规定，该情形下，若建设工程经竣工验收合格，承包人请求参照合同约定支付工程价款的，应予支持。

关于涉案《合作融资协议》的效力问题，双方亦存在争议。经审查，该协议既涉及涉案工程进度款和项目管理费及垫资施工利息的支付、工程履约保证金的返还、损失赔偿等内容，又涉及融资抵押担保、借款的归还以及违约责任的承担，还涉及双方与第三人远东公司之间的权利义务关系，内容庞杂，很多内容超出本案审理范畴。因此，对该协议中有关涉案工程价款结算与确认条款的效力，一审法院予以确认，除此之外，一审法院不予确认，仅作解决纠纷的参考。关于涉案工程是否涉及政府资金投入，由于芜湖新翔公司未提供证据予以佐证，一审法院不予确认。

关于广西一建公司诉请芜湖新翔公司支付73 993 024.82元工程欠款及利息能否成立。经过司法鉴定，涉案已完工程价款为77 105 007.19元，广西一建公司对此予以认可。芜湖新翔公司主张在涉案工程施工过程中代广西一建公司垫付的水电费为676 705.08元，鉴定单位按照定额计算为473 541.68元，明显不当。经鉴定单位当庭解释，芜湖新翔公司对此已不持异议。鉴定报告意见中确定的施工用水电费为473 541.68元，已从涉案工程价款中扣除。因此，涉案已完工程价款为77 105 007.19元，一审法院予以确认。广西一建公司主张自2015年1月23日起至2018年2月7日止，芜湖新翔公司向广西一建公司汇款22笔，合计3266.5万元，芜湖新翔公司对此不持异议。广西一建公司又主张该3266.5万元不足以偿还涉案《合作融资协议》中双方确定的欠款总额，应依照《最高人民法院关于适用〈中华人民共和国合同法〉若干问题的解释（二）》第21条的规定，应先扣除欠款利息，后支付欠款本金，因此，芜湖新翔公司实际支付工程进度款为3 162 743.17元，尚欠工程款为73 942 264.02元（77 105 007.19元-3 162 743.17元）。由于本案系建设工程施工合同纠纷，不属于借款合同纠纷，因此，广西一建公司要求按借款纠纷处理本案工程欠款纠纷，依据不足，一审法院不予采纳。广西一建公司主张3266.5万元已付款中，含芜湖新翔公司返还的履约保证金3 235 542.88元和支付的垫资施工利息221 086.65元。经审查，广西一建公司诉请芜湖新翔公司返还履约保证金和支付垫资施工利息时，已扣除上述付款，广西一建公司上述主张符合法律规定，一审法院予以采纳。因此，涉案工程总价款为77 105 007.19元，扣除芜湖新翔公司已付工程款29 208 370.47元（3266.5万元-3 235 542.88元-221 086.65元），芜湖新翔公司尚欠工程款47 896 636.72元（77 105 007.19元-29 208 370.47元），一审法院予以确认。芜湖新翔公司辩称：涉案工程未全部经过竣工验收，因此，除8#楼外，其余工程价款支付条件尚未成立。虽然涉案工程未全部通过竣工验收，但涉案工程部分通过竣工验收合格，未完工程也已通过阶段性验收合格，在合同无效及广西一建公司已退场的情况下，广西一建公司诉请芜湖新翔公司支付工程欠款，符合法律规定。因此，芜湖新翔公司此节抗辩理由不能成立，一审法院不予支持。

广西一建公司诉请芜湖新翔公司支付工程延期付款利息分为两部分：①拖欠工程进度款利息为 7 031 514.44 元，暂计算至 2017 年 12 月 10 日，款清息止；②工程尾款利息，依照合同约定的日 0.03% 标准，自起诉之日起计算至款清之日止。经审查，依照涉案《合作融资协议》第 2 条约定：抵押财产抵押登记后，协议第 1 条中拖欠的款项自 2015 年 1 月 1 日起，芜湖新翔公司无需再按双方在本协议签订前的合同和协议承担利息、违约金及损失赔偿，但本协议另有约定的除外。另一方面又约定：芜湖新翔公司同意除按原合同约定向广西一建公司支付工程价款以外，另行向广西一建公司支付工程项目管理费 840 万元。此外，双方在该协议违约条款中另行约定：芜湖新翔公司不按本协议约定支付第 1 条中的拖欠款，每逾一日，芜湖新翔公司应按年利率 24% 支付拖欠的利息，直到芜湖新翔公司所有应付款全部付清日止。由于涉案 3 份《建设工程施工合同》约定的日 0.03% 计付延期付款利息及该协议约定的按年利率 24% 支付拖欠的利息，均属无效的违约条款，因此，一审法院不予采纳。本案应依照《合作融资协议》第 2 条的约定，解决工程款延期付款利息的纷争。芜湖新翔公司已为广西一建公司融资办理了财产抵押登记手续，广西一建公司对此不持异议。因此，广西一建公司主张 2015 年 1 月 1 日之后的工程进度款或尾欠款延期付款利息，与上述约定不符，一审法院不予支持。此外，依照民事起诉状的附件二，广西一建公司主张芜湖新翔公司应支付 2015 年 1 月 1 日之前工程进度欠款利息共两笔款项：①2014 年 10 月芜湖新翔公司应付工程进度款为 770 428.35 元，计息开始日为 2014 年 11 月 5 日。②2014 年 11 月芜湖新翔公司应付工程进度款为 534 383.52 元，计息开始日为 2014 年 12 月 5 日。由于该计算方式系广西一建公司单方面计算，未得到芜湖新翔公司认可。因此，广西一建公司主张 2015 年 1 月 1 日之前的工程进度款利息，依据不足，一审法院亦不予支持。

关于广西一建公司诉请芜湖新翔公司返还履约保证金 61 764 457.12 元、支付项目管理费 15 969 459.41 元，并承担上述款项延期付款利息能否成立。本案广西一建公司按约支付芜湖新翔公司履约保证金 6500 万元，芜湖新翔公司认可履约保证金未予返还，但广西一建公司认可在芜湖新翔公司 3266.5 万元已付款中含已返还履约保证金 3 235 542.88 元，一审法院已予以确认。因此，广西一建公司诉请芜湖新翔公司返还履约保证金 61 764 457.12 元，有事实依据，一审法院予以支持。

关于 61 764 457.12 元履约保证金利息，依照涉案《合作融资协议》第 2 条的约定，涉案抵押财产的抵押登记完成后，对协议第 1 条中拖欠的 3000 万元履约保证金，自 2015 年 1 月 1 日起，芜湖新翔公司无须按本协议签订前签署的合同和协议承担利息。关于 2015 年 5 月 1 日前的利息，应按合同约定支付，但此前的合同和协议仅约定履约保证金的支付,未约定延期计付利息,因此,芜湖新翔公司亦无须承担2015年4月30日前该3000万元延期付款利息。关于剩余31 764 457.12元履约保证金利息计付问题,涉案《合作融资协议》约定了自各期保证金提供之日起届满730日时,芜湖新翔公司应同时将该期履约保证金返还给广西一建公司,否则,每逾一日,芜湖新翔公司应按年利率24%支付拖欠的利息,直到芜湖新翔公司的所有应付款全部付清日止。但是,上述约定属于无效的违约条款,因此,一审法院不予采纳。广西一建公司按约于2015年2月10日汇付2000万元履约保证金,于2015年8月4日汇付1500万元履约保证金。芜湖新翔公司按约应于2017年2月11日返还广西一建公司2000万元,于2017年8月5日返还广西一建公司1500万元。但按照广西一建公司所确认的,芜湖新翔公司已返还3 235 542.88元。因此,该31 764 457.12元(3500万元-3 235 542.88元)履约保证金的延期付款利息,一审法院确定分段计付如下:①以16 764 457.12元为本金,自2017年2月11日起至款清之日止,按中国人民银行发布的同期同类贷款利率计付利息;②以1500万元为本金,自2017年8月5日起至款清之日止,按中国人民银行发布的同期同类贷款利率计付利息。

关于广西一建公司诉请的项目管理费15 969 459.41元。经审查,依照涉案《合作融资协议》第1条的约定,双方确认,截至2014年12月31日,芜湖新翔公司应支付广西一建公司项目管理费950万元。依照涉案《合作融资协议》第2条的约定,涉案抵押财产的抵押登记完成后,对第1条中拖欠的950万元履约保证金,自2015年1月1日起,芜湖新翔公司无须按本协议签订前签署的合同和协议承担利息。关于涉案《合作融资协议》约定的后期项目管理费,由于广西一建公司中途退场,合同未履行完毕,且双方未作最终确认,因此不予支持。

关于广西一建公司诉请芜湖新翔公司支付垫资施工利息1 828 815.35元,并承担该利息的延期付款利息能否成立。依照涉案《合作融资协议》第1条的约定,双方确认垫资施工利息为204.99万元,其中,广西一建公司认可已付垫资施工利息221 086.65元,芜湖新翔公司尚欠垫资利息1 828 815.35元。广西一建公司诉请芜湖新翔公司支付垫资施工利息1 828 815.35元,有合同依据,一审法院予以支持。关于广西一建公司诉请芜湖新翔公司支付该垫资施工利息的延期付款利息,于法无据,一审法院不予支持。

关于广西一建公司诉请芜湖新翔公司赔偿4 460 742.85元损失费用,并承担该损失费用延期付款利息能否成立。依照涉案《合作融资协议》第2条的约定,涉案抵押财产的抵押登记完成后,对第1条中拖欠款项,自2015年1月1日起,芜湖新翔公司无须按本协议签订前签署的合同和协议承担利息、支付违约金及赔偿损失。因此,广西一建公司的该诉讼请求,与合同约定不符,一审法院不予支持。

关于广西一建公司诉请在芜湖新翔公司欠付工程款及利息范围内就涉案已完工程折价或拍卖价所得价款享有优先受偿权能否成立。经审查,涉案工程未按约履行完毕,仅部分工程竣工验收合格,涉案已完工程价款也未经双方核实确认。此外,按照芜湖新翔公司出庭证人的证言,广西一建公司于2017年8月份退场,因此,广西一建公司于2018年1月24日向一审法院提起诉讼,也未超过法定的6个月期限。因此,广西一建公司主张在芜湖新翔公司欠付工程款范围内就涉案工程折价或拍卖价所得价款享有优先受偿权,于法有据,一审法院予以支持。广西一建公司主张对工程延期付款利息亦享有优先受偿权,不符合《最高人民法院关于审理建设工程施工合同纠纷案件适用法律问题的解释(二)》(以下简称"《施工合同司法解释(二)》")第17条的规定,因此一审法院不予支持。

关于广西一建公司诉请芜湖新翔公司承担其支付的诉讼保全担保费,由于依据不足,一审法院不予支持。

一审法院依照《合同法》第52条第5项、第286条,《招标投标法》第3条第1款第1项,《施工合同司法解释》第1条第3项、第2条,《施工合同司法解释(二)》第17条,《民事诉讼法》第142条,《最高人民法院关于民事诉讼证据的若干规定》(以下简称"《民事证据规定》")第2条、第72条之规定,判决:①芜湖新翔公司自判决生效之日起15日内支付广西一建公司47 896 636.72元工程欠款;②芜湖新翔公司自判决生效之日起15日内返还广西一建公司履约保证金61 764 457.12元及利息(以61 764 457.12元为本金,自2017年2月11日起至款清之日止,按中国人民银行发布的同期同类贷款利率计付利息;以1500万元为本金,自2017年8月5日起至款清之日止,按中国人民银行发布的同期同类贷款利率计付利息);③芜湖新翔公司自判决生效之日起15日内支付广西一建公司项目管理费950万元;④芜湖新翔公司自判决生效之日起15日内支付广西一建公司垫资施工利息1 828 815.35元;⑤广西一建公司在芜湖新翔公司欠付工程款47 896 636.72元范围内就涉案已完工程折价或拍卖价所得价款享有优先受偿权;⑥驳回广西一建公司的其他诉讼请求。如果未按判决指定的期间履行金钱给付义务,应当按照《民事诉讼法》第253条的规定,加倍支付迟延履行期间的债务利息。一审案件受理费1 019 995元,由广西一建公司负担319 995元,芜湖新翔公司负担70万元;鉴定费60万元,由广西一建公司负担20万元,芜湖新翔公司负担40万元;保全费5000元,由芜湖新翔公司负担。

后广西一建公司及芜湖新翔公司均不服一审判决,向最高人民法院上诉。

广西一建公司上诉请求:①撤销一审判决第1项,改判芜湖新翔公司向广西一建公司支付工程款73 942 264.02元及支付工程款逾期付款利息14 676 230.21元(暂计算至2017年12月10日,实际应计算至款项清偿完毕之日);②撤销一审判决第2项,改判芜湖新翔公司向广西一建公司支付履约保证金61 764 457.12元及利息12 543 365.15元(暂计算至2017年12月10日,实际应计算至款项清偿完毕之日);③撤销一审判决第3项,改判芜湖新翔公司向广西一建公司支付项目管理费15 969 459.41元及逾期付款利息4 292 041.21元（暂计算至2017年12月10日，实际应计算至款项清偿完毕之日）；④撤销一审判决第5项，改判广西一建公司在芜湖新翔公司欠付工程款范围内就涉案已完工程折价款或拍卖所得价款享有优先受偿权；⑤撤销一审判决第6项，改判支持广西一建公司其他全部诉讼请求，即改判解除广西一建公司、芜湖新翔公司签订的4份《建设工程施工合同》；改判芜湖新翔公司向广西一建公司支付垫资施工利息逾期付款利息491 522.64元、损失赔偿费用4 460 742.85元及逾期付款利息1 198 894.19元（暂计算至2017年12月10日，实际应计算至款项清偿完毕之日）；⑥一、二审案件受理费、保全申请费等诉讼费用及鉴定费、诉讼保全担保费由芜湖新翔公司承担。广西一建公司主张的事实与理由如下：

（1）涉案4份《建设工程施工合同》及《补充协议》应为有效：其一，涉案工程建设资金均为开发商自筹，并非源于国家投融资，也不存在使用国际组织或者外国政府贷款、援助资金情形。涉案工程不属于《招标投标法》第3条规定的必须进行招标的项目。同时，根据《住房和城乡建设部关于推进建筑业发展和改革的若干意见》（建市〔2014〕92号）第2条第5款"改革招标投标监管方式。调整非国有资金投资项目发包方式，试行非国有资金投资项目建设单位自主决定是否进行招标发包，是否进入有形市场开展工程交易活动，并由建设单位对选择的设计、施工等单位承担相应的责任。"的规定，因涉案项目建设资金均为开发商自筹，且项目由芜湖新翔公司决定不采取招投标方式而直接与广西一建公司签订4份《建设工程施工合同》及《补充协议》，故上述协议应为有效。其二，根据2018年6月1日起实施的《必须招标的工程项目规定》，对于大型基础设施、公用事业等关系社会公共利益、公众安全的项目，如果不涉及国有资金、国家融资，不涉及国际组织或者外国政府贷款、援助资金，必须招标的具体范围由国务院发展改革部门会同国务院有关部门按照"确有必要、严格限定"的原则制订，报国务院批准。虽然该规定系自2018年6月1日起实施，但将该原则适用于既往签订的合同，有利于最大限度尊重当事人真实意思。涉案工程不属于《招标投标法》第3条第1款第1项规定的"大型基础设施、公用事业等关系社会公共利益、公众安全的项目"范畴。

（2）一审判决对芜湖新翔公司所欠5类款项本金和利息认定错误，应予改判。根据涉案《合作融资协议》约定，芜湖新翔公司向广西一建公司应付款本金计算基数包含：履约保证金6500万元；借款1000万元（另案）；项目管理费1790万元；工程款77 105 007.19元；垫资施工利息204.99万元；损失赔偿费用500万元。自2015年1月23日至2018年2月7日，芜湖新翔公司共向广西一建公司支付3266.5万元。因《合作融资协议》仅约定了分期还款时间，未约定6类款项的还款顺序，因此广西一建公司根据按比例分摊以及"先扣息、后扣本"的原则，计算此3266.5万元所支付的前述各类款项的金额。结论：已付工程款本金3 162 743.17元，已付履约保证金本金3 235 542.88元，已付垫资施工利息本金221 084.65元，已付损失赔偿费用本金539 257.15元，已付项目管理费本金1 930 540.59元，已付借款本金1 078 514.29元。因此，各款项未付本金情况：工程款73 942 264.02元，履约保证金61 764 457.12元，项目管理费15 969 459.41元，垫资施工利息1 828 815.35元，损失赔偿费用4 460 742.85元，借款8 921 485.71元。

但一审法院未完全采纳上述计算方式，导致相关款项本金、利息认定有误：其一，关于欠付工程款本金、逾期付款利息。对于芜湖新翔公司已支付的3266.5万元，一审法院采纳了广西一建公司对履约保证金、垫资施工利息所付本金的计算结果，认可履约保证金已付本金3 235 542.88元，垫资施工利息已付本金221 084.65元。但对于剩余的29 208 370.47元，却以《建设工程施工合同》无效或《合作融资协议》有关约定为由，认定该笔款项全部用于清偿工程款，进而认定未付工程款为47 896 636.72元，该结论不当。其二，关于工程款逾期付款利息。就广西一建公司第5项诉讼请求，一审判决认为"广西一建公司未主张延期付款利息数额"，"广西一建公司诉请芜湖新翔公司支付工程延期付款利息分为两部分，1. 拖欠工程进度款利息70311514.44元，暂计至2017年12月10日，款清息止；2. 工程尾款利息，按照合同约定的日0.03%标准"，上述认定明显错误，遗漏了广西一建公司在一审第5项诉讼请求中就工程进度款33 418 311.74元所主张的逾期付款利息7 644 715.77元（暂计）。根据《合作融资协议》及合同履行过程中双方往来函件，广西一建公司主张的工程款逾期付款利息共分三段计算。第一段为《合作融资协议》第1条确认的2014年9月30日之前工程进度款2932.5万元，应按年利率24%计算利息至款项全部清偿之日，暂计算至2017年12月10日为7 031 514.44元。《合作融资协议》第2条第3款的原文是"关于抵押财产的抵押登记完成后，上述第一条中的拖欠款项自2015年1月1日起，芜湖新翔公司无需再按双方间在本协议签订前签署的合同和协议承担利息、违约金及损失赔偿。但本协议另有约定的除外"。但一审法院却理解为"抵押登记完成后，本协议第一条约定的利息、违约金及损失赔偿不再承担"，而未支持此部分利息错误。第二段为芜湖新翔公司2017年4月27日向广西一建公司发出《回函》及附件《芜湖新翔科技项目工程款计息统计表》确认的自2014年10月1日起的工程进度款33 418 311.74元，按照日0.03%计算利息至款项全部清偿之日止，暂计算至2017年12月10日为7 644 715.77元，即被遗漏的一审第5项诉讼请求。第三段为，根据目前鉴定机构认定的已完工程造价77 105 007.19元，减去前述两项共确认的工程进度款62 743 311.74元所得出的工程尾款，按照起诉之日按每日0.03%应支付的利息。其三，关于履约保证金逾期付款利息。就广西一建公司前期支付的3000万元履约保证金所对应的利息，一审法院未予以支持，属不当。对于剩余的3500万元履约保证金，芜湖新翔公司应按照《合作融资协议》所约定的年利率24%向广西一建公司支付利息，一审判决认为《合作融资协议》

约定的年利率24%无效，因而判决按照中国人民银行同期贷款利率计息缺乏依据。其五，关于项目管理费及其利息。广西一建公司所主张的项目管理费共有两项，即《合作融资协议》第1条约定的950万元以及第五条约定的840万元。一审仅支持了950万元本金，对950万元逾期未付款部分的利息以及840万元及相应利息未予支持不当。全部项目管理费未付本金应为15 969 459.41元，逾期付款利息应为4 292 041.21元。其六，关于垫资施工利息的逾期付款利息。一审判决对垫资施工利息欠付本金认定正确，但由于对《合作融资协议》第2条第3款理解错误导致未支持相应逾期付款利息，应予以改判。其七，关于损失赔偿费用及逾期付款利息。损失赔偿费用的约定属于双方真实意思表示，芜湖新翔公司也未提出过任何异议，一审法院不予支持该部分费用及逾期付款利息不当，应按照前述计算方式，确定损失赔偿费用未付本金为4 460 742.85元，逾期付款利息暂计算至2017年12月10日为1 198 894.19元。其八，关于诉讼保全担保费。广西一建公司支付的保全担保费380 250元属于为本案诉讼的合理支出，且该费用系因芜湖新翔公司违约导致的损失，根据《合同法》第107条规定，应由芜湖新翔公司承担，一审判决对此未予支持的做法不当。

芜湖新翔公司辩称：

（1）一审法院认定涉案4份《建设工程施工合同》及《补充协议》无效，事实清楚、适用法律正确。①涉案项目土地规划用途是居住、商业、科教（孵化器），其中科教用地占总用地面积30%且全部用于孵化器建设，占总用地面积10%的商住用地用于孵化器配套建设，建设单位必须是从事科技成果转化、科技企业孵化业务的专业性公司。另外，芜湖新翔科技孵化器是安徽省重点引进中国科技开发院主持、省级认定的高新技术创业服务中心。本项目具有显著的公益性、科技性和政府色彩，特别拨有200万元中央预算资金、200万元地方配套资金及国家相应产业扶持资金，至今政府已陆续向芜湖新翔公司拨付款项超2000万元。因涉案项目属科技项目，属关系社会公共利益、公众安全的公用事业项目，且部分使用国有资金投资建设，依法必须招投标。但本案项目并未依法履行招投标程序，故根据《招标投标法》第3条第1款，《工程建设项目招标范围和规模标准规定》第3条、第7条，及《施工合同司法解释》第1条的规定，涉案4份《建设工程施工合同》及《补充协议》应当为无效合同。②芜湖新翔公司、广西一建公司在中标及合同备案前，早已进行实质性谈判，对整个工程项目的价款、承包范围及方式等实质性内容提前达成共识并签订了协议，违反了《招标投标法》第43条的规定。根据《招标投标法》第55条规定，涉案4份《建设工程施工合同》及《补充协议》亦应认定为无效合同。

（2）关于《合作融资协议》的效力及广西一建公司依据该协议主张的相关款项能否得到支持的问题。首先，从涉案《合作融资协议》的内容，包括该协议所约定的保理款1.5亿元的发放、用途、偿还等，都可以看出该份协议是为解决涉案项目施工过程中出现的建设资金问题而签订,与涉案工程密不可分,是《建设工程施工合同》《补充协议》的补充。主合同无效,作为从合同的《合作融资协议》亦无效,广西一建公司依据该协议约定主张的除履约保证金外的费用及利息均不应支持。其次,即便《合作融资协议》有效,由于该协议中关于履约保证金、项目管理费、工程款利息、损失赔偿费用等约定条款来源于无效的《补充协议》,且严重背离中标备案合同的实质条款,故这些条款约定仍应属无效。同时,广西一建公司违反其与远东公司签订的《有追索权保理合同》关于最后一笔还款时间的约定,擅自提前还款,未专款专用于工程建设,构成严重违约,无权按《合作融资协议》的约定收取项目管理费、工程款利息、损失赔偿费等费用及利息。

(3)关于本案工程款数额问题。在项目施工过程中,芜湖新翔公司垫付了全部水电费 676 705.08 元,该款项应当从鉴定造价 77 105 007.19 元中予以扣除,因此芜湖新翔公司应付广西一建公司工程款 46 998 844.99 元。同时,关于本案还款顺序的问题。因双方以实际履行的行为方式就芜湖新翔公司支付款项优先用于支付工程款和返还履约保证金已达成合意,故本案应该先偿还本金,再偿还利息。其一,广西一建公司擅自将融资资金挪作他用并提前还款,造成工期严重延误,无权要求芜湖新翔公司承担由此产生的工程进度款利息及按年利率 24% 支付拖欠款项利息,故本案没有先抵扣利息再抵扣本金的前提基础。其二,广西一建公司提交的证据《芜湖项目甲方欠款汇总表》明确记载了芜湖新翔公司已付款金额及用途,其中第 1 项备注载明"按《合作融资协议》约定截至 2017 年 4 月 30 日已全部到期。芜湖新翔公司已付款含归还履约保证金 810 万,支付工程款 1858.5 万元";第 4 项备注载明"我公司统计截至 2017 年 3 月 31 日完成产值 7348.84 万元,扣除已在融资协议的工程款 2932.5 万元及芜湖新翔公司支付的工程款 20 万元,尚欠 4396.34 万元"。另外,芜湖新翔公司在支付给广西一建公司的 3266.5 万元的一系列银行转账凭证中,注明的用途仅有"往来款""工程款""农民工工资",而没有用于抵扣利息、违约金的用途意思表示。广西一建公司提交的证据《回函》及《芜湖新翔科技项目工程款计息统计表》,表明芜湖新翔公司也是按照所支付的款项先抵扣本金,再抵扣或计算利息的。其三,广西一建公司原《民事起诉状》第 2 页倒数第 13 行载明"至今芜湖新翔公司仅仅偿还了一部分款项,以及在 2017 年支付了部分工程款,其中工程款 1878.5 万元,管理费 338 万元,履约保证金 810 万元"。据此,其以自认的方式确认芜湖新翔公司支付的上述款项已偿还相应本金共计 3026.5 万元的事实。根据《民事证据规定》第 74 条的规定及诚实信用原则,当事人不能随意撤回自认或者再作相反的主张,故本案应先偿还本金再偿还利息。

(4)关于诉讼保全担保费用问题。该项费用非法定费用,亦非合理必要费用,应当由广西一建公司自行承担。综上,广西一建公司的上诉理由不能成立,请求驳回广西一建公司的上诉请求。

芜湖新翔公司上诉请求：①撤销一审判决第1项，依法改判芜湖新翔公司支付广西一建公司工程款为46 998 844.99元；②撤销一审判决第3项、第4项，驳回广西一建公司项目管理费、垫资施工利息的诉讼请求；③一、二审诉讼费用由广西一建公司承担。

事实和理由：①一审判决认定"经鉴定单位当庭解释，芜湖新翔公司对此已不持异议。鉴定报告意见中确定的施工用水费用为473 541.68元，已从涉案工程价款中扣除"与事实不符。根据涉案鉴定意见书第4部分第3条"会议纪要……施工用水电费按定额含量及单价计算，双方结算时自行处理……鉴定金额已含施工用水电费473 541.68元……"的内容，鉴定意见确定的施工用水电费为473 541.68元，包含在鉴定金额77 105 007.19元中，对于该费用，鉴定意见并没有予以扣除，而是要求双方在结算时自行处理。芜湖新翔公司在一审庭审中向鉴定单位提出的问题是鉴定报告为何没有直接将水电费从涉案工程价款中扣除，经鉴定单位解释后，对其工程鉴定造价包含水电费473 541.68元而未予扣除的鉴定立场表示尊重，但并未表示放弃该实际垫付款项应当从工程造价中扣除的主张。故应直接从工程造价款中扣除芜湖新翔公司实际支出的水电费款项676 705.08元，或至少应直接扣除水电费造价鉴定金额457 638.73元。因此，芜湖新翔公司尚欠广西一建公司工程款77 105 007.19元－（已付工程进度款32 665 000元－履约保证金3 235 542.88元）－垫付水电费676 705.08元＝46 998 844.99元。②芜湖新翔公司不应当支付项目管理费950万元、垫资施工利息1 828 815.35元：其一，涉案《合作融资协议》系基于4份《建设工程施工合同》及《补充协议》而签订，是为解决涉案项目施工过程中出现的建设资金问题，是《建设工程施工合同》及《补充协议》的补充。一审法院已认定《建设工程施工合同》《补充协议》无效，作为从合同的《合作融资协议》亦应认定无效，广西一建公司无权依据无效合同的约定主张项目管理费、垫资施工利息。其二，即便《合作融资协议》有效，其中第1条中项目管理费950万元、垫资施工利息204.99万元的约定来源于《补充协议》中第5条项目管理费、第10条第5项工程款利息之约定，因《补充协议》为无效合同，故《合作融资协议》中该部分条款应为无效条款。同时，《合作融资协议》中的该部分约定与中标备案合同约定完全不一致，严重背离中标备案的3份《建设工程施工合同》的实质性内容，违反招投标法的强制性规定，该条款约定亦无效，广西一建公司无权依据无效条款约定主张项目管理费、垫资施工利息。另外，广西一建公司与称远东公司于2015年1月5日签订的《有追索权保理合同》，约定最后一笔还款时间应为广西一建公司收到远东公司款项后第36个月即2018年2月付清，但《芜湖新翔科技项目资金情况表》记载广西一建公司于2016年9月就提前还清了所有借款，远远早于约定的还款日期。广西一建公司在没有告知、征求芜湖新翔公司意见的情况下，擅自提前还款，未专款用于工程建设，构成严重违约，亦无权按《合作融资协议》的约定收取项目管理费、垫资施工利息等费用。

广西一建公司辩称：①关于《建设工程施工合同》《补充协议》《合作融资协议》的效力问题：其一，涉案4份《建设工程施工合同》合法有效。涉案项目并不属于"必须招投标的项目"，对于项目资金，双方在合同中明确约定为自筹，即芜湖新翔公司并未向广西一建公司披露本项目中存在其他资金来源，结合芜湖新翔公司的举证来看，在上述合同签订时也不存在其他任何资金来源。同时，芜湖新翔公司也未举证证明涉案项目属于公用事业项目或者属于其他必须招投标的项目范畴。根据《必须招标的工程项目规定》第4条的规定，民企投资项目不再属于必须招标的范围。虽然《必须招标的工程项目规定》系自2018年6月1日起实施，但将该原则适用于既往签订的合同，有利于最大限度尊重当事人的真实意思，且并无证据证明适用的结果将损害公共利益和公众安全。这一精神，也在"（2018）最高法民终475号"一案中有所体现。且《招标投标法》第55条规定："依法必须进行招标的项目，招标人违反本法规定，与投标人就投标价格、投标方案等实质性内容进行谈判的，给予警告，对单位直接负责的主管人员和其他直接责任人员依法给予处分。前款所列行为影响中标结果的，中标无效。"据此，如在招标前开展相关谈判，并不必然导致中标合同无效。本案中，在双方签订的4份《建设工程施工合同》中，后面3份是分别针对不同的单体工程，就单体工程的范围、建设工期、工程质量、工程价款等约定，在第1份合同中并无体现，即2013年5月31日签订的《建设工程施工合同》与之后签订的3份《建设工程施工合同》无直接关联。同时，涉案《补充协议》系双方真实意思表示，不违反法律法规的强制性规定，合法有效。广西一建公司已将3000万元于2013年6月8日支付至芜湖新翔公司所指定的公司名下，该协议已经履行完毕。从该协议内容看，主要是约定履约保证金和项目管理费事宜，独立于4份《建设工程施工合同》，尤其独立于其后就各单体工程签订的3份《建设工程施工合同》。其二，涉案《合作融资协议》系双方在广西一建公司进场施工将近1.5年时，就芜湖新翔公司所欠债务的确认事宜而签订，该协议效力独立于《建设工程施工合同》，应为有效。此外，芜湖新翔公司于2017年4月27日向广西一建公司提供的《回函》及附件《芜湖新翔科技项目工程款计息统计表》，也是芜湖新翔公司对债务的确认，同样合法有效。②关于水电费问题：首先，广西一建公司并未在芜湖新翔公司提交的水电费相关证据上盖章确认，并未对数额表示认可，芜湖新翔公司所称"广西一建公司签字确认的水电费金额为648 425.77元，对此广西一建公司在工程造价鉴定过程中已予承认"的情况不准确。其次，本案是建设工程施工合同纠纷，如芜湖新翔公司代广西一建公司向第三方支付了水电费而要求扣减，此主张本质上包括了请求给付内容，属于独立诉讼请求，芜湖新翔公司应另行提起诉讼，不应在本案进行处理。综上，广西一建公司请求驳回芜湖新翔公司的上诉请求。

二审期间，广西一建公司向二审法院提交了2组证据，第1组证据系开票日期为2018年5月9日的《广西增值税普通发票》、交易日期为2018年4月13日的中国邮政储蓄银行《结算账户付款凭证》、落款日期为2018年5月4日的《诉讼保全责任保险投保单》各一份，拟证明广西一建公司就本案起诉事宜向平安保险公司支付诉讼保全担保费380 250元。第2组证据系广西壮族自治区南宁市中级人民法院（2018）桂01民初89号案件开庭审理笔录、质证笔录及芜湖新翔公司的代理词，拟证明芜湖新翔公司自认其无法区分所支付的3266.5万元款项的性质，广西一建公司采取按比例分摊原则分别计算所清偿的各类款项是合法、合理的。

芜湖新翔公司质证称：对第1组证据的真实性、合法性无异议，但认为其与本案无关，因为保全费用并非法律规定的费用，也非合理的、必要的费用，广西一建公司完全可以采取其他的担保方式，而不采取交纳巨额保险费用的方式来取得财产保全，该费用应由广西一建公司自行承担。对第2组证据的真实性、合法性及关联性均无异议。由于芜湖新翔公司认为涉案4份《建设工程施工合同》及《补充协议》《合作融资协议》都是无效合同，故只认可应当支付的款项是工程款或者工程进度款及履约保证金，不应承担其他费用。除了涉案相关款项，双方之间还有借款，芜湖新翔公司在双方借款一案的一审中提出双方往来款540多万元全部抵扣借款，未获得支持。芜湖新翔公司虽在该案中提出还款无法区分，但要求以本案一审判决作为扣除借款本金以及利息的依据，也未获支持。故具体如何划分借款、履约保证金及工程进度款，芜湖新翔公司认为应由法院依法予以认定。

芜湖新翔公司向二审法院提交了6份证据，其中第1份证据系落款日期为2013年4月16日的《芜湖县国土资源局国有建设用地使用权出让公告》（芜国土挂告字〔2013〕03号）；第2份证据系芜湖县人民政府与芜湖新翔公司、中国科技开发院有限公司、安徽华夏微波电子股份有限公司签订的《中国科技开发院（芜湖）高技术服务业基地投资协议》；第3份证据系安徽新芜经济开发区管理委员会、芜湖县机械工业园管理委员会分别于2013年11月13日，2014年10月10日、11月25日、12月16日，2016年1月12日向芜湖新翔公司付款的收款通知单或收款回单共6份；第4份证据系落款日期为2014年12月19日的《芜湖市发展改革委关于下达2014年中央预算内投资国家服务业发展引导资金计划的通知》；第5份证据系芜湖县财政局于2015年5月20日、芜湖县国库支付中心2015年12月29日分别向芜湖新翔公司汇款的国内支付业务收款回单各一份；第6份证据系安徽省科学技术厅于2016年12月21日发布的《关于公布2016年度通过认定的省级科技企业孵化器和备案众创空间的通知》。上述证据拟证明涉案项目系科教与商品住宅综合项目，其中科教用地占总面积30%且全部用于孵化器建设，占总用地面积10%的商住用地用于孵化器配套建设，是省级认定的高新技术产业，属于关系公共利益、公众安全的公用事业项目，且项目享有中央预算资金、地方配套资金及政府奖励,依法必须经过招投标。而本案《建设工程施工合同》《补充协议》未经过招投标的法定程序,违反法律、行政法规的强制性规定,应当为无效合同。

广西一建公司质证称:对第1份证据,因芜湖新翔公司未提交原件,对其真实性、合法性、关联性不予认可。且仅有土地出让公告,无法确认芜湖新翔公司是否获得公告中的土地使用权,也无法确定土地使用权中有多少是科教用地,多少是居住、商业用地,土地使用权人和土地实际用途和对应面积,均应以不动产权证规定的为准。对第2份、第3份证据的真实性无异议,但认为其与本案无关联,不能证明待证事实。《中国科技开发院(芜湖)高技术服务业基地投资协议》第1条虽约定了项目用地概况,但仅凭该协议,无法确认芜湖新翔公司是否获得相关土地使用权,且该协议约定科教用地全部用于孵化器建设,而除3万m²的孵化器项目外,其他均可销售。也即假如芜湖新翔公司获得了涉案用地,则仅2013年9月25日就孵化器大楼签订的《建设工程施工合同》所涉土地使用权是科教用地,其他单体工程《建设工程施工合同》所涉土地不是科教用地。同时,根据该份协议第3条约定,芜湖县人民政府向芜湖新翔公司支付的款项,系附条件的奖励款,无相关法律规定政府给予奖励的项目等同于"公用事业项目"。对第4份证据,芜湖新翔公司未提交原件,对其真实性不予认可。且该文件的下发时间为2014年12月19日,晚于本案其中3份《建设工程施工合同》,不适用于合同签订时的情况。同时,根据文件提及的《国家服务业发展引导资金使用管理办法》第1条、第2条规定,此类资金性质属于国家引导资金,系补助性资金,无相关法律规定国家补助项目等同于"公用事业项目"。对第5份证据的真实性予以认可,但其与本案无关联,不能证明待证事实。对第6份证据,芜湖新翔公司未提交原件,对其真实性不予认可。且文件的下发时间为2016年12月21日,不适用于本案合同签订时的情况。

最高人民法院对上述证据认证如下:对于广西一建公司提交的2组证据。因芜湖新翔公司对真实性无异议,对该两组证据的真实性予以认定。对于芜湖新翔公司提交的6份证据,广西一建公司对第2、3、5份证据的真实性无异议,对第6份证据,芜湖新翔公司提交了原件,对该4份证据的真实性予以确认。对于芜湖新翔公司提交的第1份证据,该份证据虽系复印件,但其内容与芜湖新翔公司在一审中提交的芜国用(2013)第003098号、芜国用(2013)第003099号两份国有土地使用证能够相互印证,故对该份证据的真实性,予以确认。此外,对于芜湖新翔公司提交的第4份证据,因未提交原件,广西一建公司对其真实性也不认可,对该份证据不予采信。对以上证据的证明目的,最高人民法院结合庭审查明事实及在案其他证据综合予以认定。

最高人民法院二审查明的事实除与一审相同之外,另查明:

(1)芜湖新翔公司二审提交的《中国科技开发院(芜湖)高技术服务业基地投资协议》第1条"项目概况"载明"用地性质为商住用地和科教用地……科教用地面积

占总用地面积的30%，商住用地面积占总用地面积的70%；其中占总面积10%的商住用地用于孵化器的配套建设，可分割销售；科教用地全部用于孵化器建设……"2013年12月16日芜湖县人民政府颁发的芜国用（2013）第003098号、芜国用（2013）第003099号两份国有土地使用证显示芜湖新翔公司通过出让方式取得了坐落在芜湖县滨湖大道北侧、水阳江路南侧、规划中罗福湖路西侧相关土地的使用权，上述地块使用权面积分别为26 094.3m²、60658.3m²，分别为科教用地、居住商业用地。

（2）芜湖县财政局、芜湖县国库支付中心分别于2015年5月20日、12月29日向芜湖新翔公司各汇款80万元，汇款附言分别为付项目资金、建设项目引导资金。

（3）2017年4月27日，芜湖新翔公司向广西一建公司发送的《回函》载明"我司工程部于2017年3月28日与贵司本项目有关人员进行了会面，双方共同确认了已完成的工程产值，但对于利息的计算有不同意见，还请有关领导协商决定。附表一为我司已同意的应计算利息，请查收。"附表一《芜湖新翔科技项目工程款计息统计表》记载：2014年10月至2016年12月合计：工程款金额33 418 311.74元，扣除水电费1 030 463.45元，计息工程款32 187 848.29元，计息截止日2017年2月28日，应赔偿利息3 052 828.75元。备注2014年10月扣除工程款20万元，2015年10月扣提取安措费102 749.34元，以上利息计取的计息扣除了2016年4月~9月的150天停工时间。

（4）2017年5月23日、7月24日，广西一建公司分别向芜湖新翔公司发送了《确认函》，分别载明"我公司根据以上条款，确认贵公司累计拖欠我公司《融资协议》约定归还款项5918.99万元、项目管理费502万元；履约保证金3500万元；工程进度款4396.34万元；拖欠融资款项产生的违约金2004.89万元（详见附表二）；拖欠工程进度款违约金534.46万元（详见附表三）；合计16 856.68万元（详见附表一）。如贵公司对以上欠款有异议，请在收函之日起15日内书面回复，否则视为贵公司同意以上欠款……我公司根据以上条款，确认贵公司累计拖欠我公司《融资协议》约定归还款项5918.99万元、项目管理费502万元；履约保证金3500万元；工程进度款4396.34万元；拖欠融资款项产生的违约金2379.11万元（详见附表二）；拖欠工程进度款违约金616.18万元（详见附表三）；合计17 312.62万元（详见附表一）。如贵公司对以上欠款有异议，请在收函之日起15日内书面回复，否则视为贵公司同意以上欠款"。芜湖新翔公司在上述2份《确认函》上分别书写"收到，具体数据待核算后才能确认"，"收到。经核算和双方协商后方能确认最终数字"，并均加盖了公章。

（5）一审中，芜湖新翔公司提交的《新翔科技付广西一建工程款统计表》及转账凭证显示，芜湖新翔公司在向广西一建公司支付相关款项时，在转账凭证上载明的款项用途分别为"工程款""农民工工资""管理费""往来款"等。

（6）在广西壮族自治区南宁市中级人民法院审理的"（2018）桂01民初89号"案件中，芜湖新翔公司的委托诉讼代理人在庭审中称"根据合作融资协议，我方欠广西一建公司款项共计8587.49万元,之后偿还了3266.5万元,但具体是还哪一笔未做区分"。本案一审庭审中,芜湖新翔公司称"已完工按造价鉴定,已付款无法区分,由法院进行判令,我们认为先还本再还息"。二审庭前会议中,在法庭询问"你方主张说的已付款优先支付工程款和返还履约保证金这个事已经达成合意的,你们在一审中答辩的时候也提到的,你们的依据是什么"时,芜湖新翔公司称"依据也就是刚才提交给法院的2份确认函"。

(7) 涉案《工程造价鉴定意见书》记载"……四、鉴定意见……三)相关说明,1) 会议纪要……18. 施工用水电费按定额含量及单价计算,双方财务结算时自行处理。……3) 鉴定金额中已含施工用水电费473 541.68元。"其中,附件D.4会议纪要中记载"会议时间2019年5月5日~2019年5月10日,会议议题鉴定相关问题协商,会议内容工程造价鉴定征求意见书相关问题三方核对,并就相关问题协商一致。形成的意见……18. 施工用水电费按定额含量及单价计算,双方财务结算时自行处理"。一审庭审中,芜湖新翔公司询问鉴定人员"关于水电费457 638.73元,我们向鉴定机构提供交费记录,鉴定报告为什么没有直接扣除水电费",鉴定人员称"第一,最终定稿的比原来核对的要高,现在这个金额是加上税金的金额。第二,水电费没有直接扣除,是由于双方存在争议,被告认为水电费由被告交,原告方认为有部分水电费是其交的。第三,水电费在三方核对中提到,在鉴定报告第17页,三方达成一致,施工用水电费按定额含量及单价计算"。二审中,在法庭询问"广西一建公司,你们在施工过程中交过水电费没有?"时,广西一建公司称"交过,目前没有证据"。广西一建公司在向一审法院提交的证据质证意见中称"广西一建公司确认的业主实际支付的水电费为598793.3元,该水电费也与本案无关,实质上已经从广西一建公司向芜湖新翔公司申请的进度款审核中扣除,不应进行抵扣或抵销"。

(8) 涉案4份《建设工程施工合同》通用条款第33.3款均约定"发包人收到竣工结算报告及结算资料后28天内无正当理由不支付工程竣工结算价款,从第29天起按承包人同期向银行贷款利率支付拖欠工程价款的利息,并承担违约责任"。专用条款第35.1.3款均约定"本合同通用条款第33.3款约定发包人违约应承担的违约责任:如发生,从违约之日起,发包人每天按欠款总额的0.03%向承包人支付违约金"。

(二) 争议焦点

焦点一,关于涉案《建设工程施工合同》及相关协议的效力问题。

《招标投标法》第3条规定:"在中华人民共和国境内进行下列工程建设项目包括项目的勘察、设计、施工、监理以及与工程建设有关的重要设备、材料等的采购,必须进行招标:(一)大型基础设施、公用事业等关系社会公共利益、公众安全的项目;……前款所列项目的具体范围和规模标准,由国务院发展计划部门会同国务院有关部门制订，报国务院批准。法律或者国务院对必须进行招标的其他项目的范围有规定的，依照其规定。"上述关系社会公共利益、公众安全的基础设施的项目范围，根据2000年4月4日国务院批准、2000年5月1日原国家发展计划委员会、原国家计划委员会发布的《工程建设项目招标范围和规模标准规定》第7条的规定，包括施工单项合同估算价在200万元人民币以上的工程建设项目，以及单项合同估算价低于前项规定标准，但总投资额在3000万元人民币以上的工程建设项目。而本案中，2013年5月31日《建设工程施工合同》约定价款暂定为45 000万元，剩余3份《建设工程施工合同》作为双方签订的分部分项工程施工合同，约定价款都在200万元以上。故根据上述规定，涉案工程属于必须招投标的大型工程建设项目。虽然《工程建设项目招标范围和规模标准规定》已于2018年废止，2018年6月1日生效实施的《必须招标的工程项目规定》也大幅限缩了大型基础设施、公用事业等关系社会公共利益、公众安全项目的范围，但涉案4份《建设工程施工合同》签订于2013年至2015年，广西一建公司依据上述合同所实施的施工行为在2017年1月也已经停止，涉案工程施工期限早于《必须招标的工程项目规定》颁布实施日，一审法院依据行为时的相关法律规定认定涉案工程属于必须进行招标的项目并无不当，最高人民法院予以维持。同时，芜湖县财政局、芜湖县国库支付中心分别于2015年5月20日、12月29日向芜湖新翔公司各汇款80万元，汇款附言记载系付项目资金、建设项目引导资金，这表明涉案项目资金部分系政府拨款，广西一建公司主张涉案建设资金全部系开发商自筹与事实不符。此外，即便对于非必须招标的项目，如当事人自愿选择通过招投标程序订立合同，也应当受《招标投标法》的约束。

本案中，广西一建公司施工承包的具体范围是依据2013年9月25日、2014年3月21日、2015年7月23日3份《建设工程施工合同》确定的，在签订上述3份合同之前，芜湖新翔公司均向广西一建公司发出了《中标通知书》，但双方实际上并未履行法定招投标程序。且在上述3份合同签订之前，双方便通过签订2013年5月31日《建设工程施工合同》《补充协议》确定了广西一建公司承包人身份，广西一建公司还向芜湖新翔公司缴纳了履约保证金。且在广西一建公司与芜湖新翔公司签订2014年3月21日《建设工程施工合同》之前的2014年3月18日，监理单位就签发开工令通知广西一建公司就合同所约定的相关工程开工。上述行为明显违反《招标投标法》的强制性规定，根据《施工合同司法解释》第1条"建设工程施工合同具有下列情形之一的，应当根据合同法第五十二条第（五）项的规定，认定无效：……（三）建设工程必须进行招标而未招标或者中标无效的"的规定，一审法院认定涉案4份《建设工程施工合同》以及《补充协议》无效具有法律依据，广西一建公司主张上述协议有效理据不足。因涉案4份《建设工程施工合同》无效，广西一建公司要求解除该4份《建设工程施工合同》的上诉请求不能成立，最高人民法院不予支持。

关于《合作融资协议》的效力。正如一审法院所分析，《合作融资协议》的内容涉及涉案工程进度款等相关款项及利息的支付，也涉及融资抵押担保等诸多事宜，与涉案《建设工程施工合同》在内容上并不一致，芜湖新翔公司主张《合作融资协议》系涉案《建设工程施工合同》《补充协议》的从合同与事实不符，最高人民法院不予采信。从《合作融资协议》中有关涉案工程进度款等相关款项及利息支付条款的订立目的和内容上看，上述约定旨在确认承包方广西一建公司已完工工程的价值、明确工程进度款数额以及发包方芜湖新翔公司所应承担的履约保证金、项目管理费的支付义务、逾期付款责任等，上述约定属于承发包双方对既存债权债务关系的结算和清理，在法律效力上具有独立性和约束力，并不违反法律、行政法规的效力性强制性规定。且芜湖新翔公司在广西一建公司针对该《合作融资协议》中所约定的借款部分单独在广西壮族自治区南宁市中级人民法院提起的（2018）桂01民初89号案件中，也认可"根据合作融资协议，我方欠广西一建公司款项共计8587.49万元"，一审法院对《合作融资协议》中相关条款的效力予以确认并无不当，最高人民法院予以维持。芜湖新翔公司辩称《合作融资协议》中有关履约保证金、项目管理费等约定条款无效理据不足，最高人民法院不予支持。

焦点二，关于涉案工程造价77 105 007.19元应否扣减水电费，以及水电费数额应如何确定。

涉案工程造价鉴定意见书载明涉案已完工程价款77 105 007.19元中包含施工用水电费473 541.68元。二审中，广西一建公司虽主张其交过相关水电费，但并未提交相关证据予以佐证，且其在一审中认可芜湖新翔公司支付了水电费598 793.3元。据此可以认定施工水电费系由芜湖新翔公司支付，芜湖新翔公司主张应在工程造价77 105 007.19元中扣除相应水电费具有事实依据，最高人民法院予以支持。芜湖新翔公司主张其在施工过程中垫付水电费676 705.08元，但广西一建公司并不认可。同时，虽然广西一建公司一审中认可的芜湖新翔公司支付水电费数额598 793.3元大于鉴定机构认定数额，但因在涉案工程鉴定过程中，芜湖新翔公司认可施工用水电费按定额含量及单价计算，故综合上述情况，最高人民法院认定扣除水电费数额应以473 541.68元为准。

焦点三，关于涉案项目管理费、损失赔偿费用、垫资施工利息应否支付、应否计息，相应数额、计息标准如何确定，以及广西一建所主张的工程欠款、履约保证金的金额及利息如何确定的问题。

（1）芜湖新翔公司应否按照《合作融资协议》约定支付各类款项及利息。首先，如前所述，《合作融资协议》中有关涉案工程进度款等相关款项及利息支付条款，系当事人对该份协议签订之前双方既存债权债务关系的结算与清理，系双方真实意思表示。根据《合同法》第8条第1款"依法成立的合同，对当事人具有法律约束力。当事人应当按照约定履行自己的义务，不得擅自变更或者解除合同"的规定，双方应按照协议约定履行相应义务。对于逾期付款利率，虽双方之间不属于民间借贷关系，但参考我国目前依法受到保护的民间借贷利率，按照24%的年利率确定逾期支付利息并未超出法律许可范围，也不存在畸高情形。一审法院一方面确认《合作融资协议》中有关价款结算与确认条款的效力，另一方面又认定上述约定中的按年利率24%支付拖欠利息属于无效违约条款，存在矛盾，最高人民法院予以纠正。此外，《合作融资协议》第5条明确约定芜湖新翔公司负有另行向广西一建公司支付工程项目管理费840万元的义务，一审法院认定双方对该笔费用未最终确认，与协议约定不符。同时，广西一建公司停工时间为2017年1月，已达协议约定的支付时间，芜湖新翔公司未按约定向广西一建公司支付该笔款项已构成违约。芜湖新翔公司称涉案项目管理费应以完成整体项目的全部工程为基础也与协议约定不符，一审法院以广西一建公司中途离场、双方未做最终确认为由不予支持该840万元不当，最高人民法院予以纠正。其次，《合作融资协议》订立的背景是广西一建公司垫资完成工程量2932.5万元、已预交履约保证金3000万元，并向芜湖新翔公司及其相关方出借款项1000万元，该近7000万元支出必然涉及融资成本。双方在上述款项之外另行约定项目管理费、损失赔偿费、垫资施工利息作为补偿，系真实意思表示，应共同遵守。上述部分款项虽以垫资施工利息、损失赔偿费的名义予以约定，但在芜湖新翔公司对上述款项数额予以确定并承诺"如存在逾期情形将支付拖欠费用的利息"之后，广西一建公司有权依照约定主张权利。一审法院认定广西一建公司无权对垫资施工利息这部分款项按照协议约定主张利息不当，最高人民法院予以纠正。再次，根据《合作融资协议》第2条第3款"关于抵押财产的抵押登记完成后，上述第1条中的拖欠款项自2015年1月1日起，芜湖新翔公司无须再按双方间在本协议签订前签署的合同和协议承担利息、违约金及损失赔偿。但本协议另有约定的除外"的约定，芜湖新翔公司在涉案抵押财产的抵押登记办理完成后，其对协议第1条所约定款项，虽无须按照该协议签订之前的合同和协议承担利息、违约金及损失赔偿，但应按照《合作融资协议》的约定承担相关利息、违约金。一审法院认定芜湖新翔公司依据该条约定无须承担《合作融资协议》所约定的损失赔偿费用以及2015年1月1日之后的相应工程进度款利息、履约保证金利息、损害赔偿费利息等与协议约定不符，最高人民法院予以纠正。最后，《合作融资协议》虽约定广西一建公司向远东公司融资解决本项目的建设资金，但并未约定广西一建公司负有将全部融资款投入涉案项目建设的义务，仅是在该协议第3条中约定广西一建公司在分批取得借款后负有向芜湖新翔公司提供履约保证金的义务，对该义务，广西一建公司也已按约履行。且《合作融资协议》也未将广西一建公司是否将融资款投入涉案项目建设作为芜湖新翔公司支付相关款项的前提，故芜湖新翔公司主张存在擅自挪用资金、未专款用于工程建设等违约情形与合同约定不符，其据此主张广西一建公司无权依照

《合作融资协议》收取项目管理费、垫资施工利息等费用及利息理据不足，最高人民法院不予支持。

（2）芜湖新翔公司已付款应如何进行抵扣。芜湖新翔公司作为涉案《合作融资协议》的一方当事人，应按照该份协议的约定履行义务。因其已构成违约，广西一建公司有权要求其承担逾期付款责任。对于芜湖新翔公司已付款3266.5万元，芜湖新翔公司在分笔向广西一建公司支付上述款项时，虽然在相关转款凭证上标注了工程款、农民工工资、管理费以及往来款字样，但该记载系芜湖新翔公司单方行为，仅凭该证据并不足以认定双方已就还款用途达成了合意。但广西一建公司作为收款一方，在2017年5月23日、7月24日2份其自行制作的《确认函》中将芜湖新翔公司的已付款优先冲抵了《合作融资协议》项下8587.49万元、840万元项目管理费以及工程进度款的部分本金。芜湖新翔公司在收到上述2份《确认函》后，虽在2份《确认函》中标注"收到，具体数据待核算后才能确认""收到。经核算和双方协商后方能确认最终数字"，但并未对广西一建公司将已付款优先冲抵本金的做法提起异议，应视为双方对已付款先还本后付息达成合意。一审法院以本案系建设工程施工合同纠纷并非借款合同纠纷为由未支持广西一建公司先息后本的主张说理虽略显不足，但实体处理适当，最高人民法院予以维持。广西一建公司该部分上诉理由不能成立，最高人民法院不予支持。涉案2份《确认函》显示，广西一建公司将已付款3026.5万元中的2668.5万元用于冲抵了《合作融资协议》第1条所确定的拖欠款项部分本金，将338万元用于冲抵《合作融资协议》第5条所约定的部分项目管理费本金，将剩余20万元冲抵了《合作融资协议》约定之外的工程进度款本金，上述抵扣安排，系广西一建公司真实意思表示，最高人民法院予以确认。对于3026.5万元之外的240万元已付款，《确认函》并未涉及，根据债务到期的先后顺序，最高人民法院认定该240万元用于冲抵《合作融资协议》第1条所确定的拖欠款项部分本金。芜湖新翔公司尚欠《合作融资协议》第1条所确定的拖欠款项本金应为5678.99万元（8587.49万元-2668.5万元-240万元），尚欠《合作融资协议》第5条所约定的项目管理费本金502万元（840万元-338万元）。

（3）芜湖新翔公司应还款的具体数额。首先，关于《合作融资协议》确定的款项及利息。《合作融资协议》第1条所确定的拖欠款项8587.49万元由6部分组成，双方对已付款优先用于冲抵哪一部分并无约定。芜湖新翔公司在广西一建公司依据《合作融资协议》另行提起的"（2018）桂01民初89号"一案以及本案一审中，也主张已付款无法区分。在此情况下，广西一建公司主张按比例进行冲抵并不违反法律规定，但计算略显复杂。最高人民法院本着方便计算，同时兼顾广西一建公司起诉请求的具体情况，对已付款如何冲抵进行据实处理。同时，广西一建公司主张已付款中冲抵借款部分为1 078 514.29元，因该部分其已经在另案中主张，故在本案中相应予以扣除。

对于剩余已付款28 006 485.71元（2908.5万元-1 078 514.29元），最高人民法院酌定先冲抵垫资施工利息204.99万元，损失赔偿费500万元，剩余的20 956 585.71元（28 006 485.71元-204.99万元-500万元）平均分摊抵扣剩余的履约保证金、项目管理费、工程进度款三部分费用，即履约保证金部分抵扣本金6 985 528元，项目管理费抵扣6 985 528元，工程进度款抵扣6 985 529.71元。因此，芜湖新翔公司尚欠履约保证金58 014 472元（3000万元-6 985 528元+3500万元），尚欠项目管理费7 534 472元（950万元-6 985 528元+840万元-338万元），尚欠工程款69 445 935.8元（77 105 007.19元-473 541.68元-20万元-6 985 529.71元）。关于逾期付款利息。对于《合作融资协议》项下第1条、第3条、第5条确定的款项，双方当事人约定如未按期履行，违约方应按照年利率24%支付逾期付款利息。虽然上述约定有效，但芜湖新翔公司在本案中主张广西一建公司无权收取《合作融资协议》项下部分费用以及利息，该主张实质上也包含着违约金过高的抗辩。根据《最高人民法院关于适用〈中华人民共和国合同法〉若干问题的解释（二）》第29条第1款"当事人主张约定的违约金过高请求予以适当减少的，人民法院应当以实际损失为基础，兼顾合同的履行情况、当事人的过错程度以及预期利益等综合因素，根据公平原则和诚实信用原则予以衡量，并作出裁决"的规定，最高人民法院酌定将《合作融资协议》第1条、第5条所约定款项的利息起算点统一确定为这部分款项最后一期还款日期到期时，即2016年12月29日，以各部分尚欠本金数额为基数进行计算，之前的利息不再予以支持。对《合作融资协议》第3条所约定的款项对应利息的计算以及全部款项计息标准不再调整，均按照双方约定执行。具体如下：项目管理费对应利息，自2016年12月29日以7 534 472元为基数，按照年利率24%计算至实际清偿之日止。根据《合作融资协议》第1条所确定的尚欠工程进度款22 339 470.29元（2932.5万元-6 985 529.71元）所对应的利息，自2016年12月29日以22 339 470.29元为基数，按照年利率24%计算至实际清偿之日止。履约保证金对应利息。根据《合作融资协议》第1条所确定的尚欠履约保证金23 014 472元（3000万元-6 985 528元）所对应的利息，自2016年12月29日以23 014 472元为基数，按照年利率24%计算至实际清偿之日止。《合作融资协议》第3条所约定的履约保证金3500万元所对应的利息，计算至2017年12月10日为5 350 000元，剩余利息自2017年12月11日起，以3500万元为基数按照年利率24%计算至实际清偿之日止。此外，广西一建公司上诉所主张的工程款逾期付款利息还包括两部分：一是以33 418 311.74元应付工程进度款为基数计算的利息7 644 715.77元，二是工程进度款之外的剩余工程款利息。对于第一部分，对应广西一建公司在一审中的第5项诉讼请求，在一审中，广西一建公司将该诉讼请求表述为请求判决芜湖新翔公司支付拖欠工程进度款违约金7 644 715.77元。而关于违约金的约定，具体体现在涉案《建设工程施工合同》中，因涉案《建设工程施工合同》无效，其中以日 0.03% 计付延期付款利息的约定对双方不具有约束力，广西一建公司据此主张该部分款项理据不足，最高人民法院不予支持。上述约定虽系无效，但鉴于芜湖新翔公司于 2017 年 4 月 27 日向广西一建公司发出的《回函》中明确载明"双方共同确认了已完成的工程产值，但对于利息的计算有不同意见，附表一为我司已同意的应计算利息"，对于该附表中载明的利息 3 052 828.75 元，芜湖新翔公司对广西一建公司应负有支付义务。对于工程进度款之外的剩余工程款利息。因涉案《建设工程施工合同》无效，且日 0.03% 的约定在涉案 4 份《建设工程施工合同》中均记载在发包人违约责任条款中，并未体现在逾期付款利息的约定中。广西一建公司主张芜湖新翔公司按每日 0.03% 利率计付工程尾款利息依据不足，最高人民法院不予支持。对于利息计算标准，最高人民法院酌定为银行同期贷款利率，结合广西一建公司一审起诉请求，其主张的该部分利息的计算基数为工程造价鉴定金额减去工程进度款，即该部分工程进度款之外的剩余工程款数额应为 3 143 111.93 元（77 105 007.19 元－473 541.68 元－73 488 353.58 元），利息以该 3 143 111.93 元为基数，自起诉之日，即自 2018 年 1 月 24 日起按照中国人民银行发布的同期同类贷款利率计算利息至实际清偿之日止。

关于诉讼保全担保费的负担问题。本案中，广西一建公司上诉称其为申请诉讼财产保全提供担保而支付了担保费用 380 250 元，并提供了相应的付款凭证、发票和投保单等证据。该担保费用虽系为实现本案债权而支出，但并不属于为实现本案债权必须发生的费用，且双方对于该费用的负担没有明确约定，故对其该部分上诉请求，最高人民法院不予支持。

（三）处理结果

（1）撤销安徽省高级人民法院（2018）皖民初 7 号民事判决。

（2）芜湖新翔科技孵化器建设项目开发有限公司自本判决生效之日起 15 日内支付广西建工集团第一建筑工程有限责任公司工程款 69 445 935.8 元及利息 3 052 828.75 元（剩余利息自 2016 年 12 月 29 日以 22 339 470.29 元为基数，按照年利率 24% 计算至实际清偿之日止；以 3 143 111.93 元为基数自 2018 年 1 月 24 日起至 2019 年 8 月 19 日按照中国人民银行同期贷款基准利率计算，自 2019 年 8 月 20 日起至款清之日止按照同期全国银行间同业拆借中心公布的贷款市场报价利率计算）。

（3）芜湖新翔科技孵化器建设项目开发有限公司自本判决生效之日起 15 日内支付广西建工集团第一建筑工程有限责任公司履约保证金 58 014 472 元及利息（自 2016 年 12 月 29 日以 23 014 472 元为基数，按照年利率 24% 计算至实际清偿之日止；履约保证金 3500 万元的利息截至 2017 年 12 月 10 日为 5 350 000 元，剩余利息自 2017 年 12 月 11 日起，以 3500 万元为基数，按照年利率 24% 计算至实际清偿之日止）。

（4）芜湖新翔科技孵化器建设项目开发有限公司自本判决生效之日起 15 日内支付

广西建工集团第一建筑工程有限责任公司项目管理费 7 534 472 元及利息（自 2016 年 12 月 29 日以 7 534 472 元为基数，按照年利率 24%计算至实际清偿之日止）。

（5）广西建工集团第一建筑工程有限责任公司在芜湖新翔科技孵化器建设项目开发有限公司欠付 69 445 935.8 元工程款范围内就涉案已完工程折价或拍卖价所得价款享有优先受偿权。

（6）驳回广西建工集团第一建筑工程有限责任公司的其他诉讼请求。

案件评析

本案中 4 份《建设工程施工合同》效力的认定，涉及涉案工程项目是否属于必须招标的项目的问题。

《招标投标法》第 3 条明确列举了必须进行招标的项目：①大型基础设施、公用事业等关系社会公共利益、公众安全的项目；②全部或者部分使用国有资金投资或者国家融资的项目；③使用国际组织或者外国政府贷款、援助资金的项目。

此外，在 2018 年 6 月之前，判断是否必须招标的项目以 2000 年《工程建设项目招标范围和规模标准规定》（国家发展计划委员会令第 3 号）为依据；2018 年 6 月之后，应以 2018 年 6 月施行的《必须招标的工程项目规定》（国家发展和改革委员会令第 16 号）和其配套文件《必须招标的基础设施和公用事业项目范围规定》（发改法规规〔2018〕843 号）为最新依据。主要是：①全部或者部分使用国有资金投资或者国家融资的项目包括：其一，使用预算资金 200 万元人民币以上，并且该资金占投资额 10%以上的项目；其二，使用国有企业事业单位资金，并且该资金占控股或者主导地位的项目。②使用国际组织或者外国政府贷款、援助资金的项目包括：其一，使用世界银行、亚洲开发银行等国际组织贷款、援助资金的项目；其二，使用外国政府及其机构贷款、援助资金的项目。③不属于以上情形的大型基础设施、公用事业等关系社会公共利益、公众安全的项目，必须招标的具体范围包括：其一，煤炭、石油、天然气、电力、新能源等能源基础设施项目；其二，铁路、公路、管道、水运，以及公共航空和 A1 级通用机场等交通运输基础设施项目；其三，电信枢纽、通信信息网络等通信基础设施项目；其四，防洪、灌溉、排涝、引（供）水等水利基础设施项目；其五，城市轨道交通等城建项目。④以上规定范围内的项目，其勘察、设计、施工、监理以及与工程建设有关的重要设备、材料等的采购达到下列标准之一的，必须招标：其一，施工单项合同估算价在 400 万元人民币以上；其二，重要设备、材料等货物的采购，单项合同估算价在 200 万元人民币以上；其三，勘察、设计、监理等服务的采购，单项合同估算价在 100 万元人民币以上。同一项目中可以合并进行的勘察、设计、施工、监理以及与工程建设有关的重要设备、材料等的采购，合同估算价合计达到前款规定标准的，必须招标。

本案中，涉案4份合同的签署发生在2013年至2015年期间，涉案工程施工期限早于2018年6月实施的《必须招标的工程项目规定》，所以本案以《招标投标法》第3条第1款作为法律依据并无不妥。涉案工程范围包括大型商品房工程、孵化器工程、地下车库工程，工程造价高达4.5亿元，无论是从涉案工程涉及的社会公共利益、公共安全，还是从涉案工程合同价款方面考量，均属于必须招标的工程项目。而涉案《合作融资协议》中的内容庞杂，涉及多方权利义务关系，与涉案《建设工程施工合同》内容上虽具有一定关联但实际上并不一致，这是两个相对独立的合同，不具有主从关系，故《合作融资协议》不能作为《建设工程施工合同》的从合同而认定为无效。

《建设工程施工合同》是发包方和承建方在工程项目履行过程中及最终结算时的重要依据，是双方意思自治的结果。所以，一定要在发包人对工程项目进行发包时，就明晰具体的工程项目，确定是否需要进行招投标（如果涉及国家安全、国家秘密等特殊情况不适宜进行招投标的项目还可以不进行招标），是否能够进行招投标，来保证发包方与承建方所签订的工程项目施工合同的合法有效性，以便将来发生纠纷时能够依据双方签订的工程项目施工合同进行主张或抗辩。

三、新疆华诚安居房地产开发有限公司与中国铁建大桥工程局集团有限公司建设工程施工合同纠纷[1]

基本案情

（一）基本情况

2011年7月11日，新疆华诚安居房地产开发有限公司（以下简称"华诚房地产公司"，甲方）与中国铁建大桥工程局集团有限公司（以下简称"中铁十三局集团有限公司"，乙方）签订《建筑施工合作框架协议书》，部分内容如下：①建筑施工内容为新疆乌鲁木齐经济技术开发区蓝领公寓（公租房）项目建设内容。……③项目建筑施工总概算约人民币3亿元，具体概算数值待规划文件、设计方案确定后双方另行约定。……⑥履约保证金。本协议履约保证金为项目概算的10%，本协议签订后7个工作日内乙方将履约保证金人民币3000万元汇付到甲方指定的账户。⑦履约保证金的退付。当乙方按双方针对本项目后续签订的《建设工程施工合同》进行建筑施工，并工程量到达50%时，甲方向乙方退付履约保证金的50%，剩余部分竣工结算时与合同价款一次退付……

2012年5月8日，中铁十三局集团有限公司通过招投标取得合作区蓝领公寓项目工程，总建筑面积158 817.94m²，中标价格418 332 352.72元，中标工期579日历日，

---

[1] （2019）最高法民终347号。

开工日期2012年5月1日，竣工日期2013年11月30日。

2012年5月9日，华诚房地产公司（发包人）与中铁十三局集团有限公司（承包人）签订《建设工程施工合同》约定：①工程概况：工程名称：合作区蓝领公寓项目，工程地点：乌鲁木齐经济技术开发区（头屯河区）合作区C3街坊，工程内容：总建筑面积158817.94m²……②工程承包范围：土建工程、装饰工程、采暖工程、电气照明工程、电梯安装工程、给排水工程、弱电系统工程、消防通风工程、自动报警工程、自动喷水灭火工程。③合同工期：开工日期为2012年5月1日，竣工日期为2013年11月30日，合同工期总日历天数579天。④质量标准：合格。⑤合同价款：418 332 352.72元（包含暂列金19 840 000元）。⑥组成合同的文件……双方有关工程的洽商、变更等书面协议或文件视为本合同的组成部分……

第二部分通用条款第25条工程量的确认：①承包人应按专用条款约定的时间，向工程师提交已完工程量的报告。工程师接到报告后7天内按设计图纸核实已完工程量（以下称计量），并在计量前24小时内通知承包人，承包人为计量提供便利条件并派人参加。承包人收到通知后不参加计量的，计量结果有效，作为工程价款支付的依据。②工程师收到承包人报告后7天内未进行计量第20条，从第8天起，承包人报告中开列的工程量即视为被确认，作为工程价款支付的依据。工程师不按约定时间通知承包人，致使承包人未能参加计量，计量结果无效。

第26条工程款（进度款）支付：①在确认计量结果后14天内，发包人应向承包人支付工程款（进度款）。按约定时间发包人应扣回的预付款，与工程款（进度款）同期结算。……③发包人超过约定的支付时间不支付工程款（进度款），承包人可向发包人发出要求付款的通知，发包人收到承包人通知后仍不能按要求付款，可与承包人协商签订延期付款协议，经承包人同意后可延期支付。协议应明确延期支付的时间和从计量结果确认后第15天起应付款的贷款利息。④发包人不按合同约定支付工程款（进度款），双方又未达成延期付款协议，导致施工无法进行的，承包人可停止施工，由发包人承担违约责任。

第32条竣工验收：①工程具备竣工验收条件，承包人按国家工程竣工验收有关规定，向发包人提供完整竣工资料及竣工验收报告。②发包人收到竣工验收报告后28天内组织有关单位验收，并在验收后14天内给予认可或提出修改意见。……⑥中间交工工程的范围和竣工时间，双方在专用条款内约定，其验收程序按本通用条款第32条第1款至第4款办理。

第33条竣工结算：①工程竣工验收报告经发包人认可后28天内，承包人向发包人递交竣工结算报告及完整的结算资料，双方按照协议书约定的合同价款及专用条款约定的合同价款调整内容进行工程竣工结算。②发包人收到承包人递交的竣工结算报告及结算资料后28天内进行核实，给予确认或者提出修改意见。发包人确认竣工结算报告通知经办银行向承包人支付工程竣工结算价款。③发包人收到竣工结算报告及结算资料后 28 天内无正当理由不支付工程竣工结算价款，从第 29 天起按承包人同期向银行贷款利率支付拖欠工程款的利息，并承担违约责任。④发包人收到竣工结算报告及结算资料后 28 天内不支付工程竣工结算价款，承包人可以催告发包人支付结算价款。发包人在收到竣工结算报告及结算资料后 56 天内仍不支付的，承包人可以与发包人协议将该工程折价，也可以由承包人申请人民法院将该工程依法拍卖，承包人就该工程折价或者拍卖的价款优先受偿。

第 35 条违约：①发包人违约。当发包人不按合同约定支付工程款，导致施工无法进行；当发包人无正当理由不支付工程竣工结算价款时，发包人承担违约责任，赔偿因其违约给承包人造成的经济损失，双方在专用条款内约定发包人赔偿承包人损失的计算方法或者发包人应当支付违约金的数额或计算方法。

第 37 条争议：①发包人承包人在履行合同时发生争议，可向有管辖权的人民法院起诉。

第 44 条合同解除：①发包人承包人协商一致，可以解除合同。②发生本通用条款第 26.4 条情况，停止施工超过 56 天，发包人仍不支付工程款（进度款），承包人有权解除合同。……④有下列情形之一的，发包人承包人可以解除合同，包括因一方违约（包括因发包人原因造成工程停建或缓建）致使合同无法履行。⑤一方依据第 44.2、44.3、44.4 条约定要求解除合同的，应以书面形式向对方发出解除合同的通知，并在发出通知前 7 天告知对方，通知到达对方时合同解除。对解除合同有争议的，按本通用条款第 37 条关于争议的约定处理……⑦合同解除后，不影响双方在合同中约定的结算和清理条款的效力。

第三部分专用条款第 9 条承包人工作：①承包人应按约定时间和要求，完成约定工作内容，应提供计划、报表的名称及完成时间：工程开工后 3 日内报进度计划表、工程进度表，并于每月 20 日向发包人提供当月工程进度报表及次月工程进度计划……②合同价款及调整：本合同价款采用固定单价方式确定。

第 24 条工程预付款：本工程无预付款。

第 25 条工程量确认：①承包人向工程师提交已完成工程量报告的时间：每月 20 日前向业主提供监理工程师审核的当月进度报表及次月工程进度计划。

第 26 条工程款（进度款）支付：双方约定的工程款（进度款）支付的方式和时间：建设项目工程款按照工程进度进行支付。项目完成后，支付到工程进度的 80%；项目竣工决算审核（审计）批复后，支付到工程造价机构最终审定的工程价款的 95%；剩余 5% 作为工程质量保证（保修）金，待保修期结束，双方无异议后支付。

第 35 条违约：①本合同中关于发包人违约的具体责任如下：发包人违约应承担的违约责任按通用第 26.4、33.3、35.1 条执行。

第41条担保：本工程双方约定担保事项包括，承包人向发包人缴纳的履约保证金：合同价款10%的履约保证金（现金或银行转账支票），担保合同作为本合同附件。

2013年12月26日，中铁十三局集团有限公司经工商核准变更名称为中国铁建十三局集团有限公司，又于2014年3月25日经工商核准变更名称为中国铁建大桥工程局集团有限公司（以下简称"铁建大桥工程局"）。上述合同履行过程中，就铁建大桥工程局已施工完成合同工程项目的工程价款，华诚房地产公司委托新疆申光建设工程项目管理咨询有限公司分期进行了工程进度款审核，并形成15期《进度款审核价》，具体如下：第1期计量金额168 537 449.79元，第2期计量金额7 045 946元，第3期计量金额14 752 059.85元，第4期计量金额11 631 937.22元，第5期计量金额22 262 067.72元，第6期计量金额5 219 244.55元，第7期计量金额49 600 154.49元，第8期计量金额-27 900 231.56元，第9期计量金额37 260 435.31元，第10期计量金额65 526 63.06元，第11期计量金额17 175 997.3元，第12期计量金额12 097 164.19元，第13期计量金额7 040 503.42元，第14期计量金额36 444 188.84元，第15期计量金额3 575 457.84元，以上15期工程价款计量金额合计371 295 038.02元。经质证，铁建大桥工程局与华诚房地产公司对上述15期工程价款计量金额的数额均予认可。

一审庭审中，铁建大桥工程局与华诚房地产公司共同确认，华诚房地产公司已支付工程款247 327 250.69元。

2011年9月28日，华诚房地产公司向中铁十三局集团有限公司乌鲁木齐合作区蓝领公寓项目经理部出具《委托付款申请书》，委托该项目部代华诚房地产公司垫付给新疆盟达能源股份有限公司工程款40万元，该笔款项待华诚房地产公司资金到位后予以归还。2011年10月22日，中铁十三局集团有限公司向新疆盟达能源股份有限公司支付了上述工程款40万元，新疆盟达能源股份有限公司向中铁十三局集团有限公司出具了收据。华诚房地产公司认可该款项应从已付工程款中扣除。

2016年11月9日，华诚房地产公司向铁建大桥工程局乌鲁木齐合作区蓝领公寓项目经理部出具《情况说明》载明，华诚房地产公司于2014年6月13日拨付给该项目部的10 250 537.85元款项中包括华诚房地产公司委托该项目部向新疆信盛达建设劳务有限公司代付的涉案蓝领公寓项目市政热力一次网施工工程款60万元，该期实际支付工程款9 650 537.85元。2014年6月23日，铁建大桥工程局向新疆信盛达建设劳务有限公司支付了上述工程款60万元，新疆信盛达建设劳务有限公司向铁建大桥工程局出具了收据。华诚房地产公司认可该款项应从已付工程款中扣除。

扣除上述两笔款项后，华诚房地产公司就涉案工程已支付工程款数额为246 327 250.69元（247 327 250.69元-1 000 000元）。

2013年5月24日、6月9日、6月20日、6月27日、7月11日、7月19日、7月25日、8月8日、9月9日，建设单位华诚房地产公司与施工单位中铁十三局集团有限公司及监理单位、设计单位、勘察单位对涉案合作区蓝领公寓 1#、2#、3#、4#、5#、6#、8#、9#、10#楼进行工程验收，并出具 27 份《建设、监理、设计、施工、勘察单位主体工程质量验收意见表》，2014 年 5 月 13 日、5 月 14 日，建设单位华诚房地产公司与施工单位铁建大桥工程局及监理单位、设计单位、勘察单位对涉案合作区蓝领公寓 7#、11#楼进行工程验收，并出具 4 份《建设、监理、设计、施工、勘察单位主体工程质量验收意见表》，以上验收意见均：经验收符合施工图纸及设计变更要求，满足施工规范要求，工程质量达到国家规范规定的合格标准。上述质量验收意见表经五方单位签章确认。

涉案工程于 2014 年 11 月停工。

中铁十三局集团有限公司于 2011 年 7 月 26 日、2012 年 5 月 15 日、2012 年 5 月 24 日、2012 年 8 月 13 日分 4 次向华诚房地产公司支付履约保证金，合计 39 849 215.27 元。

合同履行期间，中铁十三局集团有限公司与华诚房地产公司就涉案工程项目形成多份往来函件等书面文件。

2012 年 12 月 4 日及 2013 年 1 月 10 日，中铁十三局集团有限公司乌鲁木齐合作区蓝领公寓项目经理部向华诚房地产公司出具《关于申请退还履约保证金的报告》，载明：涉案蓝领公寓工程已按合同进度计划完成 11 栋楼的土建施工，已完工程量及施工产值均已达到合同的 50%，根据涉案工程框架协议第 7 条规定，申请华诚房地产公司退还履约保证金 19 924 607.64 元。

2013 年 4 月 27 日，中铁十三局集团有限公司乌鲁木齐合作区蓝领公寓项目经理部向华诚房地产公司出具《关于申请返还工程履约保证金及材料预付款的报告》，载明：涉案蓝领公寓工程已于 4 月份全面复工，根据涉案工程框架协议第 7 条申请华诚房地产公司退还 50%的履约保证金 19 924 607.64 元，申请支付材料预付款 2500 万元。

2013 年 7 月 15 日，中铁十三局集团有限公司乌鲁木齐合作区蓝领公寓项目经理部向华诚房地产公司出具的《关于工程款使用情况的报告》，要求华诚房地产公司按工程进度审核计量并及时支付工程款。

2013 年 9 月 4 日，中铁十三局集团有限公司乌鲁木齐合作区蓝领公寓项目经理部向华诚房地产公司出具《关于申请支付工程款的报告》，载明：涉案蓝领公寓工程完成产值累计 2 242 299 460.58 元，拨付工程款 161 573 914.29 元，本期计量 22 262 067.72 元，应拨付工程款 17 809 654.176 元。蓝领公寓工程完成产值已远远超出总产值的 50%，目前已基本通过主体结构认证，进入装饰装修阶段，按约华诚房地产公司应返还 50%的履约保证金，申请支付本期工程款及履约保证金。

2013 年 11 月 6 日，中铁十三局集团有限公司乌鲁木齐合作区蓝领公寓项目经理部向华诚房地产公司出具的《关于申请支付工程款的报告》，载明：截至 2013 年 10 月 30 日，蓝领公寓工程完成产值 279 048 859.62 元，华诚房地产公司截至 7 月份支付工程款 171 268 364.59 元，经华诚房地产公司批复的 8~10 月的工程款尚未支付，按约应支付 51 970 723.7 元，请求华诚房地产公司尽快支付工程款。

2013 年 12 月 15 日，中铁十三局集团有限公司乌鲁木齐合作区蓝领公寓项目经理部向华诚房地产公司出具《蓝领公寓项目情况汇报》，载明：至 2011 年底华诚房地产公司未拨付任何资金，2012 年 8 月 5 日，华诚房地产公司第一笔款到位，到 2012 年底资金拨付勉强正常，2013 年华诚房地产公司计量拨付不按时、不足额、不到位，中铁十三局集团有限公司乌鲁木齐合作区蓝领公寓项目经理部分别于 2013 年 4 月 27 日、2013 年 7 月 8 日、2013 年 7 月 11 日、2013 年 7 月 12 日、2013 年 7 月 15 日、2013 年 7 月 30 日、2013 年 8 月 8 日、2013 年 8 月 24 日、2013 年 9 月 4 日、2013 年 11 月 6 日 10 次向华诚房地产公司上报申请支付工程计量款及返还履约保证金报告，报告均已签收，但都未得到解决。因资金短缺造成农民工讨薪、围堵等事件，希望华诚房地产公司解决资金问题。

2014 年 6 月 6 日，铁建大桥工程局乌鲁木齐合作区蓝领公寓项目经理部向华诚房地产公司出具《关于按合同约定支付工程款的函》，载明：铁建大桥工程局乌鲁木齐合作区蓝领公寓项目经理部于 2014 年 5 月 21 日上报了截至 2014 年 5 月的形象进度确认单，华诚房地产公司于 2014 年 5 月 26 日进行了现场确认，2014 年 5 月 29 日签认了形象进度确认单，项目形成并上报计量产值 4550 万元。请华诚房地产公司根据形象进度确认单尽快完成计量工作，按照合同约定及承诺于 2014 年 6 月 10 日前支付去年欠付工程款及本次计量工程款。

2014 年 9 月 12 日，铁建大桥工程局乌鲁木齐合作区蓝领公寓项目经理部向华诚房地产公司出具的"函"载明：因华诚房地产公司工程款支付不及时影响了工期，并造成现场施工队伍不稳定，工地已出现半停工状态，与华诚房地产公司项目经理每天沟通都未果，支付时间不能确定。鉴于施工现场资金存在诸多问题，如华诚房地产公司在下周一未给予准确支付时间，下周二铁建大桥工程局督导组将进入现场与华诚房地产公司进行工程决算，并清算撤场。

2015 年 4 月 30 日，铁建大桥工程局乌鲁木齐合作区蓝领公寓项目经理部向华诚房地产公司出具《关于复工的联系函》，载明：请华诚房地产公司待项目完工验收合格的同时全额返还履约保证金；因华诚房地产公司资金困难的问题导致项目已经远超合同工期约定，此次复工前，必须对工期延误及窝停工损失问题予以明确；对工程前期发生的经济签证及变更事项，华诚房地产公司应对完善签证等手续予以确认、对发生的工程量及金额予以签认、对已完工但未计量部分予以计量；必须明确竣工决算期限，在规定时间内完成决算，制定付款计划。

2015 年 7 月 28 日，铁建大桥工程局乌鲁木齐合作区蓝领公寓项目经理部向华诚房地产公司出具《关于复工有关问题的函》，载明：铁建大桥工程局就复工问题作如下声明：①华诚房地产公司首先应支付拖欠工程款 3729 万元，此为复工的前提条件；②华诚房地产公司就以下问题做出承诺后，才考虑进场复工问题：其一，计量和支付应严格按合同约定进行。其二，履约保证金应按合同约定及时返还。其三，工期延误及窝停工损失及时处理。其四，签证及变更完善手续并予以确认计量。其五，决算应严格按合同进行。

2015 年 8 月 1 日，华诚房地产公司向铁建大桥工程局乌鲁木齐合作区蓝领公寓项目经理部出具《关于复工有关问题复函》，载明：铁建大桥工程局 2015 年 7 月 28 日递交的《关于复工有关问题的函》已收悉，现就相关问题承诺回复如下：复工前，华诚房地产公司支付 2014 年审核工程应付款 3729 万元；复工后工程计量和工程款支付，华诚房地产公司将严格按合同规定期限审核工程进度核算并按时支付工程计量款；关于工期延误及窝停工损失，华诚房地产公司将在项目复工后责成审计单位、监理公司对相关事实和延误损失金额进行核算，核算完成后再给予认可；项目复工后，华诚房地产公司组织审计人员对工程前期发生的经济签证及变更事项进行审核确认；项目竣工后，华诚房地产公司将严格按项目施工合同的相关规定完成竣工结算审核并制定付款计划。

2015 年 8 月 27 日，华诚房地产公司向铁建大桥工程局乌鲁木齐合作区蓝领公寓项目经理部发出《关于复工有关问题的联系函》，载明：华诚房地产公司将在项目复工后责成审计单位、监理公司对相关事实和延误损失金额进行核算，并于 2015 年 11 月 20 日前核算完成给予认可；自项目复工之日起，华诚房地产公司组织审计人员对工程前期发生的经济签证及变更事项进行审核确认，至 2015 年 11 月 20 日前完成审核；项目竣工后，华诚房地产公司将严格按项目施工合同的相关规定（竣工验收合格之日起 28 天内）完成竣工结算审核并制定付款计划。

2016 年 4 月 18 日，华诚房地产公司、铁建大桥工程局及乌鲁木齐经济技术开发区（头屯河区）房产规划局就涉案工程项目建设资金、工程款支付、项目复工问题共同召开会议，形成《关于合作区蓝领公寓项目复工会议备忘录》，华诚房地产公司认可其前期拖欠工程款共计 37 293 062.38 元。

铁建大桥工程局向一审法院起诉请求：①解除铁建大桥工程局与华诚房地产公司签订的《建设工程施工合同》；②华诚房地产公司立即向铁建大桥工程局支付工程款及逾期支付利息合计 133 154 476.74 元（工程款 127 373 291.91 元，利息按银行同期同类贷款利率计算至法院判决确定的还款之日止，截至 2017 年 2 月 28 日已产生利息 5 781 184.83 元）；③华诚房地产公司立即向铁建大桥工程局返还履约保证金及逾期利息合计 44 418 591.88 元（履约保证金 39 849 215.2 元，利息按银行同期同类贷款利率计算至法院判决确定的还款之日止，截至 2017 年 2 月 28 日已产生利息 4 569 376.68 元）；④华诚房地产公司立即向铁建大桥工程局给付合同外签证及变更工程施工费用 15 941 563.1 元；⑤华诚房地产公司立即向铁建大桥工程局赔偿窝停工损失 5 919 036 元；上述①至⑤请求合计 199433667.72 元；⑥铁建大桥工程局在上述 1 至 5 项请求范围内就蓝领公寓项目工程折价或拍卖变卖后的价款享有优先受偿权；⑦华诚房地产公司承担本案全部诉讼费用（铁建大桥工程局当庭确认该项诉讼请求具体包括财产申请保全费 5000 元、保函费用 387 000 元及案件受理费）。2018 年 5 月 15 日，铁建大桥工程局提交《撤回部分诉讼请求申请书》，撤回了其诉讼请求第 4、5 项，即华诚房地产公司立即向铁建大桥工程局给付合同外签证及变更工程施工费用 15 941 563.1 元、华诚房地产公司立即向铁建大桥工程局赔偿窝停工损失 5 919 036 元。

一审法院认为：铁建大桥工程局与华诚房地产公司签订的《建筑施工合作框架协议书》及《建设工程施工合同》系当事人真实意思表示，内容不违反相关法律法规强制性禁止性规定，当属有效。合同双方均应严格按约履行各自的义务，具体内容如下：

（1）关于涉案《建设工程施工合同》应否解除的问题。《合同法》第 94 条规定："有下列情形之一的，当事人可以解除合同：……（二）在履行期限届满之前，当事人一方明确表示或者以自己的行为表明不履行主要债务；（三）当事人一方迟延履行主要债务，经催告后在合理期限内仍未履行；（四）当事人一方迟延履行债务或者有其他违约行为致使不能实现合同目的……"、第 96 条第 1 款规定："当事人一方依照本法第九十三条第二款、第九十四条的规定主张解除合同的，应当通知对方。合同自通知到达对方时解除。对方有异议的，可以请求人民法院或者仲裁机构确认解除合同的效力。"《施工合同司法解释》第 9 条规定："发包人具有下列情形之一，致使承包人无法施工，且在催告的合理期限内仍未履行相应义务，承包人请求解除建设工程施工合同的，应予支持：（一）未按约定支付工程价款的……"

本案中，根据涉案《建设工程施工合同》中"通用条款 26.4. 发包人不按合同约定支付工程款（进度款），双方又未达成延期付款协议，导致施工无法进行，承包人可停止施工，由发包人承担违约责任。专用条款 26 工程款（进度款）支付，双方约定的工程款（进度款）支付的方式和时间：建设项目工程款按照工程进度进行支付。项目完成后，支付到工程进度的 80%；通用条款 44.2. 发生本通用条款第 26.4 款情况，停止施工超过 56 天，发包人仍不支付工程款（进度款），承包人有权解除合同……37.1 发包人承包人在履行合同时发生争议，可向有管辖权的人民法院起诉。44.4. 有下列情形之一的，发包人承包人可以解除合同：……（2）因一方违约（包括因发包人原因造成工程停建或缓建）致使合同无法履行。44.5. 一方依据 44.2、44.3、44.4 款约定要求解除合同的，应以书面形式向对方发出解除合同的通知，并在发出通知前七天告知对方，通知到达对方时合同解除。对解除合同有争议的，按本通用条款第 37 条关于争议的约定处理……"的约定，可认定如下：如华诚房地产公司未按约支付工程款，导致施工无法进行，铁建大桥工程局可停止施工，由华诚房地产公司承担违约责任；铁建大桥工程局有权要求解除合同，解除合同的通知到达华诚房地产公司时合同解除；如华诚房地产公司对解除合同有争议，铁建大桥工程局有权提起诉讼。

根据一审法院查明的事实，双方均认可：铁建大桥工程局已完成合同工程项目的工程价款为 371 295 038.02 元，华诚房地产公司已支付工程款 246 327 250.69 元，涉案工程于 2014 年 11 月停工。根据涉案《工程款支付审批单》中载明的"按施工进度的 80% 支付合同内进度款"，华诚房地产公司应当向铁建大桥工程局支付工程进度款 297 036 030.42 元（371 295 038.02 元 × 80%），而华诚房地产公司实际已付工程款 246 327 250.69 元，该数额未达到已完工程价款的 80%，且该已付款数额中包含华诚房地产公司在涉案工程停工后向铁建大桥工程局支付的工程款。

涉案 2013 年 11 月 6 日《关于申请支付工程款的报告》中载明"华诚房地产公司截至 7 月份支付工程款 171 268 364.59 元"，华诚房地产公司在涉案 2015 年 8 月 1 日《关于复工有关问题复函》中承诺"复工前，华诚房地产公司支付 2014 年审核工程应付款 3729 万元"，涉案 2016 年 4 月 18 日《关于合作区蓝领公寓项目复工会议备忘录》中载明"华诚房地产公司认可其前期拖欠工程款共计 37 293 062.38 元"。上述事实及证据足以证实华诚房地产公司在铁建大桥工程局施工期间未按约足额支付已审核工程计价 80% 的工程进度款，华诚房地产公司在铁建大桥工程局工程停工后虽陆续支付了部分工程款，但其已付工程款的数额仍未达到已完工程价款的 80%。华诚房地产公司未按约足额支付工程款的行为构成违约，涉案工程自 2014 年 11 月停工至今已有将近 4 年时间。虽然涉案《建设工程施工合同》附加条款中有"在工程进度款暂时不到位的情况下，要确保工程质量，且保证工程顺利进行，不得延误工期。除不可抗力因素外，必须按完工期限和阶段性工期期限完工"的内容，华诚房地产公司亦以此为由抗辩不同意解除合同，但从华诚房地产公司在合同履行过程中的付款情况来看，华诚房地产公司建设资金紧缺的状况已经持续了几年时间，从目前情况来看，亦无短期内缓解的可能。故，一审法院对华诚房地产公司不同意解除合同的抗辩理由不予支持。铁建大桥工程局要求解除涉案《建设工程施工合同》的诉讼请求有事实及法律依据，一审法院予以支持。华诚房地产公司于 2017 年 5 月 15 日收到铁建大桥工程局的起诉状，一审法院依法确定华诚房地产公司与铁建大桥工程局于 2012 年 5 月 9 日就涉案工程项目签订的《建设工程施工合同》于 2017 年 5 月 15 日解除。

（2）关于支付工程款及工程款利息的问题。《合同法》第 107 条规定："当事人一方不履行合同义务或者履行合同义务不符合约定的，应当承担继续履行、采取补救措施或者赔偿损失等违约责任。"《施工合同司法解释》第 10 条规定："建设工程施工合同解除后，已经完成的建设工程质量合格的，发包人应当按照约定支付相应的工程价款；已经完成的建设工程质量不合格的，参照本解释第三条规定处理。因一方违约导致合同解除的，违约方应当赔偿因此而给对方造成的损失。"第 17 条规定："当事人对欠付工程价款利息计付标准有约定的，按照约定处理；没有约定的，按照中国人民银行发布的同期同类贷款利率计息。"第18条规定："利息从应付工程价款之日计付……"本案中，铁建大桥工程局已完成的合同工程项目经五方验收合格，华诚房地产公司理应支付相应的工程价款。铁建大桥工程局已完合同工程价款371 295 038.02元，华诚房地产公司已支付工程款246 327 250.69元，因此，华诚房地产公司还应向铁建大桥工程局支付工程款124 967 787.33元（371 295 038.02元-246 327 250.69元）。因华诚房地产公司欠付工程款导致涉案合同解除，铁建大桥工程局要求其支付逾期付款的欠款利息损失有事实依据，华诚房地产公司依法应当赔偿因欠付工程款给铁建大桥工程局造成的利息损失。

从铁建大桥工程局提交的欠款利息统计表来看，其是以涉案《进度款审核价》为基础从第11期开始分期主张的欠付工程款利息，但铁建大桥工程局未提交相应的证据证实华诚房地产公司各期工程款的付款情况，故一审法院对该利息计算统计表不予采纳。涉案第15期《进度款审核价》的计价期间为2016年5月20日至2016年10月20日，涉案《建设工程施工合同》第25.2条约定："工程师收到承包人报告后7天内未进行计量的，从第8天起，承包人报告中开列的工程量即视为被确认，作为工程价款支付的依据。"一审庭审中，华诚房地产公司答辩称其于2016年11月支付2000万元工程款，对此铁建大桥工程局未提出异议。一审法院依据上述事实综合考虑确定，利息起算日为2016年11月15日，利率为中国人民银行发布的同期同类一年期贷款基准利率4.35%，故涉案欠付工程款自2016年11月15日至2017年2月28日期间的利息合计1 585 528.8元〔（124 967 787.33元×4.35%÷12月×3月）+(124 967 787.33元×4.35%÷12月÷30天×15天)〕。综上，铁建大桥工程局主张支付工程款及逾期付款利息的诉讼请求有事实及法律依据，一审法院对其主张支付工程款127 373 291.91元中的124 967 787.33元部分予以支持，对其主张支付利息5 781 184.83元中的1 585 528.8元部分予以支持。

（3）关于返还履约保证金及逾期利息的问题。本案中，华诚房地产公司认可其已收到铁建大桥工程局向其缴纳的履约保证金39 849 215.2元。现涉案《建设工程施工合同》因华诚房地产公司违约而解除，华诚房地产公司理应向铁建大桥工程局退还其所收取的履约保证金39 849 215.2元。涉案《建筑施工合作框架协议书》第七条约定，当铁建大桥工程局按《建设工程施工合同》施工，工程量到达50%时，华诚房地产公司退付履约保证金的50%。依据铁建大桥工程局提交的其数次向华诚房地产公司要求退还50%履约保证金的函件，及涉案《建设、监理、设计、施工、勘察单位主体工程质量验收意见表》，可以认定涉案工程的施工量于2013年7月达到了合同约定的50%。铁建大桥工程局主张华诚房地产公司向其支付自2013年8月1日起至2017年2月28日期间占用50%履约保证金的利息有事实依据。2013年8月1日中国人民银行发布的同期同类一年期贷款基准利率为6%，一审法院确定2013年8月1日起至2017年2月28日期间涉案50%履约保证金的利息为4 283 790.64元〔（19 924 607.6元×6%×3年）+（19 924 607.6元×6%÷12月×7月）〕。综上，铁建大桥工程局主张支付履约保证金及逾期返还利息的诉讼请求有事实及法律依据，一审法院对其主张支付履约保证金39 849 215.2元予以支持，对其主张支付利息4 569 376.68元中的4 283 790.64元部分予以支持。

（4）关于铁建大桥工程局就涉案工程折价或拍卖变卖后价款是否享有优先受偿权的问题。《合同法》第286条规定："发包人未按照约定支付价款的，承包人可以催告发包人在合理期限内支付价款。发包人逾期不支付的，除按照建设工程的性质不宜折价、拍卖的以外，承包人可以与发包人协议将该工程折价，也可以申请人民法院将该工程依法拍卖。建设工程的价款就该工程折价或者拍卖的价款优先受偿。"从该条文表述分析，规定承包人就未付工程款对所承建工程享有优先受偿权，系为保护承包人对工程价款的实际受偿；规定没有要求承包人优先受偿工程款以工程完工并经竣工验收为先决条件。因此，在合同解除的情形下，承包人也对未完工程折价或拍卖变卖后价款享有优先受偿的权利。对于优先受偿权行使期限的认定，应当遵循案件的客观事实；优先受偿权行使期限的起算点，应当尊重当事人之间关于支付工程价款期限的约定，不应早于当事人之间约定的工程价款支付期限，以保证实现该优先权权能。因此，建设工程价款优先受偿权的起算点最早应当从债权应受清偿时起算，从此时起算建设工程优先受偿权的行使期间。

本案中，华诚房地产公司未按约支付工程款，并导致涉案《建设工程施工合同》被解除，双方当事人在一审诉讼之前就涉案工程款未进行过结算，涉案工程价款及欠付工程款的数额系通过一审诉讼予以确定，铁建大桥工程局在主张解除合同的同时主张就涉案建设工程价款行使优先权，因此，本案未过工程价款优先权6个月的行使期限。故对华诚房地产公司已经超过6个月的抗辩理由，该院不予采纳。一审法院对铁建大桥工程局的该项诉讼请求予以支持，铁建大桥工程局涉案工程折价或者拍卖的价款依法享有优先受偿权。另外，《最高人民法院关于建设工程价款优先受偿权问题的批复》第3条规定："建设工程价款包括承包人为建设工程应当支付的工作人员报酬、材料款等实际支出的费用，不包括承包人因发包人违约所造成的损失。"因此，铁建大桥工程局享有建设工程价款优先受偿权的范围，应限定在欠付建设工程价款范围内，利息及履约保证金等属当事人违约造成的损失，不应计入优先受偿权的范围。

（5）关于保全费及保函费用的问题。根据《诉讼费用交纳办法》第38条第3款的规定，申请财产保全措施的申请费应当由申请人负担，但是申请人可以将该申请费列入诉讼请求。本案中，铁建大桥工程局就本案诉讼交纳申请财产保全费5000元，该费用属于因华诚房地产公司违约铁建大桥工程局为索要涉案工程款而发生的费用。因此，一审法院对铁建大桥工程局要求华诚房地产公司承担其因申请保全措施而交纳的申请财产保全费5000元的诉讼请求予以支持。一审庭审中,铁建大桥工程局就其所主张的387 000元诉讼财产保险费用提供了四张发票及保险单,但发票载明的单位名称并非铁建大桥工程局,华诚房地产公司对此亦不认可,故一审法院对铁建大桥工程局主张的诉讼财产保险费用依法不予支持。

综上所述,依照《合同法》第94条、第96条、第107条、第286条,《施工合同司法解释》第9条、第10条、第17条、第18条,《民事诉讼法》第152条之规定,判决如下:①铁建大桥工程局与华诚房地产公司签订的《合作区蓝领公寓项目建设工程施工合同》于2017年5月15日予以解除;②华诚房地产公司于该判决生效后15日内向铁建大桥工程局支付工程款124 967 787.33元及利息1 585 528.8元(自2016年11月15日起至2017年2月28日止,按年利率4.35%计算);③华诚房地产公司本判决生效后15日内向铁建大桥工程局返还履约保证金39 849 215.2元,并支付利息4 283 790.64元(自2013年8月1日起至2017年2月28日止,按年利率6%计算);④铁建大桥工程局就涉案工程折价或拍卖的价款在124 967 787.33元工程款范围内享有优先受偿权;⑤华诚房地产公司该判决生效后15日内向铁建大桥工程局支付申请财产保全费5000元;⑥驳回铁建大桥工程局的其他诉讼请求。如果华诚房地产公司未按照该判决指定的期间履行给付金钱义务,应当按照《民事诉讼法》第253条之规定,加倍支付迟延履行期间的债务利息。案件受理费1 040 928.34元(铁建大桥工程局已预交),由铁建大桥工程局负担151 766.12元,由华诚房地产公司负担889 162.22元。

一审法院作出判决后,华诚房地产公司不服作出的判决,向最高人民法院提起上诉。

华诚房地产公司上诉请求:①变更一审判决第3项履约保证金利息部分,改判华诚房地产公司不支付履约保证金利息4 283 790.64元;②判决铁建大桥工程局承担本案一审、二审诉讼费用。

事实和理由:①本案一审法院对涉案《建设工程施工合同》效力认定错误。本案诉争工程项目启动招投标程序前,双方已就以后应当通过招投标程序确定的施工内容、范围、概算、工期、承包方式、履约保证金及其退付、配合使铁建大桥工程局中标等实质性内容进行谈判,并签订《建筑施工合作框架协议书》,铁建大桥工程局在中标前已支付了1000万元的履约保证金。双方的行为违反了《招标投标法》第43条、第53条、第55条以及《施工合同司法解释》第1条规定,涉案工程中标无效,以此签订的《建设工程施工合同》亦无效。②因合同无效的处理方式与合同有效的处理方式截然不同,一审法院认定《建筑施工合作框架协议书》及《建设工程施工合同》有效,据此对案件进行的处理存在错误,请求将本案发回重审。③《施工合同司法解释》第2条确立的合同无效后折价补偿的处理原则,是依据《合同法》第58条关于合同无效后的处理原则作出的规定。因建设工程施工的过程是将劳动和建筑物材料物化为建筑产品的过程，建设工程施工合同性质决定，合同无效后不能适用恢复原状的返还原则，只能折价补偿。建造的建筑产品是否有价值是是否折价补偿的首要条件，没有价值就不补偿，只能按过错赔偿损失，而衡量是否有价值的标准，就是工程是否经验收合格。一审法院查明，案涉工程未竣工未验收，合同无效的情况下，不应适用《施工合同司法解释》第2条有关折价补偿的规定。④合同无效的情况下，一审判决华诚房地产公司承担履约保证金利息4 283 790.64元，没有合同依据、事实依据和法律依据。综上，华诚房地产公司请求二审法院查明案件事实、审查合同效力、履约保证金利息计付等问题，予以改判或发回重审。

铁建大桥工程局辩称：涉案《建筑施工合作框架协议书》《建设工程施工合同》系双方真实意思表示，内容不违反相关法律法规强制性规定，合同合法有效。本案的中标行为未被任何行政监督部门认定无效，不存在《施工合同司法解释》中导致《建设工程施工合同》无效的情形。争议工程通过主体验收，符合质量要求，华诚房地产公司应当支付履约保证金利息。综上，一审判决认定事实清楚、适用法律正确，请求驳回华诚房地产公司的上诉请求，维持原判。

（二）争议焦点

根据本案一审判决和华诚房地产公司上诉的事实与理由，本案的主要争议焦点：①涉案《建设工程施工合同》是否有效；②华诚房地产公司是否应支付履约保证金利息4 283 790.64元。

焦点一，关于涉案《建设工程施工合同》是否有效的问题。《民法总则》第5条规定："民事主体从事民事活动，应当遵循自愿原则，按照自己的意思设立、变更、终止民事法律关系。"《合同法》第6条规定："当事人行使权利、履行义务应当遵循诚实信用原则。"第8条第1款规定："依法成立的合同，对当事人具有法律约束力。当事人应当按照约定履行自己的义务，不得擅自变更或者解除合同。"本案中，中铁十三局集团有限公司于2012年5月8日通过招投标取得合作区蓝领公寓项目工程；2012年5月9日，华诚房地产公司与中铁十三局集团有限公司签订涉案《建设工程施工合同》。该合同系当事人真实意思表示，内容不违反相关法律法规强制性规定，系合法有效的合同，双方当事人应严格履行合同约定的义务。

《合同法》第52条规定："有下列情形之一的，合同无效：（一）一方以欺诈、胁迫的手段订立合同，损害国家利益；（二）恶意串通，损害国家、集体或者第三人利益；（三）以合法形式掩盖非法目的；（四）损害社会公共利益；（五）违反法律、行政法规的强制性规定。"《施工合同司法解释》第1条规定："建设工程施工合同具有下列情形之一的，应当根据合同法第五十二条第（五）项的规定，认定无效：……（三）建设工程必须进行招标而未招标或者中标无效的。"《招标投标法》第43条规定："在确定中标人前，招标人不得与投标人就投标价格、投标方案等实质性内容进行谈判。"第55条规定："依法必须进行招标的项目，招标人违反本法规定，与投标人就投标价格、投标方案等实质性内容进行谈判的，给予警告，对单位直接负责的主管人员和其他直接责任人员依法给予处分。前款所列行为影响中标结果的，中标无效。"第65条规定："投标人和其他利害关系人认为招标投标活动不符合本法有关规定的，有权向招标人提出异议或者依法向有关行政监督部门投诉。"

　　本案中，华诚房地产公司上诉主张，其与铁建大桥工程局在招投标之前，就施工合同实质性内容进行了谈判磋商，本案属于通过"明招暗定"形式规避《招标投标法》等法律、行政法规规定的行为，本案中标无效，《建设工程施工合同》无效。最高人民法院认为，根据前述法律法规的规定，招标人与投标人就合同实质性内容进行谈判的行为影响了中标结果的，中标无效，中标无效将导致合同无效。就招投标过程中的违法违规行为，利害关系人有权提出异议或者依法向有关行政监督部门投诉，对违法违规行为负有直接责任的单位和个人，将受到行政处分。本案中，双方在招投标前进行了谈判并达成合作意向，签订了《建筑施工合作框架协议书》。该协议书中没有约定投标方案等内容，未载明开工时间，合同条款中还存在大量不确定的约定，如关于施工内容，双方约定"具体规划指标与建设内容以政府相关部门最终的批复文件为准"，关于合同概算，双方约定"项目建筑施工总概算约人民币3亿元，具体概算数值待规划文件，设计方案确定后双方另行约定"。《建筑施工合作框架协议书》签订后，双方按照《招标投标法》的规定，办理了招投标相关手续，没有证据证明涉案工程在招投标过程中存在其他违法违规行为可能影响合同效力的情形。华诚房地产公司虽称其自身违反《招标投标法》的规定致使中标无效，但该违法违规行为是否影响了中标结果，华诚房地产公司未予以证明。本案亦不存在因招投标活动不符合法律规定，利害关系人提出异议或者依法向有关行政监督部门投诉，致使相关人员被追责的情形。综上，一审法院认定涉案《建设工程施工合同》真实有效，该认定并无不当，最高人民法院予以维持。

　　《民法总则》第7条规定："民事主体从事民事活动，应当遵循诚信原则，秉持诚实，恪守承诺。"《民事诉讼法》第13条第1款规定："民事诉讼应当遵循诚实信用原则。"诚实信用原则既是民商事活动的基本准则，亦是民事诉讼活动应当遵循的基本准则。在建设工程项目中，设立招投标程序是为了保护国家利益、社会公共利益和招标活动当事人的合法权益，提高经济效益，保证项目质量；是为了通过法定的强制的公开竞价的方式为建设单位发包工程建设项目提供平台服务，为发包人的工程建设项目选定施工人。在招投标过程中，较承包人而言，发包人掌握一定主动权。本案中，华诚房地产公司作为招标人，明知其与铁建大桥工程局于招投标之前就合同实质性内容进行谈判的行为可能导致双方其后签订的《建设工程施工合同》因违反《招标投标法》的相关规定而被认定为无效,仍然积极追求或放任该法律后果的发生,经招投标程序后与铁建大桥工程局签订了涉案《建设工程施工合同》,华诚房地产公司对该违法行为具有明显过错,应负主要责任。铁建大桥工程局明知违法而参与竞标,最终中标并签订涉案《建设工程施工合同》,亦存在过错,应负次要责任。

综上,华诚房地产公司与铁建大桥工程局在案涉项目招投标过程中皆有违诚信原则。在涉案工程施工过程中以及本案一审中,华诚房地产公司始终未对《建设工程施工合同》的效力问题提出异议,仅在一审中辩称本案不存在合同约定解除或法定解除的情形,不同意铁建大桥工程局有关解除合同的诉讼请求。华诚房地产公司在本案二审中提出涉案《建设工程施工合同》无效的上诉主张,是认为涉案《建设工程施工合同》有效将为其带来不利,或者所带来的利益小于合同无效所带来的利益,其目的是规避应承担的付款义务,免除或者减轻一审判决确定由其承担的民事责任。

最高人民法院认为,合同约定应当严守,诚信观念应当强化。华诚房地产公司作为涉案建设工程的招标人、甲方,主导签订了涉案《建设工程施工合同》,在合同相对方铁建大桥工程局按约履行合同而其并未按约支付工程款,一审判决华诚房地产公司承担相应责任后,华诚房地产公司以其自身的招标行为存在违法违规情形为由,于二审中主张合同无效,其行为不仅违反诚实信用基本原则,而且不利于民事法律关系的稳定,属于不讲诚信、为追求自身利益最大化而置他人利益于不顾的恶意抗辩行为。合同无效制度设立的重要目的在于防止因为无效合同的履行给国家、社会以及第三人利益带来损失,维护社会的法治秩序和公共道德。而本案中,华诚房地产公司作为违法行为人恶意主动请求确认合同无效,如支持其诉求,意味着体现双方真实意愿的合同约定不仅对其没有约束力,甚至可能使其获得不正当的利益,这将违背合同无效制度设立的宗旨,也将纵容违法行为人从事违法行为,使合同无效制度沦为违法行为人追求不正当甚至非法利益的手段。综上,华诚房地产公司在二审中主张涉案《建设工程施工合同》无效,该主张有违诚信原则,故华诚房地产公司关于其与铁建大桥工程局于招投标前就合同实质性内容进行谈判的行为违反了《招标投标法》的规定,导致涉案《建设工程施工合同》无效的主张,缺乏事实和法律依据,最高人民法院予以驳回。

焦点二,关于华诚房地产公司是否应支付履约保证金利息 4 283 790.64 元的问题。本案中,《建设工程施工合同》第 41.3 条约定:"……合同价款 10%的履约保证金(现金或银行转账支票)担保合同作为本合同附件……"《建筑施工合作框架协议书》第 7 条约定:"当乙方(铁建大桥工程局)按双方针对本项目后续签订的《建设工程施工合同》进行建筑施工,并工程量达到 50%时,甲方(华诚房地产公司)向乙方(铁建大桥工程局)退付履约保证金的 50%,剩余部分竣工结算时与合同价款一次退付。"华诚房地产公司收到铁建大桥工程局向其缴纳的履约保证金39 849 215.2元。根据铁建大桥工程局提交的其数次向华诚房地产公司要求退还50%履约保证金的函件，及涉案《建设、监理、设计、施工、勘察单位主体工程质量验收意见表》，涉案工程的施工量于2013年7月达到了合同价款的50%，但华诚房地产公司违反双方约定未予退还履约保证金。华诚房地产公司的违约行为造成了铁建大桥工程局的资金占用损失。综上，一审判决华诚房地产公司以中国人民银行发布的同期同类一年期贷款基准利率为6%为标准，向铁建大桥工程局支付自2013年8月1日起至一审起诉状确定的2017年2月28日期间占用50%履约保证金的利息并无不当，最高人民法院予以维持。

（三）处理结果

驳回上诉，维持原判。

案件评析

《最高人民法院关于审理建设工程施工合同纠纷案件适用法律问题的解释（一）》（以下简称"《施工合同司法解释（一）》"）第1条第1款规定："建设工程施工合同具有下列情形之一的，应当根据民法典第一百五十三条第一款的规定，认定无效：……（三）建设工程必须进行招标而未招标或者中标无效的。"

《招标投标法》第43条规定："在确定中标人前，招标人不得与投标人就投标价格、投标方案等实质性内容进行谈判。"第55条规定："依法必须进行招标的项目，招标人违反本法规定，与投标人就投标价格、投标方案等实质性内容进行谈判的，给予警告，对单位直接负责的主管人员和其他直接责任人员依法给予处分。前款所列行为影响中标结果的，中标无效。"第65条规定："投标人和其他利害关系人认为招标投标活动不符合本法有关规定的，有权向招标人提出异议或者依法向有关行政监督部门投诉。"

本案系在铁建大桥工程局招投标之前，双方已就涉案工程项目进行了谈判磋商，但是，招标人华诚房地产公司与投标人铁建大桥工程局在进行施工合同内容谈判时达成合作意向并签订《建筑施工合作框架协议书》，该协议书并未载明投标价格、投标方案等实质性内容，合同条款中存在诸多不确定性的约定。而根据法律法规的规定，只有招标人在与投标人就投标价格、投标方案等实质性内容进行谈判的……影响中标结果的，中标才无效。框架协议书签订后，双方又按照招投标程序，履行招投标手续，且没有证据证明涉案工程在招投标过程中存在其他违法违规行为，所以双方签订的《建设工程施工合同》是真实有效的。此外，本案同时还适用了《民法总则》第5条、第7条，《合同法》第6条，《民事诉讼法》第13条第1款的规定。所以，在实务中，判断建设工程施工合同是否有效，不仅要看是否符合《招标投标法》、各施工合同纠纷解释等的法律法规，同时也要兼顾双方意思自治以及诚实信用原则。

市场主体在进行招投标时，应当按照法律法规的规定，合法有效地进行招投标活动。中标后，双方在投标文件基础上签订建设工程施工合同后，应当按照合同约定的内容，在享有权利的同时完全适格地履行合同约定的义务，避免在出现纠纷时，一方为追求自身利益，恶意寻找建设工程施工合同的违法违规之处进行抗辩以逃避自身责任。

四、莫某华、深圳市东深工程有限公司与东莞市长富广场房地产开发有限公司建设工程合同纠纷[1]

基本案情

（一）基本情况

莫某华一审诉称，2003年初，莫某华为承建东莞市长富商贸广场工程项目与东莞市长富广场房地产开发有限公司（以下简称"长富广场公司"）进行了多次洽谈，在莫某华支付长富广场公司50万元投标保证金（后转为履约保证金）后，长富广场公司同意莫某华承建该项目，但是同时还提出莫某华必须以具有二级建筑资质的公司名义投标、签订合同和报建。2003年4月30日，莫某华与深圳市东深工程有限公司（以下简称"东深公司"）签订了《长富商贸广场工程合作协议》，确立了双方在东莞市长富商贸广场工程项目上的挂靠承包关系。

同年5月11日，莫某华以东深公司的名义与长富广场公司签订《长富广场工程初步协议》，约定由莫某华承建的工程分为三部分：第一部分为设计面积为80 523m² 的商住楼及地下室部分工程；第二部分为步行街街景及设施；第三部分为电力安装工程，莫某华在同等条件下具有优先承包权。莫某华与长富广场公司又分别于同年的5月19日和5月21日签订《东莞市建设工程施工合同》及《大朗长富商贸广场工程施工合同》，然而上述施工合同的工程造价以初步设计图纸粗略估算而来，是不真实的。长富广场公司与莫某华约定先行施工，工程造价则按照经会审后的设计施工图纸按实结算。在交付了270万元的履约保证金后，莫某华从2003年6月23日进场施工至2003年底，共计投入了550万元的现金以及价值约300万元的设备材料，期间长富广场公司却没有支付任何的工程进度款。从2003年下半年开始，建材价格不断大幅度涨价，工程造价成本大幅度提高。尽管莫某华多次与长富广场公司就造价调整进行协商，但双方均未达成协议。在这种情况下，莫某华仍积极采取措施，保证正常施工。

截至2005年3月31日，莫某华完成了3层1栋、4层1栋、6层1栋、12层2

---

[1] （2011）民提字第235号。

栋、16层2栋共70 522 m²建筑面积的全部土建工程，12 800m²的地下室工程以及其他约定和增加、变动的工程，仅余下12层2栋和16层2栋裙楼以下小部分室内和外墙工程因长富广场公司停止支付工程款而未完成。莫某华实际已完成了相当于76 291 753.31元的工程量，然而长富广场公司仅支付了57 860 815.68元的工程款，仍欠莫某华工程款18 430 937.83元。

在双方合作过程中，长富广场公司没有将步行街街景及设施工程发包给莫某华，又剥夺了莫某华对该项目第三部分的电力安装工程的优先承包权；未按照约定追加工程投资款，反而要求莫某华承担建筑材料大幅涨价所造成的后果；长富广场公司没有及时确定有关工程修改方案，导致工程工期严重延误，增加了莫某华的成本；在工程尚未交付和进行任何验收的情况下，强行将部分建筑交付使用，严重违法并影响了工程工期。综上所述，莫某华请求一审法院判令：①长富广场公司向莫某华支付工程款18 431 937.83元及该款从起诉之日到付清之日期间的利息（利率按中国人民银行规定同期同类贷款利率）；②长富广场公司向莫某华退还履约保证金270万元及自该保证金交付日至返还日利息（利率按中国人民银行规定同期同类贷款利率）计至2005年3月31日为278 302.5元；③长富广场公司承担本案全部诉讼费及鉴定费。

东深公司一审诉称：2003年4月，莫某华与东深公司签订《长富商贸广场工程合作协议》。2003年5月，莫某华以东深公司的名义与长富广场公司签订《长富广场工程初步协议》。现莫某华以挂靠承包建筑工程违反国家相关法律为由，向法院起诉要求解除与长富广场公司的合同，并要求长富广场公司支付工程款和退还履约保证金及相关利息。

为了保护自身的合法利益，东深公司特向法院起诉，请求一审法院依法判令：①长富广场公司向东深公司支付工程款18 430 937.83元及该款从起诉之日到付清之日期间的利息（利率按中国人民银行规定同期同类贷款利率），并将上述款项付至东深公司的账户；②长富广场公司向东深公司退还履约保证金270万元及该保证金自交付之日至返还日的利息（利率按中国人民银行规定同期同类贷款利率）计至2005年3月31日为278 302.5元，并将上述款项付至东深公司的账户；③长富广场公司承担本案全部诉讼费。

长富广场公司于一审反诉并答辩称：其与东深公司最后约定工程总造价约为5480万元，合同工期由2003年6月1日至2004年7月31日，共计420天。其严格按照约定履行了付款义务，已经实际支付工程款57 166 406.48元，但是东深公司无理停工，提前退出项目工程的施工，没有最后完成工程任务，东深公司的违约行为已经给长富广场公司造成了巨额经济损失。长富广场公司认为莫某华可能与东深公司串通，编造合同文件，以达到废除长富广场公司与东深公司签订的合约、规避法律责任和逃避合同责任的目的。故请求一审法院判令东深公司、莫某华：①返还工程款4 871 657.84

元。②赔偿长富广场公司其他经济损失 2 918 177.97 元，其中包括：其一，垫付工程款的利息 236 177.97 元，从 2004 年 8 月 1 日计至 2005 年 6 月 1 日（以后顺延计算）；其二，工程逾期交付违约金 1 818 000 元（按照每天 6000 元计算，从 2004 年 8 月 1 日至 2005 年 6 月 1 日）；其三，被查封价值 1500 万元房产经济损失 864 000 元（自 2005 年 8 月 23 日被查封时起至被解封日止，损失比照银行同期贷款暂计至 2006 年 8 月 23 日）。③承担本案的诉讼费用。

一审法院查明：2003 年 4 月 30 日，莫某华与东深公司订立《长富商贸广场工程合作协议》，协议由莫某华以东深公司的名义与建设单位签订《大朗商贸广场工程施工合同》，东深公司的权利义务由莫某华实际享有和承担，莫某华向东深公司缴纳工程造价的 1.5% 的费用作为东深公司工程管理费。2003 年 5 月 13 日，东深公司与长富广场公司订立《长富广场工程初步协议》。2003 年 5 月 19 日，东深公司与长富广场公司签订《东莞市建设工程施工合同》。

2003 年 5 月 21 日，东深公司与长富广场公司订立《大朗长富商贸广场工程施工合同》，工程范围：东莞市大朗长富商贸广场的土建工程（不包括二次装修工程，但包含内墙身、天花找平层压光、天花线管预留到位）、给排水工程、防雷工程（包括基本防雷设施及阳台护栏、金属部件、铝窗的防雷施工）、地下室装修工程、公共楼梯装修工程等。建筑总面积为 80 523m^2，工程总量按双方及设计单位、监理单位综合会审后确定的施工图纸为准，按施工图纸施工。东深公司的施工除包括该工程施工所需的所有必要工作、管理、开支外，还包括为工程施工而必须配套的临时设施、环保设施临时工程及政府对承包人的收费等。合同确定工程造价为 5480 万元，现行定额仅作为造价计算的参考，除合同规定可以调整的情况外，任何市场价格行情的变化都不能成为调价的理由。工程土建部分及安装部分，根据广东省建筑工程预算定额广东省《2001 预算定额》，安装部分按照广东省《2002 预算定额》进行编制，并参照东莞市 2002 年第六期东莞工程造价管理信息及东莞市现行材料价格，土建工程按照三类工程标准计费，其余工程按照相关规定计费。工程造价除合同另有约定外均下浮 16.5% 计算。所有预算外的其他费用，如：设备、人员进退场费、防护网费、卫生费、取土资源费、弃土费、相邻承包人之间的施工干扰等，已由承包人在议标报价时一起综合考虑于造价下浮率中，结算时不得计算，文明施工费已在合同价预算中。工程造价计算规定：如合同文件与定额站公布的解释有冲突，以合同文件为准。预算包干费的内容：施工雨水的排除、因地形影响造成的场内料具二次运输、工程用水如压措施、完工清场后的垃圾外运、施工材料堆放场地的整理、水电安装后的补洞工料费、工程成品保护费、施工中临时停水停电、基础的塌方、日间照明增加费（不包括地下室和特殊工程）、场地硬化、施工现场临时道路。

合同约定，如果东深公司将工程转包给其他单位和个人，长富广场公司一经发现，立即解除合同，并没收履约保证金，并且由东深公司承担长富广场公司因此产生的所有损失。合同确定工程的工期为420天，东深公司不按照合同的规定开工或不按照批准的施工方案的施工计划施工，造成施工进度严重滞后，长富广场公司和监理工程师书面通知勒令其改正，而14天内仍未采取改正措施，长富广场公司有权解除合同并没收履约保证金或重新调整合同施工范围，并且由东深公司承担长富广场公司因此产生的所有损失。由于东深公司的责任造成工期拖延时，每拖延一天，给予6000元的处罚。

东深公司在附件一中声明：如果履行合同中出现有关国家政策、法规、定额、价格、行业标准的编号涉及调整工程价款，除合同规定允许调整的情况外，自愿维持合同的规定不变，自愿放弃因上述的变化而追加费用的权利。对于双方签订的《东莞市建设工程施工合同》，双方确定只是给东深公司作办理报建等手续使用，一切合同条款的履行均以《大朗长富商贸广场工程施工合同》为准。上述协议签订后，莫某华于2003年6月23日开始施工，长富广场公司中途设计变更及增加了部分工程。在工程施工过程中，由于材料涨价等原因，莫某华、东深公司与长富广场公司多次协商未果，在东莞市建设局的协调下，东深公司承诺退场。由于对已完成工程的造价产生争议，莫某华、东深公司遂提起诉讼。涉案工程在诉讼前没有进行造价结算，莫某华在诉讼过程中提出了对工程造价进行鉴定的申请。在诉讼中，莫某华确认长富广场公司已支付工程款57 860 815.68元。

一审法院另查明：莫某华以清远市清新建筑安装工程公司东莞分公司的名义于2003年4月30日通过中国建设银行汇款50万元给东莞市长和物业投资有限公司，进账单载明票据的种类为工程投标保证金。莫某华于2003年5月23日以东莞市金信联实业投资有限公司的名义通过广东发展银行东莞分行汇款220万元给长富广场公司。莫某华于2003年6月27日以清远市清新建筑安装工程公司东莞联络处的名义通过广东发展银行东莞分行汇款30万元给长富广场公司进账单载明票据种类为预交报建费。

一审法院根据长富广场公司的申请向东莞市建设局调取了如下证据：建筑企业项目经理暂代证、单项工程备案确认书、外籍企业单项工程备案表、外籍企业进莞承接工程项目备案登记表；向东莞市大朗镇人民政府城建规划办公室调取的涉案工程备案的图纸一套。对一审法院向东莞市建设局调取的证据，莫某华、东深公司均不予确认。对一审法院向东莞市大朗镇人民政府城建规划办公室调取的图纸，各方当事人均予确认。

由于各方当事人在一审诉讼中对工程款的数额未能达成一致意见，莫某华申请一审法院委托有资质的结算部门对其所做的工程价款进行结算。一审法院根据当事人的申请委托了东莞市华城工程造价咨询有限公司对莫某华所做的工程进行结算。东莞市华城工程造价咨询有限公司根据法院的要求作出了两份工程造价鉴定书，一份是按当事人在合同中约定的计价办法、包干价及调幅比例进行结算：工程含税总造价为 52 989 157.84 元（包括增加、减少及未完成工程）。另一份是按实际完成的工程量及建筑工程类别，参照定额及材差（未考虑合同中下浮 16.5%的约定）结算：工程含税总造价为 69 066 293.11 元，其中利润为 1 518 306.67 元，税金为 2 228 340.07 元。

工程造价鉴定书作出后，一审法院开庭质证，对于鉴定机构确定的工程量，各方当事人均无异议。各方的异议主要有：莫某华对按合同结算的工程造价鉴定书不予质证。对按实结算的工程造价鉴定书的意见：对于工程造价鉴定确定的建筑面积及工程量没有异议。对于长富广场公司指定的原材料，应当按当时的成本价（采购成本+运输成本），对于没有指定的原材料价格，应当统一按市场价或东莞市建设局公布的信息价计算。其中：①长富广场公司指定企石沙场的河沙，应按当时市场价 56.67 元/m³ 计价；长富广场公司指定樟木头铁路石场及大岭山铁路石场的碎石，应按当时的市场价 71.67 元/m³ 计价；以上两项合计少计价款为 1 220 933.10 元；②长富广场公司指定外墙所有文化砖、纸皮砖等装饰材料使用东莞唯美陶瓷厂定做的产品，上述装饰材料的价格应按厂方当时的报价计算。其中文化砖应按 130 元/m² 计算，纸皮砖应按 60 元/m² 计算，此两项合计少计价款为 1 955 805.44 元；③工程抗渗膨胀砼采用 UBA 低碱高效膨胀剂，UBA 膨胀剂的单价按 2003 年及 2004 年的市场价格为 1650 元/t，而非 900 元/t，因此应补 C30 及 C25 膨胀砼的价差 370 499.22 元；④2004 年东莞市排气管道（TGWE9 型）及排烟管道（TGCA6 型）的成品市场价为 80 元/m，而非排气管道 65 元/m 及排烟管道 33 元/m，应补价差 67 605.8 元；⑤C 栋独立费表（一）第 2、3 项及独立费表（二）所列费用 150 620 元未经双方确认，应以单独项目列出作为有争议的工程处理，不能作为确定的费用直接结算，该费用应从总额中剔除；⑥对于双方确认的增加工程结算应作单独项目工程按双方已确认的价格进行计算，无需按定额执行计算，双方已确认的价格为 1 385 456.31 元，对比应补计工程款 64 万元；⑦增加计算行政事业收费，该项费用有关部门已收取共 531 696 元，所以应补回此部分费用。另外，应补回社保金 66 837 953.10 元×2.9% = 1 938 300.64 元；⑧漏计的费用共 350 000 元，包括："三通一平"施工现场填碎石 4500m³，费用为 49 500 元；材料二次运输费 239 300 元；9 个月的材料堆放费 61 200 元；⑨按实结算的工程造价鉴定书中确定的利润 1 518 306.67 元没有根据。

东深公司认为双方所签合同因涉及挂靠而无效，因此按合同结算的工程造价鉴定书缺乏合法性。对按实结算工程造价鉴定书，东深公司基本同意莫某华的意见。

长富广场公司对涉案工程量的鉴定基本上没有异议，但认为基坑支护部分属于施工措施，不是增加的工程量。

东莞市华城工程造价咨询有限公司作出如下回应：①莫某华提到的沙石，由于没有具体品牌，故按照建委公布的信息价计算；②外墙砖是到东莞唯美陶瓷厂咨询的价格，并非市场价；③由于双方没有指定品牌的膨胀砼，故按照当时的市场价以及在网上查询的信息以平均价1200元/t计价；④因排气管道及排烟管道无指定品牌，故以建委公布的信息价计算，如果莫某华能够提供购买单据，法院对此单据予以认可，可以该单据计价；⑤C栋独立费扣除10万元的原因是C栋没有完工就退场了，而现场清理是需要费用的，该费用是酌定的；⑥莫某华提出的行政事业收费问题，是作为成本来计算的，由于莫某华没有提交这些单据，故造价未计算该部分；⑦莫某华提出的漏计的费用，是包括在包干费中的；⑧增加工程的问题，有部分工程是双方协商确定的，在按合同结算的工程造价鉴定中，是按照双方协定计价的，在按实结算的工程造价鉴定中，是按照实际完成的工程量计价的；⑨对于长富广场公司提到的基坑支护问题，该部分造价已经单列出来，由法院确定是否计入工程总造价。

一审法院认为：综合本案案情及需判决的事项归纳成以下几个焦点：一是本案的合同效力问题；二是本案工程款如何确定；三是长富广场公司的反诉请求应否支持；四莫某华已交纳的履约保证金270万元应否由长富广场公司返还；五是东深公司的诉讼请求应否支持。

（1）关于本案合同的效力问题。本案莫某华与东深公司在一审庭审及诉讼中自认莫某华挂靠东深公司承建涉案工程的事实，根据《建筑法》第12条："从事建筑活动的建筑施工企业、勘察单位、设计单位和工程监理单位，应当具备下列条件：（一）有符合国家规定的注册资本；（二）有与其从事的建筑活动相适应的具有法定执业资格的专业技术人员；（三）有从事相关建筑活动所应有的技术装备；（四）法律、行政法规规定的其他条件"及第26条"承包建筑工程的单位应当持有依法取得的资质证书，并在其资质等级许可的业务范围内承揽工程。禁止建筑施工企业超越本企业资质等级许可的业务范围或者以任何形式用其他建筑施工企业的名义承揽工程。禁止建筑施工企业以任何形式允许其他单位或者个人使用本企业的资质证书、营业执照，以本企业的名义承揽工程"之规定，莫某华作为自然人，不具有承包建筑工程的资质，莫某华挂靠有资质的建筑施工企业东深公司承包工程，违反了上述法律的强制性规定。

根据《合同法》第52条"有下列情形之一的，合同无效：……（五）违反法律、行政法规的强制性规定"及《施工合同司法解释》第1条："建设工程施工合同具有下列情形之一的，应当根据合同法第五十二条第（五）项的规定，认定无效：……（二）没有资质的实际施工人借用有资质的建筑施工企业名义的……"东深公司与长富广场公司签订的《长富广场工程初步协议》《东莞市建设工程施工合同》及《大朗长富商贸广场工程施工合同》依法应认定为无效。根据两原告之间订立的《长富商贸广场工程合作协议》中约定的："甲乙双方必须保证本协议内容不得对外泄露，严格保密……"，结合在《长富广场工程初步协议》中载明的乙方为东深公司、《大朗长富商贸广场工程施工合同》上载明的承包人为东深公司、《东莞市建设工程施工合同》上载明的承包方为东深公司、有关施工现场签证单中施工单位、工程联系单中的收件单位均署名东深公司、有关工程造价协商往来文书中载明的收件单位是深圳市东深工程有限公司项目经理部、主体分部（子分部）工程验收记录中施工单位一栏签章者为东深公司、隐蔽工程载明的施工单位为东深公司、工程移交单中载明的移交单位为东深公司、深圳市东深工程有限公司大朗长富商贸广场工程项目经理部、长富广场公司提交的收款收据表明涉案工程进度款是向东深公司支付的、在有关协调会议中莫某华是以"施工单位深圳市东深工程有限公司"工作人员的名义参加的，即使是莫某华所提交的借条及借据也均是以东深公司大朗长富商贸广场工程项目经理部的名义借款的。以上证据及事实表明，在合同的签订和履行过程中与长富广场公司发生法律关系的是东深公司，同时莫某华与东深公司未能提供充分的证据证明长富广场公司对于莫某华与东深公司之间的挂靠关系知情。因此，本案导致合同无效的根本原因在于莫某华与东深公司，东深公司明知莫某华无建筑资质而仍让其挂靠承建工程违法却仍然实施了上述行为，故应承担全部过错责任。

（2）本案工程款如何确定问题。《合同法》第58条规定："合同无效或者被撤销后，因该合同取得的财产，应当予以返还；不能返还或者没有必要返还的，应当折价补偿。有过错的一方应当赔偿对方因此所受到的损失，双方都有过错的，应当各自承担相应的责任。"本案莫某华与东深公司请求长富广场公司支付工程款，而长富广场公司取得的是莫某华与东深公司将劳动和建筑材料物化的建筑物。鉴于建设工程合同的特殊性，尽管合同被确认无效，但已经履行的内容不能适用返还的方式使合同恢复到签约前的状态，故只能按折价补偿的方式处理。但如何执行，各方当事人未能达成一致意见。如前所述，导致本案合同无效的原因在莫某华与东深公司，莫某华、东深公司不应因由其过错而导致合同无效反而获得比如期履行有效合同还要多的利益，同时，鉴于长富广场公司对于已完成工程的质量未提出异议，因此，本案虽然合同无效，但仍应按照实际完成的工程量以合同约定的结算办法来计算工程造价，增加、减少或变更的工程造价应参考合同约定及鉴定单位通常做法来计算，一审法院只能参照合同约定和参考专业机构鉴定结论来确定。

本案中共有两份合同，分别是2003年5月19日用于备案的《东莞市建设工程施工合同》（以下简称"备案合同"）和2003年5月21日的《大朗长富商贸广场工程施工合同》。合同结算时应以哪份合同为准，莫某华、东深公司主张以2003年5月21日的《大朗长富商贸广场工程施工合同》为准。长富广场公司称如判决应以备案合同为准，如调解应以2003年5月21日的《大朗长富商贸广场工程施工合同》为准。但长富广场公司对于按合同结算的工程造价鉴定书中鉴定公司确定的2003年5月21日的《大朗长富商贸广场工程施工合同》为结算的依据并无提出异议。可认定2003年5月21日的《大朗长富商贸广场工程施工合同》反映了各方当事人的真实意思表示，因此，应以2003年5月21日的《大朗长富商贸广场工程施工合同》作为本案结算的依据（以下所称的合同均指2003年5月21日的《大朗长富商贸广场工程施工合同》）。

一审法院委托了东莞市华城工程造价咨询有限公司对工程造价进行结算，结论：按合同结算的工程造价是52 989 157.84元。由于合同规定了所有工程价款的应缴税金，包括：营业税、教育费附加、城市建设维护税、带征所得税，均由承包人向税务部门交纳，所有预算外的其他费用，如：设备、人员进退场费、防护网费、卫生费、取土资源费、弃土费、相邻承包人之间的施工干扰等，已由承包人在议标报价时一起综合考虑于造价下浮率中，结算时不得计算，因此，有关的行政事业收费已经包括在合同价内，莫某华提出的增加计算行政事业收费531 696元的请求不予支持。由于未能举证证明，因此对于莫某华提出的增加社保金1 938 300.64元的请求，一审法院不予支持。

关于长富广场公司提出的基坑支护不属实体工程，而是施工措施的问题。经咨询鉴定机构，基坑支护属于一项实体工程，因此，基坑支护应该作为增加工程，其造价应计入工程造价。关于莫某华对鉴定机构对有些材料以市场询价计算提出异议，要求以其购买价及运输价的总和计算材料价的问题。由于合同中已经固定了上述材料的产地及规格，而合同在"2.7 材料价格的确定"中规定："本工程的材料按照本合同2.6中所列材料的价格计算，结算时不得调整"，这就意味着订立合同时，合同价格已经规定了上述结算时的取价办法，因此，对于莫某华要求增加河沙及碎石价款的请求，一审法院不予支持。因鉴定单位的鉴定人员是具有专业知识的人员，鉴定程序合法，因此，鉴定机构以市场询价计算定额中未能涉及的材料的价格，并无不当，对莫某华要求增加文化砖、纸皮砖等装饰材料、排气管道及排烟管道及C30和C25膨胀砼的价差的请求，一审法院不予支持。关于莫某华提出的C栋独立费表中涉及的减少工程问题，在按合同结算的造价结算中，包括了清场及垃圾外运等的费用10万元，由于5月21日的合同约定了预算包干费用包括了完工清场后的垃圾外运，因此，鉴定机构扣减该部分费用符合合同的约定。

至于C栋独立费表中扣减及修补洞口12 030个和扣减混凝土10m³的费用，该工程量有长富广场公司提供的由东深公司、长富广场公司及监理公司东莞市粤建监理工程有限公司共同盖章确认的《长富广场未完成工程量（实量）》为据，作为未完成的工程，应当在计算工程造价时扣减该部分的费用，莫某华要求补回C栋独立费表中涉及该部分费用的主张，缺乏依据，一审法院不予支持。关于莫某华提出的增加现场签证费350 000元，莫某华提交了2003年9月17日及2004年10月30日的施工现场签证单来证明。鉴于签证单上"东莞市粤建监理工程有限公司"一栏虽有工程师签名但该公司没有盖章，长富广场公司不予确认，而莫某华未能提供证据证明签名的工程师系东莞市粤建监理工程有限公司现场监理人员，因此，莫某华的该项证据不能证明该部分费用属其已支出且经长富广场公司同意支付的，对莫某华的该项请求，一审法院予以驳回。经询问东莞市华城工程造价咨询有限公司，莫某华针对按实结算的工程造价鉴定书提出的其他意见对于按合同结算的工程造价没有影响。综上，涉案工程总价款为 52 989 157.84 元。

（3）莫某华、东深公司关于支付工程款的请求应否支持。《施工合同司法解释》第 2 条规定，建设工程施工合同无效的情形下，支付工程款的前提条件是工程经竣工验收合格。涉案工程作为公共产品，其质量是否合格不能仅仅依据各方当事人的确认，需要经过建设行政主管部门依法验收方能确定。由于莫某华拒绝提供施工资料，涉案工程无法进入竣工验收程序，同时，莫某华请求支付工程款，就负有证明其所作工程经竣工验收合格的责任，现莫某华不配合竣工验收，对其要求支付工程款的诉讼请求，一审法院依法予以驳回。

（4）莫某华已交纳的履约保证金 270 万元应否由长富广场公司返还。莫某华提交了 2003 年 4 月 30 日中国建设银行进账单、2003 年 5 月 23 日的广东发展银行东莞分行进账单、清远市清新建筑安装工程公司东莞分公司出具的证明、东莞市金信联实业投资有限公司出具的证明，用以证明其支付了 270 万元的履约保证金。长富广场公司对两份进账单的真实性无异议，认为其收到了上述履约保证金，但对于清远市清新建筑安装工程公司东莞分公司出具的证明、东莞市金信联实业投资有限公司出具的证明的真实性不予确认，认为上述证明不能证明履约保证金属莫某华所有，而东深公司确认 270 万元的履约保证金属莫某华所有并支付。由于长富广场公司确认其已收到合同约定的履约保证金，而当时签订合同时另一方是东深公司，现东深公司自认上述履约保证金属莫某华所有，因此，应当确认长富广场公司收到的 270 万元的履约保证金属莫某华所有。由于合同无效，长富广场公司依据合同取得的履约保证金应当返还莫某华，对莫某华要求长富广场公司返还履约保证金 270 万元的请求，一审法院予以支持。关于履约保证金的利息，由于合同中并无约定，故长富广场公司应从莫某华请求之日即莫某华起诉之日开始支付，利率为中国人民银行规定的同期同类贷款利率。

（5）东深公司的诉讼请求应否支持。对于东深公司请求长富广场公司支付工程款及其利息和退还履约保证金 270 万元及其利息的问题。由于东深公司出借资质给莫某华承建涉案工程的行为同样违反国家禁止性规定，为无效民事行为，同时东深公司并未承建涉案工程且履约保证金实为莫某华所支付，故对东深公司的诉讼请求，一审法院不予支持。

（6）长富广场公司反诉请求应否支持。长富广场公司已付工程款为 57 860 815.68 元，莫某华、东深公司应当返还长富广场公司多支付的工程款 4 871 657.84 元。虽然合同无效，但长富广场公司实际上已垫付了上述的工程款，莫某华、东深公司实际占用了资金，根据公平原则，莫某华、东深公司应向长富广场公司支付垫付工程款的利息。长富广场公司请求莫某华、东深公司返还其多支付的工程款的利息，起算时间为合同约定的竣工日期的第二日即2004年8月1日。由于涉案工程在莫某华、东深公司起诉时并未竣工且合同无效，故应从莫某华、东深公司起诉时即2005年4月20日开始计算上述利息，即莫某华、东深公司应从2005年4月20日起至清偿日止按中国人民银行规定的同期同类贷款利率计付长富广场公司多支付的工程款的利息。长富广场公司反诉要求莫某华、东深公司支付逾期完工的违约金，因合同无效，不存在违约的问题，故对长富广场公司的这一反诉请求，一审法院不予支持。

长富广场公司提供了租赁合同以证明其由于莫某华、东深公司未能如期完工所遭受的租金损失，但上述合同未能载明长富广场公司减少部分租赁方租金及部分租赁方未能签订租赁合同是由于莫某华、东深公司未能如期完工所造成，因此，对长富广场公司的该项反诉请求，一审法院不予支持。长富广场公司要求的其他经济损失，由于未能提供证据证明，对其该项反诉请求一审法院也不予支持。

综上所述，依照《合同法》第52条第5项、第58条，《建筑法》第12条、第26条，《民事证据规定》第1条、第2条、第71条、第72条及《施工合同司法解释》第1条之规定，一审法院于2007年11月30日判决：①东深公司与长富广场公司签订的《长富广场工程初步协议》《东莞市建设工程施工合同》《大朗长富商贸广场工程施工合同》无效。②莫某华、东深公司于判决发生法律效力之日起10天内返还长富广场公司多支付的工程款4 871 657.84元及该款的利息（从2005年4月20日起按中国人民银行规定的同期同类贷款利率计至付清日止）。③长富广场公司于判决发生法律效力之日起10天内返还莫某华支付的履约保证金270万元及该款的利息（从2005年4月20日起按中国人民银行规定的同期同类贷款利率计至付清日止）。④驳回莫某华其他的诉讼请求。⑤驳回东深公司的诉讼请求。⑥驳回长富广场公司反诉的其他诉讼请求。各方当事人如未按本判决指定的期限履行给付金钱义务，应当依照《民事诉讼法》有关规定，加倍支付迟延履行期间的债务利息。

莫某华不服一审判决，向广东省高级人民法院提起上诉称：①双方签订的施工合同无效，应该据实结算。2003年5月21日签订《大朗长富商贸广场工程施工合同》为实际施工依据，但并非结算依据。②《施工合同司法解释》并没有规定所有未经验收合格的工程不能支付工程款。本案涉诉工程全部单项工程已经验收合格，只是没有进行综合验收，而且长富广场公司已经使用了建设工程。③一审判决违反公平原则。本案双方合同属无效合同，长富广场公司一直与莫某华个人洽谈合同，保证金由莫某华支付，工程施工管理由莫某华负责，长富广场公司亦向莫某华支付工程款，这些都足以证明长富广场公司一直知道并认可莫某华为实际施工人。一审判决认定合同无效的过错责任全部由莫某华和东深公司承担不当。④一审法院无故超期审理，损害当事人利益。故请求撤销一审判决，支持莫某华的起诉请求。

东深公司亦不服一审判决，上诉称：①长富广场公司对莫某华非法挂靠施工行为是明知的，一审判决东深公司和莫某华承担全部过错责任是错误的。双方签订合同时，长富广场公司就指定施工方项目经理为莫某华，合同附件中莫某华的《项目经理证书》也显示其并非长富广场公司员工。而且施工期间，长富广场公司将4000多万元工程款汇入莫某华的指定账户，这些都说明挂靠施工行为是长富广场公司积极促成的。②一审判决在认定工程造价上存在错误。本案合同无效，一审法院再依照无效合同办理结算，在逻辑上存在矛盾。莫某华在编制施工预算报价时，图纸尚未最后完成，存在严重的缺项，施工单价也明显低于施工成本，按无效合同办理结算，显失公平。③长富商贸广场工程已实际交付使用，已基本销售完毕。依照合同约定，应视为验收合格。④一审判决东深公司与莫某华共同清偿长富广场公司487万元工程款不符合法律规定，应该先以挂靠者的资产清偿债务，被挂靠人承担补充清偿责任。故请求：撤销一审判决第2、3、5项，改判准许东深公司的诉讼请求。

长富广场公司针对莫某华的上诉答辩认为：①依照《施工合同司法解释》第21条的规定，本案应适用经备案的建设施工合同作为本案审计评估的结算依据。②一审法院已经对涉案双方关于结算工程款问题进行了实质的处理，不存在一审法院实质性驳回莫某华请求支付工程款的事实。③涉案工程在洽谈、正式合同签署、工程质量验收、工程款支付、工程退场、工程尾项处理、工程纠纷洽商以及东莞市建设局协商处理都是由东深公司出具介绍信、签订涉案合同、提供收款银行账号、收据、组织派人处理的，莫某华与东深公司签订的挂靠承包合同是一秘密协议，泄露该协议的违约处罚是10万元。这些都证明挂靠承包的全部过错责任应由莫某华及东深公司承担。④由于莫某华非法挂靠和扰乱建筑市场行为造成涉案物业至今都无法竣工备案，形成巨大的社会隐患。请求二审法院维护长富广场公司的合法权益。

长富广场公司针对东深公司的上诉答辩认为：东深公司推定长富广场公司应当知道非法挂靠行为没有事实依据，一审法院认定涉案工程造价及处理方式基本程序是公平、合法的。一审判决认定东深公司对涉案返还工程款承担连带责任合理、合法。请求二审法院维护长富广场公司利益。

二审法院认为：莫某华以东深公司的名义与长富广场公司签订的《大朗长富商贸广场工程施工合同》等合同，违反了《建筑法》第26条第2款的规定，应确认为无效合同。鉴于建设工程合同的特殊性，双方无法相互返还，故只能按折价补偿的方式处理。从现有证据来看，并无证据显示长富广场公司在签约及履约过程中知道莫某华挂靠东深公司进行施工，因此，造成合同无效的过错责任应由莫某华和东深公司承担。

关于莫某华、东深公司提出合同无效，长富广场公司清楚挂靠事实，也存在过错，已完成的工程应按实结算的问题。无论签约还是履约过程中，莫某华都以东深公司项目经理的名义出现，莫某华的行为都代表东深公司，长富广场公司与莫某华协商有关工程事宜，依照莫某华的指令支付工程款都不能证明长富广场公司知道莫某华与东深公司之间的挂靠关系，莫某华、东深公司认为长富广场公司知道他们之间的挂靠关系证据不足，不予采纳。本案一审法院委托中介机构对已完成工程分别按合同及按实进行了结算，按实结算的工程造价远高于按合同价结算的工程造价。由于长富广场公司没有过错，讼争工程又已实际使用，那么依照公平和诚实信用原则，本案的处理就不能让无过错方长富广场公司承担合同外的损失。而且比照《施工合同司法解释》第2条的规定，可以得出如下结论：除非合同无效的原因归于价格条款违反法律、行政法规的强制性规定，否则无效的施工合同仍应按照合同的约定确定工程造价。故一审法院比照原合同约定确定已完成工程的造价是正确的，予以维持。莫某华和东深公司关于应按实结算工程款的依据不足，不予支持。由于比照合同约定进行结算，长富广场公司已多支付了工程款，因此，莫某华、东深公司请求长富广场继续支付工程款依据不足，亦不予支持。

关于东深公司提出莫某华挂靠其进行经营，因此对于长富广场公司多付的工程款，应由莫某华的资产偿还，东深公司只应承担补充清偿责任，不应承担共同清偿责任的问题。莫某华以东深公司的名义与长富广场公司签订合同、进行施工及收取工程款，东深公司亦予以认可，因此，长富广场公司支付的工程款应视为是莫某华和东深公司共同收取的，两者应共同承担还款责任。东深公司的该项上诉请求依据不足，不予支持。综上，一审判决认定事实清楚，适用法律正确，二审法院予以维持。依照《民事诉讼法》第153条第1款第1项的规定，二审判决：驳回上诉，维持原判。二审案件受理费181 419元，由东深公司、莫某华各承担90 709.5元。

莫某华不服该判决，向最高人民法院申请再审称：①东莞市华城工程造价咨询有限公司依据合同约定和据实结算分别做出了含税总造价为52 989 157.84元的《工程造价鉴定书》（简称"《合同造价鉴定报告》"）和工程含税总造价为69 066 293.11元的《工程造价鉴定书》两份鉴定结论。一审判决认定工程价款依据的是《合同造价鉴定报告》，该报告未经莫某华质证。根据《民事诉讼法》第179条第1款第4项规定，人民法院认定事实的主要证据未经质证的，应当再审。②《合同造价鉴定报告》存在以下错误：其一，2004年2月28日，双方签订有一份《会议纪要》，该会议纪要明确了双方已达成钢材、水泥两大主要材料差价各承担50%的协议，但该份鉴定书没有按照该协议的内容对钢材、水泥的差价予以扣减，遗漏鉴定材料。其二，该份《工程造价鉴定书》存在对增加工程部分的少计和漏计的情况以及对减少工程存在多计的情况。具体理由见附件《关于大朗长富广场工程〈工程造价鉴定书〉按合同结算部分的异议》。其三，根据《建筑法》第48条规定，建筑施工企业必须为从事危险作业的职工办理意外伤害保险，支付保险费。莫某华依法交纳社保金198 300.64元，是证明莫某华是奉公守法的公民，其依法履行《建筑法》规定的必须交的保险费。一审法院未能核实，简单以无证据为由不予支持违背事实。③2003年5月21日《大朗长富商贸广场工程施工合同》结算条款是附条件的条款，在2003年5月11日《长富广场工程初步协议》中长富广场公司承诺将电力安装工程、街景工程、二次装修工程承包给莫某华前提下，工程总造价方能下浮16.5%，但长富广场公司并没有按此履行，从而使2003年5月21日《大朗长富商贸广场工程施工合同》结算条款失去履行的条件和基础。本案所争议的工程并没有竣工验收，属未完工程。该项工程经过了增加工程、设计变更的情况，莫某华是依据实际完成工程量向长富广场公司主张工程款，该公司也是按实际工程量支付工程款，而不是按约定支付。一审判决依据2003年5月21日《大朗长富商贸广场工程施工合同》结算工程款错误。④长富广场公司明知莫某华挂靠东深公司承包本案工程，一审法院认定长富广场公司不知情，合同无效的全部责任由莫某华承担错误。根据《民事诉讼法》第179条第1款第2、4、6项的规定，申请再审。

最高人民法院再审查明：双方就材差问题，在广东省东莞市建设局的主持下，进行过调解。陈某鹏作为长富广场公司的代表，在大朗长富广场工程会议上表示，长富广场公司除愿意承担两大主材的价差的50%，约380万元，为表示诚意，愿意再多补偿100万元给东深公司，即共计约480万元。

（二）争议焦点

最高人民法院认为，本案双方当事人在再审中争议的焦点：①原判决对于合同无效后责任的认定是否适当。②涉案工程款应如何计算。包括：其一，涉案工程款是应按照合同约定结算还是据实结算；其二，原审法院采信的《合同造价鉴定报告》是否经过质证；其三，该鉴定报告对于工程款数额的鉴定是否有误。

（1）关于原判决对于合同无效后责任的认定是否适当的问题。

双方当事人对于合同无效均不存在争议，但莫某华认为原判决对于合同无效的责任认定有失公正。莫某华认为，长富广场公司对于其挂靠东深公司的行为应当知情，但未提供相应证据证明其主张。从莫某华与东深公司签订的保密协议的内容看，保密协议以外的第三人很难知晓他们之间的挂靠关系。涉案合同的签订主体为长富广场公司与东深公司，长富广场公司提交的收款收据表明涉案工程进度款是向东深公司支付的、且莫某华参加有关协调会议中亦是以东深公司的工作人员身份参加的，莫某华所提交的借条及借据也均是以东深公司大朗长富商贸广场工程项目经理部的名义借款的。以上证据及事实表明，在合同的签订和履行过程中与长富广场公司发生法律关系的是东深公司，而非莫某华。因此，莫某华与东深公司对于合同无效应当承担全部责任，原判决对于合同无效后责任的认定并无不当。即便长富广场公司对此知情，应承担一定的过错责任，也不影响本案的实体处理。过错责任的划分，仅在计算损失赔偿时有意义，对于涉案工程款数额的认定并无影响。依据《合同法》第58条的规定，合同无效或者被撤销后，因该合同取得的财产，应当予以返还；不能返还或者没有必要返还的，应当折价补偿。有过错的一方应当赔偿对方因此所受到的损失，双方都有过错的，应当各自承担相应的责任。而本案中双方仅对工程款的计算数额存在争议，双方当事人均未提起损害赔偿之诉，因此，过错责任的认定其并不影响对于涉案工程款数额的计算。

（2）关于涉案工程款应如何计算的问题。

第一，关于涉案工程款的计算依据。关于涉案工程款是应按照合同约定结算还是据实结算。鉴于建筑工程的特殊性，虽然合同无效，但莫某华与东深公司的劳动和建筑材料已经物化在涉案工程中，依据《施工合同司法解释》第2条的规定，建设工程无效合同可以参照有效合同处理工程价款。莫某华与东深公司主张应据实结算工程款，其主张缺乏依据。莫某华与东深公司不应获得比合同有效时更多的利益。涉案工程款应当依据合同约定结算。

第二，关于《合同造价鉴定报告》是否经过质证。莫某华主张《合同造价鉴定报告》未经其质证。2006年9月6日，一审法院开庭审理本案，莫某华、长富广场公司、东深公司以及鉴定单位均参加庭审。一审庭审过程中，一审法院要求各方当事人对本案两份鉴定报告发表意见，莫某华对于据实结算的鉴定报告发表意见，对于按合同结算的鉴定报告不认可，因此不予质证。一审法院已将相关证据材料在法庭出示并要求各方当事人互相质证，莫某华主张《合同造价鉴定报告》未经质证与事实不符。

第三，关于鉴定报告对涉案工程款数额的计算是否有误的问题。莫某华主张，鉴定报告存在对增加工程部分的少计和漏计的情况以及对减少工程存在多计的情况。东莞市华城工程造价咨询有限公司已对其异议给予解答。该鉴定机构主体合格且鉴定程序合法，因此，莫某华主张鉴定数额有误，缺乏依据，最高人民法院不予支持。

关于长富广场公司是否多支付给莫某华与东深公司480多万元工程款。从最高人民法院再审查明的事实看，莫某华与长富广场公司曾在东莞市建设局的主持下进行过调解。就760万元钢材、水泥价差问题，长富公司表示愿意负担50%，在此基础上，长富广场公司另行补偿100万元，两者相加共计约480万元，长富广场公司作出该意思表示，同时亦有已多支付480万元工程款的行为，应当认定其自愿补偿给莫某华与东深公司的行为，其现又主张莫某华与东深公司退回其多支付的工程款，有违诚实信用原则，最高人民法院不予支持。原判决认定莫某华、东深公司返还长富广场公司多支付的工程款4 871 657.84元及该款的利息，显属不当，应予纠正。

（三）处理结果

（1）撤销广东省高级人民法院（2008）粤高法民一终字第71号民事判决。

（2）维持广东省东莞市中级人民法院（2005）东中法民一初字第11号民事判决第1项、第3项、第4项、第5项、第6项。

（3）撤销广东省东莞市中级人民法院（2005）东中法民一初字第11号民事判决第2项。

案件评析

本案中，莫某华不具备相应的资质，于是与东深公司达成一致，由莫某华以东深公司的名义承接涉案工程项目，莫某华与东深公司之间是挂靠法律关系。后东深公司与长富广场公司签订了建设工程施工合同，东深公司与长富广场公司之间是建设工程法律关系。据此，发包人长富广场公司、被挂靠人东深公司以及挂靠人莫某华，三方之间存在两个合同关系，故两个不同法律关系的合同无论是有效履行，还是无效的折价返还，均应在合同相对方之间进行。

因为本案涉案工程存在挂靠行为，根据《建筑法》第12条及第20条的规定，以及当时有效的《合同法》第52条第5项的规定、《施工合同司法解释》第1条第2项的规定，东深公司与长富广场公司签订的三份涉案建设工程施工合同均为无效。

五、秦某蓁等人与西安星火地产开发有限公司建设工程施工合同纠纷[1]

基本案情

（一）基本情况

秦某蓁、韦某、韩某（以下简称"秦某蓁等三人"）再审请求：①撤销一、二审判决，改判西安星火地产开发有限公司（以下简称"星火公司"）向秦某蓁等三人支付工程款本金15 810 418.19元及利息7 775 868.72元（按照中国人民银行同期贷款利息的1.5倍计算，暂付至2019年5月16日，并计算至实际给付之日）；②本案诉讼费、鉴定费由星火公司承担。

事实和理由：①一、二审法院认定事实错误。在本案诉讼过程中星火公司已承认秦某蓁等三人是实际施工人。根据秦某蓁等三人与晟元集团有限公司（以下简称"晟元公司"）签订的《协议书》可知秦某蓁等三人与晟元公司是挂靠关系，并非是转包关系。②星火公司与晟元公司双方达成的《工程决算审核书》无效。星火公司早在2013年8月就已经明知案涉项目造价应为4 382.301 05万元，但是为了逃避对秦某蓁等三人的付款责任，晟元公司与星火公司在2016年12月5日形成了《工程决算审核书》，审定造价为3 927.439 118万元，并于2016年12月19日向西安市中级人民法院出具"双方工程款已结清"的证明，星火公司前述低价结算明显属于恶意串通损害第三人利益的无效结算。③二审判决已经认定案涉施工合同无效，又以司法鉴定所依据的标准与施工合同约定不符为由对鉴定意见不予采信，明显自相矛盾。根据晟元公司在诉讼中向西安市中级人民法院出具的《情况说明》可知，其同意秦某蓁等三人提出的对案

---

[1]（2017）陕01民初959号；（2018）陕民终526号；（2019）最高法民再295号。

涉工程造价进行司法鉴定的申请，但却在司法鉴定意见作出后与星火公司私自进行低价结算，明显属于违法行为。④星火公司应在欠付工程款15 810 418.19元范围内向秦某蓁等三人承担付款责任，并按照中国人民银行同期贷款利息的1.5倍计算。根据司法鉴定意见，案涉工程总造价为46 491 959.59元，尚欠付15 810 418.19元。

星火公司一审辩称：①案涉工程系星火公司发包给晟元公司，星火公司与秦某蓁等三人之间不存在工程发包关系，也未形成事实建设施工合同关系，秦某蓁等三人无权直接与星火公司进行工程结算，也无权向星火公司主张工程价款。星火公司与晟元公司按照合同约定协商终止合同并完成工程决算，不存在恶意串通。秦某蓁等三人与晟元公司之间的内部权利义务关系，应另寻法律途径解决。②星火公司与晟元公司已就案涉工程依据合同约定完成工程决算并结清全部工程款，不存在欠付工程款事实，无需承担《施工合同司法解释》第26条规定的在欠付工程价款范围内的付款责任。③秦某蓁等三人不享有案涉工程的决算权，无权对星火公司与晟元公司已经完成决算并结算完毕的工程申请鉴定，且鉴定检材及程序存在重大瑕疵，鉴定意见不能作为星火公司欠付工程款的依据。

秦某蓁等三人向一审法院起诉请求：①判令星火公司立即付清秦某蓁等三人的工程款19 058 635.90元；②判令星火公司承担从2013年4月21日至起诉之日期间的逾期付款利息1 248 356.59元（以19 058 635.90元为基数，按照中国人民银行同期同类贷款利率1.5倍计算，自2013年4月21日起至2013年12月25日止）；③判令星火公司承担从起诉之日至判决生效之日期间的逾期付款利息；④判令星火公司承担本案的诉讼费用、鉴定费用。

一审法院认定事实：2010年9月18日，星火公司与晟元公司签订《建设工程施工合同》，约定星火公司将旭景崇盛园9#、11#楼工程发包给晟元公司施工，工程承包范围为除星火公司另行发包外的施工图的全部内容，晟元公司由砂石垫层上场地±50mm范围内的平整开始进行施工，含主体工程相连接的地下车库、裙房商业工程，弱电预埋留洞由晟元公司进行；星火公司负责另行分包的项目：电梯、通风、门、窗、消防、防水工程、土方开挖、桩基工程；合同暂定总价为13 000万元；合同价款计算的依据及承包方式为包工包料，土建工程执行《陕西省建筑工程综合概预算定额》99定额及相关配套文件，安装工程执行《2001年全国统一安装工程预算定额陕西省价目表》，按《陕西省建筑工程、安装工程、仿古园林工程及装饰工程费用定额99年》进行取费，土建安装工程取费一类工程按二类工程取费；发生争议可以采取下列方式之一解决：①向西安仲裁委员会提请仲裁；②向有管辖权人民法院提起诉讼。晟元公司指定工商银行西安城南支行账号，星火公司如果将工程款以现金方式支付或者擅自把工程款转入晟元公司指定以外的任何账户，晟元公司均不予承认，所产生的一切后果均由星火公司承担。该合同还对竣工与结算、保修等内容作出了约定。2011年5月8日，监理单位同意晟元公司开工。

2011年11月28日，晟元公司就旭景崇盛园9#、11#楼住宅楼及商业裙房、地下车库等工程项目中标，中标价为18 286.023 116万元。2011年12月21日，委托人晟元公司西北分公司与被委托人（责任人）秦某蓁等三人就旭景崇盛园9#楼签订了《施工项目目标管理责任书》，约定：按工程总造价的98.5%（含税费），作为成本费用，节余全奖，亏损由项目责任人（委托代理人）承担，税金及各项规费及公司规定费用委托人代扣代交（应当上缴公司的管理费为审定总造价的1.5%）；工程进度款按与业主签订的施工合同约定，由委托代理人负责向业主催收工程款，汇入公司账户，并按公司财务管理办法及相关约定控制支付给委托代理人管理使用；具备结算条件时结算，结算审计通过，经法定代表人批准后，7天内结付结算余款，留足保证金；工程款催收工作由项目经理负责，公司财务部门协助，收取的工程款必须汇入公司统一开户的指定银行账户，如不遵守按违规金额的10%加以处罚；该合同还对项目资金管理等内容作出了约定。

2010年7月13日，秦某蓁向晟元公司交纳了旭景崇盛园小区工程保证金50万元。案涉工程监理单位准许晟元公司于2011年5月8日开工。2013年7月20日，星火公司与晟元公司签订了《旭景崇盛园9#、11#楼遗留问题解决备忘录》，其中载明：双方一致同意，以2013年4月20日为时间节点统计晟元公司实际完成工程量；晟元公司应当于本备忘录签订后星火公司第一笔款项付款之日起10日内完成原项目部退场交接手续；双方往来的全部资金（指2013年4月20日之前晟元公司完成工程产生的款项）均应打入晟元公司指定的账号，不得以第三方的名义代付或者支付给第三方，如有书面委托，按委托事项办理。

2014年11月26日，秦某蓁、韦某与星火公司旭景崇盛园工程指挥部就完成的工程量签订了《施工内容》。

另查明，2013年12月26日，秦某蓁等三人以星火公司为被告提起本案诉讼。一审法院追加晟元公司为被告后，晟元公司以其与秦某蓁等三人于2013年5月22日签订的协议中约定双方之间因建设工程施工合同产生的工程结算、工程款纠纷等由西安仲裁委员会管辖，双方已经签订了合法有效的仲裁条款为由提出管辖权异议，该院于2014年4月25日作出了驳回晟元公司对本案管辖权提出异议的（2013）西中民四初字第00676号民事裁定。晟元公司不服，上诉至陕西省高级人民法院。陕西省高级人民法院审理后认为：2013年5月22日，秦某蓁、韦某与晟元公司签订的协议第11条约定该协议若产生纠纷，提交西安仲裁委员会仲裁。该约定双方有请求仲裁的真实意思表示，有仲裁事项并且选定西安仲裁委员会为仲裁机构，故人民法院对该协议双方之间的争议不具有管辖权，一审依职权追加晟元公司为被告不当。陕西省高级人民法院于2014年10月27日裁定撤销（2013）西中民四初字第00676号民事裁定。该院遂依据秦某蓁等三人的申请，追加晟元公司为第三人参加诉讼。

2014年1月16日，星火公司与晟元公司就旭景崇盛园11#楼签订了《工程决算审核书》，其中双方确认11#楼审定造价为3 902.778 505万元。2015年4月20日，一审法院依据秦某蓁等三人的申请，委托鉴定单位陕西万隆金剑工程管理咨询有限公司（以下简称金剑公司）对秦某蓁等三人完成的案涉工程价款进行鉴定。

2015年8月28日，晟元公司与秦某蓁、韦某签订《协议书》，约定：秦某蓁、韦某与星火公司旭景崇盛园9#楼、地下车库施工合同纠纷一案，已由西安市中级人民法院立案审理；晟元公司同意按照其与星火公司签订的《旭景崇盛园9#楼、地下车库》建设工程施工中标备案合同与星火公司进行结算，并在本次诉讼中结算完结；因秦某蓁、韦某是旭景崇盛园9#楼、地下车库工程的实际责任人，且截至2015年8月28日，工程尚有部分材料及人工工资未支付，秦某蓁、韦某保证该债务由其承担并支付；如因本协议发生争议，由原告所在地法院管辖，如果双方同时起诉的，由最先立案的法院管辖。

2015年10月23日，秦某蓁等三人将晟元公司与秦某蓁、韦某于2015年8月28日签订的《协议书》作为证据予以提交，一审法院组织当事人对该证据进行了质证。2016年6月28日，秦某蓁向鉴定单位交纳鉴定费50万元。2016年8月9日，鉴定单位作出了鉴定意见书，其中载明鉴定意见：工程造价为4 598.122 88万元。鉴定意见书送达后，双方当事人均提出了异议。2016年11月14日，鉴定单位对当事人提出的异议作出了书面回复，书面回复中调整了工程造价，调整后的造价为4 649.195 959万元。

2016年12月1日，一审法院以秦某蓁等三人主张工程价款的基础法律关系是其与晟元公司之间的合同关系，而双方在合同中约定了仲裁条款，排除了人民法院管辖权；秦某蓁等三人将星火公司作为被告起诉至该院，违背了其与晟元公司通过仲裁处理双方争议的约定；秦某蓁等三人对星火公司的起诉不符合《民事诉讼法》第119条的规定为由，裁定驳回秦某蓁等三人对星火公司的起诉。秦某蓁等三人对该裁定不服，向陕西省高级人民法院提起上诉。陕西省高级人民法院审理后于2017年5月25日裁定撤销原裁定，指令一审法院审理。

2016年12月5日，星火公司与晟元公司就旭景崇盛园9#楼及8、9分区车库签订了《工程决算审核书》，其中载明审定造价为3 927.439 118万元。2016年12月19日，星火公司与晟元公司共同确认：旭景崇盛园9#、11#楼及地下车库、商业二工程，于2013年已竣工验收，所有工程款已结清，双方已无任何经济纠纷。

2016年11月4日，星火公司与晟元公司签订了款项对账单，其中载明付款金额合计3 168.154 14万元。2016年12月9日，晟元公司向星火公司出具了10万元、17.434 814万元工程款的收款收据各一份。2016年12月15日，晟元公司向星火公司出具了委托书，委托星火公司将工程款150万元、531.850 164万元转入案外人账户。星火公司于2016年12月20日向晟元公司指定的案外人账户转款150万元、531.850 164万元。

该案审理过程中，秦某蓁等三人称晟元公司与星火公司恶意串通损害秦某蓁等三人合法权益的结算应当属于无效。

一审法院认为，本案争议的焦点问题是：①本案中是否应当追加晟元公司为第三人参加诉讼。《民事诉讼法》第56条第2款规定："对当事人双方的诉讼标的，第三人虽然没有独立请求权，但案件处理结果同他有法律上的利害关系的，可以申请参加诉讼，或者由人民法院通知他参加诉讼……"本案中，秦某蓁等三人基于星火公司与晟元公司于2010年9月18日签订的《建设工程施工合同》提起本案诉讼，因此案件处理结果同晟元公司有法律上的利害关系，因此应当追加晟元公司为第三人参加诉讼。②关于星火公司应当向秦某蓁等三人支付工程款数额问题。星火公司与晟元公司于2010年9月18日签订的《建设工程施工合同》中约定星火公司将旭景崇盛园9#、11#楼工程发包给晟元公司施工。由此可知，星火公司与晟元公司就旭景崇盛园9#、11#楼工程设立了建设工程施工合同法律关系。晟元公司西北分公司与秦某蓁等三人于2011年12月21日就旭景崇盛园9#楼又签订《施工项目目标管理责任书》，其中约定按工程总造价的98.5%（含税费），作为成本费用，节余全奖，亏损由秦某蓁等三人承担，税金及各项规费及公司规定费用晟元公司西北分公司代扣代交（应当上缴公司的管理费为审定总造价的1.5%）。由此可知，秦某蓁等三人以晟元公司西北分公司名义对旭景崇盛园9#楼进行施工。《合同法》第52条第2项规定，恶意串通，损害国家、集体或者第三人利益的，合同无效。本案中，2014年1月16日，星火公司与晟元公司就旭景崇盛园11#楼签订了《工程决算审核书》，其中双方确认11#楼审定造价为3 902.778 505万元，2016年12月5日，星火公司与晟元公司就旭景崇盛园9#楼及8、9分区车库签订了《工程决算审核书》，其中载明审定造价为3 927.439 118万元。2016年12月19日，星火公司与晟元公司共同确认：旭景崇盛园9#、11#楼及地下车库、商业二工程，所有工程款已结清，双方已无任何经济纠纷。因星火公司与秦某蓁等三人并不存在合同关系，星火公司与合同相对方晟元公司进行结算，符合建设工程施工合同的约定。秦某蓁等三人提交的证据不足以证明星火公司在结算中存在恶意，因此其称晟元公司与星火公司恶意串通，结算应当属于无效，依据不足，依法不予采信。星火公司与晟元公司已经就合同约定的9#、11#楼工程进行了结算，并且双方共同确认工程款已经付清，因此秦某蓁等三人诉称星火公司拖欠工程款，依据不足，依法不予采信。综上，一审法院对秦某蓁等三人的诉讼请求不予支持。依照《合同法》第107条"当事人一方不履行合同义务或者履行合同义务不符合约定的，应当承担继续履行、采取补救措施或者赔偿损失等违约责任"，《最高人民法院关于适用〈中华人民共和国民事诉讼法〉的解释》第90条"当事人对自己提出的诉讼请求所依据的事实或者反驳对方诉讼请求所依据的事实，应当提供证据加以证明，但法律另有规定的除外。在作出判决前，当事人未能提供证据或者证据不足以证明其事实主张的，由负有举证证明责任的当事人承担不利的后果"

之规定，遂判决：驳回秦某蓁等三人的诉讼请求。

秦某蓁等三人不服一审判决，上诉请求：①撤销西安市中级人民法院（2017）陕01民初959号民事判决，依法改判支持秦某蓁等三人的诉讼请求或发回重审；②本案的诉讼费、鉴定费由星火公司、晟元公司承担。

二审法院查明：2013年8月13日，秦某蓁等三人以晟元公司名义向星火公司报送案涉工程结算书，编制依据载明为99定额，金额为4 382.301 050万元。

2016年12月13日，晟元公司向星火公司开具收到工程款3 927.439 118万元的发票。

二审法院认为，本案的焦点问题是：①案涉建设工程施工合同效力；②秦某蓁等三人依据《施工合同司法解释》第26条第2款的规定请求星火公司向其支付工程款能否成立；③秦某蓁等三人依据一审法院委托所作的鉴定意见作为主张星火公司承担欠付工程款的依据能否成立。

关于本案所涉建设工程施工合同效力问题。根据查明事实，2010年9月18日，星火公司与晟元公司签订《建设工程施工合同》，约定星火公司将旭景崇盛园9#、11#楼工程发包给晟元公司施工；2011年11月28日，晟元公司就旭景崇盛园9#、11#楼住宅楼及商业裙房、地下车库等工程项目中标，中标价为18 286.023 116万元。《招标投标法》第43条规定："在确定中标人前，招标人不得与投标人就投标价格、投标方案等实质性内容进行谈判。"第55条规定："依法必须进行招标的项目，招标人违反本法规定，与投标人就投标价格、投标方案等实质性内容进行谈判的……影响中标结果的，中标无效。"据此，从星火公司与晟元公司缔结合同的过程可以认定，双方通过"明招暗定"方式规避招投标。双方当事人所签订的上述建设工程施工合同为无效合同。又根据《建筑工程施工转包违法分包等违法行为认定查处管理办法（试行）》第6条规定："本办法所称转包，是指施工单位承包工程后，不履行合同约定的责任和义务，将其承包的全部工程或者将其承包的全部工程肢解后以分包的名义分别转给其他单位或个人施工的行为。"本案中，2011年12月21日，晟元公司西北分公司与秦某蓁等三人签订《施工项目目标管理责任书》，将其与星火公司签订的《建设工程施工合同》中承包的旭景崇盛园9#楼由秦某蓁等三人施工。后秦某蓁等三人以晟元公司名义进行施工。据上所述，晟元公司与秦某蓁等三人形成工程转包法律关系，其所签订的《施工项目目标管理责任书》亦为无效。

关于秦某蓁等三人依据《施工合同司法解释》第26条第2款的规定请求星火公司向其支付工程款能否成立的问题。根据上述分析认定，星火公司与晟元公司签订《建设工程施工合同》，由晟元公司作为承包人施工建设，晟元公司又与秦某蓁等三人签订《施工项目目标管理责任书》，将案涉工程转包给秦某蓁等三人实际施工。因秦某蓁等三人与晟元公司具有合同关系，根据合同相对性原则，如果存在欠付工程款的事实，应首先由晟元公司承担付款责任。发包人星火公司与实际施工人秦某蓁等三人不具有合同关系。依据《施工合同司法解释》第26条第2款关于"实际施工人以发包人为被告主张权利的,人民法院可以追加转包人或者违法分包人为本案当事人。发包人只在欠付工程价款范围内对实际施工人承担责任"的规定,实际施工人突破合同相对性向发包人主张权利的前提是发包人欠付工程款。本案中,晟元公司向星火公司开具已经收取全部工程款的发票,出具证明称星火公司已经向其结清工程款。因星火公司与晟元公司已经对案涉工程款结清,故秦某蓁等三人依据《施工合同司法解释》第26条第2款规定请求星火公司向其支付工程款没有事实及法律依据。一审判决对其请求不予支持,并无不当。

关于秦某蓁等三人依据一审法院委托所作的鉴定意见作为主张星火公司承担欠付工程款的依据能否成立的问题。本案中,星火公司已经与晟元公司按照双方《建设工程施工合同》约定完成工程结算,金额为3 927.439 118万元,该结算金额是星火公司与晟元公司按照双方所签订的《建设工程施工合同》约定的结算依据而进行,是双方当事人真实意思表示。秦某蓁等三人主张案涉工程价款应以一审法院委托金剑公司作出的鉴定意见4 649.195 959万元作为结算依据,但该鉴定所依据的标准与合同约定不符,该鉴定意见不能作为其主张的工程价款结算依据,其该项上诉理由,不能成立。诉讼中,星火公司按照晟元公司付款要求向晟元公司及其指定的案外人支付工程款,履行付款义务,符合双方合同约定,且法律对此也没有禁止性规定。秦某蓁等三人提交的证据不足以证明星火公司在结算及付款中存在恶意,一审判决对其主张晟元公司与星火公司恶意串通、结算当属无效的理由不予采信,并无不当。其该项上诉理由也不能成立。二审法院判决:驳回上诉,维持原判。

最高人民法院再审期间,秦某蓁等三人提交多份证据拟证明其为案涉工程实际施工人,星火公司提交证据拟证明秦某蓁等三人不是星火公司的合同相对人。最高人民法院组织双方当事人进行了质证。结合双方的质证意见,最高人民法院认为:秦某蓁等三人及星火公司提交的证据,与经一、二审庭审质证并为法院所采信的晟元公司与秦某蓁等三人签订的《施工项目目标管理责任书》《协议书》证明的事实相符,与一、二审阶段查明事实亦不矛盾,根据《施工项目目标管理责任书》《协议书》的约定,结合当事人提交的相关证据,最高人民法院认为,现有证据可以证明秦某蓁等三人是案涉工程的实际施工人。

经审理,最高人民法院对一、二审查明的事实予以确认。另查明,秦某蓁等三人是案涉工程的实际施工人。

(二)争议焦点

最高人民法院再审认为:案涉工程属于必须进行招标的工程,晟元公司中标之前,已经与星火公司就案涉工程的实质内容进行了磋商,并签订施工合同作出明确约定,违反《招标投标法》相关规定,二审法院认定星火公司与晟元公司签订的施工合同以及晟元公司与秦某蓁等三人签订的《施工项目目标管理责任书》无效,并无不当。本案再审阶段的争议焦点:星火公司应否向秦某蓁等三人支付工程款及支付工程款的数额、利息问题。

关于星火公司应否向秦某蓁等三人支付工程款问题。本案晟元公司与秦某蓁等三人于2011年12月21日签订的《施工项目目标管理责任书》和2015年8月28日签订的《协议书》表明,秦某蓁等三人以晟元公司项目部的名义对案涉工程自主施工、自负盈亏、自担风险,晟元公司除收取固定比例管理费外,基本不参与具体施工,秦某蓁等三人是案涉工程的实际施工人。2015年10月23日,在本案一审法院就《协议书》组织质证时,星火公司已经知晓秦某蓁等三人与晟元公司签订的《施工项目目标管理责任书》《协议书》内容,因此,至迟至该日,星火公司应当明知秦某蓁等三人系案涉工程实际施工人,晟元公司仅为名义承包人。结合本案秦某蓁等三人在2013年12月26日即以实际施工人身份提起诉讼,请求判令星火公司向其支付所欠付工程款,在晟元公司对秦某蓁等三人系实际施工人不持异议情况下,星火公司应当在实际施工人认可的情况下与晟元公司结算。但星火公司于一审法院驳回起诉裁定尚未生效、诉讼程序尚未终结之时,在已经知晓一审法院委托鉴定确定的工程款为4 649.195 959万元、且未通知秦某蓁等三人的情况下,与晟元公司按照3 927.439 118万元进行了结算,并共同确认所有工程款已结清。综合考虑上述情况,最高人民法院认为,星火公司和晟元公司该结算确定的工程总造价不能约束实际施工人秦某蓁等三人,不能据此认定星火公司已结清案涉工程全部工程款,星火公司仍应在欠付工程款范围内向实际施工人承担付款责任。

关于星火公司欠付工程款的数额问题。2015年4月20日,一审法院依据秦某蓁等三人的申请,委托鉴定机构对秦某蓁等三人完成的案涉工程价款进行鉴定。2016年8月9日,鉴定机构作出了鉴定意见书,载明工程造价为4 598.122 88万元。鉴定意见书送达后,双方当事人均提出异议。2016年11月14日,鉴定机构对当事人提出的异议作出书面回复,将工程造价调整为4 649.195 959万元。依据《民事证据规定》第71条规定,人民法院委托鉴定部门作出的鉴定结论,当事人没有足以反驳的相反证据和理由的,可以认定其证明力。本案鉴定机构具有相应鉴定资质,鉴定程序合法。星火公司并未提供证据证明该鉴定意见存在程序违法等不应采信或应重新鉴定情形,而在未通知实际施工人的情况下与晟元公司按照3 927.439 118万元进行了结算。根据本案实际情况,最高人民法院对该鉴定意见予以采信。依据该鉴定意见,秦某蓁等三人施工的案涉工程总造价为4 649.195 959万元。关于已付工程款数额,2016年11月4日,星火公司与晟元公司签订款项对账单,确认星火公司付款金额合计3 168.154 14万元。

秦某蓁等三人认可该付款金额。2016 年 12 月 19 日，星火公司与晟元公司共同确认案涉工程款已结清，双方已无任何经济纠纷，且星火公司向晟元公司指定账户汇款银行记录、收款收据等亦印证星火公司在已付 3 168.15 414 万元之外再行支付工程款的事实，故星火公司已付工程款应为 3 927.439 118 万元。据此，星火公司尚欠工程款数额为 721.756 841（4 649.195 959-3 927.439 118）万元。

关于欠付工程款的利息问题。依据《施工合同司法解释》第 18 条第 3 项规定，建设工程未交付，工程价款也未结算的，从当事人起诉之日计付利息。本案中，秦某蓁等三人于 2013 年 12 月 26 日起诉时，案涉工程尚未竣工交付，亦未进行结算，故星火公司欠付工程款应从 2013 年 12 月 26 日起计算利息。依据《施工合同司法解释》第 17 条规定，当事人对欠付工程款利息计付标准没有约定的，按照中国人民银行发布的同期同类贷款利率计算。因星火公司与秦某蓁等三人未就欠付工程款利息计付标准作出约定，故本案工程款利息应按照中国人民银行发布的同期同类贷款利率计算。

（三）处理结果

（1）撤销陕西省高级人民法院（2018）陕民终 526 号民事判决及西安市中级人民法院（2017）陕 01 民初 959 号民事判决。

（2）星火公司于该判决生效之日起 10 日内向秦某蓁、韦某、韩某平支付工程款 7 217 568.41 元及利息（利息以 7 217 568.41 元为基数，自 2013 年 12 月 26 日起至 2019 年 8 月 19 日按照中国人民银行同期同类贷款利率计算，自 2019 年 8 月 20 日起按照同期全国银行间同业拆借中心公布的贷款市场报价利率计算至实际给付之日止）。

（3）驳回秦某蓁、韦某、韩某平的其他诉讼请求。如果未按该判决指定的期间履行给付金钱义务，应当依照《民事诉讼法》第 253 条之规定，加倍支付迟延履行期间的债务利息。

案件评析

本案中，涉案工程项目属于必须进行招投标的项目，但在 2011 年 11 月 28 日晟元公司中标涉案工程项目之前，星火公司与晟元公司就已于 2010 年 9 月 18 日对涉案工程项目进行了约定，将涉案工程项目发包给晟元公司施工，并签订《建设工程施工合同》。根据《招标投标法》第 43 条及第 55 条的规定，星火公司与晟元公司属于以"明招暗定"的方式规避招投标程序，双方之间签订的《建设工程工程施工合同》为无效合同。

晟元公司在承包涉案工程项目后，晟元公司西北分公司又与秦某蓁等三人签订了《施工项目目标管理责任书》，约定将晟元公司承包星火公司涉案工程项目中的旭景崇盛园 9#楼交由秦某蓁等三人施工，而后秦某蓁等三人也一直以晟元公司名义进行施工。该情形系属于承包单位晟元公司在承接涉案总工程项目后，将其承包的全部工程肢解成旭景崇盛园9#楼项目工程和除旭景崇盛园9#楼外的其他项目工程，并将旭景崇盛园9#楼项目工程全部转给秦某蓁等三人进行施工，由秦某蓁等三人自负盈亏、自担风险，晟元公司除收取一定比例的管理费之外，基本不参与旭景崇盛园9#楼的具体施工。因此，根据当时有效的《建筑工程施工转包违法分包等违法行为认定查处管理办法（试行）》第6条的规定，晟元公司与秦某蓁等三人之间系工程转包法律关系，故晟元公司与秦某蓁等三人之间签订的《施工项目目标管理责任书》也无效。

实务中，因非法转包与挂靠都可能存在借用资质的问题，因此，还要将非法转包与挂靠做一定的区分。参考安贵林与大连德通建设集团有限公司、辽宁理工学院、锦州宏源实业有限公司建设工程施工合同纠纷一审案，法院观点认为：从转包、挂靠的名义可以看出，虽然挂靠关系与转包关系中都可能存在资质出借的事实，但挂靠属于借名行为的一种，其与转包不同之处在于：转包行为发生在施工单位承包工程之后，转包人是在付出各项成本取得工程项目后转交他人施工；为挂靠行为起始于参与投标、订立合同之前，挂靠人借用资质后，为获取项目，一般从项目招投标到合同的签订、履行直至结算，实质性地主导了工程项目运作的全过程。

六、海南省核工业地质大队与海南琼山建筑工程公司建设工程施工合同纠纷[1]

基本案情

（一）基本情况

海南省核工业地质大队（以下简称"地质大队"）因与被申请人海南琼山建筑工程公司（以下简称"琼山建筑公司"）建设工程施工合同纠纷一案，不服海南省高级人民法院（2016）琼民终147号民事判决，向最高人民法院申请再审。最高人民法院于2017年5月15日作出（2017）最高法民申1286号民事裁定，提审本案。

地质大队申请再审称：

（1）二审判决关于"……第17层至18层共6套职工宿舍套房分给琼山建筑公司……这些约定均不在施工合同范围内，不属于施工合同条款，应属于合作条款"的认定缺乏证据证明。①二审判决遗漏了《合作建设职工住宅楼合同书》（以下简称"《合作合同书》"）约定的琼山建筑公司分得6套共约600m²房产的重要前提条件。依据《合作合同书》第2条第2项和第5条第9项的约定，琼山建筑公司分得6套房产的前提条件是其应投入200多万元的建设资金，并协调使地质大队原有的一栋6层职工宿舍楼（靠南边的一栋）继续保留作为职工住宿、办公使用。二审判决认定琼山建筑

---

[1]（2015）海中法民（环）初字第19号；（2016）琼民终147号；（2017）最高法民申249号。

公司仅需履行报建、报批、验收办证等义务即可分得6套房产，缺乏证据证明。②琼山建筑公司分得6套房产的约定涉及工程价款的调整，属于《建设工程施工合同》有关的条款。

（2）二审判决适用法律错误。①二审判决认定《合作合同书》及《补充协议书》部分条款无效，属适用法律错误。根据《招标投标法》第46条和《施工合同司法解释》第21条以及《建设工程价款结算暂行办法》第22条的规定，只要招标人与投标人在中标的备案合同以外订立任何涉及工程价款、工期、质量等背离合同实质性内容的协议，造成工程价款结算纠纷的，该协议整体都属于无效合同，而不存在部分条款无效、部分条款有效的情形。②二审判决认定地质大队与琼山建筑公司之间存在合作关系，属适用法律错误：一是《合作合同书》约定的琼山建筑公司办理案涉工程的报批、报建、协调施工关系、验收办证等事项证明双方是协作关系，而非合作关系。二是二审判决认定案涉工程的规划、立项、环评、节能、节水、消防、人防、防雷、施工等报批报建手续的办理、图纸设计、聘请监理、地质勘察以及施工场地"三通一平"、拆除两栋旧楼等事项均由琼山建筑公司完成，但琼山建筑公司未提供证据证实上述事项是以哪方名义完成、是否需支付费用及费用金额、费用是否已支付完毕。三是《合作合同书》不具有合作合同的基本特征。合作合同的基本特征是共同出资、风险共担，而《合作合同书》却无此约定，尤其是在与施工有关的部分条款被二审法院认定无效的情况下，变成了地质大队出资、出土地建房，琼山建筑公司负责施工，其除了可收取工程价款外，还可获得约600m^2的房产。

（3）二审判决认定《合作合同书》中约定的将案涉职工宿舍楼第17层、第18层共6套房分给琼山建筑公司属合作条款，超出了诉讼请求的范围。本案当事人双方均未请求法院确认《合作合同书》中哪些条款属合作合同，二审判决对该部分事实进行认定超出了双方的诉讼请求范围。

综上，依照《民事诉讼法》第200条第2、6、11项的规定，地质大队请求最高人民法院：①裁定对海南省高级人民法院（2016）琼民终147号一案再审；②撤销海南省高级人民法院（2016）琼民终147号民事判决；③维持海南省海口市中级人民法院（2015）海中法民（环）初字第19号民事判决。

琼山建筑公司辩称：

（1）案涉招标活动违法，琼山建筑公司中标无效，《建设工程施工合同》应属无效，不能作为工程款的结算依据，二审法院未审查招标活动是否违法这一关键事实，本案应发回重审。①案涉招标活动全程由琼山建筑公司员工杜某峰运作，地质大队违反了《招标投标法》第22条规定的对招标信息和标底负有保密的法定义务。②琼山建筑公司与地质大队是案涉工程建设资金的共同提供方，琼山建筑公司与地质大队存在利害关系，琼山建筑公司参加投标违反了《招标投标法实施条例》第34条的规定。③地质大队提供方便由琼山建筑公司员工杜某峰以招标人负责人的身份负责整个招标过程，标底亦由杜某峰设定，违反了《招标投标法实施条例》第41条的规定。综上，依据《招标投标法》第52条和第53条的规定，琼山建筑公司的中标和《建设工程施工合同》均无效，本案应发回重审。

（2）地质大队支付的12 689 945元远不足以完成案涉工程，琼山建筑公司完成案涉工程的交付使用已投入约1250万元。①施工合同签订前的前期投入至少有500万元，主要有工程规划、报建、立项、环评、节能、节水、消防、人防、民防、防雷、临时工棚、检测涉及一切费用、施工场地"三通一平"、拆除建筑物、附属物的费用、工程图纸设计费用、监理费用、招标费用、测绘费、市政配套费用等。②案涉工程的建房资金投入也近500万元，按政府发布的定额计价估算，案涉工程至少需要1800万元才能完成，地质大队支付了1 240.994 5万元，琼山建筑公司投入了500多万元。③中标范围外零星工程投入约250万元，包括小区道路、园林绿化、围墙、外墙涂漆改为贴砖等。

（3）一审判决结果显失公平。①双方合作的初衷是地质大队获得60套房，琼山建筑公司获得共600m²的6套房和底层架空层360.86m²、地下室19个停车位的受益权及不属招标范围的附属及零星工程款。一审判决结果导致琼山建筑公司遭受巨大经济损失，极不公平。②地质大队主张《合作合同书》及《补充协议书》无效，属于恶意违约。根据《合同法》第58条的规定，合同无效，有过错的一方应赔偿对方的损失，二审法院未明确导致合同无效的过错。③《建设工程施工合同》仅系用于备案，双方并未将其用于结算工程款，《合作合同书》及其《补充协议书》才是真正被执行的合同。

（4）琼山建筑公司履行了案涉工程的施工义务和合作义务，地质大队企图减轻或逃避其应承担的责任。①地质大队的诉讼目的之一是迫使琼山建筑公司另案主张施工合同签订前的前期投入，因双方事先约定合作分房，未打算结算投资款，琼山建筑公司并未索取相关付款凭证。②根据《招标投标法》第46条和《招标投标法实施条例》第57条的规定，招标文件和投标文件是签订《建设工程施工合同》的依据，案涉招标文件和投标文件一致确定工程承包的施工范围是总建筑面积8194.51m²，地下1层、地上18层的土建工程和水电安装工程，职工住宅楼的零星工程如小区道路、园林绿化、小区围墙、保安亭和拦车杆等均不是招标工程范围。《建设工程施工合同》将小区道路、园林绿化列入承包范围应属无效，约定"无论工程是否有变更、或工程量是否有增加或减少，工程款均不得变更"显失公平。而《补充协议书》约定"小区道路、园林绿化、围墙工程由乙方承包施工，工程造价另行结算"，公平合理，应属有效。③如《合作合同书》及其《补充协议书》无效，依据《施工合同司法解释》第6条的规定，应对琼山建筑公司垫付的前期费用500万元及桩基础工程款300万元进行结算。

（5）本案不只存在施工合同法律关系。①本案先有合作合同，才有施工合同，施工是履行合作合同的一个环节和一个部分。在《建设工程施工合同》签订之前，琼山建筑公司已就《建筑安装工程施工承包合同》履行了合作义务，投入了大量资金，琼山建筑公司投标中标是为了履行合作义务。②琼山建筑公司获得6套房产未对应具体的合同义务。③鉴定案涉工程现状即可证明琼山建筑公司投入建房资金约500万元。

（6）原审判决适用法律错误。①案涉招标文件和投标文件一致设定施工合同标的仅限于职工住宅楼的土建工程和水电安装，不涉及小区道路、园林绿化、围墙工程，《建设工程施工合同》增加的工程量属无效约定，二审判决未予纠正。②认定整个《合作合同书》及其《补充协议书》无效，不但违反了《合同法》第56条的规定，而且违背了《建设工程施工合同》是履行《合作合同书》的一个环节和一个部分，先有合作再有施工的事实。

（7）合作事实客观存在，《合作合同书》合法有效。琼山建筑公司出资、履行的报批报建等义务是在签订《建设工程施工合同》之前，不可能是依据《建设工程施工合同》应履行的协作义务，报批报建不属于该施工合同的范畴，也不是该施工合同"双方相互协作等条款"的内容。琼山建筑公司提供资金、技术、社会关系资源和劳务，地质大队提供土地和部分资金，项目建成后双方进行分成，是典型的合作关系。

（8）地质大队请求确认《合作合同书》及其《补充协议书》无效，二审法院判决部分无效，未超出其诉讼请求。综上，琼山建筑公司请求最高人民法院将本案发回重审。

地质大队向一审法院起诉请求：①判令《合作合同书》和《补充协议书》无效；②地质大队和琼山建筑公司结算职工住宅楼工程价款以《建设工程施工合同》为根据；③琼山建筑公司赔偿因工期延误给地质大队造成的损失1 003 200元；④本案诉讼费用由琼山建筑公司负担。

琼山建筑公司向一审法院反诉请求：①地质大队向琼山建筑公司支付拖欠的工程款497 174元及逾期支付工程进度款的相应利息约21万元；②地质大队向琼山建筑公司赔偿因延迟拆除旧楼遭受"威马逊"超强台风影响导致的直接经济损失166 290元；③本案本诉与反诉的诉讼费用由地质大队负担。

一审法院认定事实：2011年12月1日，琼山建筑公司成为地质大队招标的位于海南省海口市府城镇凤翔路北侧的"职工住宅楼工程"的中标单位。2011年12月8日，地质大队作为发包人、琼山建筑公司作为承包人，双方就"职工住宅楼工程"签订《建设工程施工合同》，该合同包含协议书、通用条款、专用条款三个部分。第一部分协议书中主要内容：工程内容为新建地上18层、地下一层框剪结构住宅楼一幢，总建筑面积8194.51m²；承包范围为基础土方含基坑支护工程、桩基工程、土建（建筑、结构）工程、安装工程（含水电安装、人防、消防、电梯、变配电、防雷等工程）、室外道路、水电、绿化等工程，承包人应按设计施工图及合同约定的工程范围和有关的质量标准，完善本工程的承包内容，包括设计图或报价中未明述但应完善的相关工作内容；开工日期为颁发施工许可证之日，合同工期为自开工之日起360个日历天；工程价款为15 816 541.39元（中标价）。第三部分专用条款中还约定：本合同价款采用固定价格方式确定，无论工程是否有变更，工程量是否有增加或减少，工程价款均不得变更；工程款支付方式和时间为±0付414万元、5层付138万元、10层付276万元、18层付207万元、竣工验收付207万元、30%即47万元作工程质保金，办完房产证后付91万元，其余合同价款双方另签订协议。该合同签订后，双方在海南省海口市住房和城乡建设局办理了合同备案登记。

《建设工程施工合同》签订当日，地质大队和琼山建筑公司签订《合作合同书》，主要内容：地质大队将面积1886.34m²的用地用于规划建设职工住宅楼，并按地质大队实际得到的建筑面积，以2280元/m²结算提供建设资金；琼山建筑公司负责项目的报批报建、施工协调、验收办证等工作；建成的职工住宅楼，双方同意按以下方式分配并办理产权证，第2层至16层共60套职工宿舍套房分给地质大队，第17层至18层共6套职工宿舍套房分给琼山建筑公司，地下室的产权和小区地面停车位等全部属地质大队；琼山建筑公司负责本工程规划、立项、环评、节能、节水、消防、人防、防雷等报批报建手续的办理，涉及的一切费用由琼山建筑公司承担（包括政府收费）；琼山建筑公司负责施工场地"三通一平"以及拆除影响施工的北部的建筑物、附属物（拆除前需经地质大队批准）；地质大队所得的60套住房按定造价2280元/m²结算并提供建设资金，60套住房合计建筑面积6000m²（最终以房产部门测绘报告实际面积为准结算），总造价约为13 800 000元，本工程项目建设所需的其余建设资金由琼山建筑公司全部承担；琼山建筑公司提供的建设资金支付进度、比例及金额为工程进度达到±0.000时支付房屋造价的30%即414万元，5层框架封顶时支付10%即138万元，10层框架封顶时支付20%即276万元，18层框架封顶时支付15%即207万元，主体工程竣工验收后支付15%即207万元，余款10%待房产证办证完毕后一次付清；如地质大队不能按约定的进度支付建设资金，琼山建筑公司要求地质大队支付应付未付部分的利息，利息按同期银行贷款利率的2倍计取；如因琼山建筑公司原因或琼山建筑公司管理不到位造成逾期竣工交房，琼山建筑公司除承担拆迁职工因逾期交房增加的房租外、还要付给地质大队每天3000元的逾期竣工违约金，按实际逾期天数计算。

2011年12月18日，地质大队和琼山建筑公司签订《补充协议书》，主要内容：地下室由琼山建筑公司投资建设，底层架空层临路27m长的场地使用权归琼山建筑公司所有；小区道路、园林绿化、围墙工程由琼山建筑公司施工，工程造价另行结算；工程进度款支付方法中，18层封顶时支付工程总价款的15%更改为20%，余款5%待琼山建筑公司房产证办理完毕后一次性付清；琼山建筑公司所分得的房产，如不违反《土地管理法》的规定，可给琼山建筑公司分割相应的土地面积。

2012年6月13日,地质大队职工住宅楼工程取得了《建设工程施工许可证》,但在庭审中经地质大队和琼山建筑公司双方确认,案涉工程实际开工日期为2011年12月9日。2013年8月10日,案涉工程通过主体竣工验收。2013年8月26日,琼山建筑公司将案涉工程各房间钥匙交付给地质大队,双方确认此时案涉工程虽然尚未进行综合竣工验收,但是已经达到居住使用的条件。

地质大队原旧楼共两栋,北边和南边各一栋,北边旧楼于案涉工程开工时拆除并在原址上建设职工住宅楼,南边旧楼当时尚住地质大队职工。地质大队原本拟保留南边旧楼,但在案涉工程施工过程中南边旧楼无法保留。2013年9月24日,琼山建筑公司向地质大队出具《关于加快职工住宅楼地下室工程竣工问题的意见》,称由于南边旧楼未按时拆除、案涉工程的地下室工程量有一部分无法按时完成,要求地质大队于2013年年底前完成南边旧楼的职工搬迁工作和拆除工作,如地质大队逾期未完成搬迁、拆除,造成琼山建筑公司的经济损失由地质大队承担。2013年10月10日,地质大队向琼山建筑公司出具《关于〈加快职工住宅楼地下室工程竣工问题的意见〉的复函》,承诺于2013年12月底前组织南边旧楼的职工搬迁完毕。由于地质大队迟延组织职工搬迁完毕,南边旧楼于2014年5月才拆除,之后琼山建筑公司将案涉工程继续施工至完工。2015年1月,案涉工程通过综合竣工验收。案涉工程实际建筑面积为8194.28m^2。经双方确认,对于案涉工程的规划、立项、环评、节能、节水、消防、人防、防雷、施工等报批报建手续的办理,图纸设计、聘请监理、地质勘察以及施工场地的"三通一平"、拆除两栋旧楼,上述事项均由琼山建筑公司完成。

地质大队已向琼山建筑公司支付工程款共计12 689 945元,其中28万元系《补充协议书》中约定另行增加并结算的园林绿化工程的工程款。此外,地质大队向海口市人力资源和社会保障局支付农民工保证金395 414元、向有关检测单位支付工程检测费用88 881元、向海口市地方税务局缴纳土地出让-城市建设配套费契税46 214.19元,上述费用合计530 509.19元。

案涉工程的监理单位为海口黎明工程建设监理有限公司(以下简称"黎明监理公司")。地质大队与该监理单位签订的《建设工程委托监理合同》中载明:合同期限为2011年8月1日至2012年7月30日。在2013年8月10日出具的案涉工程主体竣工验收报告中,作为监理单位盖章的仍为黎明监理公司。2014年7月28日,该监理单位出具《确认单》,载明:琼山建筑公司于2013年8月26日交钥匙后至2014年5月15日地质大队才搬迁并拆除旧楼完毕,导致琼山建筑公司被耽误工期259天,又恰遇2014年"威马逊"超强台风,致琼山建筑公司遭受严重损失,水泥约8t被浸泡,围墙倒塌14m,防护桩倒塌8根,工地被水淹没,共造成直接经济损失计16.6万元。琼山建筑公司编制了《建筑安装工程预算书》,计算台风造成损失的工程造价为166 290.45元。

另,琼山建筑公司主张双方签订的《合作合同书》《补充协议书》系有效合同,并据该两份合同提出第一条反诉请求，即地质大队向其支付拖欠的工程款 497 174 元及逾期支付进度款的利息约 21 万元。由于经一审法院审查认定《合作合同书》和《补充协议书》系无效合同，一审法院向琼山建筑公司释明，告知其可变更反诉请求，但琼山建筑公司认为该两份合同才是双方真实意思表示，明确表示不变更反诉请求。

一审法院认为：

（1）关于地质大队诉请的《合作合同书》和《补充协议书》的效力及案涉职工住宅楼工程的结算根据。

《招标投标法》第 2 条规定："在中华人民共和国境内进行招标投标活动，适用本法。"据此，只要是在中国境内进行的招投标活动，无论进行招标的建设工程项目是属于《招标投标法》第 3 条规定的强制招标项目，还是属于自愿招标项目，只要采用了招投标方式就应受《招标投标法》的制约，遵循《招标投标法》的一般性规定，唯此，方能维护招投标活动的严肃性，保证有序的市场竞争秩序。本案中，地质大队通过招标方式确定了其职工住宅楼工程的中标人为琼山建筑公司，双方选择了以招投标方式签订《建设工程施工合同》，故该招投标活动就应遵循《招标投标法》的一般性规定。琼山建筑公司关于案涉项目系地质大队自行招标而不适用《招标投标法》的主张不能成立，不予采纳。

《招标投标法》第 46 条第 1 款规定："招标人和中标人应当自中标通知书发出之日起三十日内，按照招标文件和中标人的投标文件订立书面合同。招标人和中标人不得再行订立背离合同实质性内容的其他协议。"《施工合同司法解释》第 21 条规定："当事人就同一建设工程另行订立的建设工程施工合同与经过备案的中标合同实质性内容不一致的，应当以备案的中标合同作为结算工程价款的根据。"本案中，地质大队和琼山建筑公司按照招投标文件签订了《建设工程施工合同》并办理了合同备案，该合同约定：工程价款为 15 816 541.39 元，采用固定价格方式确定，无论工程是否有变更，或工程量是否有增加或减少，工程价款均不得变更。随后双方签订的《合作合同书》却约定：建成的职工住宅楼第 2 层至 16 层共 60 套职工宿舍套房分给地质大队，第 17 层至 18 层共 6 套职工宿舍套房分给琼山建筑公司；地质大队所得的 60 套住房按定造价 2280 元/m^2 结算总造价为 13 800 000 元，项目建设所需的其余建设资金由琼山建筑公司全部承担。此后双方签订的《补充协议书》又约定：地下室由琼山建筑公司投资建设，底层架空层临路 27m 长的场地使用权归琼山建筑公司所有；小区道路、园林绿化、围墙工程由琼山建筑公司施工，工程价款另行结算。可见，《合作合同书》和《补充协议书》对备案的中标合同《建设工程施工合同》中有关工程价款的数额及支付方式进行了重大变更，而工程价款属于合同的实质性内容，因此，《合作合同书》和《补充协议书》依法应当认定为无效，案涉职工住宅楼工程应当以《建设工程施工合同》作为结算工程价款的根据。

（2）关于地质大队诉请的工期延误损失赔偿。地质大队诉请因工期延误造成的损失 1 003 200 元，其提供了 2011 年 7 月至 2014 年 3 月（共 33 个月）的职工租房补助表，证明每月发放 29 名职工租房补贴共计 14 500 元，33 个月共计发放职工租房补贴 478 500 元，其中 2011 年 7 月至 2013 年 12 月由地质大队发放（未提供支付凭证），2014 年 1 月至 3 月由海南核工业地质工程勘察院发放（提供了支付凭证）；还提供了海口市琼州公证处出具的（2015）琼州证字第 2873 号《公证书》，证明案涉工程所在地附近的租房租金情况。琼山建筑公司对职工租房补助表的真实性、关联性与证明力均不予认可，对《公证书》的真实性予以认可但对关联性与证明力不予认可。

对此，一审法院认为：双方确认案涉工程实际开工日期为 2011 年 12 月 9 日，按照《建设工程施工合同》约定的合同工期为自开工之日起 360 个日历天，案涉工程应于 2012 年 12 月 4 日竣工，而双方亦确认琼山建筑公司于 2013 年 8 月 26 日已将案涉工程各房间钥匙交付给地质大队且当时案涉工程已符合居住使用条件，故地质大队诉请工期延误造成发放的职工租房补贴损失应仅限于 2012 年 12 月 5 日至 2013 年 8 月 26 日这段期间，但由于地质大队并未提供这段期间其发放相应职工住房补贴的支付凭证，是否实际支付无法查实，因此，地质大队诉请因工期延误造成的损失无事实依据，不予支持。

（3）关于琼山建筑公司反诉的工程款及逾期支付工程进度款利息。琼山建筑公司根据《合作合同书》和《补充协议书》的有关约定反诉地质大队向其支付拖欠的工程款 497 174 元及逾期支付工程进度款的利息约 21 万元，由于一审法院认定该两份合同系无效合同、并依法向琼山建筑公司进行释明，告知其可变更反诉请求、但琼山建筑公司明确表示不变更反诉请求。因此，对于琼山建筑公司的该条反诉请求，由于系依据无效的《合作合同书》和《补充协议书》而提出，不予支持。琼山建筑公司可根据按照招投标文件签订并备案的《建设工程施工合同》另行主张相关权利。

（4）关于琼山建筑公司反诉的因延迟拆除旧楼而遭受台风的损失赔偿。琼山建筑公司反诉地质大队赔偿因延迟拆除第二栋旧楼而遭受"威马逊"超强台风的损失 166 290 元，并提供了其编制的《建筑安装工程预算书》及监理单位黎明监理公司于 2014 年 7 月 28 日出具的《确认单》证明该损失。

对此，一审法院认为：由于地质大队的原因致第二栋旧楼于 2014 年 5 月才拆除，拆除之后琼山建筑公司才得以继续施工案涉工程的地下室工程，在第二栋旧楼拆除后至地下室工程完工前这段期间，琼山建筑公司所建工程遭遇于 2014 年 7 月 18 日登陆海南省的"威马逊"超强台风而造成损失具有合理性；虽然地质大队提出，《建设工程委托监理合同》约定的监理期限为 2011 年 8 月 1 日至 2012 年 7 月 30 日，黎明监理公司出具《确认单》时已没有监理权限，但由于案涉工程建设过程中并未更换监理单位，且在 2013 年 8 月 10 日出具的案涉工程主体竣工验收报告中，黎明监理公司仍作为监理单位盖章，故应视为黎明监理公司的监理期限自动延期至案涉工程通过综合竣工验收时止。因此，根据"威马逊"超强台风来临时案涉工程的地下室工程由于地质大队原因尚未完工的情况，结合监理单位出具的《确认单》及琼山建筑公司编制的《建筑安装工程预算书》，认定琼山建筑公司因延迟拆除第二栋旧楼而遭受"威马逊"台风的损失为166 290元，对琼山建筑公司反诉地质大队赔偿该损失166 290元予以照准。

此外，案涉工程的规划、立项、环评、节能、节水、消防、人防、防雷、施工等报批报建手续的办理，图纸设计、聘请监理、地质勘察以及施工场地"三通一平"、拆除两栋旧楼，上述事项均由琼山建筑公司完成，而琼山建筑公司提出上述事项本应由地质大队自行完成，地质大队应进行相应补偿，对此，琼山建筑公司可另行主张相关权利。

一审法院判决：①《合作合同书》和《补充协议书》无效；②地质大队职工住宅楼工程应以《建设工程施工合同》作为结算工程价款的根据；③地质大队于判决生效之日起10日内向琼山建筑公司支付因延迟拆除旧楼而遭受台风的损失166 290元；④驳回地质大队的其他诉讼请求；⑤驳回琼山建筑公司的其他反诉请求。

琼山建筑公司不服一审判决，上诉请求：①撤销一审判决第1、2项；②改判驳回地质大队的诉讼请求；③本案一、二审诉讼费用由地质大队负担。

二审法院认为：本案系本诉和反诉合并审理的案件。琼山建筑公司的上诉请求为撤销一审判决第1、2项，驳回地质大队的一审诉讼请求。一审法院在本诉部分，做出了支持地质大队关于确认双方当事人签订的《合作合同书》及其《补充协议书》无效，案涉工程应以《建设工程施工合同》作为结算工程价款的依据，驳回了地质大队的其他诉讼请求的判决，地质大队对此未提出上诉。对一审法院就琼山建筑公司一审提出的反诉部分所做的判决，双方当事人均未提出上诉。故本案的审理范围和争议焦点：双方当事人签订的《合作合同书》及其《补充协议书》的效力问题，如无效，是全部无效，还是部分无效；案涉工程款的结算依据问题，是以上述《合作合同书》及《补充协议书》为结算依据，还是以备案的《建设工程施工合同》为结算依据。

（1）关于双方当事人签订的《合作合同书》及其《补充协议书》的效力问题。

第一，从双方当事人签订的《合作合同书》及其《补充协议书》的内容来看，既有合作条款，也有施工条款。《合作合同书》约定的下列内容，即建成的职工住宅楼，第2层至16层共60套职工宿舍套房分给地质大队，第17层至18层共6套职工宿舍套房分给琼山建筑公司，地下室的产权和小区地面停车位等全部属地质大队；琼山建筑公司负责本工程规划、立项、环评、节能、节水、消防、人防、防雷等报批报建手续的办理，涉及的一切费用由琼山建筑公司承担，负责项目的报批报建、施工协调、验收办证等工作；这些约定均不在《建设工程施工合同》范围内，不属于《建设工程施工合同》条款，应属于合作条款，并未违反法律、法规和司法解释关于合同效力的强制性规定。与此同时,《合作合同书》第2条第1项、第5条第9项还约定地质大队为其职工建设的60套住房按2280元/m^2固定价结算提供资金等工程结算条款,而根据双方当事人同日签订的《建设工程施工合同》约定的固定造价计算,该工程造价不足2000元/m^2,第5条第10项改变了备案《建设工程施工合同》约定的工程尾款、支付比例和期限等内容,故上述《合作合同书》第2条第1项、第5条第9项、第10项约定系对备案《建设工程施工合同》相应结算条款做了实质性变更,根据《招标投标法》第46条第1款规定:"招标人和中标人应当自中标通知书发出之日起三十日内,按照招标文件和中标人的投标文件订立书面合同。招标人和中标人不得再行订立背离合同实质性内容的其他协议。"故上述《合作合同书》第2条第1项、第5条第9项、第10项之约定,依法应属无效条款。除此之外,双方当事人在该《合作合同书》中约定的其他施工条款,可以作为对双方当事人所签《建设工程施工合同》的补充,只要与备案的《建设工程施工合同》约定不相抵触,并不当然属于无效条款。

第二,与上述理由相同,双方当事人签订的《补充协议书》第3条、第5条,亦因对备案的《建设工程施工合同》的相应结算条款做了实质性变更而无效。

第三,双方当事人签订的《补充协议书》第2条关于地下室由琼山建筑公司投资建设,产权归琼山建筑公司所有的内容,已被地质大队签约时盖章删除,琼山建筑公司提供的证据不足以证明该内容的存在;与此同时,该条约定底层架空层临路27m长的场地使用权归琼山建筑公司所有,属于约定不明。从地质大队职工住宅小区的实际情况来看,该小区规划用地面积不足2000m^2,建筑面积超8000m^2,地上18层地下1层,共66套住房,地上、地下停车位仅有35个,除了道路之外,业主公共活动空间极其有限,底层架空层不仅含有公共楼道,电梯进出口,而且作为仅有的业主室内公共活动空间,应当属于业主共有,根据《物权法》第7条的规定,地质大队与琼山建筑公司对此进行协议处分无效;此外,架空层临路27m长的场地,已经建成小区道路,根据《物权法》第73条的规定,亦应归业主共有,双方当事人对此协议处分无效。

因此,一审判决未对双方当事人签订的《合作合同书》及其《补充协议书》内容的性质加以区分,认定全部无效,属于认定部分事实不清,适用法律错误,琼山建筑公司关于一审判决上述《合作合同书》及其《补充协议书》全部无效错误的上诉理由部分成立,应予支持。

(2)关于案涉工程的工程款结算依据问题。地质大队和琼山建筑公司按照招投标文件签订了《建设工程施工合同》并在住建部门办理了备案,该合同约定工程价款为15 816 541.39元,无论工程是否有变更,或工程量是否有增加或减少,工程价款均不得变更。如前所述,双方签订的《合作合同书》约定地质大队所得的60套住房按固定造价2280元/m^2结算总造价,同时,双方签订的《补充协议书》又约定,小区道路、园林绿化工程、围墙工程造价另行结算,以及第5条约定工程进度款的支付进度和比例，均对备案的《建设工程施工合同》进行了实质性变更。根据《施工合同司法解释》第21条规定："当事人就同一建设工程另行订立的建设工程施工合同与经过备案的中标合同实质性内容不一致的，应当以备案的中标合同作为结算工程价款的根据。"故一审法院判决确认以《建设工程施工合同》作为结算本案工程款的依据并无不当。琼山建筑公司关于一审法院判决案涉工程应以备案的《建设工程施工合同》作为结算工程款的根据有违公平合理、等价有偿、诚实信用的法律原则的上诉理由不能成立。

（3）关于琼山建筑公司在上诉中提出的《建设工程施工合同》订有仲裁条款的问题。琼山建筑公司在一审诉讼中不仅实际应诉，而且还提起了反诉，一审法院对本诉和反诉做了审理并且做出了判决。因此，琼山建筑公司将《建设工程施工合同》订有仲裁条款作为其上诉理由之一，不仅与其他上诉理由相矛盾，而且与其上诉请求相冲突，显然不能成立。

二审法院判决：①维持海南省海口市中级人民法院（2015）海中法民（环）初字第19号民事判决第2项、第3项、第4项、第5项；②撤销海南省海口市中级人民法院（2015）海中法民（环）初字第19号民事判决第1项；③《合作合同书》第2条第1项、第5条第9、10项无效，《补充协议书》第2条、第3条、第5条无效；④驳回琼山建筑公司的其他上诉请求。

围绕当事人的再审请求，最高人民法院对有争议的证据和事实认定如下：

再审期间，琼山建筑公司为证明其主张，向最高人民法院提交了以下证据：证据1，《招标文件评审会议纪要》《开标会议纪要》及《招标文件》，以证明琼山建筑公司员工杜某峰作为地质大队的负责人，全程负责招标事宜，违反了《招标投标法》的效力性强制性规定；证据2，建成的职工住宅楼现状照片，以证明地质大队支付的1 240.992 5万元不足以将职工住宅楼建成现状，琼山建筑公司垫付了500多万元工程款；证据3，《报建图设计方案修改》，以证明2013年8月15日海口市规划局批准地质大队对职工住宅楼的外墙面进行设计变更；证据4，园林绿化报建手续，以证明园林绿化工程系单独报建，不属于招标范围。以上证据用以证明：依据中标文件签订的施工合同因违反了《招标投标法》的规定而无效；施工合同约定的施工范围超出了招标文件的规定；地质大队所支付的款项远不足以将案涉住宅楼建成并交付使用。

地质大队质证认为，琼山建筑公司提交的证据在一、二审中均已提交，不属于新证据，对其真实性、合法性和关联性均不予认可。

最高人民法院经审查，琼山建筑公司提交的4份证据在一、二审均未曾提交，但证据1、证据3、证据4在一、二审中已经存在且琼山建筑公司无正当理由不予提供，因此，上述3份证据不属于《民事诉讼法》第179条第1款第1项规定的"新证据"。对证据1，《招标文件评审会议纪要》《开标会议纪要》中，注明杜某峰为招标人身份；《招标文件》中，招标人地质大队的联系人为"杜先生"，上述证据能表明杜某峰与案涉招标事宜有关，但琼山建筑公司并未提交证据证明杜某峰系其员工，故无法认定案涉招标过程存在违法情形，对该证据最高人民法院不予采信。对证据2，建成的职工住宅楼现状照片对于待证明事实即案涉住宅楼的具体工程造价没有证明力，最高人民法院不予采信。对证据3，《报建图设计方案修改》与案涉事实的认定无关，最高人民法院不予采信。对证据4，园林绿化报建手续仅能证明园林绿化工程部分单独申请报建，但与争议事实即案涉工程施工范围没有关联性，最高人民法院不予采信。

最高人民法院再审查明的事实与一、二审法院查明的事实基本一致。

（二）争议焦点

最高人民法院再审认为，根据地质大队的再审事由和琼山建筑公司的答辩意见，本案的争议焦点：《建设工程施工合同》《合作合同书》《补充协议书》是否有效以及案涉工程款的结算依据。

《建设工程施工合同》系地质大队和琼山建筑公司经过招投标程序签订并经备案登记的施工合同，依法成立并有效。琼山建筑公司主张案涉工程的招标活动违反了《招标投标法》第22条和《招标投标法实施条例》第34条、第41条的规定，《建设工程施工合同》应属无效。《招标投标法》第22条规定了招标人的保密义务，《招标投标法实施条例》第34条规定了与招标人有利害关系的个人或单位中标无效的情形，第41条则规定了串通投标无效的情形。再审中，琼山建筑公司向最高人民法院提交的证据不足以证明案涉工程的招标行为存在上述法律规定的情形。此外，琼山建筑公司在一、二审中均未主张案涉《建设工程施工合同》无效，也未提交任何证据证明该合同无效。二审认定该合同有效，其亦未向最高人民法院申请再审。因此，对琼山建筑公司的该项主张不予支持。

《招标投标法》第46条第1款规定："招标人和中标人应当自中标通知书发出之日起三十日内，按照招标文件和中标人的投标文件订立书面合同。招标人和中标人不得再行订立背离合同实质性内容的其他协议。"《施工合同司法解释》第21条规定："当事人就同一建设工程另行订立的建设工程施工合同与经过备案的中标合同实质性内容不一致的，应当以备案的中标合同作为结算工程价款的根据。"本案中，地质大队和琼山建筑公司于2011年12月8日依据中标文件签订《建设工程施工合同》并办理了合同备案。该合同约定：工程价款为15 816 541.39元，合同价款采用固定价格方式确定，无论工程是否有变更或工程量是否有增加或减少，工程价款均不得变更。

同日，地质大队和琼山建筑公司签订的《合作合同书》约定：建成的职工住宅楼第17层至18层共6套职工宿舍套房分给琼山建筑公司；地质大队所得的60套住房按固定造价2280元/m²结算，总造价约为13 800 000元，项目建设所需的其余建设资金由琼山建筑公司全部承担。2011年12月18日，地质大队和琼山建筑公司签订的《补充协议书》又约定：地下室由琼山建筑公司投资建设，工程项目底层架空层临路27m长的场地使用权归琼山建筑公司所有；小区道路、园林绿化、围墙工程由琼山建筑公司施工，工程价款另行结算。从《合作合同书》及《补充协议书》约定的内容看，其均涉及对案涉工程总造价及支付方式的约定，且同招标人和中标人经备案登记的《建设工程施工合同》关于案涉工程款结算的约定不同，属于对《建设工程施工合同》的实质性内容进行变更。因此，《合作合同书》和《补充协议书》因违反法律的强制性规定而无效，案涉工程款的结算应以《建设工程施工合同》为依据。关于琼山建筑公司主张依据《建设工程施工合同》结算显失公平的问题。最高人民法院《关于贯彻执行〈中华人民共和国民法通则〉若干问题的意见（试行）》第72条规定，"一方当事人利用优势或者利用对方没有经验，致使双方的权利义务明显违反公平、等价有偿原则的，可以认定为显失公平"。本案中，琼山建筑公司并未提交证据证明其作为投标人与招标人地质大队依据招投标文件签订《建设工程施工合同》存在一方利用优势地位或对方没有经验的情形，且合同显失公平并非认定合同无效的事由，依据《合同法》的相关规定，合同显失公平是合同予以撤销的法定事由。因此，琼山建筑公司的该项主张不能成立。

琼山建筑公司主张，其与地质大队之间系合作建房法律关系。最高人民法院认为：《建设工程施工合同》与《合作协议书》《补充协议书》约定的为同一职工宿舍楼建设工程，其工程量及工程款均为《建设工程施工合同》所确定，琼山建筑公司主张的6套房产亦包含在《建设工程施工合同》内，琼山建筑公司主张系合作建房关系与事实不符。另，《合作协议书》《补充协议书》无效，主张法律性质属合作建房关系没有正当依据，对该项主张最高人民法院不予支持。

琼山建筑公司主张，《建设工程施工合同》将未在招标投标文件中体现的小区道路、园林绿化等约定为施工范围，该部分约定应属无效。小区道路、园林绿化等属于案涉职工住宅楼的配套工程，虽然在招标投标文件中未体现，《建设工程施工合同》将这些配套工程列入施工范围并不违反《招标投标法》第46条和《招标投标法实施条例》第57条的规定，对琼山建筑公司的该项主张亦不予支持。至于琼山建筑公司主张的其垫付的前期费用、建设小区围墙的费用等，其可另循法律途径主张。

此外，地质大队还主张，二审法院认定《合作合同书》中约定的琼山建筑公司分得6套职工宿舍套房属于合作条款超出了当事人的诉讼请求范围。最高人民法院认为：人民法院在审理案件中有权依职权认定案涉合同及其条款的效力，并据此依法作出裁判。二审法院依职权作出《合作合同书》中关于琼山建筑公司分得6套职工宿舍套房的约定是否属于合作条款的认定，无须以当事人主张为前提，况且，地质大队在一审中也提出确认《合作合同书》及《补充协议书》无效的诉讼请求。因此，二审法院上述认定并未超过当事人的诉讼请求范围。但如前所述，《合作合同书》《补充协议书》

无效，故二审法院认定琼山建筑公司分得 6 套职工宿舍套房的约定属于合作条款有误，最高人民法院予以纠正。

（三）处理结果

（1）撤销海南省高级人民法院（2016）琼民终 147 号民事判决。

（2）维持海南省海口市中级人民法院（2015）海中法民（环）初字第 19 号民事判决。

案件评析

本案中，涉案工程项目并非属于必须进行招投标项目的建设工程项目，但地质大队将涉案工程项目进行了招标，琼山建筑公司进行了投标并成为中标单位。虽然涉案建设工程项目是自愿进行的招投标，但是《招标投标法》第 2 条规定："在中华人民共和国境内进行招标投标活动，使用本法。"并未就强制性招标项目还是自愿招标项目进行区分，故本案应受《招标投标法》的制约。据此，即使是不属于必须招标的项目，一旦发包人地质大队按照招标程序对外发包了工程，从维护公平、公正、公开的招投标秩序角度出发，结算依据仍然以中标合同为准，任何背离其实质内容的其他合同或协议都不能作为结算工程价款的协议，除非客观情况发生了在招投标时难以预见的变化。

地质大队与琼山建筑公司于 2011 年 12 月 8 日签订《建设工程施工合同》并进行备案登记。同日，地质大队与琼山建筑公司另行签订了《合作合同书》，2011 年 12 月 18 日，双方签订了《补充协议书》。但《合作合同书》及《补充协议书》中约定的工程价款的数额和支付方式均发生了实质性的改变，完全背离了进行备案的《建设工程施工合同》的相关条款的本质，因此《合作合同书》及《补充协议书》效力被认定为无效。

第二节　"阴阳"合同

一、江苏省第一建筑安装集团股份有限公司与唐山市昌隆房地产开发有限公司建设工程施工合同纠纷[1]

基本案情

（一）基本情况

江苏省第一建筑安装集团股份有限公司（以下简称"江苏一建"）向一审法院起诉请求：①判令唐山市昌隆房地产开发有限公司（以下简称"昌隆公司"）给付拖欠

---

[1]　（2017）最高法民终 175 号；（2018）最高法民申 2819 号。

工程款43 152 301元（以司法鉴定确定的数额为准）及迟延支付工程款自竣工日起至生效判决确定的履行期限届满之日止按中国人民银行同期同类贷款利率计算的利息（为计算诉讼费，估算约为6 040 160.69元）。②判令昌隆公司赔偿停工窝工损失375万元（以司法鉴定确定的数额为准）。③由昌隆公司承担本案诉讼费用。

昌隆公司反诉请求：①判令江苏一建赔偿超拨工程款的利息128.2万元；②交付工程竣工备案资料；③赔偿因逾期交付竣工验收资料造成昌隆公司融资等损失1206.12万元（1077.92万元+128.2万元）；④赔偿因工程质量造成昌隆公司赔偿小业主损失22.83万元；⑤对楼梯间采暖与不采暖走道及住宅间隔墙保温、采暖管道井主管保温工程质量不符合强制性规范部分限期进行整改，昌隆公司暂不支付该部分工程款；⑥江苏一建负担本案诉讼费用。

在双方签订施工合同之前，昌隆公司作为发包方与江苏一建作为承包方签订了《金色和园基坑支护合同》，将金色和园项目基坑支护工程委托江苏一建施工。合同上未载明签约时间。

2009年9月28日，江苏一建、昌隆公司、设计单位及监理单位对案涉工程结构和电气施工图纸进行了四方会审。在履行招投标程序之前，江苏一建已经完成了案涉工程部分楼栋的定位测量、基础放线、基础垫层等施工内容。

2009年12月1日，经履行招投标程序，昌隆公司确定江苏一建为其所开发金色和园住宅工程项目的中标人，并向江苏一建发出《中标通知书》，昌隆公司招标文件载明：合同价款采用固定总价方式。2009年12月8日，双方当事人签订建设工程施工合同（以下简称"《备案合同》"），约定由江苏一建承包昌隆公司开发的金色和园住宅工程，建筑面积为110 998m^2，承包范围为施工图纸标识的全部土建、水暖、电气、电梯、消防、通风等工程的施工安装；开工日期为2009年12月8日，竣工日期为2011年12月7日，工期总日历天数730天；合同价款为131 839 227.62元。在合同第三部分专用条款第23.2条，原载明"合同价款采用可调价格合同，合同价款调整方法：按施工图纸结算，材料价格调整、设计变更洽商现场签证按实调整，执行2008年河北省建筑安装工程预算定额及双方协议或约定"，后双方将该约定划掉，改为"合同价款采用固定总价方式确定""除设计变更现场签证之外，均包括在合同总价之内""风险范围以外合同价款调整方法为由发包人、承包人及监理单位三方签证按总价下浮3%进行调整"，在上述修改处均加盖有双方公章；专用条款第28.1条约定，"承包人采购的材料、设备均应符合国标及设计要求，主要材料及新型材料由发包人认质认价"。该份协议于2009年12月30日在唐山市建设局进行了备案。

2009年12月28日，双方当事人签订《金色和园建筑安装工程补充协议》（以下简称"《补充协议》"），约定该补充协议是对金色和园建筑工程施工合同的有关补充条款进行的明确，作为主合同附件，与主合同具有同等法律效力。该协议第1条约定，合同开竣工日期为 2009 年 9 月 30 日至 2011 年 9 月 15 日；第 3 条约定，承包依据是中建北京设计研究院设计的经审查和会审交底后金色和园施工图纸、作法变更（附件 1），主要材料认质认价范围（附件 2），国家、省市现行的施工验收规范和相关标准；第 4 条约定，结算方式：本工程执行河北省 2008 年定额及相关文件，建筑安装工程费结算总造价降 3%。施工及验收阶段以暂定价作为拨款依据。18 层住宅地上部分暂定 1200 元/m²，18 层以下住宅地上部分暂定 1000 元/m²，地下部分（含人防）暂定 1625 元/m²。第 5 条约定，价格调整：本工程材料由甲方认质认价，乙方应提前上报材料计划，材料进场前由甲方确认材料价格，材料进场后由甲、乙、监理三方共同确认进场数量，价格以甲方的认价单为准。进场材料必须符合现行标准规定及设计要求，价格应经过甲方确认并以下发的新认价单为准，所涉及的材料数量及工程范围应由甲、乙、监理三方共同确认。施工组织设计费用不进入决算，主体施工模板按大模板和竹胶板计算。设计变更、工程洽商及现场签证以甲方会签批复单为准，单项变更总价在 1000 以内的不计费用，由乙方无条件施工，单项变更费用在 1000 元以上的按 2008 年定额作相应增减，主要材料价格以甲方同时期的认价单为准。认价材料的运费、采保费按规定记取（认价中已含运费的除外）。另外还约定了工程款支付、违约责任等内容。

2011 年 11 月 30 日，江苏一建所承建的工程全部竣工验收合格。2012 年 8 月底，江苏一建向昌隆公司上报了完整的结算报告，昌隆公司已签收。

双方当事人均认可在施工过程中，除基坑支护部分工程款外，昌隆公司已向江苏一建支付工程款 124 939 155 元；基坑支护部分工程款数额为 700 963.84 元，已全部付清，但因基坑支护工程为单独合同，并不在本案造价审计范围内，因此该 700 963.84 元亦不计入本案已付款中。

在审理过程中，江苏一建向一审法院提交案涉工程造价审计申请，一审法院通过司法技术辅助室依法定程序选定鉴定机构为河北冀诚祥工程造价咨询有限责任公司（以下简称"冀诚祥公司"）。鉴于双方对于以哪份合同作为审计工程价款的依据存在重大分歧，昌隆公司主张按备案合同约定的固定总价计价方式结算工程款，江苏一建主张按补充协议约定的可调价计价方式结算工程款，因此一审法院委托鉴定机构按照双方主张分别以两份合同为依据进行审计。冀诚祥公司最终审计结果：按照备案合同即固定总价合同，鉴定工程总造价为 117 323 856.47 元；按照补充协议即可调价合同，鉴定工程总造价为 150 465 810.58 元。该鉴定结论经过双方当事人多次质询、修正，符合法律规定，可以作为认定事实的依据。

一审法院另查明：2011 年 7 月 20 日，江苏一建向昌隆公司及案涉工程监理单位唐山四方工程建设监理有限公司发出工程联系单，主要内容：请求昌隆公司及监理单位确认因昌隆公司原因导致工程窝工 81 天，应给予顺延工期 81 天及合理补偿。监理单位卢某芳签认"情况属实，请甲方与施工单位协商合理解决"，并盖有监理部印章。

一审法院认为：本案的焦点问题包括：一是昌隆公司欠付工程款数额和利息应如何计算，二是江苏一建主张的停工窝工损失应如何处理，三是昌隆公司提出的反诉请求是否成立。

（1）关于昌隆公司欠付工程款及利息的数额应如何计算问题。首先，双方当事人先后签订的两份施工合同均无效：双方2009年12月8日签订的《备案合同》虽系经过招投标程序签订，并在建设行政主管部门进行备案，但在履行招投标程序确定江苏一建为施工单位之前，江苏一建、昌隆公司、设计单位及监理单位已经对案涉工程结构和电气施工图纸进行了四方会审，且江苏一建已完成部分楼栋的定位测量、基础放线、基础垫层等施工内容，即存在未招先定等违反《招标投标法》禁止性规定的行为，因此该备案合同应认定为无效。而双方2009年12月28日签订的《补充协议》系未通过招投标程序签订，且对备案合同中约定的工程价款进行了实质性变更，属于《施工合同司法解释》第21条所规定的黑合同，依法也应认定为无效。其次，本案中的两份施工合同签署时间仅间隔20天，从时间上无法判断实际履行的是哪份合同，双方当事人对于实际履行哪份合同也无明确约定，两份合同内容比如甲方分包、材料认质认价等在合同履行过程中亦均有所体现，且两份合同均为无效合同就意味着法律对两份合同均给予了否定性评价，无效的合同效力等级相同，不涉及哪份合同更优先的问题。因此综合考虑本案情况，可按照《合同法》第58条的规定，由各方当事人按过错程度分担因合同无效所造成的损失。本案中该损失即为两份合同之间的差价33 141 954.11元（150 465 810.58元-117 323 856.47元）。昌隆公司作为发包人是依法组织进行招投标的主体，对于未依法招投标应负有主要责任，江苏一建作为具有特级资质的专业施工单位，对于招投标法等法律相关规定也应熟知，因此对于未依法招投标导致合同无效也具有过错，综合分析本案情况以按6∶4分担损失较为恰当，因此总工程款数额应认定为137 209 028.94元（117 323 856.47元+33 141 954.11元×60%）。按此扣减已付工程款124 939 155元后，尚欠工程款12 269 873.94元。至于利息问题，昌隆公司在施工过程中并无拖欠工程进度款情形，在江苏一建报送结算文件后又多次与其核对工程量，从上述事实看昌隆公司并无拖欠工程款的主观恶意，双方对工程欠款发生争议的根本原因在于对以哪份合同作为结算工程款依据发生重大分歧，而双方对于签订两份无效合同并由此导致争议的发生均有过错，因此欠付工程款利息以自江苏一建起诉之日起算为宜，按中国人民银行同期同类贷款利率计息。

（2）关于江苏一建主张的停窝工损失问题。在2011年7月20日的工程联系单中监理单位已经签章确认确实存在因昌隆公司原因导致江苏一建窝工81天的事实，但签证单中并未确定损失数额，也没有涉及停工损失的计算方法。江苏一建虽就该损失数额也申请进行鉴定，但因其提供的停窝工损失证据相当一部分是其自己记载、单方提供的工人数量、名单、工资数额、现场机械数量等，昌隆公司对此不予认可，一审法院对上述证据的客观真实性难以确定，以此为依据得出的鉴定结论能否采信也存疑，故未对此委托鉴定。鉴于此前双方在施工过程中也曾发生过 8 天停窝工，双方协商的补偿数额为 7 万元，基本可以反映出停窝工给江苏一建造成的损失程度，在此基础之上，可以酌定该 81 天停窝工损失为 70 万元。

（3）关于昌隆公司反诉的楼梯间保温质量问题。鉴定机构在进行现场勘验时发现楼梯间与不采暖走道及住宅间的隔墙保温层厚度达不到设计要求，且该质量问题并非业主使用造成，而是江苏一建在施工过程中未按图纸施工所致，因此应由江苏一建承担质量责任。昌隆公司要求江苏一建对存在质量问题部分进行整改的诉请符合《合同法》第 281 条之规定，应予支持，本案中对该部分工程款 1 972 553.25 元暂不处理，待江苏一建整改合格之后双方另行结算，故本案中欠付工程款数额暂认定为 10 297 320.69 元（12 269 873.94 元-1 972 553.25 元）。至于昌隆公司反诉主张的因其他工程质量问题造成的损失，昌隆公司虽称其曾多次要求江苏一建进行修理，但未能提供证据证明其主张，且其提供的证明损失数额的《费用汇总表》是其单方制作，真实性无法核实，因此对其该项主张不予支持。关于昌隆公司主张因江苏一建迟延交付施工资料致其损失问题，江苏一建主张这是基于昌隆公司欠付工程款而行使抗辩权的结果。一审法院认为，支付工程款是发包人的主要合同义务，在昌隆公司未足额支付工程款的情况下，江苏一建行使抗辩权符合《合同法》第 66 条关于同时履行抗辩权的规定，不构成违约，故对于昌隆公司的该项反诉请求不予支持。但提交竣工验收资料是施工单位的法定义务，其在特定情况下享有抗辩权并不意味着可以一直不履行交付竣工资料的义务，江苏一建在庭审中也认可交付资料，故对昌隆公司的该项诉请予以支持。至于昌隆公司提出的超付工程款利息问题，通过对工程价款及工程欠款的核算，本案并不存在超付工程款情形，因此也不发生利息损失问题，故对该项反诉请求亦不予支持。

综上，一审法院判决：①昌隆公司于判决生效之日起 15 日内给付江苏一建欠付的工程款 10 297 320.69 元，并自 2013 年 10 月 9 日起按照中国人民银行同期同类贷款利率支付利息至付清之日止；②昌隆公司于判决生效之日起 15 日内给付江苏一建停工窝工损失 70 万元；③江苏一建于判决生效之日起 15 日内向昌隆公司交付全部施工资料；④驳回江苏一建其他诉讼请求；⑤驳回昌隆公司其他反诉请求。

一审判决作出后，江苏一建不服，向最高人民法院提起上诉。

江苏一建上诉请求：①撤销河北省高级人民法院（2013）冀民一初字第 17 号民事判决；②改判昌隆公司给付欠付工程款 25 914 315.58 元，并自 2012 年 1 月 30 日起至付清之日止按中国人民银行同期同类贷款利率计算利息；③改判昌隆公司支付停窝工损失 375 万元；④改判江苏一建在昌隆公司支付全部欠款之日起 15 日内向其交付全部施工资料；⑤本案诉讼费用由昌隆公司负担。

事实与理由：①一审判决关于昌隆公司欠付工程款数额和利息认定错误。案涉

《备案合同》与《补充协议》均为无效，并非黑白合同。《备案合同》因违反招标投标法律而无效，双方实际履行的是《补充协议》，是涉案双方真实意思表示。从工程承包范围、开工竣工时间、结算方式、材料设备供应等方面可印证实际履行的合同是《补充协议》，且昌隆公司自认《补充协议》是对《备案合同》的细化与补充。工程支付价款不应由合同效力决定，而应由工程质量是否合格决定，案涉两份合同无效，应以实际施工工程量进行结算。鉴定结论1.5亿元应作为据实结算的工程款数额，以此作为结算依据并支付欠付工程款利息。两份合同差价并非损失，而是承包方实际施工工程款，按照比例分担损失不当。案涉工程已于2011年11月20日竣工验收合格并交付使用，参考《建设工程价款结算暂行办法》工程应在60日内完成结算规定，昌隆公司最迟应于竣工日期之后60日即2012年1月30日开始支付利息。②昌隆公司应根据江苏一建实际发生的人工费、机械台班费损失支付窝工损失。该证据为会计账册资料，具有真实性和完整性，一审法院未对停窝工损失进行鉴定，昌隆公司亦未提交证据反驳，则应依此认定。③关于案涉工程楼梯间保温质量问题，对该部分工程款不予处理错误。该费用并未实际发生，即使存在质量问题，可通知江苏一建进行维修，昌隆公司如垫付费用可另案解决。④一审法院判令向昌隆公司交付全部施工资料错误。根据《建设工程质量管理条例》第16条、第49条规定，江苏一建资料已经符合要求，只因昌隆公司独立分包资料不齐导致无法提交资料，且从不安抗辩权角度，昌隆公司不及时结算给付工程款，江苏一建亦有权不给付竣工验收资料。

昌隆公司辩称：《备案合同》为主合同，是双方实际履行的合同，《补充协议》细化确认《备案合同》内容，并未发生实质性变更，应以《备案合同》作为工程价款结算依据。《备案合同》约定的保修责任、隐蔽工程中间验收、施工组织和工期、安装工程等内容《补充协议》并未约定。江苏一建施工范围并非《补充协议》约定工程范围，比如小区主环路工程项目虽属《补充协议》约定施工范围，但由其他单位施工完成。《补充协议》的价款结算方式改变《备案合同》约定。一审判决认定事实清楚、适用法律正确，应驳回江苏一建上诉请求。一审判决昌隆公司承担60%责任过重。利息支付应以准确本金和合理起算时间存在为前提，江苏一建直至2015年2月仍补交结算资料，造成发包方无法核算，且没有完成竣工验收备案手续。一审判决从起诉之日计息，昌隆公司认可该结果。对于停窝工损失，江苏一建存在伪造证据、虚构事实行为，出具认定文件不符合认定程序规定，没有昌隆公司签字，且停工81天事实缺乏相关证据印证，昌隆公司虽认可该判决但希望二审法院能查明事实。江苏一建交付工程存在不符合设计质量要求，一审法院对此部分工程款暂不处理，符合法律规定。一审判决江苏一建交付施工资料符合法律规定。

二审法院认为，围绕当事人上诉请求、事实理由与答辩意见，本案争议焦点：①原判认定昌隆公司支付江苏一建工程欠款数额及利息是否正确；②原判昌隆公司支付江苏一建停窝工损失是否正确。

（1）原判认定昌隆公司支付江苏一建工程欠款数额及利息是否正确。首先，关于案涉工程价款的结算依据。江苏一建上诉主张本案双方实际履行的合同是《补充协议》，应据此结算工程价款；昌隆公司认为根据《施工合同司法解释》规定，《补充协议》为黑合同，应当以《备案合同》作为工程价款结算依据。

二审法院认为：

第一，《招标投标法》《工程建设项目招标范围和规模标准规定》明确规定应当进行招标的范围，案涉工程建设属于必须进行招标的项目，当事人双方2009年12月8日签订的《备案合同》虽系经过招投标程序签订，并在建设行政主管部门进行备案，但在履行招投标程序确定江苏一建为施工单位之前，一方面昌隆公司将属于建筑工程单位工程的分项工程基坑支护委托江苏一建施工，另一方面江苏一建、昌隆公司、设计单位及监理单位对案涉工程结构和电气施工图纸进行了四方会审，且江苏一建已完成部分楼栋的定位测量、基础放线、基础垫层等施工内容，一审法院认定案涉工程招标存在未招先定等违反《招标投标法》禁止性规定的行为，《备案合同》无效并无不当。

第二，当事人双方2009年12月28日签订的《补充协议》系未通过招投标程序签订，且对备案合同中约定的工程价款等实质性内容进行变更，一审法院根据《施工合同司法解释》第21条规定，认为《补充协议》属于另行订立的与经过备案中标合同实质性内容不一致的无效合同并无不当。

第三，《施工合同司法解释》第2条规定，建设工程施工合同无效，但建设工程经竣工验收合格，承包人请求参照合同约定支付工程价款的，应予支持。《施工合同司法解释》第21条规定，当事人就同一建设工程另行订立的建设工程施工合同与经过备案的中标合同实质性内容不一致的，应当以备案的中标合同作为结算工程价款的根据。就本案而言，虽经过招投标程序并在建设行政主管部门备案的《备案合同》因违反法律、行政法规的强制性规定而无效，并不存在适用《施工合同司法解释》第21条规定的前提，也并不存在较因规避招投标制度、违反备案中标合同实质性内容的《补充协议》具有优先适用效力。

《合同法》第58条规定，合同无效或者被撤销后，因该合同取得的财产，应当予以返还；不能返还或者没有必要的，应当折价补偿。有过错的一方应当赔偿对方因此所受到的损失，双方都有过错的，应当各自承担相应的责任。建设工程施工合同的特殊之处在于，合同的履行过程，是承包人将劳动及建筑材料物化到建设工程的过程，在合同被确认无效后，只能按照折价补偿的方式予以返还。本案当事人主张根据《施工合同司法解释》第2条规定参照合同约定支付工程价款，案涉《备案合同》与《补充协议》分别约定不同结算方式，应首先确定当事人真实合意并实际履行的合同。

结合本案《备案合同》与《补充协议》，从签订时间而言，《备案合同》落款时间为2009年12月1日，2009年12月30日在唐山市建设局进行备案；《补充协议》落款时间为2009年12月28日，签署时间仅仅相隔20天。从约定施工范围而言，《备案合同》约定施工范围包括施工图纸标识的全部土建、水暖、电气、电梯、消防、通风等工程的施工安装，《补充协议》约定施工范围包括金色和园项目除土方开挖、通风消防、塑钢窗、景观、绿化、车库管理系统、安防、电梯、换热站设备、配电室设备、煤气设施以外所有建筑安装工程，以及雨污水、小区主环路等市政工程。实际施工范围与两份合同约定并非完全一致。从约定结算价款而言，《备案合同》约定固定价，《补充协议》约定执行河北省2008年定额及相关文件，建筑安装工程费结算总造价降3%，《补充协议》并约定价格调整、工程材料由甲方认质认价。综上分析，当事人提交的证据难以证明其主张所依据的事实，一审判决认为当事人对于实际履行合同并无明确约定，两份合同内容比如甲方分包、材料认质认价在合同履行过程中均有所体现，无法判断实际履行合同并无不当。

在无法确定双方当事人真实合意并实际履行的合同时，应当结合缔约过错、已完工程质量、利益平衡等因素，根据《合同法》第58条规定由各方当事人按过错程度分担因合同无效造成的损失。一审法院认定本案中无法确定真实合意履行的两份合同之间的差价作为损失，基于昌隆公司作为依法组织进行招投标的发包方，江苏一建作为对于《招标投标法》等法律相关规定也应熟知的具有特级资质的专业施工单位的过错，结合本案工程竣工验收合格的事实，由昌隆公司与江苏一建按6：4比例分担损失并无不当。江苏一建上诉主张应依《补充协议》结算工程价款，事实依据和法律依据不足，二审法院不予支持。

关于案涉工程价款利息，江苏一建上诉主张应自2012年1月30日起按照中国人民银行同期贷款利率支付工程款利息。一审法院认为，昌隆公司在施工过程中并无拖欠工程进度款情形，亦无拖欠工程款的主观恶意，且双方对于签订两份无效合同并由此导致工程价款结算争议发生均有过错，因此欠付工程款利息自江苏一建起诉之日按中国人民银行同期同类贷款利率计息。二审法院认为，《施工合同司法解释》第18条规定，"利息从应付工程价款之日计付。当事人对付款时间没有约定或者约定不明的，下列时间视为应付款时间：（一）建设工程已实际交付的，为交付之日；（二）建设工程没有交付的，为提交竣工结算文件之日；（三）建设工程未交付，工程价款也未结算的，为当事人起诉之日。"案涉工程于2011年11月30日竣工验收合格并交付使用，案涉两份合同均被认定无效，一方面合同约定的工程价款给付时间无法参照合同约定适用，另一方面发包人支付工程欠款利息性质为法定孳息，建设工程竣工验收合格交付发包人后，其已实际控制，有条件对诉争建设工程行使占有、使用、收益权利，故从工程竣工验收合格交付计付工程价款利息符合当事人利益平衡。江苏一建公司主张从2012年1月30日起按照中国人民银行同期贷款利率支付工程款利息，二审法院予以支持。

（2）一审判决昌隆公司支付江苏一建停窝工损失是否正确。江苏一建上诉主张应根据其实际发生的人工费、机械台班费损失支付窝工损失。二审法院认为，案涉工程 2011 年 7 月 20 日的工程联系单中，监理单位已经签章确认确实存在因昌隆公司原因导致江苏一建窝工 81 天的事实，但签证单中并未确定损失数额，也没有涉及停工损失的计算方法。江苏一建提供的停窝工损失证据相当一部分是其自己记载、单方提供的工人数量、名单、工资数额、现场机械数量等，昌隆公司对此不予认可，一审法院鉴于此前双方在施工过程中也曾发生过 8 天停窝工，双方协商的补偿数额为 7 万元，基本可以反映出停窝工给江苏一建造成的损失程度，酌定 81 天停窝工损失为 70 万元并无明显不当。

另外，江苏一建上诉主张一审判决预先扣除 1 972 553.25 元维修费不当。二审法院认为，案涉工程鉴定机构在进行现场勘验时发现楼梯间与不采暖走道及住宅间的隔墙保温层厚度达不到设计要求，且该质量问题并非业主使用造成，而是江苏一建在施工过程中未按图纸施工所致，因此应由江苏一建承担质量责任。一审判决认为昌隆公司要求江苏一建对存在质量问题部分进行整改并将该部分工程款 1 972 553.25 元暂不处理，待江苏一建整改合格之后双方另行结算并无不当。

江苏一建上诉主张改判昌隆公司支付全部欠款之日起 15 日内向其交付全部施工资料。二审法院认为，提交竣工验收资料是施工单位的法定义务，其在特定情况下享有抗辩权并不意味着可以一直不履行交付竣工资料的义务，且江苏一建在一审庭审中也认可交付资料，故一审判决江苏一建于判决生效之日起 15 日向内昌隆公司交付全部施工资料并无不当。

综上所述，江苏一建的上诉请求部分成立。二审法院依照《民事诉讼法》第 170 条第 1 款第 2 项规定，判决如下：①维持河北省高级人民法院（2013）冀民一初字第 17 号民事判决第 2 项、第 3 项、第 5 项；②撤销河北省高级人民法院（2013）冀民一初字第 17 号民事判决第 4 项；③变更河北省高级人民法院（2013）冀民一初字第 17 号民事判决第一项：唐山市昌隆房地产开发有限公司于本判决生效之日起 15 日内给付江苏省第一建筑安装集团股份有限公司欠付的工程款 10 297 320.69 元，并自 2012 年 1 月 30 日起按照中国人民银行同期同类贷款利率支付利息至付清之日止；④驳回江苏省第一建筑安装集团股份有限公司的其他诉讼请求。

如果未按本判决指定的期间履行给付金钱义务，应当依照《民事诉讼法》第 253 条规定，加倍支付迟延履行期间的债务利息。

后江苏一建不服最高法作出的（2017）最高法民终 175 号民事判决，向最高法申请再审。江苏一建申请再审称，本案原审判决存在《民事诉讼法》第 200 条第 1 项、第 6 项规定的情形，应予再审。理由如下：①江苏一建于 2017 年 12 月向唐山市城市建设档案馆调取的新证据《唐山市建筑节能办公室关于金色和园建筑节能分部工程验收意见》（唐节字〔2011〕28号，以下简称"验收意见"）表明，涉案工程节能专项验收合格，不存在昌隆公司反诉提出的所谓"楼梯间保温质量问题"，昌隆公司应向江苏一建支付该部分工程款1 972 553.25元。②双方实际履行的是补充协议而非备案合同，涉案两份合同均无效的情况下，应以实际工程量即鉴定结论中的1.5亿元作为结算依据。昌隆公司自认双方实际履行的是补充协议，一审鉴定报告可调价计算书中的1.5亿余元即以实际工程量为基准得出的工程款。③昌隆公司应根据江苏一建实际发生的人工费、机械台班费损失支付窝工损失。

最高院经审查认为：

（1）验收意见由唐山市建筑节能办公室于2011年10月17日出具，内容为"唐山市昌隆房地产开发有限公司：你单位建设的金色和园项目，总建筑面积116 488.48m^2（其中……热力站附属用房211.49m^2）。通过你单位组织施工、监理、设计单位实施建筑节能专项验收，为合格工程。同意备案"。而本案一审中鉴定机构在进行现场勘验时发现楼梯间与不采暖走道及住宅间的隔墙保温层厚度达不到设计要求，是江苏一建在施工过程中未按图纸施工所致。前述验收意见的内容并未明确指向鉴定机构发现的隔墙保温层厚度问题，且验收意见形成于本案一审诉讼之前，昌隆公司亦未在再审申请书中说明逾期提交的理由，因此验收意见不属于《民事诉讼法》第200条第1项规定的足以推翻原判决的新证据。另外，原审判决并未完全否定江苏一建对该隔墙保温层部分工程款1 972 553.25元的主张，而是释明该部分工程款暂不处理，待江苏一建整改合格之后双方另行结算。

（2）根据原审查明，昌隆公司在原审中主张备案合同为主合同，是双方实际履行的合同，补充协议细化确认备案合同内容，并未发生实质性变更，应以备案合同作为工程价款结算依据，因此江苏一建申请再审主张昌隆公司自认双方实际履行的是补充协议，与原审查明事实不符，不能成立。本案中，因双方当事人对于实际履行哪份合同并无明确约定，两份合同内容比如甲方分包、材料认质认价在合同履行中均亦有所体现，故原审法院在认定无法判断实际履行哪份合同且两份合同均为无效的前提下，依据一审法院委托的鉴定机构关于按照备案合同即固定价合同，鉴定工程总造价为117 323 856.47元；按照补充协议即可调价合同，鉴定工程总造价为150 465 810.58元的审计结果，根据双方的过错程度以两份合同造价差价的6∶4的中间点认定总工程款数额，不缺乏事实依据，亦无不当。

（3）案涉工程2011年7月20日的工程联系单确认了窝工事实，但并未确定损失数额，也没有涉及停工损失的计算方法，江苏一建原审提供的停窝工损失证据是其自己记载、单方提供的工人数量、名单、工资数额、现场机械数量等，且昌隆公司对此不予认可。故原审法院根据之前双方协商的8天停窝工补偿7万元的情况，酌定81天停窝工损失为 70 万元，并无明显不当。

（二）处理结果

驳回江苏一建的再审申请。

案件评析

本案《建设工程施工合同》的签订，既涉及了以"明招暗定"形式履行招投标手续的违法行为，同时还涉及了《补充协议》与中标后签订的《备案合同》是否属于"黑白合同"。

一般来讲，中标合同即"白合同"，另一份或多份与中标合同实质性内容不一致的合同即"黑合同"。招投标活动本应遵循公开、公平、公正以及诚信原则进行，按照前述原则签订的中标合同，对于参与招投标活动的市场主体来说，最终的结果都是公平的，因此，发包人与承包人应以中标合同作为确定双方权利义务为基础。但在实务中，有些市场主体为了控制成本、提高利润抑或是受到其他因素的影响，在招标人与投标人签订完中标合同并备案后，又另行签订一份或多份"黑合同"，导致最后出现纠纷时，应以哪份合同确定基本权利义务并作为结算依据成为主要争议焦点。

本案系发生在 2017 年，适用当时有效的《施工合同司法解释》第 21 条的规定，"当事人就同一建设工程另行订立的建设工程施工合同与经过备案的中标合同实质性内容不一致的，应当以备案的中标合同作为结算工程价款的根据。"而 2021 年 1 月 1 日，《施工合同司法解释（一）》开始实施，该司法解释第 2 条规定："招标人和中标人另行签订的建设工程施工合同约定的工程范围、建设工期、工程质量、工程价款等实质性内容，与中标合同不一致，一方当事人请求按照中标合同确定权利义务的，人民法院应予支持。招标人和中标人在中标合同之外就明显高于市场价格购买承建房产、无偿建设住房配套设施、让利、向建设单位捐赠财物等另行签订合同，变相降低工程价款，一方当事人以该合同背离中标合同实质性内容为由请求确认无效的，人民法院应予支持。"第 22 条规定："当事人签订的建设工程施工合同与招标文件、投标文件、中标通知书载明的工程范围、建设工期、工程质量、工程价款不一致，一方当事人请求将招标文件、投标文件、中标通知书作为结算工程价款的依据的，人民法院应予支持。"第 23 条规定："发包人将依法不属于必须招标的建设工程进行招标后，与承包人另行订立的建设工程施工合同背离中标合同的实质性内容，当事人请求以中标合同作为结算建设工程价款依据的，人民法院应予支持，但发包人与承包人因客观情况发生了在招标投标时难以预见的变化而另行订立建设工程施工合同的除外。"

本案属于必须进行招投标建设工程的项目，就涉案建设工程项目，出现中标备案合同与另行订立的施工合同出现不一致时，应当就黑白合同的实质性内容是否发生变更进行审查。根据上述法律法律规定，以及参考《最高人民法院建设工程施工合同司法解释的理解与适用》一书，只有内容的变更足以影响当事人的基本合同权利义务，才可认定为构成"实质性内容不一致"。据此，在实务中，判断是否构成"实质性内容不一致"一般是从"是否影响其他投标人中标"和"是否对招标人与中标人的权利义务产生较大影响"两方面来进行判断。而"是否对招标人与中标人权利义务产生较大影响"，主要是针对工程范围、建设工期、工程质量、工程价款这四个方面是否产生较大的影响。本案中，江苏一建与昌隆公司后中标后签订的《备案合同》因为存在明招暗定行为，违反了禁止性规定而无效。《补充协议》因为没有履行招投标程序，双方自行签订；此外，《补充协议》对《备案合同》中有关工程价款等内容进行了的变更，而工程价款系合同的核心条款，对工程价款的变更系对实质性内容进行变更，因此《备案合同》与《补充协议》被认定为"黑白合同"，综合两个因素，《补充协议》继而被认定为无效。

需要注意的是，工程范围、建设工期、工程质量以及工程价款这四个方面的约定与中标备案合同不一致的合同，不一定构成"实质性内容不一致"。如果双方经协商对前述四个条款以外的合同内容进行变更，就不属于实质性内容不一致。此外，还要正确区分"实质性内容不一致"与依法进行变更合同内容的界限。

二、山东弘理建设项目管理有限公司与威海仙姑顶旅游开发有限公司建设工程监理合同纠纷[1]

基本案情

（一）基本情况

山东弘理建设项目管理有限公司与威海仙姑顶旅游开发有限公司于2010年9月1日签订一份建设工程委托监理合同，约定原告对被告开发的望海旧村改造A8#-14#、A26#、27#、31#楼工程进行监理，工程规模41 911.81m²，监理报酬为74.69万元，期限自2010年9月1日开始至2011年5月20日。

后原、被告又签订一份工程监理补充协议，对监理事项进行了明确的约定。监理工程内容为，望岛名郡多层A8#-14#（30 105.21m²），A26#、27#、31#楼（11 706.91m²）；监理人各专业监理人员必须与合同中提供的一致，并驻施工现场，在合同履行期间未经被告同意不得擅自更换，否则视为违约，并按0.5万元/人次向被告缴纳违约金；若遇特殊情况必须更换，需由原告提出书面申请，得到被告同意并书面许可后方能更换；总监理工程师、各专业监理人员必须具有相应的资格证书，合同履行期间以上人员未经被告许可，不在施工现场、中途换人或不服从发包人调度指挥的，被告将视情况给

---

[1]（2013）威环民一初字第142号；（2014）威民一终字第622号。

予处罚，情节严重的，每次处罚金额在3000元/人次以内，给被告造成损失的，被告有权继续追偿。合同后附的监理机构人员名单为：项目总监：张某刚；专业监理：宋某伟（土建）、孙某刚（土建）、刘某晓（水暖）、丛某珠（电气）。

在上述合同后还附有一份说补充说明，内容：原、被告就双方签订的关于望岛名郡住宅楼工程的建设工程委托监理合同（GF-2000-02020）中的条款进行了补充说明，该合同第三部分专用条款中第39条关于监理费的金额和付款方式只作为备案使用，不作为双方结算的依据，该工程监理费的金额和付款方式以双方对应上述合同而签订的工程监理补充协议中的标准进行结算，特此说明。原、被告均认可原、被告实际履行的监理合同是上述工程监理补充协议，且实际履行监理合同的日期在2010年9月份之前。

2012年8月7日，原、被告又签订一份补充协议，就上述的工程监理补充协议的相关条款作出补充：①总监理费292 705.84元，被告已付监理费148 000元，剩余监理费144 705.84元，按照原协议工程竣工验收时应支付总监理费的80%，本协议签订2日内支付监理费86 164.67元，余下的20%的监理费58 541.17元于2014年7月30日前付清，每延期付款一天被告将按照银行同期贷款利息支付违约金；原协议中约定工程于2010年12月31日竣工，至2012年12月31日已拖延工期19个月，经双方友好协商，原告只收被告12个月的延期监理费，被告将支付原告延期监理费390 274.45元，合同签订后2日内被告支付原告延期费用的10%，金额为39 027.4元，剩余的延期费用截至2012年11月30日被告一次性付清，每延期付款1天被告将按照银行同期贷款利率利息支付违约金；②原告将在被告支付86 164.67+39 027.45 = 125 192.12元款项后协助被告办理相关竣工手续；③截至2012年7月31日被告后期的工程将无需原告参与，所发生的相关责任也与原告无关，但涉及该工程需要原告出具相关证明资料，以及需要监理人员到场的时间节点，原告应予配合；④本合同与原来的工程监理补充协议为不可分割的一部分，具有相同法律效力。

协议签订后，被告于2012年8月17日向原告支付了125 192.12元，又于2012年12月26日向原告支付了151 247元，剩余监理费一直未付。2013年6月25日，原告诉至一审法院，要求被告给付原告监理费200 000元及逾期违约金10 000元原告诉至二审法院请求处理。被告以原告履行监理合同中存在派驻监理人员无监理资格、人数未达约定标准及不履行监理职责等违约行为，且2011年9月30日之后的监理费不应支付等为由提出抗辩。被告并以2012年8月7日签订的补充协议显失公平为由反诉请求撤销该协议，并根据原告存在监理人员不在现场及未经被告许可中途换人等违约行为要求原告给付违约金496 972.68元。

此外，涉案的望岛名郡住宅楼的工程于2012年6月7日至2012年7月7日陆续进行了竣工验收。

一审法院认为：尽管原、被告于2010年9月1日签订的建设工程委托监理合同系为规避招投标管理所签订的虚假合同，由于涉案监理合同并非必须进行招标的项目，双方后又签订了一份工程监理补充协议，从协议的内容和双方的履行情况看，该工程监理补充协议系双方真实意思表示，并不违反法律的强制性规定，双方当事人之间形成建设工程监理合同关系，原告依约对被告的工程进行了监理，被告理应支付相应的监理费。原、被告2012年8月7日签订的补充协议系对于双方签订的工程监理补充协议的补充，系对监理费用支付的进一步约定，原、被告应当依约履行，根据约定被告还需支付原告监理费共计258 541.17元，但其中的58 541.17元约定于2014年7月30日前付清，尚未到履行期限，故原告诉请被告支付监理费20万元，理由正当，予以支持。由于补充协议中约定了付款的方式和时间，被告未按照约定的时间支付相应的监理费，构成违约，应当支付相应的逾期付款利息。被告以存在欺诈胁迫的情形为由要求撤销上述补充协议，但未能提供充分证据予以证实，故其该部分诉讼请求，未得到支持。

原告在履行监理合同过程中，应当依照约定派驻有相应监理资质的监理人员并按照约定提供监理服务，未经被告许可不得中途换人或不在施工现场，但由被告提供的关于原告工作人员出勤情况的相关证据可以看出，原告在履约过程中存在中途换人的违约行为，故原告应当按照合同约定的方式支付违约金，但合同约定的违约金计算方式（如按照中途换人300人次，每人次0.5万元计算为150万元）计得的违约金数额过高，虽然被告只主张其中的496 972.68元，但该数额仍然过高，参照定金的相关法律规定，由于被告未能证实其实际经济损失的数额，按照涉案监理合同标的额的20%即136 596.06元支付违约金较为合理，故被告反诉请求的合理部分，一审法院予以支持。

原告辩称：双方签订的两份监理合同中的工程监理补充协议属于未经备案的"黑合同"，不应当作为被告主张违约金的依据，但有关司法解释仅仅对于建设工程施工合同中存在"黑白合同"的情况进行了规定，不能扩大解释到监理合同的情形，故原告辩称理由不当，不予采纳。依照《合同法》第60条、第107条、第109条、第114条，《招标投标法》第3条之规定，判决：①被告（反诉原告）威海仙姑顶旅游开发有限公司于判决生效后10日内支付原告（反诉被告）山东弘理建设项目管理有限公司监理费20万元，并支付逾期违约金（按本金125 192.12元自2012年8月10日至2012年8月17日按中国人民银行同期贷款利率计算，按本金152 147元自2012年12月1日至2012年12月26日按中国人民银行同期贷款利率计算，按本金20万元自2012年12月1日至被告实际履行之日止按中国人民银行同期贷款利率计算）；②驳回被告（反诉原告）威海仙姑顶旅游开发有限公司要求撤销原、被告于2012年8月7日签订的补充协议之诉讼请求；③原告（反诉被告）山东弘理建设项目管理有限公司于判决生效后 10 日内支付被告（反诉原告）威海仙姑顶旅游开发有限公司违约金 136 596.06 元。如果未按判决指定的期间履行给付金钱义务，应当依照《民事诉讼法》第 253 条之规定，加倍支付迟延履行期间的债务利息。案件受理费 13 250 元，财产保全费 4525 元，由原告负担 3245 元，被告负担 14 530 元。

宣判后，上诉人山东弘理建设项目管理有限公司不服一审法院判决，向山东省威海市中级人民法院提起上诉称：被上诉人已在合同履行过程中认可上诉人更换监理人员且更换监理人员并未导致工程质量不合格并给被上诉人造成损失，故不应认定上诉人的行为构成违约。即使违约也不应判令上诉人承担赔偿责任。综上，请求撤销原判，依法改判。

被上诉人威海仙姑顶旅游开发有限公司答辩称：上诉人在履行合同过程中存在中途更换监理人员的违约行为，造成监理不到位并导致工程延期，造成上诉人被迫支付延期监理费 390 000 元，原审判决认定的违约金数额并未完全弥补被上诉人因上诉人违约行为而遭受的实际损失。请求驳回上诉，维持原判。

二审法院查明的事实与一审法院查明的事实一致。

此外，上诉人与被上诉人之间签订的工程监理补充协议对建设工程委托监理合同相关条款予以修改，系对原监理合同的变更或补充，属于原监理合同的必要组成部分，该补充协议系双方当事人的真实意思表示，且双方当事人均已按该协议实际履行，故二审法院认定上述协议对双方具有约束力。被上诉人主张该协议为无效，理由不当，二审法院不予采纳。

上诉人在履行该协议过程中，更换了协议附件中约定的专业监理人员，并依照被上诉人制定的考勤打卡制度签字出勤。被上诉人明知上诉人更换专业监理人员，并未提出异议，且允许更换后的专业监理人员继续在涉案工程现场从事监理工作。再结合被上诉人在有上诉人参加的多次施工会议中均未对上诉人的该行为提出异议或主张权利，甚至在有关结算总监理费的 2012 年 8 月 7 日补充协议签订过程中亦未向上诉人主张权利等合同履行过程中的各种情形分析，可以认定被上诉人虽未书面同意但事实上已经认可上诉人更换专业监理人员的行为。被上诉人再于诉讼过程中主张上诉人未经其允许擅自更换专业监理人员，既与常理相悖，亦有违诚实信用原则，理由不当，二审法院不予采纳。故上诉人主张在更换专业监理人员时已经得到了被上诉人的认可，不存在违约行为，合理可信，二审法院予以采纳。且即使上诉人更换专业监理人员的行为构成违约，因上诉人监理的涉案工程已经竣工验收合格，表明上诉人如约履行了监理义务，并未对工程质量等造成损害，同时，被上诉人也无证据证实因被上诉人更换监理人员的行为而给其造成实际经济损失，根据违约金的损失填补原则，上诉人要求被上诉人承担惩罚性赔偿责任，显与《合同法》规定的违约金的性质相悖，且有失公平，二审法院不予支持。综上，被上诉人诉请上诉人给付违约金 496 972.68 元，缺乏事实和法律依据，二审法院不予支持。上诉人之上诉请求，合理正当，二审法院予以支持。原判欠妥，二审法院予以更正。

（二）处理结果

（1）维持威海市环翠区人民法院（2013）威环民初字第1421号民事判决第1、2项。

（2）撤销威海市环翠区人民法院（2013）威环民初字第1421号民事判决第3项，即撤销"上诉人山东弘理建设项目管理有限公司于判决生效后10日内支付被上诉人威海仙姑顶旅游开发有限公司违约金136 596.06元"。

（3）驳回被上诉人威海仙姑顶旅游开发有限公司要求上诉人山东弘理建设项目管理有限公司给付违约金496 972.68元的诉讼请求。

案件评析

本案原被告双方签订的是建设工程委托监理合同，案由是"建设工程监理合同纠纷"。建设工程监理合同纠纷，是指具有法定资质条件的工程监理单位与发包人签订的明确建设工程监理中双方权利义务的协议产生的纠纷。监理合同本质上属于委托合同，但因与建设工程施工合同密切相关，所以被归入到了建设工程合同项下。

而关于"黑白合同"的规则，相关司法解释均是针对"建设工程施工合同纠纷"进行规定，而没有将"建工程监理合同纠纷"纳入其中，对此不能作扩大解释，适用到建设工程监理合同纠纷中。

三、新乡市新星房地产开发有限公司与河南省第二建设集团有限公司建设工程施工合同纠纷[1]

基本案情

（一）基本情况

河南省第二建设集团有限公司（以下简称"省二建公司"）系新乡市新星房地产开发有限公司（以下简称"新星房产公司"）开发的新乡市石榴园小区2#楼工程承建单位。2003年11月1日省二建公司与新星房产公司签订建设工程施工合同，此后经过招投标程序，2004年5月10日新星房产公司发出定标确认书及中标通知书，确认省二建公司为石榴园小区2#楼施工单位，中标价为优惠率8.5%。2004年5月21日双方就石榴园小区2#楼签订建设工程施工合同。2003年11月1日和2004年5月21日的两份施工合同除开工及竣工日期不同外（2003年11月1日签订的合同中约定开工日期

---

[1]（2012）豫法民一终字第159号；（2013）民申字第876号。

为 2003 年 11 月 20 日，竣工日期为 2004 年 12 月 23 日。2004 年 5 月 21 日签订的合同中开工日期为 2004 年 5 月 27 日，竣工日期为 2005 年 6 月 30 日），其余条款内容均一致；上述招投标文件等手续在新乡市人民政府大型项目建设办公室（以下简称"大项办"）备案，但两份施工合同均未在大项办备案。

2006 年 12 月 7 日双方形成《关于石榴园 2#营住楼总二期安排及资金需求协调会议纪要》（以下简称"会议纪要"），主要内容：①经双方协商，石榴园 2#楼竣工日期定为 2006 年 12 月 28 日；②新星房产公司应当按约支付进度款，如未按约定时间付款，违约责任由新星房产公司承担；③如省二建公司未按期交工，一次性罚款 5 万元；④新星房产公司给付 160 万元资金后，省二建公司按合同要求交工。验收完后 15 日内，新星房产公司付至工程总造价的 95%（以实际建筑面积计）。

石榴园 2#楼竣工日期为 2007 年 3 月 16 日。按照在大项办备案的招投标文件约定的结算办法确定的工程价款数额为 3 281.100 773 万元。经双方当事人确认，新星房产公司已支付 2099.4637 万元，尚欠付 1181.637 073 万元。另新星房产公司在施工过程中为省二建公司代缴价格调节基金 5 万元。施工合同约定工程质量标准为省优，如达不到质量要求，应扣质量保证金 20 万元。

一审法院认为：

（1）关于石榴园小区 2#楼工程价款结算依据的问题。①该工程系依法应当进行招标的工程，双方当事人也履行了招投标程序，并且相关文件在政府有关部门备案。而新星房产公司提交的两份施工合同中，2003 年 11 月 1 日合同签订时尚未进行招投标，故该合同无效。而 2004 年 5 月 21 日合同的内容与前一份合同除开工及竣工日期外内容均一致，且与备案的招投标文件实质性内容不一致，也未在政府有关部门备案；②从实际施工过程来看，新星房产公司主张以施工合同作为结算依据，而该公司于 2007 年 12 月施工已完成后单方决算的价款数额仅为 1622.65 万元，但不计该公司主张已为省二建公司垫付的各项费用，以及按合同约定应当留取的工程质保金，和省二建公司应当承担的违约责任。该公司已累计付款达 2099.4637 万元，对此新星房产公司也未向省二建公司主张权利；③2006 年 12 月 7 日双方就施工事宜召开协调会时，施工已近尾声（约定应于 20 天后竣工），但从会议纪要内容来看，此时双方确认新星房产公司即使再支付 160 万元也尚不足工程总造价的 95%。综上，双方在实际履行过程中并未按照施工合同约定的结算标准执行。参照《施工合同司法解释》第 21 条的相关规定，应当以在大项办备案的招投标文件约定的结算办法所作的鉴定结论作为依据。

（2）基于上述意见及鉴定意见，省二建公司已完工程造价应为 3281.100 773 万元，新星房产公司已支付工程款 2099.4637 万元，欠付工程款 1181.637 073 万元。

（3）关于新星房产公司反诉请求能否成立的问题，新星房产公司要求省二建公司返还该公司超额支付的工程款、垫付的材料款，及支付相关质量赔偿金、未文明施工的违约金，依据不足，不予支持。但关于工程逾期违约金，省二建公司确实未能按照2006年12月7日会议纪要约定的工期交工，存在违约行为，应按照该会议纪要的约定，支付新星房产公司违约金5万元。另新星房产公司为省二建公司代缴的价格调节基金5万元亦应由省二建公司返还。关于工程质量标准，因省二建公司未能提供充分证据证明该工程质量达到省优，故应按约支付违约金20万元。此外，关于新星房产公司主张省二建公司应交付工程竣工验收资料、工程质量保修书、竣工图，因工程质量保修书本身属于合同附件内容，故新星房产公司要求省二建公司交付该保修书缺乏依据，另经审查施工合同，省二建公司应当按"新乡市建委质检站要求"提供竣工图。且交付上述相关资料系省二建公司应履行的合同附随义务。故省二建公司应在新星房产公司支付工程欠款本息后向新星房产公司交付符合市建设行政主管部门要求的竣工图及相关资料。

（4）关于欠付款利息的计算问题，石榴园2#楼工程于2007年3月16日竣工验收，依据2006年12月7日会议纪要约定，新星房产公司应在15日内即2007年4月1日前付款至总工程款的95%，而下余5%工程款则应依据双方关于质保金的合同约定条款执行（至该案诉讼期间保修期已届满）。即其中工程价款总额3%的部分应于2年质保期满后15日内付款，工程价款总额2%的部分应予5年质保期（屋面防水）满后15日内付款。综上，工程欠款的利息计付方法应当为：以1017.582 034万元为基数，自2007年4月1日起，至2009年3月31日止；以1116.015 057万元为基数，自2009年4月1日起至2012年3月31日止；以1181.637 073万元为基数，自2012年4月1日起，至判决确定的履行之日止，按照中国人民银行公布的同期同类银行贷款利率计息。

综上，依照《合同法》第60条、第107条之规定，经一审法院审判委员会讨论决定，判决：①新星房产公司于判决生效后10日内支付省二建公司工程款1181.637 073万元及利息（利息的计算方法为以1017.582 034万元为基数，自2007年4月1日起，至2009年3月31日止，以1 116.015 057万元为基数，自2009年4月1日起至2012年3月31日止，以1 181.637 073万元为基数，自2012年4月1日起，至判决确定的履行之日止，按照中国人民银行公布的同期同类银行贷款利率计息）；②省二建公司于判决生效后10日内返还新星房产公司为其代缴的价格调节基金5万元；③省二建公司于判决生效后10日内支付新星房产公司逾期交工违约金5万元；④省二建公司于判决生效后10日内支付新星房产公司工程质量标准未达到合同约定要求的违约金20万元；⑤省二建公司在新星房产公司支付判决确定的欠款本息后10日内向新星房产公司交付符合市建设行政主管部门要求的竣工图及相关资料；⑥驳回省二建公司的其他诉讼请求；⑦驳回新星房产公司的其他反诉请求。如果当事人未按指定的期间履行给付金钱义务，应当依照《民事诉讼法》第229条之规定，加倍支付迟延履行期间的债务利息。

一审判决作出后，新星房产公司不服，向河南省高级人民法院提起上诉。新星房产公司上诉称：

（1）一审判决认定工程造价3281.100773万元错误。应以2004年5月21日的施工合同而非招投标文件，作为双方工程价款结算依据。①2004年5月21日的施工合同未对招投标文件的实质性内容进行改变，该合同是招投标活动的结果，系中标合同；②该合同已经备案，如果未备案，就不可能办理开工手续，大项办出具的关于该合同未备案的证明与事实不符。另中标合同的备案系省二建公司义务，如未备案，应由省二建公司承担相应责任；③新乡正源造价咨询有限公司（以下简称"正源造价公司"）未在河南省司法厅备案，不具有司法鉴定资格，其出具的鉴定报告不能作为证据使用。

（2）一审判决省二建公司向新星房产公司支付工程逾期违约金5万元错误。①2004年5月21日的施工合同约定的竣工日期为2005年6月30日，工期400天，而实际竣工日期为2007年11月7日，省二建公司延迟交工860天，按照施工合同约定的工程逾期违约金的计算方法，省二建公司应当支付逾期违约金392.805万元；②2006年12月7日的会议纪要仅是要求省二建公司于2006年12月28日交工，并不是对原合同竣工时间的变更，亦无新星房产公司放弃对省二建公司已发生的逾期违约行为追究责任的约定，会议纪要约定的工程逾期罚款5万元是对原合同约定的工程逾期违约责任的补充。

（3）一审判决关于未文明施工违约金10万元的处理错误。省二建公司将该工程转包给他人且在施工过程中存在不文明施工的事实，依据2004年5月21日施工合同约定应当支付该项违约金。

（4）原审判决驳回新星房产公司关于应扣减各项费用225.703万元的诉讼请求错误。①属于省二建公司施工范围而省二建公司未施工部分的工程价款不应计算在工程价款中；②新星房产公司垫付了部分材料款应予扣除；③因质量问题，新星房产公司向购房者赔偿的款项应从工程价款中扣除。请求二审撤销一审判决第1、3、7项，改判驳回省二建公司的诉讼请求，省二建公司向新星房产公司支付工程逾期违约金393.805万元、未文明施工违约金10万元、垫付费用230.703万元、返还超付工程款59万元。

省二建公司辩称：

（1）一审判决认定工程造价3281.100773万元正确。双方工程价款结算依据应为招投标文件而非2004年5月21日的施工合同。其一，2004年5月21日的施工合同与招投标文件中的工程价款、质量等实质性内容不一致，违反了《招标投标法》，该合同不是中标合同；其二，2004年5月21日的施工合同未经备案，对此大项办已出具了证明。开工许可令的颁发系行政管理内容，是否颁发开工许可令并不影响合同未备案的事实；其三，根据全国人大常委会的相关规定，工程造价鉴定不属于登记范围，因此，正源造价公司是否在河南省司法厅备案，不影响其司法鉴定资格，其出具的鉴定报告应当作为定案依据。

（2）一审判决省二建公司向新星房产公司支付工程逾期违约金5万元错误。因为新星房产公司延迟支付工程款，造成工程未能按招投标文件约定的400天完工，因此，双方于2006年12月7日根据合同履行情况，对竣工日期进行了顺延，并约定了如果顺延工期后仍未按约竣工，一次性罚款5万元，该约定系双方对工期的顺延及从开工至实际竣工全部工程逾期违约金的约定，新星房产公司要求在省二建公司支付5万元违约金的基础上再行支付2006年12月28日之前的工程逾期违约金的主张不能成立。

（3）一审判决关于未文明施工违约金10万元的处理正确。招投标文件并无不文明施工违约金10万元的约定，且省二建公司在施工过程中并不存在不文明施工的事实。

（4）一审判决驳回新星房产公司关于应扣减各项费用225.703万元的诉讼请求正确。其一，省二建公司未施工部分工程款并未计算到省二建公司已完工程价款中；其二，新星房产公司垫付的3.141 456万元，不是省二建公司施工范围，与省二建公司施工的2#号楼无关，不应由省二建公司负担；其三，向购房者支付的质量赔偿金8.3041万元，新星房产公司不能证明该款项的真实性和合理性，因此，省二建公司无支付义务。请求二审驳回新星房产公司的上诉请求，维持一审判决。

根据双方当事人上诉、答辩情况，并征询当事人意见，二审法院归纳本案二审争议焦点如下：①一审判决认定省二建公司已完工程价款3281.100 773万元是否正确；②一审判决关于工程逾期违约金、未文明施工违约金、应扣减款项225.703万元的处理是否正确。

二审法院除对一审查明的事实予以确认外，另查明：

（1）2004年4月，新星房产公司对石榴园小区工程进行招标，其招标文件要求该次招标采用优惠率形式，土建工程执行2002年版河南省定额、安装工程执行2003版河南省定额，各投标单位报价以该工程的总造价的优惠率形式报价。省二建公司对石榴园小区2#楼进行投标，其投标函明确载明投标优惠比率为8.5%，工期400天，质量合格。2004年5月10日，新星房产公司向省二建公司发出中标通知书，该中标通知书载明建筑面积为28 468m²，中标价为优惠率8.5%，中标质量为合格，中标工期400天。

（2）2003年11月1日、2004年5月21日省二建公司与新星房产公司分别签订了两份施工合同，双方对2003年11月1日施工合同无效没有争议。2004年5月21日合同的主要内容为：①承包范围：土建、装修、水电安装、消防、弱电及图纸所含全部内容（电梯、空调不在承包范围）；②包工包料，一次性包死，803.19元/m²，建筑面积暂按27 079.49m²，合同价款暂定为2175万元；③质量标准省优；④开工日期2004年5月27日，竣工日期2005年6月30日，工期400天；⑤违约责任：如质量达不到要求，扣除质量保证金20万元，文明施工达不到扣10万元，未按期竣工，按合同价总额的日 0.021%支付违约金。

（3）2004年7月12日新乡市发展和改革委员会向新星房产公司出具开工许可令。石榴园2#楼的单位（子单位）工程质量竣工验收记录载明：该工程开工日期为2004年2月8日，竣工日期为2007年3月16日。省二建公司亦认可2004年2月8日已进场。

（4）经双方当事人申请，一审法院委托正源造价公司对省二建公司已完工程价款以及涉案工程中部分施工项目是否属于省二建公司的施工范围进行鉴定。根据双方的诉讼主张，正源造价公司分别以招投标文件及施工合同为依据，于2012年5月7日作出新正咨鉴字（2012）第3号司法鉴定书1、司法鉴定书2。其中鉴定意见1内容为：依据双方招投标文件中约定的结算办法，石榴园小区2#楼造价为3585.902 484万元，依照招标文件约定让利8.5%后工程造价为3281.100 773万元（不含新星房产公司主张扣除部分造价）；鉴定意见2内容为：依据施工合同约定，按870元/m^2×26 067.77m^2计算的工程合同价为2267.895 99万元，土建变更部分造价为33.409 489万元，安装变更部分造价为-31.907 359万元，扣除新星房产公司主张应由省二建公司施工而未施工部分的造价93.368 894万元，石榴园小区2#楼工程造价为2176.029 226万元。

关于省二建公司的施工范围，正源造价公司出具鉴定意见为：①依据新星房产公司提供资料及图纸，卫生洁具，厨房水池，气体消防，消火栓配件、灭火器、应急灯，属于省二建公司施工范围；②高低压设备，正压风机，水泵、控制柜、消防柜，属于设备，不属于省二建公司应施工的范围；③整体浴室证据不足，无法作出鉴定。

（5）经省二建公司申请，一审法院向大项办就涉案工程招投标文件及合同备案情况进行调查，并调取了部分备案资料。2011年3月14日大项办出具证明：在大项办监督下，石榴园小区工程依法进行了招投标，省二建公司为2#楼中标施工单位，中标价为优惠率8.5%；2#楼工程招标文件、中标通知书已在大项办备案，施工合同，经大项办多次催促新星房产公司一直没有备案。

二审法院认为：

（1）关于一审判决认定省二建公司已完工程价款3281.100 773万元是否正确的问题。

第一，关于石榴园小区2#楼工程价款结算依据的问题。该工程在大项办监督下进行了招投标，2004年5月10日新星房产公司向省二建公司发出中标通知书，2004年5月21日双方签订了建设施工合同。但该施工合同约定的结算方式为固定价，而招投标文件约定的结算方式为以定额为基础扣除优惠率，且该施工合同和招投标文件关于工程质量的约定亦不同。依据《招标投标法》第46条第1款的规定，招标人和中标人应当自中标通知书发出之日起30日内，按照招标文件和中标人的投标文件订立书面合同，不得再行订立背离合同实质性内容的其他协议。2004年5月21日施工合同与招投标文件的实质性内容不一致，违反了《招标投标法》的强行性规定。另大项办亦证明该施工合同未进行备案。因此，该施工合同不属于经过备案的中标合同，不能作为双方工程价款结算的依据，应以招投标文件作为双方结算工程价款的依据。新星房产公司关于应以2004年5月21日施工合同为工程价款结算依据的上诉理由不能成立，二审法院不予支持。

第二，关于正源造价公司出具的鉴定意见能否作为定案依据的问题。正源造价公司具有河南省建设厅颁发的工程造价咨询企业资质证书，根据全国人大常委会《关于司法鉴定管理问题的决定》第2条的规定，工程造价咨询不属于实行司法鉴定登记管理制度的范围。因此，正源造价公司是否在河南省司法厅进行备案，并不影响其进行建设工程造价的司法鉴定资格。故新星房产公司关于正源造价公司不具备司法鉴定资格、其鉴定意见不能作为证据使用的上诉理由不能成立，二审法院不予支持。

（2）关于一审判决省二建公司向新星房产公司支付工程逾期违约金5万元是否正确的问题。

依据石榴园2#楼单位（子单位）工程质量竣工验收记录内容，该工程开工日期为2004年2月8日、竣工日期为2007年3月16日。虽然投标书及中标通知书载明的工期为400天，但双方在合同履行过程中，于2006年12月7日签订了会议纪要，明确约定竣工时间为2006年12月28日，如省二建公司未按此日期交工，一次性罚款5万元，此系双方根据合同履行情况对工期进行顺延及工程逾期违约金达成的合意。依据该约定及省二建公司未能按顺延后的工期交工的事实，一审判决省二建公司向新星房产公司支付工程逾期违约金5万元的处理并无不当。新星房产公司关于应以竣工备案日期2007年11月7日为竣工日期及会议纪要约定的工程逾期罚款5万元是对原合同约定的工程逾期违约责任的补充的上诉理由没有事实和法律依据，二审法院不予支持。

（3）关于省二建公司应否向新星房产公司支付未文明施工违约金10万元的问题。投标书、中标通知书虽均载明省二建公司应文明施工，但并无未文明施工违约金10万元的约定，因此，新星房产公司关于省二建公司应向其支付10万元未文明施工违约金的上诉理由不能成立，二审法院不予支持。

（4）关于新星房产公司主张的应扣减款项225.703万元应否支持的问题。该225.703万元的组成为省二建公司未施工部分应扣减款项、垫付款3.141 456万元、向购房者赔偿8.3041万元。其中关于省二建公司未施工部分应扣减的价款数额，新星房产公司在上诉状中未明确具体数额，在二审法院调查过程中其主张为286.938 894万元。

第一，关于省二建公司未施工部分的工程价款的处理问题。鉴定意见1明确载明，该意见确定的省二建公司已完工程价款3281.100 773万元，系以省二建公司已完工程为鉴定范围，并不包含新星房产公司主张扣除的工程造价。而对于该鉴定意见1中计入的工程款项，新星房产公司未能提出哪部分款项系省二建公司未施工而被错误计算在内的异议，亦未提交相关证据，因此新星房产公司要求将省二建公司未施工部分从工程造价中扣除的上诉理由不能成立，二审法院不予支持。

第二，关于垫付款 8 笔共 3.141 456 万元的处理问题。该 8 笔款项分别为河南省封丘县飞龙建筑安装总公司收取的清理楼层费、粉刷阳台款、砼地面人工费共 3 笔，周建明收取的消防水箱连接人工费、1#、2#楼直饮机及各区供水消防连接工资共 2 笔，潘峰收取的地下室 1#、2#楼消防连接款 1 笔，李长福、郑磊分别收取的垃圾清运费各 1 笔。新星房产公司未能提供以上费用是 2#楼所发生或应由省二建公司负担的证据，省二建公司亦不认可，因此，新星房产公司关于应扣除该部分款项的上诉理由不能成立，二审法院不予支持。

第三，关于向购房者赔偿款 8.3041 万元的处理问题。省二建公司系施工企业，应在质量保修期内承担工程质量保修责任，如果其拒绝修理，新星房产公司请求减少支付工程价款的，应予支持。但新星房产公司未能提供其与购房者发生质量纠纷通知省二建公司修复及省二建公司拒绝修复的证据，省二建公司亦不予认可，因此新星房产公司关于应扣除该项赔偿款的上诉理由不能成立，二审法院不予支持。

综上，新星房产公司关于一审判决工程价款、工程逾期违约金、未文明施工违约金、应扣减款项的处理不当的上诉请求均不能成立，二审法院予以驳回。一审判决查明事实清楚，处理正确。依照《民事诉讼法》第 170 条第 1 款第 1 项之规定，判决如下：驳回上诉，维持原判。

二审判决作出后，新星房产公司仍不服，向最高人民法院申请再审。

新星房产公司申请再审称：

(1) 二审判决将招投标文件作为结算依据缺乏证据证明。其一，建设工程施工合同与招投标文件的内容不一致，应当以该合同为依据进行结算。新星房产公司与省二建公司签订的施工合同，不属于《招标投标法》第 46 条规定的背离合同实质性内容的其他协议。合同效力高于招投标文件，应作为工程结算的依据。备案是省二建公司的义务，不是合同生效条件，本案一审判决以施工合同未经备案为由否定合同效力，有悖于法律。其二，招投标文件设定的"优惠率形式招标"只是招标和投标报价的方式，不能作为结算依据。新星房产公司按合同约定价款再优惠 8.5% 进行结算，有合同依据。省二建公司与另一公司签订的《联合施工协议》证明本案不能以优惠率结算。其三，本案不应适用《施工合同司法解释》第 21 条的规定，应适用该司法解释第 22 条的规定。

(2) 省二建公司逾期竣工 621 天，依据施工合同通用条款第 14.2 条、专用条款第 35.2 条的约定，省二建公司应支付 2005 年 6 月 30 日至 2006 年 12 月 7 日的逾期交工违约金 2 384 235 元，2006 年 12 月 7 日至 2007 年 3 月 16 日的逾期交工违约金 5 万元。2006年12月7日召开的协调会只协调竣工日期，未涉及省二建公司逾期竣工的处理问题。二审判决仅判令省二建公司承担5万元的逾期竣工违约金，显然不当。

(3) 省二建公司应承担未文明施工的违约责任。施工合同专用条款第35.2条第4款、第9条第8款以及通用条款第9条均约定了文明施工的内容及违约责任，省二建公司也作出了文明施工的承诺。新星房产公司提交了垫付8笔处理现场不文明施工费用的票据，证明省二建公司未文明施工，应扣10万元。

(4) 省二建公司未完全施工部分，由新星房产公司委托第三方施工支付工程款1 495 205元。新星房产公司还为省二建公司垫付材料款31 414.56元，垫付业主赔款83 041元，上述款项均应在省二建公司总工程款中扣除。新星房产公司依据《民事诉讼法》第200条第2项、第6项的规定申请再审。

省二建公司提交意见称：新星房产公司的再审申请缺乏事实与法律依据，请求予以驳回。

(二) 争议焦点

焦点一，关于工程款结算依据的认定问题。

(1)《招标投标法》第46条第1款规定："招标人和中标人应当自中标通知书发出之日起三十日内，按照招标文件和中标人的投标文件订立书面合同。招标人和中标人不得再行订立背离合同实质性内容的其他协议。"上述规定属于法律的强制性规定。所谓"背离合同实质性内容"，是指在工程价款、工程期限以及工程质量等内容方面有所违背，而不是一般的合同内容变更或者其他条款的修改。本案新星房产公司与省二建公司在工程招投标后签订的施工合同，有关工程价款、工程质量的约定与经过备案的招投标文件的内容不一致，属于招标人和中标人再行订立的背离合同实质性内容的其他协议。该合同违反了《招标投标法》第46条的强制性规定，应认定为无效合同。施工合同未经备案，只是二审判决认定本案不存在备案的中标合同的理由，并非否定合同效力的理由。因施工合同违反法律的强制性规定而无效，二审判决依据备案的招投标文件结算工程价款，并无不当。

(2) 合同采取要约与承诺的方式订立，招标的法律性质为要约邀请，而投标的法律性质为要约，中标属于承诺。《施工招标文件》第3.1条关于以优惠率形式报价的规定，已由新星房产公司和省二建公司通过投标与中标达成合意，共同确认合同价格为工程总造价的优惠率8.5%，该约定对双方当事人具有合同约束力，故投标和中标文件设定的优惠率是双方工程价款的结算依据。新星房产公司关于优惠率只是报价方式、缺乏合同依据的申请再审主张，不应支持。省二建公司与另一公司签订的《联合施工协议》与本案不是同一法律关系，不能否定本案省二建公司与新星房产公司之间应以招投标文件确定的优惠率来结算工程价款。

（3）《施工合同司法解释》第 21 条规定："当事人就同一建设工程另行订立的建设工程施工合同与经过备案的中标合同实质性内容不一致的，应当以备案的中标合同作为结算工程价款的根据。"该条解释的内容是"黑白合同"的认定问题。由于本案不存在备案的中标合同（白合同），新星房产公司与省二建公司签订的施工合同就不属于一般意义上的"黑合同"，故二审判决并未适用《施工合同司法解释》第 21 条的规定来认定施工合同无效，不存在新星房产公司申请再审所主张的适用法律错误的情形。《施工合同司法解释》第 22 条规定："当事人约定按照固定价结算工程价款，一方当事人请求对建设工程造价进行鉴定的，不予支持。"该条规定的适用，以按照固定价结算工程价款的合同有效为前提。本案新星房产公司与省二建公司签订的施工合同是违反《招标投标法》强制性规定的无效合同，故本案不应适用《施工合同司法解释》第 22 条的规定。

焦点二，关于省二建公司是否应按施工合同的约定承担逾期竣工违约金的问题。

省二建公司逾期竣工是客观事实。虽然施工合同对逾期竣工的违约责任作出了约定，但 2006 年 12 月 7 日，新星房产公司与省二建公司达成了会议纪要，对工程竣工日期和逾期交工违约责任进行了重新约定。该会议纪要第 4 条约定："如乙方（省二建公司）未按期完工，一次性罚款 5 万元。"该约定对施工合同约定的逾期竣工违约责任作出了变更，双方当事人并未明确表明对竣工日期调整前省二建公司的逾期竣工行为仍要追究违约责任。而且，逾期竣工与工程内容和工程量的变更有关。因此，二审判决依据会议纪要第 4 条的约定，判令省二建公司承担 5 万元的逾期竣工违约责任，并无不当。新星房产公司要求省二建公司按照施工合同的约定承担逾期竣工违约责任，依据不足。

焦点三，关于省二建公司是否应承担未文明施工的违约金问题。

施工合同虽然约定了未文明施工的违约责任，但对"未文明施工"的标准并未作出明确约定。新星房产公司申请再审时依据 8 张代垫费用收据主张二建公司未文明施工，该 8 张收据的内容分别是支付建筑安装公司款项、垃圾运费、人工费以及消防连接费用，其内容不能证明有关款项与涉案工程的施工有关，也不能证明省二建公司存在何种未文明施工行为，且在工程竣工验收时，新星房产公司与监理机构均未就文明施工问题提出异议，故二审判决不予支持新星房产公司的该项反诉请求，并无不当。

焦点四，关于省二建公司所得工程款是否应扣除新星房产公司为其垫付的 286.94 万元的问题。

（1）本案一审法院经双方当事人申请，委托司法鉴定机构对省二建公司施工部分的工程造价进行了鉴定，鉴定意见明确标明"不含新星房产公司主张扣除部分造价"。二审判决依据鉴定结论判令新星房产公司支付的工程价款，不包括省二建公司未施工部分，新星房产公司主张从省二建公司应得工程款中扣除新星房产公司垫付款项，不应支持。而且，新星房产公司委托第三方施工所支付的工程款，不属于新星房产公司为省二建公司垫付的费用，不存在代垫费用的返还问题。

（2）新星房产公司申请再审提交的8张收据，不能证明其为省二建公司垫付31 414.56元材料款的事实。一是8张收据的总额与再审申请书所主张的垫付款总额不一致；二是8张收据均是复印件，其内容与该公司在一审提交的用以证明垫付款事实的8张收据不完全一致，真实性不能确定；三是有4张收据的出具时间是2008年，而涉案工程早在2007年3月就已竣工验收，故这4张收据与涉案工程没有关联性；四是另外4张收据中，有2张收据载明的款项是支付垃圾清运费，不是新星房产公司主张的材料款，而另2张收据载明的款项是砖地面人工费和粉刷阳台款，不能证明是与涉案工程有关的费用。因此，新星房产公司关于为省二建公司垫付材料款的主张，缺乏证据证明。

（3）工程出现质量问题应由新星房产公司通知省二建公司进行维修，新星公司在未通知省二建公司的情况下，单方面出具的支付业主赔款的收据，真实性不能确定，不能据此认定房屋存在质量问题以及省二建公司应承担赔偿责任。

（三）处理结果

驳回新星房产公司的再审申请。

案件评析

本案涉案工程系依法应当进行招标的工程，新星房产公司与省二建公司在进行招投标前签订的建设工程施工合同，因违反法律强制性规定而无效。双方在履行合法的招投标手续后，将招投标手续文件进行了备案。在此之后，双方又签订了一份建设工程施工合同，但是该合同并没有进行备案。此外，后签订的建设工程施工合同与备案的招投标文件的内容，在结算方式上以及工程质量上的约定完全不一致，依据《招标投标法》第46条的规定，后签订的建设工程施工合同因违反法律强制性规定而无效。此前有效现已失效的《施工合同司法解释（二）》第10条规定："当事人签订的建设工程施工合同与招标文件、投标文件、中标通知书载明的工程范围、建设工期、工程质量、工程价款不一致，一方当事人请求将招标文件、投标文件、中标通知书作为结算工程价款的依据的，人民法院应当支持。"现行有效的《施工合同司法解释（一）》第2条第1款规定："招标人和中标人另行签订的建设工程施工合同约定的工程范围、建设工期、工程质量、工程价款等实质性内容，与中标合同不一致，一方当事人请求按照中标合同确定权利义务的，人民法院应予支持。"据此，本案在招投标程序合法的情况下，其他背离备案的招投标手续文件的实质性内容而另行签订的建设工程施工合同，在结算时应以招投标文件、中标通知书为依据进行工程结算。

本案没有适用当时有效的《施工合同司法解释》第 21 条"当事人就同一建设工程另行订立的建设工程施工合同与经过备案的中标合同实质性内容不一致的，应当以备案的中标合同作为结算工程价款的根据"的规定，是因为，本案涉案工程仅对履行招投标的手续文件进行了备案，新星房产公司与省二建公司在完成涉案工程招投标后，并没有按照招投标文件的内容签订建设工程施工合同，另行签订的建设工程施工合同就工程价款以及工程质量方面的约定也完全背离了经过备案的招投标手续文件的内容，因此不存在备案的中标合同，也即"白合同"，相应地，另行签订的建设工程施工合同也不对应"黑合同"。据此，本案不能适用当时有效的《施工合同司法解释》第 21 条的规定。

第二章　工程主体

第一节　转包与违法分包

一、转包的定义

转包是指承包人在承包工程后,又将其承包的工程建设任务转让给第三人,转让人不参与现场施工,受让人成为承包合同的另一方当事人的行为。由于转包容易使不具有相应资质的承包者进行工程建设,以致工程质量低下、建设市场混乱,法律、行政法规均作了转包的禁止性规定。

二、转包的法定情形

根据《建筑工程施工发包与承包违法行为认定查处管理办法》第8条,存在下列情形之一的,应当认定为转包,但有证据证明属于挂靠或者其他违法行为的除外:

(1) 承包单位将其承包的全部工程转给其他单位(包括母公司承接建筑工程后将所承接工程交由具有独立法人资格的子公司施工的情形)或个人施工的。

(2) 承包单位将其承包的全部工程肢解以后,以分包的名义分别转给其他单位或个人施工的。

(3) 施工总承包单位或专业承包单位未派驻项目负责人、技术负责人、质量管理负责人、安全管理负责人等主要管理人员,或派驻的项目负责人、技术负责人、质量管理负责人、安全管理负责人中一人及以上与施工单位没有订立劳动合同且没有建立劳动工资和社会养老保险关系,或派驻的项目负责人未对该工程的施工活动进行组织管理,又不能进行合理解释并提供相应证明的。

(4) 合同约定由承包单位负责采购的主要建筑材料、构配件及工程设备或租赁的施工机械设备,由其他单位或个人采购、租赁,或施工单位不能提供有关采购、租赁合同及发票等证明,又不能进行合理解释并提供相应证明的。

(5) 专业作业承包人承包的范围是承包单位承包的全部工程,专业作业承包人计取的是除上缴给承包单位"管理费"之外的全部工程价款的。

（6）承包单位通过采取合作、联营、个人承包等形式或名义，直接或变相将其承包的全部工程转给其他单位或个人施工的。

（7）专业工程的发包单位不是该工程的施工总承包或专业承包单位的，但建设单位依约作为发包单位的除外。

（8）专业作业的发包单位不是该工程承包单位的。

（9）施工合同主体之间没有工程款收付关系，或者承包单位收到款项后又将款项转拨给其他单位和个人，又不能进行合理解释并提供材料证明的。

三、转包的法律后果

根据《民法典》及相关法律规定：首先，转包行为违反了法律、行政法规强制性规定，属于无效民事法律行为。其次，转包人因非法转包建设工程所获取的非法所得要予以没收。再次，如转承包人所施工的建设工程质量合格的，转承包人可以直接向发包人主张工程价款。根据《施工合同司法解释》的规定，虽然在转包的情况下，转包合同无效，但如果转承包人承建的建设工程质量合格的，转承包人仍然可以主张工程价款。最后，转包工程的，根据《建设工程质量管理条例》第62条，违反该条例规定，承包单位将承包的工程转包或者违法分包的，责令改正，没收违法所得，对勘察、设计单位处合同约定的勘察费、设计费25%以上50%以下的罚款；对施工单位处工程合同价款0.5%以上1%以下的罚款；可以责令停业整顿，降低资质等级；情节严重的，吊销资质证书。

四、案例解析

（一）（2006）民一终42号

【关键字】非法转包导致解除合同

上诉人（原审原告、反诉被告）：新疆新世纪成功房地产开发有限公司（以下简称"成功公司"）。

上诉人（原审被告、反诉原告）：青岛建设集团公司（以下简称"青建集团"）。

原审被告：中国建设银行青岛分行（以下简称"青岛建行"）。

原审被告：南通四建集团有限公司（以下简称"南通四建"）。

1. 审理经过

2000年8月28日，成功公司与青建集团签订《建设工程施工合同》和《补充条款》，约定成功公司为成功广场综合楼工程的建设方，青建集团为施工方，建设成功广场综合楼。合同约定工程暂估价款为5800万元，并约定了双方的权利和义务。2001年4月24日，青岛建行向新疆成功科贸有限公司出具了《承包保函》，该函中青岛建行明确表示愿为青建集团履约提供担保，并对保证范围、保证数额、保证期限、索赔方式、保证责任作了承诺。青建集团与成功公司签订《建设工程施工合同》后，于2000年9月18日与南通四建签订《建设工程施工合同》《补充条款》《工程质量保修书》，将成功广场综合楼工程转包给南通四建施工，合同约定工程价款暂估为4500万元。合同签订后，南通四建于2000年9月20日开工，至2002年7月25日停工。成功广场综合楼工程总建筑面积89 085.57m²，由裙楼、住宅、公寓三部分组成。所有施工项目已经建设、监理、勘察、设计、施工五方验收，工程质量均达优良。施工期间，成功公司于2002年7月书面通知青建集团解除合同，后双方就工程交接事宜予以交涉，成功公司接收了建设工程，并于2002年9月14日开业。

2. 当事人一审请求与答辩

成功公司提起诉讼称：成功公司与青建集团签订了《建设工程施工合同》后，青建集团将其承包的工程全部非法转包给南通四建，故青建集团违反合同约定，给成功公司造成损失。因此请求：①解除《建设工程施工合同》；②青建集团返还未用于工程的1600万元工程款；③青建集团赔偿损失75 358 939.25元；④青岛建行承担1000万元担保责任；⑤南通四建赔偿返工费68万元；⑥青建集团返还施工资料、报建审批手续；⑦扣除5%的保修费585万元。

青建集团辩称：青建集团承包成功广场项目后，即组建了专门的项目管理班子，其承担起了作为总包的技术和经济责任，全程参加了工程的各项各阶段工作，因此不存在非法转包行为。成功公司的已付款对于已完工程量只有不足，根本不存在返还问题，且1600万元系要求青建集团返还资质取费差价款，不是成功公司诉求的未用于工程的剩余款。工程未能继续进行的真正原因在于成功公司拖欠青建集团巨额工程进度款，回迁户住宅楼无法按时完工和成功广场不能按时开业的原因在于成功公司。尽管本案工程未全部最终竣工并进行综合验收，但成功公司已先行将裙房商场、部分住宅楼投入了使用，依据有关规定，绝大部分工程部位已过保修期，青建集团对尚在保修期内部分对应的工程造价，依法进行保修金的扣除，成功公司不作客观分类诉求全部保修金是错误的。成功公司先行使用工程，已失去了对质量问题的主张权，也不能证明其主张的质量问题系青建集团施工原因造成的，且工程是否存在质量问题与是否转包无必然因果关系。故请求：驳回成功公司全部诉讼请求。

青岛建行辩称：①成功公司起诉青岛建行没有依据，保函受益人为新疆成功科贸有限公司，成功公司不是受益人，无权向保证人主张权利；②成功公司的请求不在青岛建行的担保范围。青岛建行只对"工程达不到省级优良质量标准和承包方原因不能按约定的工期交工"两种违约情况各承担500万元的保证责任，成功公司未提供证据证实青建集团存在工程质量和工期违约的证据，要求担保人承担担保责任没有合法依据。

南通四建辩称：①成功公司对青建集团、南通四建、青岛建行的诉不属同一类的诉，不应合并审理，请求裁定驳回成功公司对南通四建的诉讼请求；②南通四建与青建集团间是劳务合作关系，与成功公司无任何合同关系，南通四建仅对青建集团承担施工质量责任，无义务直接向成功公司承担责任；③成功公司主张返工费用所依据的鉴定报告系成功公司单方委托作出，此鉴定报告未送达过南通四建，也未征求过南通四建的意见，南通四建不认可。南通四建按照青建集团的要求组织施工，所完成的劳务项目的质量均得到了青建集团的认可，不存在质量问题。

青建集团反诉称：2000年8月28日，青建集团与成功公司签订了一份《建设工程施工合同》，合同履行中，青建集团依约履行了自己的义务，成功公司违约欠付月进度工程款截至2002年7月合计40 936 076.97元，审计工程造价后的欠付工程款39 270 774.99元，违约利息6 210 836.27元（2001年4月1日至2004年12月16日）。施工期间，成功公司还将大量工程自行分包给他人，由于成功公司过错致青建集团多次停工、窝工造成损失8 001 150.42元。故请求：①成功公司向青建集团支付相应配合费829 248.12元；②成功公司向青建集团支付工程款39 270 774.99元，损失8 001 150.42元，利息6 210 836.27元（2001年4月1日至2004年12月16日）；③确认青建集团对工程价款享有优先受偿权。

成功公司对青建集团的反诉答辩称：青建集团的行为构成非法转包。因青建集团非法转包工程，成功公司依法解除合同符合合同约定。本案成功公司发现青建集团非法转包合同后，于2002年7月18日通知青建集团解除2000年8月28日双方签订的《建设工程施工合同》。但青建集团拒不退出施工现场，造成成功公司巨大损失，青建集团应给予赔偿。青建集团非法转包造成工程质量不合格，理当进行赔偿。青岛建行为青建集团提供了履约担保，应承担其保函中承诺1000万元的连带责任。所谓成功公司拖欠工程款构成违约之说不能成立。成功公司的付款高达1.13亿元，远远地超过了合同约定90%的比例。停工的原因，在青建集团付款不到位等。所谓由于成功公司的原因导致工期拖延的理由不能成立。青建集团诉请配合费的理由不能成立。青建集团非法转包施工工程，已经丧失了主张施工权益的民事权利的资格，因此青建集团的所有主张的权益均是非法的，不应受到法律的保护。

3. 一审审理与判决

一审诉讼期间，一审法院委托新疆国信有限责任会计师事务所（以下简称"国信会计师事务所"）对成功广场综合楼工程造价进行了鉴定。该鉴定书表明：工程开工日期为2000年9月20日，停工日期为2002年7月25日。国信会计师事务所依照一审法院要求对青建集团公司施工部分已完工程的造价进行鉴定。鉴定结论为：成功广场综合楼依据双方签订的建设工程施工合同及补充合同，按照全民一级类取费标准计取相关费用，并按照合同约定总价（不含税金）下浮5%，该工程总价为117 327 734.93元。该鉴定报告中还对工程总造价中不应计入的内容进行了特别说明。一审法院经对鉴定报告进行质证时，成功公司提出：①工程合同是否有效应予明确，如非法转包应按实际结算；②消防水池系不合格项目，不应列入造价审计范围；③按市场价进入造价的材料应提供合格产品的发票；④未按施工图及有关规定审计的项目15项等意见。但未提供消防水池系不合格项目、鉴定机构未按施工图及有关规定审计的证据。青建集团提出安装工程甲方供材是否计入鉴定报告不明确。经国信会计师事务所审核后于2004年12月20日书面答复：采暖、给排水及空调、电气安装部分的工程材料未进入鉴定报告。国信会计师事务所的鉴定结论为：该工程直接工程费用为108 520 818.6元，直接工程费用税金为3 697 637.41元，合计为112 218 456元。青建集团认为，尚有1 687 401元应计入总造价而未计入，工程总造价应为119 015 135.93元，减去成功公司已付进度款及甲方供材共计79 744 360.94元，成功公司尚欠付工程款39 270 774.99元。

一审法院经审理，确定了以下事实：

（1）当事人之间的法律关系。①成功公司与青建集团的工程系承发包关系。成功公司与青建集团于2000年8月28日签订的《建设工程施工合同》和《补充条款》明确约定了成功公司作为成功广场综合楼工程的建设方、青建集团作为施工方，并约定了双方的权利和义务，确定了成功公司与青建集团的建设工程承发包的法律关系。②成功公司与青建集团、青岛建行的担保关系。青岛建行2001年4月24日向新疆成功科贸有限公司出具的《承包保函》明确表示愿为青建集团履约提供担保，并对保证范围、保证数额、保证期限、索赔方式、保证责任作了承诺。《承包保函》确定了青岛建行为保证人、青建集团为被保证人、成功公司为担保权人的法律关系。③青建集团与南通四建的非法转包关系。青建集团与成功公司签订《建设工程施工合同》后即于2000年9月18日与南通四建签订《建设工程施工合同》《补充条款》《工程质量保修书》，将该工程低价转包给南通四建施工，南通四建于2000年9月20日开工，至2002年7月25日停工。

（2）已完工程量为：地下2层、裙楼、住宅、公寓，其中裙楼8层、住宅22层、公寓25层（局部27层）。所有施工项目已经建设、监理、勘察、设计、施工五方验收，工程质量均达优良。施工期间，成功公司于2002年7月书面通知青建集团解除合同，后双方就工程交接事宜予以交涉，成功公司接收后于2002年9月14日开业。

（3）施工期间，因成功公司未依约定的时间提供基础施工条件，施工期间又发生设计变更、延期提供图纸、扩大建设规模、增加工程量、未按时支付进度款等，造成工期延误，发生停窝工事实。其中，综合楼延误工期共计54天+12天=66天；住宅楼延误工期共计87天+23天=110天；裙楼和公寓楼延误工期73天。有甲方签证的停窝工损失计4 223 517.25元。

(4）成功公司2002年6月29日新世成字（2001）016号文确定：工程的室内装修（包括地面、墙面、吊顶）和室外装修（包括外墙、立面、立柱、网架及对应的屋面、涂料等）由业主另行发包。各专业分包单位施工使用的水电费、工程配合费由总承包单位按规定收取。成功公司与新疆建筑技术开发公司等20家单位的分包合同总价值9 819 553元，包括室内外安装。

（5）造价和已付工程款。①国信会计师事务所依照青建集团全民一级资质取费标准确定的工程造价为117 327 734.93元。不包括应由青建集团计取管理费和配合费用的成功公司方单独分包的工程。经一审法院征询国信会计师事务所意见，该工程的直接工程费用为108 520 818.6元，直接工程费用税金为3 697 637.41元，2项合计为112 218 456元。②已付款为81 552 452.94元。成功公司主张已付款为77 617 746.86元，青建集团主张成功公司自2001年1月11日至2002年5月20日支付青建集团工程进度款及供材共计79 744 360.94元。庭审中，成功公司对青建集团主张的付款数额予以认可。2000年10月30日、2000年12月8日，成功公司向乌鲁木齐地区建筑企业劳保费用行业统筹管理站交纳劳保统筹费共计1 808 092元。以上成功公司共计支付工程款81 552 452.94元。

（6）返工损失。成功公司依据新疆建设工程质量安全检测中心对成功广场综合楼作出的（2003）新建质检字第410号工程质量检测报告，证明工程质量存在问题，请求南通四建承担返工费用68万元。该报告系成功公司自行委托，也未向南通四建送达。成功公司也未提供其他证据证实返工损失的数额。

（7）施工资料。庭审中，青建集团认可尚有部分施工资料、报建审批手续未向成功公司交付。

（8）优先受偿权。青建集团于2002年9月向人民法院起诉时即请求享有工程价款的优先受偿权。双方合同约定的竣工时间为：A段商场2001年11月28日、B段住宅楼2002年2月10日、C段公寓2002年10月31日。该工程系未完工工程。

一审法院认为：

（1）关于合同效力和工程转包问题。①成功公司与青建集团于2000年8月28日签订的《建设工程施工合同》和《补充条款》系双方当事人的真实意思表示，内容不违反法律规定，合同双方主体符合法定条件，故该合同为有效合同，双方应严格履行。成功公司作为工程发包人应依约及时履行办理建设手续、提供施工图纸、拨付工程款等义务；青建集团作为工程承包人应履行组织施工、按质按量完成进度、保证施工安全等义务。②青建集团与南通四建签订的《建设工程施工合同》无效。《建筑法》第28条规定，"禁止承包单位将其承包的全部建筑工程转包给他人"。本案中，青建集团与成功公司签订《建设工程施工合同》后即于2000年9月18日与南通四建签订了《建设工程施工合同》《补充条款》《工程质量保修书》，将承揽的全部工程以低价承包给南通四建，该行为未经发包方成功公司同意，属非法转包。该转包合同的工程名称、地点、工程项目及开竣工时间、质量保证范围等均与青建集团和成功公司签订的《建设工程施工合同》《补充条款》《工程质量保修书》内容一致，且转包价为4500万元远远低于承包价5800万元，虽然转包合同未明确约定管理费，但转包价低于承包价的部分应视为管理费，且系整体转包。庭审期间，青建集团未向法院提供其为该项工程实际施工人的证据，青建集团非法转包成立，青建集团与南通四建的合同无效。青建集团辩称该合同系复印件不应认定的理由没有法律依据。青建集团与南通四建签订的《建设工程施工合同》虽系复印件，但依据《民事证据规定》第75条"有证据证明一方当事人持有证据无正当理由拒不提供，如果对方当事人主张该证据的内容不利于证据持有人，可以推定该主张成立"的规定，青建集团作为转包合同的当事人应当持有转包合同的原件，但拒绝提供，应承担不利的后果，故成功公司关于青建集团非法转包的主张成立。另，根据南通四建出具的"2000年基础施工总结汇报"、2001年9月6日的"2001年成功广场工程主体施工情况汇报"等证据也可证实成功广场综合楼工程的实际施工人为南通四建，故对青建集团非法转包的事实，审法院予以认定。基于青建集团转包工程、工程实际施工单位为南通四建的事实，该工程应据实结算，承包人青建集团不应再参与工程取费，应依据该工程造价的直接费用收取工程款。

（2）关于工程款和利息、配合费问题。该工程经委托有关机构对工程造价予以鉴定，证实该工程依据青建集团全民一级资质取费标准的总造价为117 327 734.93元。其中，直接工程费用为108 520 818.6元，直接工程费用税金为3 697 637.41元，直接工程费用和直接工程费用税金共计112 218 456元，该部分工程直接费用成功公司应予以支付。成功公司已支付青建集团工程进度款及供材共计79 744 360.94元，交纳劳保统筹费共计1 808 092元，以上成功公司共计支付工程款81 552 452.94元，尚欠付工程款30 666 003.06元，并应支付工程交付后的利息即2002年9月14日至今的银行同期贷款利息。成功公司认为除已支付青建集团工程进度款及供材共计79 744 360.94元，其向第三方支付的水费、电费、电话费、工地拉土运费等770 230.38元、购高强螺栓等材料款6 389 719.79元、购双新公司配电设备款等13 713 269.22元、青建集团未缴付的保证金1000万元等应计入已付款，成功公司实际已付款为1.13亿元。此理由不能成立。以上费用系成功公司向第三方支付，青建集团并未收取。青建集团未交付的保证金1000万元并非成功公司实际支付，不应计入已付款。关于成功公司土建部分的供材，成功公司在庭审中未提供供材的品种、数量、规格、价格等证据证实供材数量及价格，也未提供施工方收取供材的证据，仅凭成功公司与第三方的购材协议无法证实甲方供材已用于工程的事实。故成功公司的已付款1.13亿元的理由没有事实依据，不能成立。

关于配合费，依据合同及建设工程计价管理办法的规定，建设方应予以支付。该工程中，依据成功公司与新疆建筑技术开发公司、新疆天山塑业有限公司、中国建筑装饰工程公司等20家单位的工程分包合同，发生了工程分包的事实，即应向承包方支付工程配合费。青建集团认为，除分包合同以外的成功公司与第三方的购销设备合同也应计取配合费，该理由不能成立。成功公司与第三方的购销设备合同仅能证明发生了购销的事实，而不能证明工程分包的事实，故青建集团依据成功公司与第三方的购销设备合同主张工程配合费无事实依据。关于工程配合费的计取，施工中因发生工程分包的事实，成功公司应当支付工程配合费，该费用应以成功公司与第三方的分包合同为计取基数，成功公司与第三方的分包合同价总计为 12 044 860.73 元。依据新疆维吾尔自治区定额中关于配合费计取比例的规定，青建集团请求按3%计取配合费具有事实依据，但配合费数额应为 361 345.82 元，成功公司应予给付，青建集团提供的成功公司与第三方的购销合同来证实配合费无事实依据，购销合同不能证实工程分包关系，故对青建集团的配合费请求予以部分支持。

（3）关于工程价款优先受偿权问题。双方合同约定：A段商场竣工时间为2001年11月28日、B段住宅楼竣工时间为2002年2月10日、C段公寓竣工时间为2002年10月31日。该项工程系未完工工程。依据2002年6月27日开始施行的《最高人民法院关于建设工程价款优先受偿权问题的批复》第4条规定："建设工程承包人行使优先权的期限为六个月，自建设工程竣工之日或者建设工程合同约定的竣工之日起计算。"第5条规定："……第四条自公布之日起六个月后施行。"青建集团于2002年9月向人民法院起诉主张工程价款优先权未超出法定期限，符合主张工程款优先权的条件，予以支持。

（4）关于青建集团的损失问题。施工期间，因成功公司未依约定的时间提供基础施工条件，施工期间又发生设计变更、延期提供图纸、扩大建设规模、增加工程量、未按时支付进度款等情况，造成工期延误，发生停窝工等事实，依据双方合同的约定及《合同法》的规定，发包方应赔偿由此造成的损失。青建集团就停窝工损失向成功公司和监理单位提出书面索赔，成功公司予以签证。其中，综合楼延误工期共计54天+12天=66天；住宅楼延误工期共计87天+23天=110天；裙楼和公寓楼延误工期73天。经成功公司签证确认的停窝工损失计 4 223 517.25 元。青建集团提出的2001年1月17日窝工损失 3 003 340 元的索赔报告未经建设方和监理方确认，不予支持；2001年6月14日，业主、施工、监理三方会议纪要确认的"人工窝工损失、机械停滞、周转料具闲置损失，应按实际发生另列清单进行经济签证"，因该部分损失青建集团未提供证据证实损失数额，不予支持。依据合同通用条款第36条"工程师在收到承包人送交的索赔报告和有关资料后28天内未予答复或未对承包人作进一步要求，视为该索赔已认可"的索赔条款的约定，成功公司签收索赔报告和有关资料后28天内未予答复，即应视为认可。依据《合同法》第284条的规定，对青建集团的停窝工损失 4 223 517.25 元，成功公司应予以赔偿。

（5）关于成功公司是否多支付工程款及青建集团应否返还 1600 万元问题。成功公司认为青建集团将工程转包给南通四建施工，应按南通四建的施工资质支付工程款，现成功公司已按青建集团的全民一级施工资质支付了工程款，多支付工程款 1600 万元，青建集团应予返还，此理由没有事实依据。经查，该工程经青建集团非法转包，青建集团不应参与取费，只应计取直接工程费用及税金，该部分数额合计为 112 218 456 元，成功公司应予以支付，而成功公司仅支付了 81 552 452.94 元，尚欠付工程款，并未多支付 1600 万元。故成功公司的此诉讼请求没有事实依据，不能成立。

（6）关于青建集团应否承担经济损失问题。包括业主退摊首付款、支付按揭款及利息、法院判决的回迁违约金和过渡费、防水工程款及违约金、业主退摊的可得利益、乌鲁木齐市体委损失。成功公司认为，青建集团非法转包、不按期交工、不及时退出施工现场，致使预售的摊位业主退摊，成功公司退回业主已缴纳的摊位首付款本金 19 847 362.68 元，退按揭款本金 686 938.61 元，利息 207 247.93 元，公证费 26 859.70 元，合计 20 768 408.92 元；向银行垫付摊位按揭本金款 4 118 298.69 元，罚金 232 667.36 元，累计还息 3 479 795.67 元，合计 7 830 761.72 元；银行要求回购款 36 774 701.31 元，逾期利息 1 239 622.55 元，逾期本金 3 085 491.72 元，罚息 1 759 342.96 元，共计 42 859 158.54 元；法院判令赔偿搬迁户逾期回迁违约金和过渡费 3 058 582.40 元；代垫防水工程款及违约金 1 420 927.67 元；逾期回迁给乌鲁木齐市体委补偿金 70 万元等应由青建集团赔偿。

一审法院认为，青建集团未按期交工是成功公司未按合同约定按时交付施工现场、边设计边施工致使工程设计变更频繁且延迟、扩大建设规模、不及时拨付工程款、供料迟延等原因造成，依据合同约定和签证，工期应予以顺延，故未按期交工的责任在成功公司，逾期交工责任不应由青建集团承担；依据成功公司提供的证据证实业主退摊的情况自 2001 年 2 月 19 日施工期间即已发生，在约定的交工日期前，而施工合同约定的交工日期为 2001 年 11 月 28 日，成功公司的证据不能证实业主退摊的原因是青建集团延期交工造成，成功公司也未提供向银行垫付摊位按揭款及利息的证据。成功公司认为代青建集团垫付防水工程款及违约金 1 420 927.67 元没有事实和法律依据，该款项是经已生效的（2003）天民一初字第 3753 号民事判决书、（2002）新民一终字第 150 号民事判决书判令成功公司应向防水工程施工单位承担的违约金 410 970 元和支付拖欠的工程款 978 500.76 元，该项债务已经生效判决确认系成功公司的债务，并非青建集团的债务，成功公司代青建集团垫付的理由没有事实和法律依据。成功公司认为逾期回迁给新疆维吾尔自治区乌鲁木齐市体委补偿金 70 万元等应由青建集团赔偿的理由没有事实依据，该笔补偿金系因成功公司欠付新疆维吾尔自治区乌鲁木齐市体委拆迁费 550 万元，新疆维吾尔自治区乌鲁木齐市体委起诉后双方达成协议，成功公司同意补偿新疆维吾尔自治区乌鲁木齐市体委的费用，事由是欠付第三方的拆迁费，与青建集团无关。以上，成功公司要求青建集团承担经济损失 75 358 939.25 元无事实及法律依据，不予支持。

（7）关于青建集团应否交付施工资料问题。因该工程为未完工工程，青建集团撤离工地后应当向建设方交付有关的施工原始资料和报建手续。双方合同对此虽未明确约定，但依据《合同法》有关附随义务的规定，青建集团应予交付。

（8）关于青岛建行应否承担担保责任问题。2001 年 4 月 24 日，青岛建行给新疆成功科贸有限公司出具的《承包保函》为连带责任的最高额保证合同。约定的保证最高额为 1000 万元，保证方式为连带责任保证，保证事项为青建集团违约，保证期间自 2001 年 4 月 24 日至 2002 年 10 月 30 日。该《承包保函》系保证人青岛建行的真实意思表示，保证人符合《担保法》规定的担保人的主体资格，为有效保证。成功公司认为青建集团非法转包，存在违约事实，要求保证人青岛建行承担最高额保证责任的理由成立。青建集团非法转包构成违约，应承担违约责任，但成功公司未向青建集团主张 1000 万元的违约责任，仅请求担保人青岛建行承担 1000 万元的担保责任，故成功公司的此项诉讼请求予以支持。青岛建行辩称的担保权人为新疆成功科贸有限公司，成功公司无权主张的理由没有事实和法律依据，成功公司系新疆成功科贸有限公司经工商行政管理机关变更登记设立，变更前的公司债权债务依法应由变更后的公司承继和承担，故青岛建行的辩称理由不能成立，不予支持。

（9）关于南通四建应否承担返工费用问题。成功公司依据自行委托的检测报告认为工程质量存在问题，返工费用为 68 万元，要求南通四建承担的理由无事实和法律依据。首先，该检测报告系成功公司自行委托，南通四建不予认可，同时，也不能证明返工费用为 68 万元的事实；其次，南通四建与成功公司无合同关系，要求南通四建承担返工费用无事实依据；再次，成功公司与青建集团的合同有效，即便存在工程质量问题，该工程的质量责任亦应由青建集团承担。南通四建辩称不承担返工费用的理由成立，予以支持。

（10）关于保修金问题。依照《补充条款》和《工程质量保修书》的约定，工程质量保修金为工程总价的 5%，现该工程发生的直接费用（含税金）为 112 218 456 元，工程造价应以此为依据，依据此造价及约定的保修金比例，该工程保修金数额应为 5 610 922.80 元。因该工程双方并未依保修项目分项约定保修金数额，而仅约定了保修金的比例和期限，现该工程约定的保修项目的最后保修期尚未届满，故保修金应予以扣除。青建集团的该项辩称理由不能成立，不予支持。

（11）关于合同是否解除问题。依照《建设工程施工合同》第 44.4 条"因一方违约致使合同无法履行，发承包人可以解除合同"的约定，青建集团非法转包工程已构成违约，符合合同约定及法律规定的解除条件。依据《合同法》第 93 条、第 94 条

"在履行期限届满之前，当事人一方明确表示或者以自己的行为表明不履行主要债务""当事人一方迟延履行主要债务，经催告后在合理期限内仍未履行""当事人可以约定一方解除合同的条件。解除合同的条件成就时，解除权人可以解除合同"的规定，成功公司于2002年7月向青建集团发出书面通知，明确提出要求解除合同；成功公司欠付工程进度款，经青建集团催告后仍未履行，符合《合同法》规定的解除合同的情形，故成功公司要求解除合同的请求具有法律依据，予以支持。

一审法院依据《民法通则》第108条，《合同法》第93条、第94条第1款第3、4项、第283、284、286条，《民事诉讼法》第64条第1款和《民事证据规定》第2条、第75条的规定，判决：①解除成功公司与青建集团于2000年8月28日签订的《建设工程施工合同》及《补充条款》；②成功公司偿付青建集团工程欠款25 055 080.26元（已扣除工程保修金5 610 922.80元）及利息（自2002年9月14日至给付之日，以银行同期贷款利率计）；③成功公司偿付配合费361 345.82元，赔偿青建集团停窝工损失4 223 517.25元；④青建集团对工程欠款25 055 080.26元、配合费361 345.82元享有优先受偿权；⑤青建集团于判决生效之日30天内向成功公司交付施工资料、报建手续；⑥驳回成功公司对青建集团的其他诉讼请求；⑦青岛建行承担1000万元的担保责任；⑧驳回成功公司对南通四建的诉讼请求。以上款项于判决生效之日起30日内给付。

4. 当事人的上诉请求与答辩情况

成功公司与青建集团不服一审判决，向最高人民法院提起上诉。

成功公司上诉请求，撤销一审判决第3、4、6、8项，驳回青建集团的反诉请求；改判一审判决第2项，判令青建集团承担成功公司的损失29 637 265.86元；判令南通四建承担返修费68万元；由青建集团承担二审诉讼费。主要理由：①因青建集团非法转包，成功公司应按照南通四建已完工程造价向青建集团支付工程款；②青建集团应向成功公司返还没有用于工程的剩余工程款1600万元；③青建集团应当承担逾期交工、逾期回迁所造成的各项损失，共计29 637 265.86元；④南通四建应当承担68万元的工程返修赔偿责任；⑤一审不应当判决成功公司支付直接费、工程款利息、配合费、税金；⑥青建集团没有整体履行义务，没有资格享受工程价款优先受偿权；⑦涉案工程造价审计报告存在诸多错误不能作为定案依据。

青建集团答辩称：①青建集团依约履行施工义务，不存在非法转包的行为，成功公司应依约足额支付工程款及利息；②讼争工程工期不存在延误，青建集团不应承担任何逾期责任，成功公司所主张的逾期交工、逾期回迁各项损失与青建集团无关，不应由青建集团承担；③青建集团享有工程价款优先受偿权，成功公司对青建集团负有优先清偿义务；④成功公司主张南通四建承担68万元返修费，不符合法律规定。

青建集团上诉请求，青建集团非法转包行为不成立；成功公司向青建集团支付拖欠工程款 39 270 774.99 元及利息、损失赔偿款 8 001 150.42 元、工程配合费 829 248.12 元、拖欠的工程进度款利息；成功公司应返还青建集团工程造价总额 5%的保修金及利息；青岛建行不承担担保责任；由成功公司承担一、二审诉讼费用。

主要理由：①一审判决认定青建集团对讼争工程进行了非法转包没有事实和法律依据。青建集团与南通四建之间的法律关系为劳务分包，一审判决认定为非法转包错误。②一审判决对成功公司应向青建集团支付的拖欠工程款数额计算错误，成功公司实际应向青建集团支付拖欠工程款 39 270 774.99 元。③一审判决成功公司应向青建集团支付的损失赔偿数额错误，成功公司实际应支付损失总额为 8 001 150.42 元。④一审判决成功公司支付配合费 361 345.82 元不符合事实情况，成功公司与第三方签订的《购销设备合同》实为工程分包的项目也应支付配合费。⑤建设工程已过保修期限，不应再扣除保修金。⑥成功公司应向青建集团支付拖欠的进度工程款的利息。⑦本案不存在因青建集团违约而由青岛建行承担保证责任的情形。

成功公司答辩称：①青建集团主张其与南通四建为劳务分包关系不能成立。②青建集团主张成功公司支付工程款 39 270 774.99 元及利息的理由不能成立。青建集团不是本案讼争工程的实际施工者，未履行承建工程的施工义务，其无权要求支付工程价款的权利，且其主张不符合据实结算的原则。③一审判决对青建集团 4 项索赔中的 3 003 340 元的费用请求以未经建设方和监理方确认为由不予支持正确，但支持另 3 项 4 223 517.25 元索赔请求错误。④一审判决在认定青建集团非法转包的同时又支持了青建集团关于配合费的请求于法不符。⑤青建集团不是实际施工人，无资格主张所谓形象进度利息。成功公司所采取的审查行为属于正常的不安抗辩，没有任何过错，不应承担拖欠利息的责任。⑥成功公司向青岛建行主张债权符合法律规定。

5. 最高人民法院二审认定与处理

二审期间，最高人民法院作为二审法院委托国信会计师事务所对工程造价作了《补充鉴定》，鉴定结论为：成功广场综合楼按集体三级资质取费的工程总造价（含税金）为 104 724 957.78 元。2008 年 1 月 15 日，对鉴定机构作出的《补充鉴定》，二审法院组织双方当事人进行了质证，鉴定机构派员参加了质证。质证中鉴定人员对双方当事人提出的异议进行了答疑。

二审法院经审理认为，综合当事人上诉请求，本案争议焦点为：①青建集团与南通四建法律关系的认定。②建设工程的工程款应如何结算。③配合费如何计取。④保修金应否扣除。⑤青建集团的停窝工损失、拖欠进度款利息应否给付。⑥青建集团应否承担逾期交工、逾期回迁的损失等费用。⑦工程价款优先受偿权问题。⑧南通四建是否承担返修费用。

（1）关于青建集团与南通四建法律关系的认定问题。二审法院审理认为，根据成功公司与青建集团在本案所提出的诉讼请求，该案为建设工程施工合同纠纷。双方当事人诉讼的目的是请求人民法院处理双方因建设施工合同所发生的纠纷。本案中南通四建未参与成功公司与青建集团的合同签订，不是该建设施工合同纠纷的当事人。青建集团与成功公司签订合同后，虽与南通四建签订合同将建设工程转包予南通四建，但因成功公司未向南通四建提起侵权诉讼，因此，在本案的诉讼中成功公司无权主张青建集团与南通四建签订的建设工程施工合同无效。另，成功公司主张南通四建承担返修费用亦不能支持。青建集团与成功公司签订的建设工程施工合同虽为有效合同，但青建集团在签订合同后，即将建设工程进行了转包，其转包行为严重违反了国家法律强制性规定及双方当事人的合同约定。对此，青建集团依据双方合同约定结算工程款的请求，人民法院不应予以支持。成功公司与青建集团应以建设工程实际施工人的资质据实结算工程款。

（2）关于成功公司与青建集团工程款结算及工程款利息问题。青建集团虽将工程进行了转包，但是工程建设经过验收为合格工程，成功公司也接收了该建筑物。对此，成功公司应支付该建筑物的工程款。对如何结算工程款，成功公司认为，应依照实际施工人南通四建二级资质据实结算；青建集团认为，应依照成功公司与青建集团签订的合同约定进行结算。二审法院审理认为，青建集团在与成功公司签订合同后，未进行工程施工，其提出依照合同约定按青建集团一级资质结算工程款无事实依据，不予支持。双方当事人争议的建设工程是由三级资质的建设单位完成的，因此，应依照实际施工人资质等级据实结算工程款。本案一审法院委托鉴定机构以青建集团一级资质进行鉴定不妥，应予纠正。

二审期间，经二审法院委托国信会计师事务所对讼争工程造价作了《补充鉴定》，鉴定结论为：成功广场综合楼按集体三级资质取费的工程总造价（含税金）为 104 724 957.78 元。《补充鉴定》作出后，成功公司提出工程量及材料价款亦应重新进行鉴定问题。二审法院审理认为，《补充鉴定》仅是将原鉴定的取费标准由一级取费变更为集体三级取费，在此次鉴定中不涉及对工程量及材料价款重新核定问题。成功公司提出的工程量及材料价款问题，在原鉴定结论作出后一审法院已进行过答疑质证，并根据双方提出的异议，由鉴定机构作出了相应的调整。在成功公司未提供新证据的情况下，其请求重新核对工程量及材料价款，不予支持。

关于成功公司提出应由南通四建提供鉴定资料进行鉴定问题。二审法院审理认为，本案是成功公司与青建集团的工程结算纠纷，虽然本案是按照实际施工人的资质进行鉴定确定工程款数额，但是不能由此认为本案是成功公司与南通四建之间的工程结算。成功公司与南通四建之间没有法律关系，成功公司无权要求南通四建参与工程结算。因此，成功公司此项请求依据不足，不能支持。

关于青建集团提出未将全部工程转包给南通四建的问题。最高人民法院认为，青建集团虽将讼争工程转包给南通四建施工建设，但是整个建设工程均是以青建集团名义施工的，从青建集团提供的相关证据中分辨不出青建集团实际施工建设的部分。因此，青建集团的该项请求事实依据不足，不予支持。

关于青建集团提出在讼争工程的建设中青建集团实施了管理工作，成功公司应给付管理费用问题。二审法院审理认为，青建集团将建设工程予以转包，已严重违反了法律的强制性规定，对此请求管理费用无法律依据，且青建集团所主张的管理费用系其单方计算的，成功公司不予认可，青建集团的该项请求不予支持。

成功公司已支付工程进度款、材料款、劳保统筹费用共计 81 552 452.94 元，成功公司尚欠青建集团工程款为 23 172 504.84 元，利息属于法定孳息，成功公司应支付工程交付后的工程款利息，即 2002 年 9 月 14 日至付款之日的中国人民银行同期贷款利息。成功公司提出不应支付利息的主张不予支持，予以驳回。

（3）关于配合费问题。成功公司认为，青建集团系非法转包建设工程，其主张的工程配合费用不应给予支持。青建集团认为其工程配合费应为 829 248.12 元，一审判决认定配合费数额为 361 345.82 元与事实不符。二审法院审理认为，在工程施工过程中，无论由谁施工，只要工程发生了分包的事实，就会产生配合费用。根据本案查明的事实，在工程建设施工过程中，成功公司确实将有些工程进行了分包，对此成功公司是认可的。经鉴定机构鉴定，实际发生的配合费用为 361 345.82 元，对此，成功公司应予给付。对于青建集团主张的 829 248.12 元工程配合费费用问题，由于缺乏证据支持，不予认可。

（4）关于保修金问题。成功公司认为，青建集团没有对建设工程进行施工又未履行维修义务，所以，不能主张保修金。青建集团提出，青建集团施工范围内的工程保修期已经届满，一审判决扣除 5 610 922.8 元保修金是错误的。二审法院认为，因双方对该工程未依保修项目分项约定保修金数额，仅约定了保修金的比例和期限，现该工程约定的保修项目的最后保修期尚未届满，故一审判决对保修金予以扣除并无不妥。工程发生的费用（含税金）为 104 724 957.78 元，依据此造价及约定的保修金比例，该工程保修金数额应为 5 236 247.8 元。青建集团的该项上诉理由不成立，不予支持。

（5）关于青建集团的停窝工损失问题。二审法院认为，在工程施工中青建集团就停窝工损失，向成功公司和监理单位提出书面索赔，成功公司予以签证确认。一审法院对成功公司予以签证认可的停窝工损失 4 223 517.25 元判决成功公司给付青建集团是正确的，应予维持。青建集团提出的 2001 年 1 月 17 日窝工损失 3 003 340 元，因未经成功公司和监理方确认，不予支持。

（6）关于青建集团应否承担经济损失问题。成功公司认为，因青建集团非法转包、不按期交工、不及时退出施工现场，造成成功公司的损失是：搬迁户逾期回迁违约金和过渡费 3 058 582.40 元；退业主摊位费首付款 19 847 362.68 元；公证费 26 859.7 元；垫付摊位按揭利息 4 118 298.69 元；承担逾期交纳按揭罚金 232 667.36 元；给予乌鲁木齐市体委逾期违约赔偿金70万元；垫付防水工程款及违约金1 420 927.67元，以上共计29 637 265.86元。请求法院判令青建集团赔偿上述款项。二审法院认为，成功公司提出的上述请求事项，一审法院在逐项进行审核后，予以驳回，其认定事实清楚，理由充分。二审期间成功公司未提出新的事实和理由。据此，成功公司的该项请求，不予支持。

（7）关于工程款优先受偿权问题。二审法院认为，成功公司所欠付的工程款，实际上是施工人的劳动报酬等。我国法律规定工程价款优先受偿权的主要目的是保护施工人的合法权益，使其尽快得到劳动报酬，解决拖欠施工工人的工资问题。对此，一审判决青建集团对工程款享有优先受偿权并无不妥，应予维持。

综上所述，根据《民事诉讼法》第153条第1款第2项之规定，最高人民法院于2008年4月17日作出（2006）民一终42号民事判决：①维持（2002）新民一初字第11号民事判决第1、3、5、6、7、8项；②变更（2002）新民一初字第11号民事判决第2项为：成功公司支付青建集团工程欠款17 936 257.04元（已扣除工程保修金5 236 247.8元），利息自2002年9月14日起至给付之日止，以中国人民银行同期贷款利率计算；③变更（2002）新民一初字第11号民事判决第4项为：青建集团对工程款17 936 257.04元、配合费361 345.82元享有优先受偿权。

（二）（2014）中一法民一初字第80号

【关键词】非法转包，解除合同，广东省

原告：孙某华、彭某文。

被告：中山市捷晟市政公用工程有限公司（以下简称"捷晟公司"）、中山市捷晟市政公用工程有限公司第一分公司（以下简称"捷晟一分公司"）、梁某明。

1. 审理经过

原告孙某华、彭某文诉称：2013年3月28日，两原告与被告捷晟公司签订一份《自建房工程承包施工合同》，约定两原告将位于中山市火炬开发区濠头上陂头濠东翠苑××号住宅建设工程土建施工交由被告捷晟公司总承包施工；施工期自2013年4月15日起至2013年12月15日止；工程总造价为51万元；付款方式按具体施工进度节点支付。原告与被告捷晟一分公司代表梁某明订立上述合同后，于2013年4月7日依约交付了被告订金3万元。此后，被告捷晟公司迟迟未开工。2013年9月21日，两原告与被告捷晟一分公司负责人梁某明订立了一份《自建工程承包施工合同补充条款》，补充条款第6条明确约定乙方不得将该工程以任何形式发包、转包给第三方；第9条约定签订本补充条款后，乙方立即开工，乙方在一个月内未开工，或开工后停工一个月的，经甲方催促仍不开工的，视为乙方违约，自动退出本合同工程。乙方不得讨要工程尾款并支付甲方总工程款的20%作为违约金，还要承担由此造成的其他一切损失。该补充条款订立后被告拖延施工，现今两原告宅基地仍然杂草丛生，未有实质施工。2013年11月初，两原告发现被告梁某明未经两原告同意，私自将原合同约定的建设施工工程以低于总承包价7.14万元的价格43.86万元转包给麦某某、郑某某，梁某明以个人名义另行与第三人麦某某、郑某某订立了《自建房工程承包施工合同》《自建房工程承包施工合同补充条款》。

鉴于被告延迟施工及转包构成根本性违约，两原告遂要求解除合同及补充协议，要求被告承担违约责任，立即返还订金3万元及返还两原告相关工程资料，但被告找各种理由拒绝。两原告遂具状至一审法院，请求判令：①解除原、被告订立的《自建房工程承包施工合同》及《自建房工程承包施工合同补充条款》；②三被告返还原告施工订金3万元；③三被告返还原告工程施工材料，包括：施工许可证原件、规划许可证原件、人防易地建设核准手续原件、质监表原件、加盖规划章的图纸1份、规划图纸3份、施工图纸6份；④三被告承担本案诉讼费用。诉讼中，两原告撤回第3项诉讼请求。原告孙某华、彭某文对其主张的事实和诉讼请求在举证期限内提交的证据有：①土地使用权证、两原告与三被告签订的《自建房工程承包施工合同》《自建房工程承包施工合同补充条款》；②收据、个人转账汇款业务受理回单、资料接收收据；③梁某明与麦某某、郑某某签订的《自建房工程承包施工合同》《自建房工程承包施工合同补充条款》；④见证书、照片。

被告捷晟公司、捷晟一分公司、梁某明共同辩称：①2013年3月28日、同年9月21日，两原告与被告捷晟公司、捷晟一分公司签订《自建房工程承包施工合同》《自建房工程承包施工合同补充条款》，合同签订后，捷晟公司、捷晟一分公司按约定进行前期施工和一切施工准备工作，因两原告原因多次变更图纸，迟迟未办理相应的规划备案手续，到2013年11月初，两原告才将相应的规划备案手续和图纸交付捷晟公司、捷晟一分公司，正当捷晟公司、捷晟一分公司准备开工时，两原告通知解除合同，并无理起诉。②《自建房工程承包施工合同》《自建房工程承包施工合同补充条款》合法有效，现阶段也具备相应的履行条件，应当继续履行，两原告要求解除上述合同，不符合法律规定和双方约定的条件。③被告梁某明作为捷晟公司的员工以及捷晟一分公司的负责人，受公司的指派与两原告发生业务往来，其签署的文件资料以及履行工作行为由捷晟一分公司承担责任，其个人不承担责任。综上，两原告诉讼请求没有任何事实和法律依据，请求法院予以驳回。

被告捷晟公司、捷晟一分公司并提起反诉称：因反诉被告孙某华、彭某文原因多次变更图纸，迟迟未办理相应的规划备案手续，到2013年11月初，反诉被告才将相应规划备案手续和图纸交付反诉原告，工程被迫停工，而正当反诉原告准备开工时，反诉被告通知解除合同，并无理起诉。据此，请求判令：①两反诉被告向两反诉原告支付工程款42 097元、图纸费用240元，合计42 337元；②两反诉被告承担本案全部诉讼费用。

被告（反诉原告）捷晟公司、捷晟一分公司就其辩解及反诉诉求，被告梁某明就其辩解，在举证期限内提交的证据有：①工程造价预算单、预算资料；②捷晟一分公司自行编制的孙某华工程结算明细；③收据2份、存折1本；④建筑物外边线验线批复书、图纸22份；⑤律师函。

反诉被告孙某华、彭某文共同辩称：①反诉被告认可并同意承担图纸费用240元；②反诉原告要求反诉被告支付工程款42 097元没有事实和法律依据。反诉被告孙某华、彭某文就其辩解在举证期限内提交的证据与本诉一致。

经审理查明：捷晟公司是从事市政公用工程、园林绿化工程、填沙填土石方工程等各类施工工程的有限责任公司，捷晟一分公司是其无独立法人资格的分支机构，梁某明系其员工也是捷晟一分公司的负责人。坐落于中山市火炬开发区濠头上陂头的土地面积为360m^2，土地使用权人为孙某华、彭某文。2013年3月28日，孙某华、彭某文作为发包方（甲方）与捷晟公司作为承包方（乙方）签订《自建房工程承包施工合同》，约定：乙方以人包干方式承接甲方位于中山市火炬开发区濠头上陂头濠东翠苑的住宅建设工程土建施工；本工程为3层钢筋砼框架结构，总建筑面积385m^2（含夹层及加建车库，正式报建拿证面积为347.2m^2）；工程总造价为51万元，自双方签订合同5日内，由甲方向乙方预付3万元作为施工订金，其余工程款按工程进度分段支付；本工程工期为240天，大概自2013年4月15日起至2013年12月15日止，以甲方开工令开始计算工期，甲方签字验收为截止时间；乙方确认所涉工程款的支付方式：甲方通过银行转账到乙方代表梁某明本人开设的中国工商银行账号；合同还约定了其他事项。合同签订之后，孙某华于同年4月7日转账支付工程订金3万元到梁某明上述账号，并由梁某明出具收据交孙某华收执。由于捷晟公司原因迟迟未开工，同年9月21日，孙某华与捷晟一分公司签订《自建房工程承包施工合同补充条款》，约定：因甲方图纸略有改动，报建面积更改为352.3m^2，但实际施工量并未增加，故本工程总价不增加，乙方按新图纸资料施工及办理房产证等相关手续；乙方不得将本工程以任何形式发包、转包给第三方；原合同有关工期的约定，因乙方原因导致未按期开工，经商议，甲方同意将合同工期顺延至2014年5月15日；签订本补充条款之后，乙方应立即开工，乙方在一个月内未开工，或开工后停工一个月的，经甲方催促仍不开工的，视为乙方违约，自动退出本合同工程，乙方不得讨要工程尾款，并支付甲方总工程款的20%作为违约金，还要承担由此造成的其他一切损失；补充条款还作了其他约定。

2013年7月12日，梁某明作为发包方（甲方）与麦某某、郑某某作为承包方（乙方）签订《自建房工程承包施工合同》《自建房工程承包施工合同补充条款》，除工程造价约定为43.86万元、工期从2013年8月15日至2014年4月15日外，该两份合同条款与前述两份合同基本一致。孙某华、彭某文认为，梁某明无视双方约定将涉案工程进行转包，构成根本违约，于 2013 年 11 月 15 日向捷晟公司发出律师函，告知解除双方合同关系，并要求退还押金 3 万元，后于 2013 年 12 月 25 日诉至一审法院，主张前述实体权利；捷晟公司、捷晟一分公司认为，孙某华、彭某文亦存在违约，其解除合同无理，遂主张其反诉实体权利。

2. 争议焦点

一审法院认为：本案为建设工程施工合同纠纷。孙某华、彭某文与捷晟公司签订的《自建房工程承包施工合同》，以及与捷晟一分公司签订的《自建房工程承包施工合同补充条款》系双方当事人的真实意思表示，内容不违反法律、行政法规禁止性规定，合同合法有效，双方应当遵循诚实信用原则按照约定履行自己的义务。本案争议焦点为：①涉案合同是否具备解除条件；②本案的债务承担及责任主体问题。

焦点一：《施工合同司法解释》第 8 条第 4 项规定，承包人将承包的建设工程非法转包、违法分包的，发包人请求解除建设工程合同的，应予支持。本案中，梁某明未经孙某华、彭某文同意将涉案工程非法转包给麦某某、郑某某，违反前引法律规定以及双方约定。捷晟公司、捷晟一分公司辩解麦某某、郑某某系其公司员工属于履行职务行为，但未出示劳动合同、社保记录等证据证明，法院不予采信。退一步说，即使捷晟公司、捷晟一分公司将涉案工程转包给内部员工亦违反前引法律规定及双方约定。孙某华、彭某文有关解除合同的诉讼请求，理据充分，法院予以支持。根据《合同法》第 96 条规定，孙某华、彭某文已于 2013 年 11 月 15 日直接向捷晟公司送达律师函，通知解除双方签订的合同。捷晟公司、捷晟一分公司确认收到该律师函，但辩称孙某华、彭某文是以邮寄方式送达，无出示相关证据证明，视为其于当日收到该律师函。故法院认定孙某华、彭某文已履行通知义务，双方签订的《自建房工程承包施工合同》《自建房工程承包施工合同补充条款》已于 2013 年 11 月 15 日解除。

焦点二：基于法院已认定捷晟公司、捷晟一分公司存在非法转包行为，违反双方约定及法律规定，构成违约，孙某华、彭某文请求捷晟公司、捷晟一分公司返还工程订金 3 万元，理据充分，法院予以支持。捷晟公司、捷晟一分公司主张孙某华、彭某文多次变更图纸、迟迟不办理相应的规划备案手续，因孙某华、彭某文否认，捷晟公司、捷晟一分公司亦未完成举证，法院不予采信。故捷晟公司、捷晟一分公司请求孙某华、彭某文返还工程款 42 097 元，理据不足，法院不予支持。孙某华、彭某文同意返还图纸费 240 元给捷晟公司、捷晟一分公司，法院予以确认。比对后，捷晟公司、捷晟一分公司应向孙某华、彭某文返还工程订金 29 760 元（30 000 元－240 元）。捷晟公司、捷晟一分公司是涉案合同的当事人，应对本案债务承担连带清偿责任；梁某明系捷晟公司的员工也是捷晟一分公司的负责人，其在相关合同上签名的行为，是代表捷晟公司、捷晟一分公司履行职务行为，其行为后果依法由捷晟公司、捷晟一分公司承担。综上，原告孙某华、彭某文诉求合理部分，法院予以支持；反诉原告捷晟公司、捷晟一分公司反诉请求合理部分，法院亦予采纳。依据《合同法》第 94 条第 5 项、第 96 条，《公司法》第 14 条，《施工合同司法解释》第 8 条第 4 项，《民事诉讼法》第 64 条第 1 款之规定判决。

3. 裁判结果

①确认原告孙某华、彭某文与被告捷晟公司于 2013 年 3 月 28 日签订的《自建房工程承包施工合同》，以及与被告捷晟一分公司于 2013 年 9 月 21 日签订的《自建房工程承包施工合同补充条款》已于 2013 年 11 月 15 日解除；②被告捷晟公司、捷晟一分公司于该判决发生法律效力之日起 5 日内连带向原告孙某华、彭某文返还工程订金 29 760 元；③驳回原告孙某华、彭某文的其他诉讼请求；④驳回反诉原告捷晟公司、捷晟一分公司的其他反诉诉讼请求。如果未按该判决指定的期间履行给付金钱义务，应当依照《民事诉讼法》第 253 条之规定，加倍支付迟延履行期间的债务利息。案件受理费 550 元，减半收取为 275 元（原告已预交），由被告捷晟公司、捷晟一分公司负担（两被告于该判决发生法律效力之日起 7 日内向中山第一人民法院交纳）；反诉案件受理费 429 元（反诉原告已预交），由反诉原告捷晟公司、捷晟一分公司负担。

第二节 存在挂靠

一、挂靠的定义

挂靠的全称是企业挂靠经营，是一个行业术语，指机构或组织从属或依附于另一机构或组织。就建筑业而言，是指一个施工企业允许他人在一定期间内使用自己企业名义对外承接工程的行为。允许他人使用自己名义的企业为被挂靠企业，相应的使用被挂靠企业名义从事经营活动的企业或个人（包括个体工商户和其他有经营行为的自然人）为挂靠人。最高人民法院在制订《施工合同司法解释》时并没有直接将该行为定义为"挂靠"，而是表述为"借用"，即没有资质的实际施工人借用有资质的建筑施工企业名义从事施工，"挂靠"与"借用"实际上系同一概念。但在 2022 年 4 月 10 日施行的修正后的《最高人民法院关于适用〈中华人民共和国民事诉讼法〉的解释》第 54 条，则直接表述为"挂靠"。

二、挂靠的法定情形

审判实践中，可以结合下列情形综合认定是否属于挂靠：

（1）挂靠人通常以被挂靠人的名义参与招投标、与发包人签订建筑施工合同，挂靠人与被挂靠人之间没有产权联系，没有劳动关系，没有财务管理关系的。

（2）挂靠人在施工现场派驻的项目负责人、技术负责人、质量管理负责人、安全管理负责人中一人以上与被挂靠人没有订立劳动合同，或没有建立劳动或社会养老保险关系的。

（3）挂靠人承揽工程经营方式表现为自筹资金，自行组织施工，自主经营，自负盈亏。被挂靠人只收取管理费（包括为确保管理费收取而设立的出借账户），不参与工程施工、管理，不承担工程技术、质量和经济责任的。

（4）被挂靠人与发包人之间没有实质上工程款收付关系，均是以"委托支付""代付"等其他名义进行工程款支付，或者仅是过账转付关系的。

（5）施工合同约定由被挂靠人负责采购主要建筑材料、构配件及工程设备或租赁施工机械设备，实际并非由被挂靠人进行采购、租赁，或者被挂靠人不能提供有关采购、租赁合同及发票等证明，又不能进行合理解释并提供证据证明的。

（6）法律、行政法规规定的其他挂靠情形。

三、挂靠的法律后果

工程挂靠行为是法律禁止的行为，工程挂靠的法律后果有：

（一）民事责任方面

（1）挂靠经营关系的建筑施工企业以自己的名义或以被挂靠单位的名义签订的承包合同，一般应以挂靠经营者和被挂靠单位为共同诉讼人，共同起诉或应诉。

（2）挂靠当事人之间所订立的挂靠协议无效，双方应分别承担过错责任。

（3）根据《建筑法》及有关司法解释的规定，被挂靠的施工企业与建设单位所订立的建筑工程承包合同无效。该施工单位与使用其名义承揽工程的单位或个人对建设单位因此而遭受的损失承担连带赔偿责任。如果建设单位在知情的情况下仍与该被挂靠的施工企业签订合同，则建设单位也有过错，应当承担相应的过错责任。

（二）行政责任方面

建筑施工企业转让、出借资质证书或者以其他方式允许他人以本企业的名义承揽工程的，责令改正，没收违法所得，并处罚款，可以责令停业整顿，降低资质等级；情节严重的，吊销资质证书。

（三）刑事责任方面

因挂靠引起的刑事案件主要涉及重大责任事故罪、工程重大安全事故罪、重大劳动安全事故罪等罪名。

四、案例解析

（一）（2019）最高法民申 2722 号

本案中，杨某林自始便以宁夏僖泰装饰工程有限公司（以下简称"僖泰公司"）

委托代理人的名义参与案涉《幕墙工程分包合同》的磋商与签订；签订合同后，由作为委托代理人的杨某林依据该合同进行案涉工程的施工活动，作为合同相对人的僖泰公司未实际施工；施工后杨某林以施工人身份直接与宁夏庆元建设实业有限公司（以下简称"庆元公司"）就案涉工程价款进行结算，庆元公司多次直接向杨某林支付工程款。从前述分析可知，杨某林参与了案涉《幕墙工程分包合同》的签订、履行合同义务以及行使合同权利的全过程，符合没有资质的个人以其他有资质的施工单位的名义承揽工程的情形，与被借用资质的僖泰公司之间形成挂靠关系，僖泰公司系案涉《幕墙工程分包合同》的名义相对人，杨某林系该合同实际相对人。

【法律分析】本案认定"发包人知道或者应当知道"的情形：①挂靠人以被挂靠人委托代理人的名义参与施工合同的磋商与签订；②挂靠人对工程进行施工，被挂靠人未实际施工；③挂靠人以施工人身份直接与发包人进行结算；④发包人多次直接向挂靠人支付工程款。

（二）（2019）最高法民申 5609 号

案涉工程由鄂尔多斯市凯创房地产开发有限责任公司（以下简称"凯创公司"）发包，江苏南通六建建设集团有限公司（以下简称"南通六建"）承包建设。南通六建将案涉的 11#、12# 楼交由不具备施工资质的周某根施工，但双方并未签订书面合同。从案涉工程的工程款支付情况看，系由凯创公司将工程款直接支付给周某根，由南通六建出具收据；或凯创公司将工程款支付南通六建，由南通六建再拨付给周某根。凯创公司向周某根支付工程款及周某根收取工程款的行为证明双方相互明白互为交易对方。根据周某根施工及结算工程款的情况，及凯创公司向周某根出具的函件中将周某根作为实际履行施工关系的对方，认定周某根与南通六建之间形成挂靠关系，周某根是涉案工程的实际施工人，并无不当。

【法律分析】本案认定"发包人知道或者应当知道"的情形：①发包人直接向挂靠人支付工程款；②发包人向挂靠人出具的函件中，将挂靠人作为施工方；③挂靠人对工程进行施工。

（三）（2019）最高法民申 6085 号

在本案中，宁夏钰隆工程有限公司（以下简称"钰隆公司"）借用安徽三建工程有限公司（以下简程"安徽三建"）的资质，以挂靠方式对发包人宁夏蓝天房地产开发有限责任公司（以下简称"蓝天公司"）发包的 1#、4#、5# 楼进行了实际施工，属于实际施工人；同时，钰隆公司与蓝天公司之间已经履行了发包人与承包人之间的义务，双方在事实上形成了建设工程施工合同关系，钰隆公司是案涉工程的实际承包人。而且，蓝天公司从签订合同开始到实际履行合同过程中，知道并认可钰隆公司是借用安徽三建资质进行实际施工的事实，还接受了钰隆公司直接支付给自己的保证金，并向钰隆公司直接支付过工程价款，更进一步证明蓝天公司认可了钰隆公司系工程实际承包人的事实。

【法律分析】本案认定"发包人知道或者应当知道"的情形：①签订、履行合同时，发包人知道并认可挂靠人施工；②发包人接受挂靠人直接支付的保证金；③发包人直接向挂靠人支付工程款；④挂靠人对工程进行施工。

（四）（2019）最高法民终 353 号

郑某平与湖北中勤建设发展有限公司青海分公司（以下简称"中勤青海分公司"）签订的《挂靠协议》明确约定郑某平挂靠中勤青海分公司承包施工案涉工程，施工所产生债务纠纷由郑某平承担，与中勤青海分公司无关，郑某平向中勤青海分公司交纳 1%资质挂靠费。大柴旦云天实业有限公司（以下简称"云天公司"）虽不认可该协议，但该公司 2017 年 7 月 23 日出具的《声明》明确载明施工方为郑某平。湖北中勤建设发展有限公司（以下简称"中勤公司"）及中勤青海分公司一审庭前质证时亦认可工程由郑某平承包，人工材料费由郑某平支付，云天公司支付的工程款均转交郑某平的事实。郑某平还提交了其向中勤青海分公司交纳管理费的收据。本案现有证据足以证明中勤青海分公司未履行施工义务，只是名义上的合同主体，云天公司明知郑某平挂靠中勤青海分公司实际施工的事实。本案建设工程施工合同由云天公司与郑某平实际履行，故双方形成事实上的权利义务关系。

【法律分析】本案认定"发包人知道或者应当知道"的情形：①发包人出具的函件中，将挂靠人作为施工方；②挂靠人对工程进行施工。

（五）（2021）最高法民申 2114 号

本案中，宁夏恒安信工程建设有限公司（以下简称"恒安信公司"）与杨某国之间构成挂靠的法律关系。首先，恒安信公司与杨某国签订的《资质挂靠协议》中约定，杨某国挂靠恒安信公司资质，承建案涉工程，明确该工程附属部分除外，其他工程由杨某国与宁夏金泰隆房地产开发有限公司（以下简称"金泰隆公司"）协商沟通。以上约定内容表明双方具有出借资质、挂靠施工的合意。其次，在挂靠协议签订前，杨某国作为恒安信公司的委托代理人在 2014 年 3 月 6 日的《建设工程施工安装合同书》上签字。但恒安信公司并未实际承担案涉工程的施工义务，实际施工人系杨某国。且金泰隆公司直接或通过恒安信公司向杨某国支付部分工程款，故履行建设工程施工安装合同的主体实际为金泰隆公司和杨某国。最后，在一审法院审理过程中，金泰隆公司以及恒安信公司均认可杨某国系挂靠恒安信公司进行施工，杨某国作为案涉工程的实际施工人与发包人金泰隆公司在订立和履行施工合同的过程中，形成事实上的法律关系，故金泰隆公司应当承担支付杨某国欠付工程款的责任。

【法律分析】本案认定"发包人知道或者应当知道"的情形：①挂靠人以被挂靠

人委托代理人的名义参与施工合同的签订；②发包人直接向挂靠人支付工程款；③挂靠人对工程进行施工；④审理过程中，发包人、被挂靠人均认可挂靠关系。

（六）（2021）最高法民终985号

从实际施工情况看，大庆建筑安装集团有限责任公司（以下简称"建安集团"）与大庆市龙凤区城建投资开发有限公司（以下简称"龙凤城投公司"）签订系列建设工程施工合同后，于同日或次日便将所承包的工程交由大庆龙安建筑有限公司（以下简称"龙安建筑公司"）施工建设，可见建安集团没有施工的意图，事实上其也没有实际施工行为，从黑龙江高院审理的另案30号调解书的内容看，本案三方当事人曾认可龙安建筑公司借用建安集团资质与龙凤城投公司签订建设工程施工合同的事实。在挂靠关系中，挂靠人能否依据被挂靠人与发包人之间的合同向发包人主张权利，主要取决于发包人在缔约时对挂靠关系是否知情：知情的，挂靠人可以基于事实关系直接向发包人主张权利；反之，则不可以。就本案而言，龙凤城投公司与建安集团于2012年7月5日签订《一标段施工合同》后，其于2012年7月31日组织龙安建筑公司及相关施工单位召开会议时，作为名义上的总承包人的建安集团并未参会，而龙安建筑公司则以总承包人身份参加会议。2012年8月1日，龙凤城投公司与建安集团签订《剩余工程施工合同》《配套工程施工合同》后，又于2014年12月组织龙安建筑公司及施工单位召开会议。前述事实表明，龙凤城投公司对龙安建筑公司是案涉工程的实际承包人不仅知情，而且予以认可。在此情况下，龙安建筑公司作为案涉工程的实际承包人，有权依据建安集团与龙凤城投公司签订的施工合同的有关约定，向龙凤城投公司主张工程款。

【法律分析】本案认定"发包人知道或者应当知道"的情形：①挂靠人对工程进行施工，被挂靠人未实际施工；②发包人、被挂靠人在诉讼案件中认可挂靠关系；③挂靠人以承包人身份参加施工会议。

（七）（1991）经字第227号

1992年被告人防工程公司未经工商行政管理部门审查批准即成立了人防工程公司第三施工队（以下简称"第三施工队"），并于同年4月2日出具公函，申请刻制了第三施工队的印鉴。1992年4月12日与原告于某签订承包施工队合同，合同载明：原告承包被告的第三施工队；被告向原告提供该队的营业执照副本、施工许可证、企业资质证复印本和印鉴；由原告自置设备、自备厂房、自找活源、自主经营、独立核算。原告自1992年4月12日至1994年12月31日间，共向被告交纳利润28 000元。合同签订后，原告于当日将2000元风险抵押金交给被告，被告将为该队刻制的上述印鉴交给原告，并具函申请为原告刻制第三施工队的财务专章和业务专章。原告组建了施工人员，加工定作和购置了卷扬机、螺纹钢、脚手架、小推车、写字台、塔吊八角盘、吊斗、钢丝绳等配套的零部件及其他物品。1992年7月中旬，原告带施工队承建医院综合楼工程，1994年底建筑市场整顿，被告提出：根据上级有关规定，要求解除与原告的承包合同。双方于1995年1月9日达成了书面协议。言明：第三施工队承担的综合楼工程交给公司；医院拨给该队的建筑材料折款转给公司；第三施工队完成的工程量，按预算定额结算；第三施工队的工程损失如实报公司，待双方确认后计开支费用，约定双方必须在同月20日付清。该协议订立后，原告遂向被告提交了"解除合同后的固定资产处理报告"和"医院部分工程决算书"，被告未作答复。合同解除后，被告拒不返还、支付承包抵押金、工程款和固定资产折款，拒绝赔偿由此而产生的经济损失和承担违约责任。原告认为：被告未经工商行政管理部门审批登记，将施工队发包给他，这是被告的过错，由此造成的损失，被告应负责。故请求法院依法判令被告返还、支付、赔偿上述款项计243530.31元。被告辩称：他与原告解除承包合同的主要原因是原告组建的施工队力量薄弱，承揽的工程质量低劣，工期延误。

【法律分析】被告开办第三施工队，未经工商行政管理机关登记核准，擅自具函刻制印鉴，发包给原告承包经营的行为，有悖于《企业法人登记管理条例》的有关规定，其承包合同是无效的。被告应依法返还原告风险抵押金和先期支付的贷款利息，赔偿原告上述款项的利息损失；在返还原告汽车1辆和搅拌机2台的同时，对使用期间的机损予以折款修复；原告应将其领取的工程折款及支取的部分工程款返还给被告。对履行该无效合同期间原告实际租用场地的租赁费和因被告的工作失误而使原告在承建综合楼工作中不能按期开工和不能正常施工的误工损失及原告在此期间的汽车、搅拌机的经济损失，被告亦应负责赔偿；被告对原告为履行该无效合同所购置和定做的物资与机械设备应在接收的同时，按实际价格折款偿付给原告；被告对已接收的原告为综合楼定作的预应力楼板，应负责与加工方结算，将原告偿付的综合楼楼板加工材料折款同预付款返还给原告。被告对原告实际完成的综合楼工程量和附加工程量的工程款，原告为综合楼工程实际开支的木材、模板、钢材加工费及运费应据实偿付。至于被告的反诉，与法相背，不予支持。

第三节 实际施工人

一、实际施工人的定义

"实际施工人"是特指无效建设工程施工合同的承包人，包括转承包人。借用资质的建筑施工企业或个人承包人指定他人依据其意思表示负责施工工程的管理与建设，该被指定人是施工工程的负责人或者管理人，而不是法律规定的实际施工人。"实际施工人"是指依照法律规定被认定为无效的施工合同中实际完成工程建设的主体，包括施工企业、施工企业分支机构、工头等法人、非法人团体、公民个人等。

二、实际施工人的法定情形

具有下列情形可认定为实际施工人：

（1）存在实际施工行为，包括在施工过程中购买材料、支付工人工资、支付水电费等行为。

（2）参与建设工程承包合同的签订与履行过程。

（3）存在投资或收款行为。

具有下列情形的，不能认定为实际施工人：

（1）属于施工企业的内部职工。

（2）与非法转包人、违法分包人无施工合同关系的农民工、建筑工人或者施工队、班组成员。

上述人员不能直接向发包人主张权利，只能依据劳动关系或劳务关系向实际施工人（承包人）主张权利。建设工程经数次转包的，实际施工人为最终的承包人。

三、实际施工人的法律后果

建筑工程纠纷中，实际施工人一般是处于"隐名"的状态，因为一旦"显名"，主动披露自己，有可能会被认定为"挂靠人""转承包人"或"违法分包人"，从而导致建设施工合同被法律认定无效。

但在一些纠纷中，实际施工人只有主动披露自己，才能维护自身的合法权益——如，根据《施工合同司法解释（一）》第43条的规定："实际施工人以转包人、违法分包人为被告起诉的，人民法院应当依法受理。实际施工人以发包人为被告主张权利的，人民法院应当追加转包人或者违法分包人为本案第三人，在查明发包人欠付转包人或者违法分包人建设工程价款的数额后，判决发包人在欠付建设工程价款范围内对实际施工人承担责任。"即，实际施工人可以披露自己身份，直接起诉，主要有以下情况：

（1）实际施工人为原告，"转包人、违法分包人、被挂靠人"为被告。实际施工人起诉"转包人"或"违法分包人"的，此时转包合同或违法分包合同无效，但总承包合同有效，合格工程的工程款可以参照总承包合同支付。[1]

实际施工人起诉"被挂靠人"的，此时挂靠合同、总承包合同均无效，合格工程

---

[1] 因总承包合同有效，此时总承包人需承担违约责任，而总承包人承担违约责任后，可要求实际施工人按过错比例承担责任。

的工程款可以参照总承包合同支付。[1]

（2）实际施工人为原告，"发包人"为被告，"转包人或违法分包人"为第三人。

实际施工人可以起诉"发包人"，但发包人只在拖欠总承包人工程款范围内承担责任。

四、案例分析

（一）南通某建公司、某房地产开发有限公司建设工程施工合同纠纷【（2020）最高法民终1269号】

法院认为：现证据可以证明黄某在南通某建公司中标案涉工程之前与某房地产开发有限公司接洽工程具体事宜，并在南通某建公司中标之前就已进场施工，案涉工程的主要工作人员均为黄某聘请，黄某实际组织了案涉工程的施工。黄某实际为借用南通某建公司的资质承揽案涉工程，南通某建公司将其施工资质出借于黄某用于案涉工程的施工，黄某与南通某建公司之间为挂靠关系。南通某建公司主张其对案涉工程的支出不足以认定为其对案涉项目的投入。南通某建公司与某房地产开发有限公司并无签订、履行案涉建设工程施工合同的真实意思表示，双方签订的《建设工程施工合同》及《补充协议》无效；黄某为借用南通某建公司资质的案涉工程实际施工人。

（二）郑某、某城镇建设投资有限公司建设工程施工合同纠纷【（2021）最高法民申1676号】

法院认为：判断实际施工人应从其是否签订转包、挂靠或者其他形式的合同承接工程施工，是否对施工工程的人工、机器设备、材料等投入物化为相应成本，并最终承担该成本等综合因素确定。郑某提交了《施工项目经营、管理责任承包合同》《项目安全生产目标责任书》及某高速公司出具的情况说明来证实其为实际施工人。经审查，郑某提交的证据仅能证明其与某高速公司存在合同关系，并不能证明其在签订合同后，其就案涉工程自行组织施工、购买材料、发放工人工资等事实，亦未提供证据证明其与某高速公司之间关于案涉工程款的资金往来情况。本案案涉工程的施工资料及工程签证中也未出现郑某的姓名，故一审认定现有证据尚不足以证实郑某系案涉工程的实际施工人，并无不当，法院予以维持。

（三）夏某、刘某平建设工程施工合同纠纷【（2019）最高法民申4547号】

法院认为：2011年期间，刘某就案涉工程对外分别签订《劳务合同》《工程机械租用合同》《碎石料采购协议》《租赁合同》等，夏某也未能否定上述多份合同的真实

---

[1] 因总承包合同无效，且该无效是实际施工人的挂靠行为引起的，此时实际施工人和总承包人要承担因合同无效导致的所有损失。

性。根据已有证据，二审判决认定刘某虽然未提交支付相关费用票据等证据，但与合同相对方形成的合同关系并实际对案涉工程进行施工的事实，能够作为刘某履行施工义务以及垫资施工的证据，二审判决的该项认定并无不当。夏某提出的刘某未对案涉工程有资金投入，不足以推翻二审判决对刘某系实际施工人身份的认定。

（四）中建某局、青岛某公司建设工程施工合同纠纷【（2020）最高法民申3093号】

法院认为：张某为实际施工人，与中建某局和青岛某公司之间形成事实上的施工合同关系。涉案吹填工程的主要施工设备为船舶，工程现场开展作业的3艘船舶"富元5号""中水电01号""春天号"均由张某租赁，并由张某支付费用。张某提供的工程业务联系单等资料显示，张某、叶某等工作人员负责现场施工。张某向现场管理人员支付了工资。叶某亦出庭陈述其由张某雇佣，接受张某的指示，与中建某局和青岛某公司不存在隶属关系。案涉工程施工的相关工程资料原件均保存在张某处，且发包人认可张某系案涉工程的实际施工人。青岛某公司与张某确认了工程量，并实际向张某支付了部分工程款。中建某局自认其与青岛某公司系合作施工。原判决认定张某为涉案工程的实际施工人、其履行了中建某局与发包人《合同协议书》约定的义务并经中建某局或青岛某公司将施工成果交付给了发包人、张某与中建某局及青岛某公司之间形成事实上的施工合同关系具有事实依据。

（五）移动分公司、姜某建设工程施工合同纠纷【（2020）豫09民终1548号】

法院认为：本案为建设工程施工合同纠纷，姜某以重庆某公司的名义进行投标，并签订案涉合同，一审判决认定涉案建设工程施工合同无效，符合法律规定。涉案《工程管理合同》《工程管理补充合同》《通信管道构建合同》及《工程结算审核定案表》等均有姜某签字，即姜某一直参与了合同签订。且重庆某公司否认其为涉案工程中标人及承包人，涉案工程交付移动分公司使用多年，移动分公司否认姜某为实际施工人，未提供证据推翻姜某所举证据，故一审判决认定姜某为涉案工程的实际施工人有事实和法律依据。姜某具有原告的诉讼主体资格，即其有权向移动分公司主张权利。

（六）某联合社与陈某、东莞市某建筑工程公司建设工程施工合同纠纷【（2021）粤19民终408号】

法院认为：从陈某的举证情况看，首先，除本案工程外，法院受理的其他11起案件所涉工程的合同和结算书均由陈某作为代表签名；其次，陈某持有《工程施工合同书》《建筑工程结算表》《东莞市×××（原宾莉）厂房换瓦面工程结算书》的原件；再次，某联合社曾通过银行转账的方式向陈某独资的公司支付部分工程款，东莞市某建筑工程公司也曾通过支票背书的形式向其支付部分工程款，对此东莞市某建筑工程公司无说明；最后，东莞市某建筑工程公司称其不清楚案涉工程的情况，亦未收取过工程款。综上，从合同签订、实际施工材料掌握、工程款的支付方面看，陈某已就其实际施工人地位举证证明，某联合社主张案涉工程由第三人东莞市某建筑工程公司实际施工，但其并未举证证明东莞市某建筑工程公司的实际施工情况，法院对其主张不予采信。陈某作为实际施工人有权向某联合社主张工程款，一审法院对此认定正确。

【法律分析】关于施工班组是否属于实际施工人的问题。笔者认为施工班组是在劳动分工的基础上，把生产过程中相互协同的同工种工人、相近工种或不同工种工人组织在一起，从事施工活动的一种组织形式。简单来说，施工班组只是一种组织形式，其本身并不带有特殊含义。实际施工人将其承包的部分工程交由施工班组完成的，系其履行建设工程施工合同使用的施工组织方式，建设工程承包人与其雇佣的施工班组之间系劳务法律关系，施工班组非法律意义上的实际施工人，不具备适用实际施工人制度的前提条件，不能依据实际施工人制度突破合同相对性向发包人主张权利。

山东省高级人民法院民一庭"关于审理建设工程施工合同纠纷案件若干问题的解答"中关于施工班组是否属于实际施工人有较为明确的答复。其指出：建设工程承包人与其雇佣的施工班组之间是劳务合同法律关系，施工班组不属于法律意义上的实际施工人。

（七）乐某、福建某建设有限公司劳务合同纠纷【（2019）最高法民申 5594 号】

法院认为：基于本案已经查明的事实，福建某建设有限公司认可彭某系挂靠其进行施工，彭某是某商业广场项目的实际施工人；福建某建设有限公司与彭某是内部承包关系，乐某为彭某承包施工的某商业广场 C 地块项目中的泥水班组负责人；2017 年 1 月 10 日彭某签署的《项目人工工资支付表》中确认应付乐某（班组）"1.2.3.6 内外收尾工资" 349 849.50 元，"2#1-3 层点工工资" 10 000 元，合计 359 849.50 元；2016 年 11 月 15 日，福建某建设有限公司（甲方）与乐某（乙方）签订《协议书》，其中亦明确"鉴于彭某未按照内部承包合同的约定履行相关的义务，甲方作为该项目的承建单位，现就内部承包人彭某拖欠乙方劳务费用等事宜，经友好协商达成如下协议"。由此，乐某及其班组与彭某之间形成劳务法律关系的事实清楚，乐某在本案中诉请支付的也是"劳务费 359 849.50 元及利息"，申请再审中也认可拖欠的款项系"农民工工资"。故二审判决认定乐某与彭某之间并非建设工程施工合同关系，将本案案由定为劳务合同纠纷，并无不当。

【法律分析】鉴于乐某与彭某之间系劳务法律关系，乐某（班组）作为受彭某雇佣从事泥水劳务的人员，并非前述法律意义上的实际施工人，二审判决认定本案不具备适用《施工合同司法解释》第 26 条规定的前提条件，有相应的事实依据，不属于法律适用错误。乐某以该规定为由请求案涉工程项目发包人某商业广场在欠付工程款范围内承担偿付责任，缺乏相应的事实基础和法律依据，二审判决未予支持，并无不当。

（八）江某与孙某、某科技投资有限公司劳务合同纠纷【（2020）苏0102民初12073号】

法院认为：《施工合同司法解释》第26条规定："实际施工人以转包人、违法分包人为被告起诉的，人民法院应当依法受理。实际施工人以发包人为被告主张权利的，人民法院可以追加转包人或者违法分包人为本案当事人。发包人只在欠付工程价款范围内对实际施工人承担责任。"最高人民法院在（2019）最高法民申5594号民事裁定书中表达这样的观点：建设工程承包人与其雇佣的农民工（班组）之间系劳务法律关系，农民工（班组）作为受承包人雇佣从事施工劳务的人员，并非前述法律意义上的"实际施工人"，故农民工（班组）不适用前述司法解释第26条规定的前提条件，农民工（班组）以该规定为由请求工程项目发包人在欠付工程款范围内承担偿付责任，缺乏事实基础和法律依据。本案中，孙某雇佣原告从事水电施工，原告不属于前述法律意义上的"实际施工人"，孙某与原告之间并非建设工程施工合同关系，而是劳务合同关系。

（九）广东省某甲市建新建设工程公司与广东省某甲市丽都大酒店有限责任公司建设施工合同纠纷【（2002）粤0106民初12805号】

案情简介：原被告双方签订建设工程合同，原告负责施工建设被告发包的某甲市建设路三号地"某甲市丽都度假村酒店"工程，合同签订后，原告交付被告质量保证金人民币50万元，工程正式完工交付被告使用，并经质检站质量鉴定工程质量为合格，原告向被告讨要工程款，被告拖欠原告建设款人民币205万元，原告多次催讨欠款，被告以种种理由不予理睬，后原告诉至广东省甲市地方法院要求被告支付所欠的工程款人民币205万元，利息人民币5200元，并退还质量保证金50万元。

原告诉称原被告签订了工程承包合同，原告按合同履行自己的义务，但是被告在支付原告部分工程款后尚欠工程款205万元，以及质量保证金人民币50万元，至今欠款不予归还，原告要求法院判令被告支付工程款及保证金。

被告辩称被告对原告提出的工程款的数额不持异议，但是原告在建设合同签订时没有工程建设相关的资质并且不向被告申明实情，并造成工程延期，原告的行为属于欺诈的民事行为，被告请求法院确认双方的建设工程合同无效，所欠工程款作为工程延期的赔偿给被告，另外被告向原告提出反诉，诉请要求原告对欺诈造成工程延期一事承担民事赔偿责任。

法院认定情况：经审理查明原告是房屋建筑工程施工总承包企业资质三级的建设企业，但是承建的某甲市丽都大酒店工程为18层楼高层建筑物，依照法律规定属于二级以上总承包企业资质建设企业的承包范围，而原告只有三级总承包建筑企业的资质，违反了《建筑法》的有关规定，法院认为双方订立的合同违反了我国法律的强制性的法律规范，双方签订的建设工程合同应当确认无效。

【法律分析】本案的主要争议焦点是广东省某甲市建新建设工程公司是否应当承担工程款的支付义务。

焦点一，本案所涉合同效力。已经成立的合同要产生法律拘束力，达到当事人预期的效果，必须满足法定的生效要件，《民法通则》第55条和《合同法》第44条对合同的生效要件提出了具体要求。司法实践中对合同生效要件的判断，主要有以下几个方面：当事人具有相应的缔约能力；意思表示真实；不违反强制性法律规定及公序良俗；标的的确定和可能。当合同欠缺生效要件，违反法律对合同生效的基本要求时，法律即会做出否定性评价，最终可能导致合同无效。准确确认建设工程施工合同的效力，对于保护当事人合法权益，维护正常的建筑市场秩序具有重要的现实意义。因此，国家对该类合同有着更为严厉的管理和监督，对该类合同的主体条件同样也存在着严格的限制。根据法律规定，承包建筑工程的单位应当持有依法取得的资质证书，并在其资质等级许可的业务范围内承揽工程，禁止承包人将工程分包给不具备相应资质条件的单位，禁止分包单位将其承包的工程再分包。

《施工合同司法解释》第1条对该类合同无效的情形进行了具体细化，为无效合同处理提供了依据。

广东省某甲市建新建设工程公司作为承包人与发包人广东省某甲市丽都大酒店有限责任公司签订的建设工程施工合同，合同主体符合法律规定，系双方真实意思表示，不违反法律、法规的强制性规定，该合同合法有效，广东省某甲市建新建设工程公司系该合同约定建设工程的合法承包人。姚某与广东省某甲市建新建设工程公司不存在劳动关系及雇佣关系，其作为自然人，并非具备法定施工资质的单位，因此广东省某甲市建新建设工程公司将部分工程承包给姚某，系违法分包，双方之间的经济责任制承包合同因违反法律、前述司法解释的规定而无效。同样，姚某与余某签订的承包合同，由于合同主体不合格，亦属无效。

焦点二，实际施工人的工程款请求权。无效的合同自订立时起就没有法律约束力，不能产生当事人预期的经济利益目的，但仍然产生一定的民事法律后果。根据《合同法》第58条规定，合同无效一般应返还财产或者折价补偿。在建设工程施工合同纠纷中，实际施工人的人工、机械以及投入的资金已经物化为建设工程，属于法律上的不能返还也无法返还的情形，因此，只能通过折价补偿方式进行处理。《施工合同司法解释》第2条明确规定，建设工程施工合同无效，但建设工程经竣工验收合格，承包人请求参照合同约定支付工程价款的，应予支持。结合本案工程的竣工验收情况，余某作为实际施工人，可以请求姚某参照合同约定支付工程价款，但余某请求广东省某甲市建新建设工程公司承担连带责任，笔者认为该连带责任的请求依据不足。

根据传统理论，合同相对性在大陆法系称为债的相对性，是指债只能在债权人和债务人之间产生法律拘束力。债权债务关系发生在特定的享有权利的债权人和承担义务的债务人之间。《合同法》第121条对合同相对性作了强调。在没有法律明确规定的情况下，合同责任的承担应当坚持合同相对性原则。在建设工程施工合同纠纷中，根据合同相对性原则，工程款的支付主体应当是建设工程施工合同的相对方，即发包人应当向承包人履行支付工程款的合同义务。分包合法有效的情形下，总承包人应当向发包人主张工程款，分包人应当向总承包人主张工程款。即使存在多次非法转包、违法分包的情形，亦应坚持该原则，非法转包合同、违法分包合同关系中的实际施工人向与其签订合同的转包人或违法分包人主张工程款，应以不突破合同相对性为基本原则，只有在法律特别规定的情形下，才准许突破。

在建筑市场上非法转包和违法分包现象大量存在，有的承包人将所包工程分包、转包收取一定的管理费后，不去主张工程结算的权利，而实际施工人往往是资质等级较低的小企业、农民施工队或者是自然人个人，在上手转包人、分包人不履行工程款支付义务时，由于与发包人没有合同关系，很难向发包人主张结算、支付工程款，最终将出现拖欠农民工工资现象，不利于建筑市场有序健康发展，也不利于社会的和谐稳定。如果此时囿于合同相对性原则，则无法保护实际施工人的合法权益，影响了实际施工人或者农民工基本的生存权利，鉴于此，《施工合同司法解释》第26条第2款规定，实际施工人以发包人为被告主张权利的，人民法院可以追加转包人或者违法分包人为本案当事人。发包人只在欠付工程价款范围内对实际施工人承担责任。但是，虽然该条突破了合同相对性原则，赋予实际施工人以诉权，但在主体上也限于向发包人（业主）主张权利，且发包人只在欠付工程价款范围内对实际施工人承担责任，如果发包人已经将工程款全部支付给承包人的，发包人就不应当再承担支付工程款的责任。

本案当中，余某的合同相对方是姚某，余某应当向姚某主张欠付工程款，广东省某甲市建新建设工程公司并非本案发包人，而是总承包人，余某起诉要求广东省某甲市建新建设工程公司承担连带责任违背了合同相对性原则，也没有法律上的依据。

综上所述，本案涉及的法律问题就是合同相对性原则，就本案来说，就是发包方在将建设工程发包给承包方后，一些承包方会将该建设工程再分包、转包给其他的施工方，目的在于以最小的代价获取最大的经济利益，但是，在这个过程中，会存在违法分包、违法转包的情况，导致之后实际施工人获取工程款困难重重，事实上，只要秉着合同相对性原则来分析，就可以解决这个看似复杂的纠纷。

（十）王某诉青岛某酒店装修装饰合同纠纷【（2021）鲁0602民初9277号】

案情简介：2015年3月10日，王某与青岛某酒店签订《装修工程承包合同》一份，约定由王某对青岛某酒店进行装饰装修，承包方式为包工包料，合同价款暂定100

万元，工期自 2015 年 3 月 10 日至 2015 年 6 月 10 日，逾期完工则应根据逾期天数按每日 1000 元至实际交付之日止，承担逾期完工损失。工程款支付方式为签订合同当日支付合同价款的 30%，施工中期支付 40%，竣工验收合格付 25%，余 5% 作为质保金，保修期 2 年无质量问题后返还。该合同还约定，若青岛某酒店未按期付款超过 10 日，应向王某支付逾期付款违约金 5 万元。合同签订后，王某按约进行施工，并提交录音证据证明其已于 2015 年 5 月 28 日完工交付，青岛某酒店于 2015 年 6 月 1 日投入经营使用。青岛某酒店共支付王某工程款 70 万元。现王某起诉请求青岛某酒店支付扣除质保金之外的工程余款 25 万元及相应利息并承担逾期付款违约金 5 万元。青岛某酒店抗辩称王某逾期完工，实际交付时间是 6 月 30 日，不应支付工程余款并应承担逾期完工违约金 2 万元。王某主张录音证据显示双方已进行完工交付，青岛某酒店主张的交付时间是其经营使用后又要求王某进行维修的时间，且已修理完毕，青岛某酒店在诉讼前也再未提出质量异议。

法院认定情况：一审法院认为，根据合同约定，王某按约完成施工，青岛某酒店应承担支付工程欠款的义务。青岛某酒店虽抗辩称王某存在逾期完工，但青岛某酒店已于 2015 年 6 月 1 日进行经营使用，录音证据也显示双方也已于 2015 年 5 月 28 日进行完工交付，故青岛某酒店主张王某承担逾期完工违约金，证据不足，不予支持。因此，青岛某酒店应向王某支付剩余工程款 25 万元。关于违约金，一审法院认为，根据合同约定，青岛某酒店存在延期付款行为，应按照工程款总额的 5% 给予赔偿，遂判令青岛某酒店支付违约金 5 万元。青岛某酒店不服，上诉至二审法院。二审法院经审理认为，因王某作为个人不具有相应建筑施工企业资质，故其与青岛某酒店签订的装饰装修合同应依法认定无效。关于王某主张的工程款应否支持问题，二审法院认为，涉案合同虽被认定为无效，但鉴于涉案工程已经如期交付使用，不存在逾期完工的事实，青岛某酒店亦未提出质量异议，青岛某酒店应按约支付工程余款 25 万元。关于逾期付款违约金，二审法院认为，合同无效，违约金条款亦无效，故王某主张青岛某酒店支付逾期付款违约金，于法无据，应不予支持。但鉴于青岛某酒店未按期付款，其应承担相应利息损失。因涉案工程已于 2015 年 5 月 28 日完工交付，青岛某酒店应依法支付工程余款 25 万元，其未按期支付，故应自 2015 年 5 月 29 日起至该判决生效之日止以 25 万元为基数向王某支付按中国人民银行同期银行贷款利率支付的相应利息。

【法律分析】本案主要涉及建设工程施工合同的效力认定问题。建设工程施工合同不同于一般民事合同，涉及建筑工程质量，事关国家利益和社会公共利益，因此国家对建设工程施工合同的成立生效给予更多的干预和监管。根据《建筑法》第 12 条、第 13 条、第 26 条之相关规定，从事建筑活动的建筑施工企业，按照其拥有的注册资本、专业技术人员、技术装备和已完成的建筑工程业绩等资质条件，划分为不同的资质等级，经资质审查合格，取得相应的资质等级证书后，方可在其资质等级许可的范围内从事建筑活动。承包建筑工程的单位应当持有依法取得的资质证书,并在其资质等级许可的业务范围内承揽工程。《施工合同司法解释》第1条之相关规定,承包人未取得建筑施工企业资质或者超越资质等级的,建设工程施工合同应依法认定无效。由此可知,我国对建筑业企业实行资质管理,不允许建筑业企业无资质或者超越资质等级许可的范围承接建设工程,否则所签订的合同无效。本案虽系装饰装修工程,但根据国务院《建设工程质量管理条例》第2条第2款规定:"本条例所称建设工程,是指土木工程、建筑工程、线路管道和设备安装工程及装修工程。"因此,施工装饰装修工程亦应具有法定的施工资质,无施工资质的个人所签订的装饰装修合同应依法被认定为无效。但在司法实践中,从事装饰装修工程的承包人无施工资质的情况大量存在,也由此引发诸多纠纷。虽然根据《施工合同司法解释》第2条之规定,建设工程施工合同无效,但建设工程经竣工验收合格,承包人请求参照合同约定支付工程价款的,应予支持。但施工人可依合同约定主张工程款,并不代表其可依据合同实现其他相关权益。因为根据《合同法》第56条之规定,无效的合同或者被撤销的合同自始没有法律约束力。即在合同有效的情形下,当事人可依据合同约定主张相应的违约责任。而合同无效,违约金条款亦无效,比如逾期付款、延误工期的违约责任条款虽有合同约定,但因合同无效则对当事人不具有拘束力,依法不能适用。

  本案中,因合同无效,故王某依据合同约定主张的逾期付款违约金缺乏依据,应不予支持。为公平起见,虽违约金条款不能适用,但基于利息是法定孳息,可从应付款之日对王某主张的逾期付款利息予以支持。另外,本案系因青岛某酒店主张王某逾期完工证据不足而不予支持逾期完工违约金。而实践中即使存在逾期完工事实,逾期完工违约金也将因合同无效而不能适用。因此,在装饰装修工程中,无论是发包人还是承包人,均应根据我国法律规定,依法签订、履行合同,避免因违反法律强制性规定导致合同无效,不能实现合同目的,既不利于维护建筑行业的健康发展,也不利于建筑施工方合法权益的维护。当然,在实践中,对工程量少、造价低的家庭居室装饰装修,也可以依据有关承揽合同的规定进行处理,不因承包人无资质而认定合同无效。

第三章 工程价款

第一节 工程价款结算

一、工程价款结算的定义

工程价款结算是指对建设工程的发承包合同价款进行约定和依据合同约定进行工程预付款、工程进度款、工程竣工价款结算的活动。从事工程价款结算活动，应当遵循合法、平等、诚信的原则，并符合国家有关法律、法规和政策。国务院财政部门、各级地方政府财政部门和国务院建设行政主管部门、各级地方政府建设行政主管部门在各自职责范围内负责工程价款结算的监督管理。

二、合同条款中关于"工程价款结算"的约定

招标工程的合同价款应当在规定时间内，依据招标文件、中标人的投标文件，由发包人与承包人订立书面合同约定。非招标工程的合同价款依据审定的工程预（概）算书由发、承包人在合同中约定。合同价款在合同中约定后，任何一方不得擅自改变。

发包人、承包人应当在合同条款中对涉及工程价款结算的下列事项进行约定：

（1）预付工程款的数额、支付时限及抵扣方式。

（2）工程进度款的支付方式、数额及时限。

（3）工程施工中发生变更时，工程价款的调整方法、索赔方式、时限要求及金额支付方式。

（4）发生工程价款纠纷的解决方法。

（5）约定承担风险的范围及幅度以及超出约定范围和幅度的调整办法。

（6）工程竣工价款的结算与支付方式、数额及时限。

（7）工程质量保证（保修）金的数额、预扣方式及时限。

（8）安全措施和意外伤害保险费用。

（9）工期及工期提前或延后的奖惩办法。

（10）与履行合同、支付价款相关的担保事项。

三、"工程价款结算"规则

工程完工后,双方应按照约定的合同价款及合同价款调整内容以及索赔事项,进行工程竣工结算。工程价款结算应按合同约定办理,合同未作约定或约定不明的,发、承包双方应依照下列规定与文件协商处理:

(1) 国家有关法律、法规和规章制度。

(2) 国务院建设行政主管部门、省、自治区、直辖市或有关部门发布的工程造价计价标准、计价办法等有关规定。

(3) 建设项目的合同、补充协议、变更签证和现场签证,以及经发、承包人认可的其他有效文件。

(4) 其他可依据的材料。

四、裁判规则以及案例解析

(一) 建设工程施工合同无效,参照合同约定支付工程价款,主要指参照合同有关工程款计价方法和计价标准的约定,并不包括合同对支付条件的约定

参考案例:(2013) 民一终字第 93 号

2006 年 2 月 9 日,发包人与承包人签订《土建工程施工第 QA4 合同段施工合同书》与《公路工程施工补充合同书》,其中招标文件合同专用条款第 67.3 条约定仲裁机构为福州仲裁委员会。

2006 年 6 月 12 日,案涉 QA4 标段项目经理部作为甲方与黄某作为乙方签订《公路建设工程施工劳务承包合同》,约定承包范围及内容:甲方与业主合同工程量清单 200 章、300 章、400 章涵洞部分中包含的主线 K25+083.767~K27+277 范围内的所有工程内容。承包合同总价(估算):按实际完成工程量计算。工程质量必须达到质量评定优良等级。

2006 年 7 月 13 日,案涉 QA4 标段项目经理部作为甲方与黄某作为乙方签订《公路建设工程施工劳务承包合同》,约定承包范围及内容:观音山隧道进口左洞 ZK27+277~ZK28+141 及隧道右洞 YK27+270~YK28+120 范围内的所有工程内容(即左洞 864m、右洞 850m)。

2008 年 7 月 7 日,案涉 QA4 标段项目经理部作为甲方与黄某作为乙方签订《协议书》,约定将观音山隧道剩余 ZK28+641~+800,YK28+620~+755 段内的工程量,交给黄某施工。工程单价:甲方按中标清单单价的 96% 支付给乙方,单价包括成洞合格产品所新发生的人、机、料、税金和可能发生的其他一切费用,均由乙方支付。工程数量按业主批准支付给甲方该段范围内的工程数量计算。

2008年7月23日,案涉QA4标段项目经理部与黄某签订《隧道施工补充合同》,约定根据泉三高速公路业主对观音山隧道工期的要求,在原签订的《观音山隧道[NO.隧道(1)]工程施工劳务承包合同》的基础上签订本合同:"乙方承诺在完成观音山隧道进口左洞ZK27+277~ZK28+140、右洞YK27+270~YK28+120隧道施工任务后,继续向前掘进完成左右两洞各不少于500m成洞交工所包括的工程施工任务。"

2008年10月21日,案涉QA4标段项目经理部与黄某签订《观音山隧道出口剩余工程补充协议书》,约定双方在2008年7月7日签订《公路建设工程施工劳务承包合同》的基础上,根据工程建设实际需要,对原工程劳务承包合同进行补充:

第一,承包内容补充:①施工图设计ZK28+804~ZK29+005;YK28+776~YK28+970段为观音山隧道出口剩余工程量。②观音山隧道出口洞内调平层、路面、电缆沟剩余工程量仍由乙方遵循原工程劳务承包合同施工。③观音山隧道出口洞外剩余的全部工程,除洞口铭牌基础、洞口坡面拱形骨架防护和出洞口截、排水沟由甲方施工外,其他如洞口段路基范围内的路槽整修、防护排水工程、排水管理设和预埋设施均由乙方遵循原工程劳务承包合同施工。④洞内遗留工程如二衬修补、装饰,预留洞室修补,管道疏通等由乙方施工。结算单价以《观音山隧道出口段遗留工程量确认表》施工单价为准。

第二,出口剩余工程量应在业主限定的工期内完成。

2008年11月10日,案涉QA4标段项目经理部与黄某就观音山隧道剩余工程有关问题签订《补充协议》,约定本协议标的所指的是观音山隧道剩余1200万元工程量。以上工程量如按业主规定的工期全部完成,甲方在原合同的基础上不收取该工程量的4%管理费。如未在业主规定的工期内全部完成,甲方仍按原合同收取该工程量的4%管理费。

另查明,承包人发包给黄某的工程只是该公司承包的部分工程,主要是隧道工程,还有小部分路基工程。2006年3月27日,黄某向承包人支付50万元履约保证金。2006年8月15日,黄某、林某签订《合伙协议书》,约定两人合伙承包讼争工程。两人不具有施工资质。黄某确认,其所施工的工程量有业主与监理现场确认的,以业主和监理的确认为准。没有业主和监理确认但合同有约定的,按合同约定。讼争工程于2009年3月15日交付使用。

一审法院认为,各方当事人争议的焦点为关于讼争合同的性质和效力问题。黄某与案涉QA4标段项目经理部分别于2006年6月12日、2006年7月13日签订的《公路建设工程施工劳务承包合同》约定内容表明,承包人将其承包的案涉工程QA4合同段一定范围内的路基土石方、涵洞、防护排水、隧道等工程交由黄某、林某施工,并非仅将工程中的劳务作业发包给黄某、林某,故其与黄某、林某之间签订的上述合同名为劳务承包合同,实为分包合同。

黄某、林某不具备相应的施工资质，根据《合同法》第 272 条第 3 款关于"禁止承包人将工程分包给不具备相应资质条件的单位……"的规定，《建筑法》第 29 条第 3 款关于"禁止总承包单位将工程分包给不具备相应资质条件的单位……"的规定，《建设工程质量管理条例》第 78 条第 2 款关于"本条例所称违法分包，是指下列行为：（一）总承包单位将建设工程分包给不具备相应资质条件的单位……"的规定，黄某、林某与承包人之间的分包合同，违反法律、行政法规的强制性规定，应认定无效。

本案讼争工程于 2009 年 3 月 15 日竣工并交付使用，根据《施工合同司法解释》第 2 条"建设工程施工合同无效，但建设工程经竣工验收合格，承包人请求参照合同约定支付工程价款的，应予支持"的规定，可参照黄某与案涉 QA4 标段项目经理部之间签订的合同约定结算诉争工程价款。

二审法院认为，本案双方当事人二审争议的焦点问题为关于本案所涉合同的性质及效力问题。

《建筑法》第 29 条规定，建筑工程总承包单位经发包人同意，可以将承包工程中的部分工程发包给具有相应资质条件的分包单位。

依据上述法律规定，建设工程分包合同的主要法律特征是承包方将其承包的部分工程交给第三方完成，第三方就其施工交付的工程获得工程价款。原建设部颁布的《房屋建筑和市政基础设施工程施工分包管理办法》第 5 条第 3 款将劳务作业分包定义为，施工总承包企业或者专业承包企业将其承包工程中的劳务作业发包给劳务分包企业完成的活动。原建设部颁布的《建筑业劳务分包企业资质标准》规定，木工、砌工、抹灰、油漆等 13 种作业类别属于劳务作业范围。

上述行政主管部门规章内容表明，劳务分包合同的主要内容指向的是工程施工中具有较强专业技术性的劳务作业，其对象是计件或者计时的施工劳务，主要指人工费用以及劳务施工的相应管理费用。本案中，承包人与黄某先后签订的两份《公路建设工程施工劳务承包合同》，约定的主要内容是承包人将其承包发包人的泉三高速公路 QA4 合同段路基、土石方、涵洞、防护排水、土建工程交给黄某施工，双方按照承包人与发包人签订的中标单价下浮一定比例结算工程价款。承包人与黄某、林某实际履行了上述合同。

上述合同约定内容符合工程分包合同的法律特征，一审判决将其认定为工程分包合同，并以黄某、林某不具备相应资质承揽工程违反法律禁止性规定为由，认定合同无效，适用法律正确。因工程分包合同是承包人将其承包的部分工程交给第三人完成，因此，承包人需要对第三人的施工提供一定的施工管理，也不排除承包人与第三人约定承包人提供部分材料设备。承包人以其提供材料设备、施工管理为由，主张本案所涉合同为劳务分包合同，应认定有效，缺乏事实及法律依据，最高人民法院不予支持。

最高人民法院认为：一审判决根据诉争工程已经竣工验收并交付使用的实际情况，

依照《施工合同司法解释》第 2 条之规定，判令江西通威公司支付黄某、林某工程款，并自工程交付之日起承担尚欠工程款的利息，适用法律正确。上述司法解释条款规定"参照合同约定支付工程价款"主要指参照合同有关工程款计价方法和计价标准的约定。

【法律分析】建设工程施工合同违反法律、行政法规的情形下导致无效并不影响合同双方依据合同约定的清理结算条款办理结算以及追责事宜。

（二）自然人作为实际施工人取得规费

参考案例：（2020）最高法民申 3929 号

规费是指按国家法律、法规规定，由省级政府和省级有关权力部门规定必须缴纳或计取的费用。有关自然人作为实际施工人能否取得规费，法律法规及司法解释没有明确规定。最高人民法院在（2019）最高法民申 5453 号裁定书中指出：原审判决根据《住房和城乡建设部、财政部关于印发〈建筑安装工程费用项目组成〉的通知》的规定，认定规费、企业管理费的缴纳义务人是企业而非自然人，马某英没有施工资质和取费资格，不应支付规费与企业管理费给马占英并无不当。然而，依据（2019）最高法民终 1549 号判决书，作为实际施工人的自然人能够取得劳保基金。[1]

（三）自然人作为实际施工人能否取得利润——按照《建筑安装工程费用项目组成》的规定，工程价款包括利润

参考案例：（2019）最高法民终 1549 号

判决书中指出：泾渭公司认为合同无效，武某不应当获得工程利润。该案中，泾渭公司将案涉工程转包给没有资质的个人武某，泾渭公司对《项目施工委托书》的无效存在过错。一审中已经按照《项目施工委托书》的约定扣除了泾渭公司收取的管理费，如再扣除利润，该利润被泾渭公司获得，泾渭公司违法转包反而取得了实际施工人本应获得的利润，不仅违背《项目施工委托书》的约定，违背诚信，亦有失公平。因此泾渭公司主张扣减施工利润的上诉理由不能成立。

（四）约定社会保险费不予计取，该约定是否有效——约定社会保险费不予计取，法院综合考虑后仍可计入工程价款

参考案例：（2020）最高法民申 2649 号

本案中，虽然双方当事人在预算几点说明中约定养老统筹、四项保险费、安全文明施工费不予计取，但二审法院综合考虑养老保险统筹费、四项保险费、安全文明施工费系不可竞争费用，且案涉工程质量合格，双方当事人约定工程造价既不计取人工费调差、贷款利息、四项保险、安全文明施工费、养老保险统筹费，还要在总造价基

---

[1] 参考（2020）最高法民终 724 号判决书，劳保基金由养老保险费、医疗保险费、失业保险费、生育保险费和工伤保险费组成。

础上下浮8%作为最终结算价等多种因素，在工程造价中计入养老保险统筹费、四项保险费、安全文明施工费，并无不当。

（五）未约定人工费调差的，法院可否按照人工费调差文件进行调差——未约定人工费调差的，可以按照人工费调差文件进行调差

参考案例：（2019）最高法民申5682号、（2020）最高法民终849号

关于应否对人工费进行调整的问题。《关于发布国家标准〈建设工程工程量清单计价规范〉的公告》规定："其中，第……3.4.1……条（款）为强制性条文，必须严格执行。"《建设工程工程量清单计价规范》（GB50500-2013）第3.4.1条规定："建设工程发承包，必须在招标文件、合同中明确计价中的风险内容及其范围，不得采用无限风险、所有风险或类似语句规定计价中的风险内容及范围。"第3.4.2条规定："由于下列因素出现，影响合同价款调整的，应由发包人承担……：2 省级或行业建设主管部门发布的人工费调整，但承包人对人工费或人工单价的报价高于发布的除外……"由上述规定可知，在案涉《建设工程施工合同》第十一条价格调整部分未就人工费调整的风险承担作出约定情形下，并不当然按照《建设工程施工合同》约定固定合同价款中的人工费标准对案涉工程进行取费，还应当考察省级或行业建设主管部门发布的人工费调整是否影响合同价款调整。根据《河南省住房和城乡建设厅关于贯彻〈建设工程工程量清单计价规范〉（GB50500-2013）〈建筑安装工程费用项目组成〉（建标〔2013〕44号）文件有关问题的通知》（豫建设标〔2014〕29号）关于"人工费指导价属于政府指导价，不应列入计价风险范围"的规定可知，案涉工程人工费调整应当依据施工期间政府颁发的人工费指导价进行调整，因此鉴定机构金鼎公司将2#楼和6#楼及地下车库工程人工费价差506 843.05元计入变更工程造价，并无不当，聚尔溢公司提出的该费用不应计入变更工程造价的申请理由不能成立，最高人民法院不予支持。另一案中，关于人工费调差，广厦公司主张不应执行陕建发〔2013〕181号文件。最高人民法院认为，承包协议约定人工费如有新文件按新文件执行（约定部分除外），同时，双方并未就人工费作其他约定，一审判决根据双方在新文件施行前对工程量进行统计确认的事实，结合承包协议的约定及文件的规定，推定双方同意执行该文件，并采信鉴定机构计算的调差金额，具有事实和法律依据。

（六）案涉合同被认定为无效的，法院可否参照合同约定及案涉工程所在地区标准进行人工费调差——人工费调差约定无效的，仍然可以参照约定进行调差

参考案例：（2020）最高法民终1142号

案涉合同中明确约定政策性调整、造价管理部门调整价格的属于工程价款调整范围。案涉合同虽无效，但该约定系双方当事人真实意思表示，一审法院参照适用，将

案涉工程的人工费依据青海省的造价调整规定予以调整，并无不当。故一审法院结合鉴定意见及全案证据情况，认定案涉工程造价应为 356 767 813.87 元（329 874 156.18 元+8 939 306.89 元+17 954 350.8 元），并无不妥。

（七）未约定人工费调差，且国家定额对公路工程人工费调差未作规定的，法院可否参照地方房屋建筑、市场工程定额规定计算人工费调差——可以

参考案例：（2020）最高法民终 912 号

工期延误是客观事实，在国家定额对公路工程人工费调差未作规定的情形下，鉴定机构参照相关规定计算调差符合相关规定及客观实际，一审采信鉴定意见，并无不当。

（八）按照定额确定甲供材金额计入工程价款的，应按照定额扣除还是按照实际使用的数额扣除——应按照定额扣除

参考案例：（2018）最高法民终 920 号

关于扣除甲供材金额问题。双方的争议在于按照定额确定甲供材料价格后是直接扣减该数额还是按照工程实际使用的数额进行扣减。根据一审判决认定，鉴定中将甲供材金额 49 842 437 元计入工程总造价，但是仅扣除了东阳三建实际使用的 49 638 180.99 元，东阳三建解释称，该差额部分为其施工所节省，余额利益理应由其享有。对此，最高人民法院认为，一审判决的计算方法标准不一致，而且，作为案涉工程甲供材料的钢筋和混凝土是保证工程质量的重要材料，定额系正常施工过程中的标准用量，东阳三建关于其施工节省下来即可由其享有的主张，理据不足，故以鉴定数额进行扣减为宜，即扣减 49 842 437 元。一审判决的此项认定不当，最高人民法院予以纠正。烟台经纬该项上诉主张有事实依据，最高人民法院予以支持。

（九）未约定电费计取标准的，可以按照定额计取电费么——可以

参考案例：（2019）最高法民终 165 号

本案中，四海园公司施工现场两块电表记载的施工期间用电量共计 3401940 千瓦时。鉴定机构关于电费的异议答复表明，定额工程电费计取按照实际发生电量度数乘以定额单价 1.44 元/kw·h 计算。在双方当事人并未在施工合同中约定电费计取标准的情况下，一审法院以四海园公司施工期间实际发生用电量为基数乘以定额单价计算电费，对鉴定意见计取的电费予以核减，符合客观实际，并无不当。

（十）暂定材料价格差程序无法执行的，可以按照定额计算暂定材料价格吗——可以

参考案例：（2020）最高法民申 3557 号

有证据证明原判决关于案涉 S1 一期高层、S2 二期低层暂定材料价格差的认定。按常理而言，双方当事人在签订合同上册约定暂定材料价格审批条款时都知道，如果不同时约定暂定价材料明细范围，该审批程序的约定将因没有明确审批对象范围而事实

上无法履行。但双方当事人当时并未对暂定价材料明细范围作出约定。反而，案涉两项工程早在 2011 年 9 月和 2012 年 6 月即已分别进行开工建设。其中 S2 二期低层已在 2013 年 9 月停工。可见，在明确暂定价材料明细范围之前，双方当事人均未遵守暂定材料价格差的审批程序约定。直至 2014 年 5 月 30 日，双方签订案涉合同下册明确暂定价材料明细范围时为止，案涉工程已进行了大量施工。因此，案涉合同价格审批程序事实上无法进行并非中建四局单方原因所致。虽然双方当事人约定审批程序条款的目的是确定当时真实的市场暂定材料采购价，但根据合同上册的相关约定，中建四局提出暂定单价材料和设备的采购申请时，要提交不少于三家供应商的采购价格报昆山合生审批。故暂定单价材料和设备采购价格并不等于市场实际采购价，更不等于昆山合生上级集团单方所称的暂定价格材料实际采购价。在施工当时暂定价格材料采购价无法通过审批程序确定的情形下，即便中建四局签署合同下册确认暂定价材料明细范围，因审批程序客观上并未适用于施工中已使用的暂定价材料而不能得出其认可双方结算时以暂定材料价格计价的结论。至于昆山合生申请再审主张的，应采纳其单方提供的市场采购价格作为暂定价格材料清单中的材料单价，既缺乏合同依据也不符合双方当时的约定。

（十一）未约定甲供材税金按照定额计取的，甲供材税金可以按照定额计取吗——不可以

参考案例：（2020）最高法民终 1008 号

关于甲供材税金差额 1 054 384.45 元的负担主体，该差额是油田开发公司实际缴税数额与按定额结算方式计算税款的差额。一审法院认为油田开发公司在开发案涉项目过程中所执行的结算方式即为定额结算，在定额结算中材料费的税费计取标准系按比例取费，非油田开发公司自行缴纳税金的标准，故该院对两种标准差额部分的 1 054 384.45 元不认定为已付工程款。但是，首先，税费属于国家依法予以征缴的法定款项，数额由税务机关依照相应法律法规等依法确定，并非当事人可以意思自治确定数额或鉴定机构、审计机构自行确定数额；其次，《建设工程施工合同》通用条款第 74.1 条明确约定了"发包人、承包人及其分包人应按照国家现行税法和有关部门现行规定缴纳合同工程需缴的一切税费"，并未将承包人盛谐建设公司及非法转包后的主体排除在外，亦未约定税款负担按定额结算；再次，《建设工程施工合同》签订及实际履行时，尚未失效的《营业税暂行条例》第 1 条规定了提供劳务的单位和个人为营业税的纳税人，应当缴纳营业税；《营业税暂行条例实施细则》第 16 条规定了纳税人提供建筑业劳务的，其营业额应当包括工程所用原材料、设备及其他物资和动力价款在内。综上，当时的法律法规确定了劳务提供者的纳税义务人的地位。因此，在油田开发公司将工程发包给盛谐建设公司、盛谐建设公司转包给逯某梅的情况下，油田开发公司已将甲供材实际提供给工程，计入工程造价，其仅为代付税款主体，并非实际义

务人，一审法院以定额计算比例认定税款，产生代付主体就差额的不当负担，属于适用法律有误，最高人民法院予以纠正，该甲供材税金差额 1 054 384.45 元应计入油田开发公司已付工程款。综上，油田开发公司已付工程款应为 241 687 143.16 元（一审判决认定的 240 632 758.71 元+1 054 384.45 元＝241 687 143.16 元），欠付工程款应为 32 900 133.16 元（274 587 276.32 元-241 687 143.16 元＝32 900 133.16 元）。另外，如前所述，油田开发公司对逯某梅的给付责任，应以其对盛谐建设公司欠付工程款范围为限。盛谐建设公司、油田开发公司其中一方对逯某梅全部或部分承担本判决第二项确定的工程价款以及利息，另一方对逯某梅的给付责任相应减免。

（十二）相关施工内容应按照施工图纸还是施工方案计取工程价款——按照施工方案计取工程价款

参考案例：（2020）最高法民终 1145 号

1#-3#楼顶板、D1 车库顶板及筏板马凳钢筋工程造价是按照施工方案予以计取 1 132 474 元、按照图纸会审纪要予以计取 2 259 815 元，还是按照施工照片予以计取 398 358 元。因施工照片系汇丰祥公司单方提供，无法证实是案涉工程的施工现场，故法院不予采信。经核对，施工方案与图纸会审纪要对 1#-3#楼顶板、D1 车库顶板及筏板马凳钢筋在材料选择和做法上所描述的信息是一致的，但施工方案有图示，相比图纸会审纪要，施工方案记载的施工内容更清楚，更全面，故应当按照施工方案予以计取费用 1 132 474 元，原审法院对四建公司要求按图纸会审纪要计取以及汇丰祥公司、宝丰集团、宝丰地产公司要求按照施工照片予以计取相关费用的质证意见均不予采信，最高人民法院亦予以维持。

（十三）相关施工内容应按照施工图纸还是按照竣工图纸计取工程价款——按照竣工图纸计取工程价款

参考案例：（2020）最高法民终 1145 号

①3#楼墙面抹灰、天棚装饰造价是按照竣工图纸予以计取（2 237 271 元+613 188 元）还是按照施工图纸予以计取（1 757 446 元+136 106 元）。因施工图纸是在工程开工前形成的，施工过程中可能存在设计变更、工程增加或减少等情形，如按图施工，没有变动的，可以在原施工图上加盖"竣工图"标志，但案涉施工图纸上并没有加盖"竣工图"标志，而案涉竣工图纸上加盖有"竣工图"标志，且有施工单位和监理单位相关人员签字，竣工图纸可以反映工程的实际，故对四建公司的质证意见予以采信，3#楼墙面抹灰、天棚装饰造价按照竣工图纸予以计取，应为 2 850 459 元（2 237 271 元+613 188 元）。②1#、2#楼楼面加浆、拉毛工程造价按照竣工图 380 214 元应否予以计取。因竣工图纸上有施工单位和监理单位相关人员签字，竣工图纸可以反映工程的实际工程量，故原审法院对四建公司的质证意见予以采信，1#、2#楼楼面加浆、拉毛

工程造价按照竣工图 380 214 元予以计取。最高人民法院均予以推持。

（十四）材料价格不具备加权平均法计算条件的，可以按照算术平均法计算吗——可以

参考案例：（2019）最高法民终 314 号

关于材料取费单价。国泰公司认为根据合同约定，地下室水泥、沙石、水电材料应当按照主体验收至竣工前 1 个月，钢筋混凝土砖等应按照开工至主体验收前 1 个月，均按加权平均法计算。鉴定人答复，取费时间经核对已按国泰公司主张进行了调整，对于计算方法，因双方提交的鉴定资料不具备按照加权平均法计算的条件，故按照算术平均法，且算术平均法是正常情况下计算材料价格的主要方法。一审法院对鉴定人关于按算术平均法计算单价的解释予以确认，二审法院予以维持。

（十五）成品进户门应按照净面积计算还是按照洞口尺寸计算——应按照净面积计算

参考案例：（2019）最高法民终 314 号

关于 4#-6#楼进户门计价问题。国泰公司认为应按照洞口尺寸计算面积，鉴定人按净面积少算 52 595.93 元。鉴定人答复按照定额计算方法，成品进户门以净面积计算而不是以洞口尺寸计算，鉴定结果符合计价规范。一审法院对鉴定人的答复意见予以确认，二审法院予以维持。

（十六）未约定总包配合费包含税金的，可以计取税金吗——可以计取税金

参考案例：（2019）最高法民终 314 号

根据建设工程造价结算一般规则，税金一般是以工程直接费、间接费等为基数按照税率计算，总包配合管理费作为间接费的一部分，在双方没有特别约定为含税价的情况下应当计取税金，该部分［1 895 503.55 元+433 291.8 元（外墙保温配合费调差）+80 000 元（电梯配合费）+（75 000 元－14 488 元）（1#-3#楼大厅及架空层装饰配合费差额）+16 000 元（2#楼亮化配合费）］×3.477%＝86 414.14 元应计入工程造价。

（十七）公路工程项目中按照定额计取工程价款的，可以主张总部管理费吗——不可以

参考案例：（2020）最高法民终 912 号

公路定额中没有总部管理费这一项，鉴定机构不予计取并无不当，川越公司的主张缺乏合同和法律依据，对其此点上诉法院不予支持。

（十八）承包人中途退场的，安全文明施工费、临时措施费可以按照已完工程计取吗——可以

参考案例：（2020）最高法民申 3463 号

关于安全文明施工费、临时措施费、考评费、奖励费计费问题。经查，鉴定机构

已在《听证会对上海星宇建设集团有限公司异议的回复》第3项中就星宇公司该项异议作了答复,因星宇公司中途退场,鉴定机构按星宇公司已完工程计取安全文明施工费、临时措施费并无不当。

（十九）固定总价合同，未完工程可以按照比例折算法计算工程价款吗——可以

参考案例：（2020）最高法民终871号

由于双方合同约定的是固定总价，北方嘉园二期住宅项目为未完工程，固定总价合同中未完工程的造价计算原则应采用比例折算法，即以合同约定的固定价为基础，根据已完工工程占合同约定施工范围的比例计算工程款。

（二十）发包人违约，承包人按发包人要求进行现场交接的，未完工程的考评费、奖励费是否可以按照已完工程比例计取——可以

参考案例：（2020）最高法民终1113号

关于考评费、奖励费1 942 574.32元。鉴定机构作出的《补充鉴定意见书》中载明，考评费、奖励费系工程正常施工过程中根据工程情况核算和计取的费用。因杭建工公司系中广发公司中止合同后撤离工地，而且《补充鉴定意见书》也载明前期安全文明措施费已经投入，项目部临建房也未计算回收利用，未完工程仍可使用。所以，一审判决判令中广发公司承担上述考评费、奖励费并无不当。

（二十一）合同无效，工程总价下浮的约定是否参照执行——法律法规和司法解释对此没有明确规定

参考案例：（2020）最高法民终849号

承包协议系无效合同，其中关于工程总价下浮5%的约定亦归于无效。一审判决根据公平原则及案涉工程的实际情况，对工程总价未予下浮，处理亦无不当。

（二十二）约定固定总价下浮，工程未完工的，已完工程造价是否下浮——不能下浮

参考案例：（2020）最高法民终337号

关于工程总造价是否应当下浮5%的问题。福建九鼎认为其5%的让利承诺是基于固定包干价作出的，鉴定机构按实际工程量的金额得出造价，改变计价基础，不应下浮5%。法院认为，双方签订的《建设工程施工合同》约定：单栋包干价格人民币6 279 953.08元，在此总价下浮5%后单栋价格为：5 965 955.43元；五标段共计16栋，总价100 479 249.28元，下浮后总价为95 455 286.82元。该结算条款采用包干价格，双方达成下浮合意的前提条件为"在此总价"，即包干的价格基础上。本案通过司法鉴定确定工程价款，改变了下浮合意的前提条件，故对于福建九鼎关于工程总造价不应下浮5%的主张，二审法院予以支持。

（二十三）合同无效，合同中的审计费约定是否参照执行——可以参照执行

参考案例：（2020）最高法民终 398 号

江苏建设公司与嘉丽开发公司已约定"江苏建设公司报送造价金额超过审减额5%的部分由江苏建设公司承担该部分审计费"。本案中，江苏建设公司工程报审金额 162 875 655.42 元，审核后金额 132 716 459.65 元，核减金额 30 159 195.77 元，审减率达 18.52%，远超 162 875 655.42 元 5% 的 8 143 782.77 元，二者差额 22 015 413 元。《建设工程造价咨询合同》约定"效益咨询费按核减额 3% 收取"，嘉丽开发公司就江苏建设公司超过审减率 5% 部分额外支出审计费 660 462 元（计算公式为：22 015 413 元×3% = 660 462 元）。因此，在双方当事人已有明确约定的情况下，应尊重当事人的意思自治，不宜在无确定依据的情况下自由裁量。一审法院未按照合同约定确定审计费负担缺乏事实依据和法律依据，法院予以纠正。超出审减额的部分审计费 660 462 元应全额予以计入已付工程款。

（二十四）合同无效，合同约定劳保基金不计取的，是否可以参照约定执行——可以参照约定执行

参考案例：（2020）最高法民终 1145 号

案涉建设工程施工合同"计费原则取费标准"第 4 项约定"劳保基金不计取由业主代缴"，另约定"劳保基金由甲方代缴政府返还给乙方，甲方按照返还乙方的相应额度从乙方的结算款中扣除，政府返还乙方劳保基金的返还手续由乙方负责出具，如乙方拒绝或在甲方指定的期限内不出具返还手续的，甲方有权从工程款或保修款中扣除"，据此，鉴定机构参照上述合同约定未将劳保基金计入工程总造价并无不当，四建公司主张汇丰祥公司应向其支付劳保基金依据不足，不能成立。

（二十五）合同无效，合同约定发包人有权增加或者减少工程项目的，该约定是否可以参照执行——可以参照执行

参考案例：（2020）最高法民终 1145 号

关于预期利润损失。四建公司上诉称，汇丰祥公司单方变更减少了工程施工范围，应当承担四建公司预期利润损失。最高人民法院认为，案涉建设工程施工合同第 7.4 条约定"甲方有权增加或减少本地块工程总包范围内的相关工程项目，相关工程指令乙方必须执行"，据此，汇丰祥公司有权减少工程项目，四建公司该项主张依据不足，不能成立。

（二十六）合同无效，合同约定按照二类工程二类企业类别进行取费的，该约定是否可以参照执行——可以参照执行

参考案例：（2020）最高法民终 1145 号

关于取费标准的问题。四建公司上诉称，案涉工程应按照一级企业一类工程进行取费。《施工合同司法解释（二）》第11条第1款规定"当事人就同一建设工程订立的数份建设工程施工合同均无效，但建设工程质量合格，一方当事人请求参照实际履行的合同结算建设工程价款的，人民法院应予支持。"本案中，案涉2份建设工程施工合同以及《备忘录》，因违反法律的强制性规定，应认定无效，当事人均同意按照或参照2013年4月30日所签合同结算工程款，该合同约定按照二类工程二类企业类别进行取费，故四建公司该项主张依据不足，不能成立。

（二十七）合同无效，约定结算价款最终核减超过5%时超出部分的10%应作为罚金从结算价款中扣除，该约定是否可以参照执行——可以参照执行

参考案例：（2020）最高法民申3989号

关于原审判决扣除虚高工程造价差额部分10%罚金1 005 232.3元是否正确的问题。案涉《施工合同》中关于施工人报送的竣工结算价经最终核减超过5%时超出部分的10%应作为罚金从结算总价中扣除的约定，属于合同结算条款，原审判决根据双方履行合同情况，将上述款项作为罚金予以扣除，不违反法律规定。

（二十八）合同无效，但约定发包人导致停工、窝工的，停、窝工损失发包人不承担，该约定是否可以参照执行——可以

参考案例：（2020）最高法民终1145号判决书

（二十九）合同无效，合同约定相关施工内容不另行计量的，该约定是否可以参照执行——可以参照执行

参考案例：（2020）最高法民终912号

根据招标文件《技术规范》的规定，川越公司负有道路保通义务，临时道路的维护、保通不另行计量，监理及业主批复对该项不予计价，川越公司主张另行计量缺乏事实依据，不能成立。

（三十）承包人未在约定期限内索赔，是否失权——法律法规和司法解释对此没有明确规定

参考案例：（2020）最高法民终348号

根据《施工承包合同》第13条中关于"因以下原因造成计划延误、且无法通过调整消除对年度工程进度计划的影响时，经甲方（哈密和翔公司）和监理确认，计划可适当削减……因甲方原因使甲供材料出现短缺，致使施工不能正常进行"以及第13.2条中关于"乙方（中铁十九局）在第13.1款情况发生后14天内，就延误的计划以书面形式提出报告，经甲方（哈密和翔公司）和监理确认后方可削减计划"的规定，中铁十九局并未能提交经过哈密和翔公司和监理确认过的证据证明其主张，故中铁十九局关于认定"一审法院认定哈密和翔公司存在未按时供应火工品导致中铁十九局停工的事实以及引用《施工承包合同》第13条规定判决中铁十九局失权有

误"的请求，法院不予支持。

（三十一）承包人自行增加的施工内容，监理和发包人明知但未提出异议的，可否视为发包人、承包人就相关施工内容达成了变更合意——可以

参考案例：(2020)最高法民终483号

凯创公司提起上诉称，合同约定承包人不得对原工程设计进行变更，施工图纸未设计不同墙体交界处纤维网格布，三建公司自行增加的施工，不应由凯创公司承担费用。经查，纤维网格布客观存在，虽然验收规范对该施工项目无强制性要求，但是监理单位和凯创公司明知三建公司以此方式施工却未提出异议，一审法院认定双方就施工方式达成合意，处理无明显不当，二审法院予以维持。

（三十二）相关施工内容签证不符合约定，但承包人已实际施工的，承包人是否可以主张已施工部分工程款——可以

参考案例：(2020)最高法民再336号

关于鉴定意见书中未履行盖章程序的签证单所涉的三项费用是否应计入工程款的问题，双方在《建设工程施工合同》中约定，对于包括设计图纸变更、价款变更、工程量增减、工期等直接导致工程价款增加或减少、工期顺延或者提前的签证，除经发包方派驻的工程师签证外必须经发包人加盖印章，方发生效力。对于鉴定意见"不确定部分"中承建单位未按合同要求盖章的签证单，经过佳信公司派驻的工程师金某的签字确认，在佳信公司未提交充分证据证明该部分工程系由其他施工人施工或上述签证系虚假签证的情况下，佳信公司虽然未加盖印章，但无法否定该部分建设工程系由冶金公司施工完成的事实，故从公平角度考虑，应对该部分工程及相应的1 383 694.68元工程价款予以认定。

（三十三）材料差价签证不符合约定的，材料差价能否计入工程价款——不可以

参考案例：(2020)最高法民再336号

对于鉴定意见"不确定部分"中未经佳信公司盖章的材料价差部分，根据合同的约定，对大宗材料，承包方必须在材料采购前的7个工作日呈报《材料报价清单》，由发包方认可后组织承包方、监理单位进行市场调查后7个工作日内确定。其他未确定的零星材料按《贵州省造价信息（遵义地区）材料价格》单价或双方协商单价结算。因材料的市场价格随行情不断变化，故对该部分价差的认定应按照双方合同约定从严把握。因该部分签证未经发包方佳信公司的盖章确认，故二审法院对于鉴定意见"不确定部分"关于材料价差的两项费用1 089 170.5元、125 624.72元不予支持。

（三十四）工程款履行期限届满约定以房抵款的，承包人未在以房抵款协议签订后的合理期间届满后至拟抵顶房屋被查封之日前向发包人提供全部受让人信息导致拟抵顶房屋无法抵顶的，承包人是否可以主张该期间的逾期付款违约金——不可以

参考案例：（2020）最高法民终903号

《合同法》第60条第2款规定："当事人应当遵循诚实信用原则，根据合同的性质、目的和交易习惯履行通知、协助、保密等义务。"新东阳公司与日月鑫公司于2015年7月9日、8月28日签订两份《抵顶工程款协议书》，约定日月鑫公司以33套房屋抵顶部分工程价款。2017年5月5日，两份《抵顶工程款协议书》所涉的8套房屋被日月鑫公司的另案债权人申请查封，导致日月鑫公司难以为新东阳公司或其指定的第三人办理该8套房屋的商品房销售合同备案登记或房屋所有权转移登记。根据上述法律规定，新东阳公司应在签订该协议后的合理期间内，向日月鑫公司提供抵顶房屋受让人的必要信息，并协助日月鑫公司办理商品房销售合同的备案登记或房屋所有权转移登记。二审法院综合考虑2份《抵顶工程款协议书》的签订时间、该两份协议所涉另25套房屋的实际抵顶时间，酌情认定该合理期间于2015年9月5日届满。新东阳公司并未提供证据证明其自2015年9月5日至2017年5月5日已向日月鑫公司提供了8套房屋的全部受让人信息而日月鑫公司拒绝为其指定的受让人办理商品房销售合同备案登记或房屋所有权转移登记的事实，故该8套房屋在此期间未能实际抵顶不可归责于日月鑫公司。日月鑫公司不应承担该8套房屋拟抵顶工程价款在此期间的逾期付款违约金。根据两份《抵顶工程款协议书》载明的房屋面积和单价计算，该8套房屋拟抵顶价款合计3 992 064元\[4套×153.54 m²×3450元+2套×132.54 m²×3450元+2套×138.94 m²×3450元\]，日月鑫公司不应支付自2015年9月5日至2017年5月5日（共计20个月）的逾期付款违约金1 596 825.6元（3 992 064元×2‰×20个月）。日月鑫公司对此提起的上诉主张成立，一审法院认定的进度款违约金数额错误，法院予以纠正。日月鑫公司共计应向新东阳公司支付进度款违约金19 926 809.7元（21 523 635.3元-1 596 825.6元）。

（三十五）以房抵款约定基本内容不明确的，能否认定达成了以房抵款的合意——不能

参考案例：（2019）最高法民申5468号

关于双方当事人对欠付工程款是否达成了以物抵债协议的问题。本案中，双方于2011年9月18日签订的《昌吉商业广场建安工程建设工程施工合同补充协议》约定："本工程竣工后，结算审核完成后在合同约定的时间内，甲方（蒙奇房产公司）不能按时按量的支付乙方（和兴祥建筑公司）工程款时，甲方可以将已竣工的可以投入使用的成品（如商场以及产权式酒店）等，按欠付的乙方工程款等价转交于乙方名下，

转交价格按当地市场行情下浮 15%，甲方无偿配合乙方营销，物业管理由甲方管理。"该协议签订时，案涉工程刚开始施工，双方尚未形成债权债务关系，房屋亦未建成，以物抵债协议应当具备的基本内容均未确定。双方实际履行合同过程中，存在蒙奇房产公司以建成后的商品房抵偿工程款的情况，但双方就此另行签订了商品房买卖合同，并对抵偿工程款的房屋的位置、面积及价格作出清楚明确的约定，确定了抵偿工程款的具体数额。据此，二审法院认定案涉《昌吉商业广场建安工程建设工程施工合同补充协议》不具备以物抵债协议的基本内容，不能认为双方就案涉工程欠款达成了以商品房抵偿的合意，该认定并无不当，最高人民法院予以维持。

（三十六）工程款履行期限届满前，发包人和承包人签订的以房抵款协议是否有效——对于该问题，相关法律法规司法解释没有明确规定。有观点认为尚未完成公示的，可参照适用《最高人民法院关于审理民间借贷案件适用法律若干问题的规定》第 24 条的规定进行处理；有观点认为已经完成公示的，可参照适用《全国法院民商事审判工作会议纪要》（2019 年）第 71 条"让与担保"的相关规定处理。

参考案例：（2019）最高法民申 6801 号

尽管《执行事宜协议书》约定了以房抵款事宜，且中建二局与豪生公司亦签订了《商品房买卖合同》，但从《执行事宜协议书》"鉴于：甲方（豪生公司）现承诺自愿偿还所欠乙方（中建二局）债务，并以附条件的'以房抵款'及法院查封等方式保证兑现承诺"约定豪生公司归还部分款项后，中建二局向泉州中院申请解除对相应价值抵债房产的查封，并与豪生公司解除相应金额抵债房产的《商品房买卖合同》的行为看，豪生公司签订《商品房买卖合同》的目的，是为其向中建二局履行案涉工程款付款义务提供担保，案涉《商品房买卖合同》并非当事人之间真实意思表示。二审判决据此认定双方在《执行事宜协议书》中预先约定若豪生公司未能如期还款则以相应价值的商品房直接抵付所欠中建二局的债务的条款因违反了《物权法》《担保法》相关规定，应属无效，并无不当。

（三十七）工程款履行期限届满后，发包人和承包人签订的以房抵款协议是否有效——原则上有效

参考案例：《最高人民法院公报》2017 年第 9 期发布的"通州建总集团有限公司与内蒙古兴华房地产有限责任公司建设工程施工合同纠纷"

对以物抵债的效力、履行等问题的认识，应以尊重当事人的意思自治为基本原则。

一般而言，除当事人有明确约定外，当事人于债务清偿期限届满后签订的以物抵债协议，并不以债权人现实地受领抵债物，或取得抵债物所有权、使用权等财产权利，为成立或生效要件。只要双方当事人的意思表示真实，合同内容不违反法律、行政法

规的强制性规定，合同即为有效。

（三十八）工程款履行期限届满后，发包人和承包人约定以房抵款，且约定债之更改的，承包人可以继续主张工程款吗——不可以

参考案例：（2020）最高法民终 197 号

关于以房抵工程款效力问题。从案涉《和解协议》《和解补充协议》的约定看，各方并未约定必须将抵账房屋办至南通三建公司或其指定受让人名下才能达到抵顶工程款的效果；从郑州卓泰公司、长葛卓泰公司一审提交的江苏南通三建集团有限公司《葛韵华府住宅抵账明细表》《葛韵华府商铺抵账明细表》《葛韵御府住宅抵账明细表》的内容看，住宅房屋大部分已办证、少部分未办证，商铺均已签订合同、未办证；从东某祥 2017 年 9 月 25 日出具的《证明》看，其委托郑州卓泰公司、长葛卓泰公司将抵工程款的房屋、车位、储藏室办理给第三方，没有办理网签及房产登记手续的也全部签订了转让协议并转让给第三方使用。上述事实表明，郑州卓泰公司、长葛卓泰公司已实际履行了以房抵工程款的义务，以房抵工程款的目的已实现，未办理过户手续的应由相关权利人另行主张权利，南通三建公司不能以此为由否定以房抵工程款的效力。虽然大部分抵顶工程款的房屋、车位、储藏室是由东某祥与郑州卓泰公司、长葛卓泰公司商定，但是南通三建公司已经在《和解协议》《和解补充协议》中对郑州卓泰公司、长葛卓泰公司向东某祥支付 345 694 099.52 元（含房抵工程款）的行为表示了谅解，应当视为南通三建公司对东某祥经手的以房抵工程款已予以认可。故南通三建公司以案涉房屋未按照约定办理产权登记手续至南通三建公司或其指定受让人名下为由否认已抵工程款的效力，继而要求郑州卓泰公司、长葛卓泰公司仍应支付相应工程款的上诉请求缺乏事实依据，最高人民法不予支持。

（三十九）工程款履行期限届满后，发包人和承包人约定以房抵款，未约定债之更改的，承包人可以继续主张工程款吗——可以

参考案例：（2020）最高法民申 2381 号

关于诉争房屋涉及的以房抵债工程款是否应计入瑞泰华公司的已付工程款的问题。诉争房屋未办理过户登记，双方就该房屋达成的以房抵债协议并未得到实际履行。住业公司基于原有的建设工程施工合同关系向瑞泰华公司主张诉争房屋所涉 11 634 740 元欠付工程款于法有据，瑞泰华公司主张该部分款项应计入已付工程款的理由不能成立，最高人民法院不予支持。

（四十）缺陷责任期满，发包人是否应当返还质量保证金——法律法规和司法解释对此没有明确规定

1. 参考案例：（2020）最高法民终 483 号

关于质量保证金。凯创公司主张从工程造价中扣减 4% 的质量保证金，一审法院未

支持，凯创公司提起上诉。二审法院认为，《施工合同司法解释（二）》第8条第1款第1项规定，当事人约定的工程质量保证金返还期限届满，承包人请求发包人返还工程质量保证金的，人民法院应予支持。《建设工程质量保证金管理办法》第2条第3款规定，缺陷责任期一般为1年，最长不超过2年，由发包方和承包方在合同中约定。本案中，双方约定了各项工程的质量保修期，并约定质量保证金为合同造价的4%，在工程竣工结算时预留，土建、安装、防水工程各自保修期限到期后，按造价比例自保修期满后14天内分别无息退还承包人。其他保修项目由承包人负责直至保修期满后无息退还，地下车库工程预留质量保证金待质保期满后30日内收回工程，质量缺陷责任期应自此日起计算。按照《建设工程质量保证金管理办法》的规定，以及双方的约定，截至一审判决作出时间2019年12月27日，本案各项工程均已过保修期，已扣留的质量保证金应予退还，并支付保修金利息。一审对质量保证金的处理正确，凯创公司此项上诉请求缺乏事实和法律依据，二审法院不予支持。

2. 参考案例：（2020）最高法民终191号

关于保修金问题，案涉工程造价为151 970 358.04元，依据双方关于"甲方按乙方工程结算总造价的5%暂留，作为工程质量保修金，保修期限为5年"的约定，以及关于"保修金不支付利息，扣除已发生的保修费用后支付，保修期满2年后返3%，保修期满3年后返还1%，保修期满5年后返1%。其他保修责任及相关事宜执行合同文本之规定"的约定，保修金应为7 598 517.9元，并应依约返还。因万旌公司主张南通二建于2014年末全部撤走，工程的商场部分于2015年11月28日开始营业，写字楼部分于2015年5月开始使用，故一审法院酌定案涉工程已于2015年1月1日由南通二建交付万旌公司使用，保修期应自2015年1月1日起算。因此，万旌公司目前能保留工程造价1%的保修金即1 519 703.58元。

（四十一）保修期起算时间无法确定，承包人可以主张质量保证金吗——不可以

参考案例：（2020）最高法民终375号

对于工程款认定问题。根据《建设工程施工合同》约定，在结算审核定案20个工作日内，金鸿宇公司应向泸州七建支付结算总价98%的工程款，余2%作为质量保修金，保修期满2年，金鸿宇公司支付工程质量保修金的80%；保修期满5年的20个工作日内，金鸿宇公司支付剩余质量保修金。2018年1月10日《建设工程结算书》确定的工程造价为83 008 020元，泸州七建诉请的工程款金额中包含了质量保修金的退还，但因案涉工程未竣工验收，且业主入住使用时间不明，保修期起算时间无法确定，质量保修金依法应暂予扣除，故金鸿宇公司在本案中应支付泸州七建的工程价款为83 008 020×98%=81 347 859.6元。

（四十二）发包人将工程款支付至非指定账户，收款人将款项用于案涉工程的，可以将发包人支付的款项认定为已付工程款吗——可以

参考案例：（2020）最高法民终483号

余某德收取的15 000 000元是否应认定为已付工程款。三建公司上诉提出，三建公司从未委托余某德向凯创公司借款或者领取工程款，合同约定了工程款专户、专款专用，余某德收取的15 000 000元与三建公司无关。经查，余某德向凯创公司收取了15 000 000元，出具了7张借条、1张收条，其上均加盖有三建公司项目部印章。收条载明："今收到凯创公司陈杨新界项目工程款5 000 000元整，此款汇入余某德账户"。凯创公司在借条、收条后均附《月度工程款支付分配核定表》，并备注："根据余总（余某德）要求和建议本次付款可否直接支付其个人，以减少三建公司扣除管理费和其他费用，以便能全额付给工人，杜绝工人滋事。"余某德2018年8月28日、9月27日在接受西安市公安局经侦支队六大队询问时，陈述三建公司知悉该15 000 000元，并用于支付农民工工资、给供货商付款及支付项目管理人员工资。法院认为，双方合同虽约定了专户，但前述事实表明余某德领取的15 000 000元已实际用于案涉工程，一审判决将该笔款项计入凯创公司已付工程款，无明显不当，二审法院予以维持。

（四十三）承包人在发包人出具的罚款单上签字但未明确认可的，该罚款能否认定为已付工程款——不能

参考案例：（2020）最高法民终871号

关于时代豪庭公司及监理公司对杜班公司罚款203 500元。罚款单上虽有杜班公司施工人员签字，但并未明确认可罚款数额的意思表示，故不能认定杜班公司同意时代豪庭公司的罚款数额。该203 500元不能计入已付款。

（四十四）承包人违法分包，承包人依据建设工程施工合同向发包人在分包人和承包人结算的工程价款之外另行主张工程价款的，可否得到支持——除依据建设工程施工合同上浮外，不予支持

参考案例：（2020）最高法民终781号

土方部分是否应再增加3 376 009.72元。二审法院认为，土方部分工程款不应再增加上述金额。理由如下：其一，如前所述，因福建中森公司对案涉工程违法分包，其不应获得违法分包产生的不当利益。福建中森公司认可将《徐东还建楼土方、机械结算表》中载明的土方工程量作为案涉土方工程量，而且认可该表记载的土方工程造价21 567 496.85元系以该工程量为基础按照其与华乐工贸公司间约定的固定单价结算得出。因福建中森公司与华乐工贸公司间土方工程结算价为21 567 496.85元，本案一审判决将该21 567 496.85元，按照福建中森公司与武汉中森华公司《工

程总承包施工合同》的约定上浮 3%后作为福建中森公司与武汉中森华公司间土方工程的结算价款，也已经充分保障了福建中森公司的利益。福建中森公司上诉请求在此基础上再增加的 3 376 009.72 元，属于超出土方工程实际造价的不当利益，不应支持和保护。

（四十五）工程量清单未列入但施工设计图已列入的项目，是否属于漏项——不属于

参考案例：（2020）最高法民终 912 号

施工设计图设计有桥台填筑 30 cm 厚砂砾石透水层，投标时已向投标人提供了设计图，此时合同工程量清单中未列入，也可认为系投标单位已按招标文件和合同约定自行考虑报价，在业主不同意作变更处理的情况下，川越公司要求直接计量缺乏依据，其上诉理由不能成立。

（四十六）工程量清单说明规定，未列子目不予计量，其费用应视为已分摊在合同工程的有关子目的单价或总价之中。相关子目是否属于漏项——不属于

参考案例：（2020）最高法民终 912 号

鉴定意见根据施工合同文件工程量清单说明第 2.4 条规定，未列子目不予计量的工作，其费用应视为已分摊在合同工程的有关子目的单价或总价之中，认定该项不另行计费，一审法院采信鉴定意见，并无不当。川越公司未提供长江设计公司、水利水电八局承诺对该项另行计量的证据，其上诉理由不能成立。

（四十七）未约定技术资料归档费由承包人承担的，承包人是否可以不承担——可以

参考案例：（2020）最高法民终 483 号

关于技术资料归档费。凯创公司主张工程造价鉴定应扣除技术资料归档费用，一审未予支持，凯创公司提出上诉。二审法院认为，合同未约定归档费用，凯创公司的主张缺乏合同依据，一审处理正确，二审法院亦予维持。

（四十八）承包人已将工程交付发包人使用，发包人以承包人未交付竣工资料为由拒绝支付工程款，该主张是否成立——不成立

参考案例：（2019）最高法民终 1622 号

建设工程通常按照施工、提交竣工验收报告、经过竣工验收合格、提交竣工结算资料、完成竣工结算、工程交付使用的流程进行。但案涉工程已于 2012 年 9 月 15 日先行交付使用，即东阳三建公司已经履行施工合同约定的主要义务，青海泰阳公司以东阳三建公司交付竣工资料的次要义务抗辩其支付工程款的主要义务，与权利义务对等的公平原则不符，不具有合理性。

（四十九）发包人能否以承包人未开具发票为由拒绝支付工程款——不能

参考案例：（2020）最高法民终 158 号

开具工程款发票系中铁建工集团履行本案合同的附随义务，与世纪佳和公司支付工程款的主要义务相比，二者不具有对等关系，而且开具工程款发票亦非双方当事人约定的支付工程款的前提条件。因此，一审法院认定世纪佳和公司以中铁建工集团未及时开具发票作为拒绝支付工程款的抗辩理由不能成立，并无不当。

（五十）背靠背条款有效的，一方怠于履行相关义务的，可以视为背靠背条件已成就吗——可以视为已成就

参考案例：（2020）最高法民终 106 号

中建一局与祺越公司签订的《分包合同》及补充协议，系双方当事人真实意思表示，内容不违反法律强制性规定，合法有效。关于本案工程款是否已具备支付条件的问题，该问题的争议主要在三个方面：一是案涉工程是否已经竣工，二是中建一局主张的工程款支付所附审计条件是否成就，三是中建一局主张的工程款支付所附"背靠背"条件是否成就。关于"背靠背"付款条件是否已经成就，中建一局提出双方约定了在大东建设未支付工程款情况下，中建一局不负有付款义务。但是，中建一局的该项免责事由应以其正常履行协助验收、协助结算、协助催款等义务为前提。作为大东建设工程款的催收义务人，中建一局并未提供有效证据证明其在盖章确认案涉工程竣工后至本案诉讼前，已积极履行以上义务，对大东建设予以催告验收、审计、结算、收款等。相反，中建一局工作人员房某的证言证实中建一局主观怠于履行职责，拒绝祺越公司要求，始终未积极向大东建设主张权利，该情形属于《合同法》第 45 条第 2 款规定附条件的合同中当事人为自己的利益不正当地阻止条件成就的，视为条件已成就的情形。故中建一局关于"背靠背"条件未成就、中建一局不负有支付义务的主张，理据不足。

（五十一）"本合同仅作备案作用，不作为施工结算的依据"是否影响将备案合同作为结算依据——不影响

参考案例：（2021）最高法民申 66 号

本案中，并无充分证据证明东辉公司存在串标行为，或者该公司在邀标程序中存在导致中标无效的违法行为。因此，二审法院认为"5.10 合同"并未因违反强制性法律规定而无效，双方将该合同进行了备案，"5.10 合同"为有效合同，理据充分，最高人民法院予以确认。而"5.8 合同"与经过备案的中标合同"5.10 合同"实质性内容不一致，故"5.8 合同"因违反《招标投标法》第 46 条第 1 款关于"招标人和中标人应当自中标通知书发出之日起三十日内，按照招标文件和中标人的投标文件订立书面合同。招标人和中标人不得再行订立背离合同实质性内容的其他协议"的规定而无效。又因《施工合同司法解释》第 21 条规定："当事人就同一建设工程另行订立的建设工程施工合同与经过备案的中标合同实质性内容不一致的，应当以备案的中标合同作为结算工程价款的根据。"该规定的适用前提是备案的中标合同为有效合同；承前分析，二审法院以合法有效的"5.10 合同"作为案涉工程结算的依据，事实和法律充分，最高人民法院予以认可。而"5.10 合同"结尾注明的"本合同仅作备案作用，不作为施工结算的依据"的内容，明显有违《施工合同司法解释》关于维护中标合同的法律效力，规范建筑市场的规则目的。故二审法院认为"5.10 合同"的备注内容不影响该合同作为案涉工程的结算依据，事实和法律依据充分，最高人民法院予以认可。而中辉公司关于"5.10 合同"的备注内容可排除该合同作为结算依据，应以实际履行的"5.8 合同"作为结算依据的主张，没有事实和法律依据，最高人民法院不予支持。

（五十二）未约定以工程质量合格为前提支付进度款的，工程质量不合格的，发包人是否应支付进度款——应支付

参考案例：（2020）最高法民终 337 号

根据《建设工程施工合同》约定，第一阶段进度款的支付并未设置除主体封顶外的其他前提条件。福建九鼎对于工程质量问题的整改义务是在佳鸿宇合支付第一阶段的工程进度款之后，不影响佳鸿宇合第一阶段进度款的支付。

（五十三）发包人基于工程质量缺陷要求减少支付工程价款的，是否属于提出新的诉讼请求——这个问题司法实践中存在争议

参考案例：（2020）最高法民终 766 号

现园晟公司基于工程质量陷提出减少或拒付工程价款的请求，是相对于中生公司、中生公司阳新分公司请求支付工程价款而提出的独立诉讼请求。[1]

（五十四）干旱是否属于不可抗力——不属于

参考案例：（2020）最高法民申 6115 号

本案中，最高人民法院认为八达园林公司、成章公司作为具有专业绿化工程建设资质及技术的企业，对于苗木栽植过程中可能出现的干旱天气及其对苗木栽种的影响，应当具备相应预见能力和应对能力。同时，据案涉《施工现场签证单》《结算审核报告》及《报告》，在干旱天气出现后，昆明理工大学积极协助寻求水源并提出利用捞鱼河底挖坑渗水、增加取水泵、抽水机等自救方案，承担了相关施工费用，对于苗木的死亡所致损失，不存在过错。此外，案涉《报告》系八达园林公司、成章公司自行制作，案涉苗木死亡的原因亦系八达园林公司单方陈述，无证据证明干旱系案涉苗木死

---

[1] 请辨析：《江苏省高级人民法院建设工程施工合同案件审理指南》"建设工程的质量"部分第 1 条之(2)认为不属于新的诉讼请求，属于发包人行使抗辩权的范畴。

亡的唯一原因。吴某忠主张干旱为不可抗力，昆明理工大学应当承担苗木死亡损失755万元，无事实和法律依据，不能成立。

总之，对于此类合同约定，法院往往通过举证责任分配以及兼顾公平合理的原则，查明相关事实，对该类约定是否作为付款条件予以认定。

第二节 固定价合同

一、固定价合同的定义

固定价格合同是指在约定的风险范围内价款不再调整的合同。即，双方需在专用条款内就合同价款包含的风险范围、风险费用的计算方法以及承包风险范围以外的合同价款调整方法进行明确约定，超出约定的不再调整。包括固定单价合同以及固定总价合同。

固定单价合同，是指合同的价格计算是以图纸及规定、规范为基础，工程任务和内容明确，业主的要求和条件清楚，合同单价一次包死、固定不变，即不再因为环境的变化和工程量的增减而变化的一类合同。在这类合同中，承包商承担了全部的工作量和价格的风险。

固定单价合同的组成，是指合同所确定的固定单价为完成合同清单项目所需的全部费用，包括人工费、材料费、机械费、脚手架搭拆费、工资性津贴、其他直接费、现场经费、间接费、利润、税金、材料代用、人工调差、材料价差、机械价差、政策性调整、施工措施费用及合同包含的所有风险责任等。清单综合单价在合同有效期内固定不变。

固定总价合同，是指合同的价格计算是以图纸及规定、规范为基础，工程任务和内容明确，业主的要求和条件清楚，合同总价一次包死、固定不变，即不再因为环境的变化和工程量的增减而变化的一类合同。在这类合同中，承包商承担了全部的工作量和价格的风险。

固定总价合同的组成。固定总价合同，俗称"闭口合同""包死合同"。所谓"固定"，是指这种价款一经约定，除业主增减工程量和设计变更外，一律不调整。所谓"总价"，是指完成合同约定范围内工程量以及为完成该工程量而实施的全部工作的总价款。固定总价合同在建筑市场上颇受青睐，外资企业业主更是普遍采用这类合同。这是因为这类合同与固定单价合同、按实结算合同、成本加酬金合同相比具有明显的优势，更能保护业主的利益。

固定单价和固定总价合同的区别。固定总价合同是指针对当时的图纸、招标文件以及技术资料的固定总价，当施工过程中发生设计变更，还是要按照规定予以增减造价的。如果没有设计变更，结算价格即为预算（中标价）。固定单价合同是指按针对当时的图纸、招标文件以及技术资料的固定单价，而工程量按实结算。一般情况招标方都是给一个暂定量的，故结算时以中标单价与审计工程量计算总价。

固定单价是有利于乙方的，但如果固定总价，则业主在施工过程中，投入的管理人员会少些，而且利于控制造价。有些时候设计图纸不详细、相关条件不具备，若工程量无法计算准确，但又想招标，则可以采用固定单价，工程量按实算，把图纸不详细的风险转嫁于施工单位。

二、固定价合同的特征

（一）固定总价合同的特征

1. 工程造价易于结算

由于总价固定，因此只要业主（发包方）不改变合同施工内容，合同约定的价款就是承发包双方最终的结算价款。对于业主来说，这样的价款确定形式可以节省大量的计量、核价工作，从而能集中精力抓好工程进度和施工质量。

2. 量与价的风险主要由承包商承担

对承包商而言，固定总价合同一经签订，首先要承担的是价格风险。在固定总价合同下，投标时的询价失误、合同履行过程中的价格上涨风险均由承包商承担，业主不会给予补偿。其次，承包商还要承担工程量风险。在固定总价合同中，业主往往只提供施工图纸和说明，承包商在报价时要自己计算工程量，再根据申报的综合单价，得出合同总价。即便业主提供工程量清单，也仅仅是承包商投标报价的参考，业主往往声明不对工程量的计算错误负责。因此，承包商还要承担工程量漏算、错算的风险。招标实践中，业主给予的投标时间往往比较短，承包商来不及根据施工图精确计算工程量，只能凭经验结合图纸作估算，漏算、错算几乎难以避免，只不过漏算、错算的数额有大有小罢了。对于业主而言，通过招标、议标选择的承包商，其中标价的利润空间已经大大压缩，业主高价获取工程的风险几乎不存在。但是，材料市场不会永远只涨不跌，因此签订固定总价合同对业主同样具有一定的风险，只是基于业主在工程合同中的优势地位，往往可以迫使承包商减少合同价款，因此，固定总价合同中业主的价格风险相比承包商要小得多。

3. 承包商索赔机会少

业主往往在固定总价合同中明确只有在业主变更设计和增减工程量的情形下可以调整合同价款，这样一来承包商索赔的机会大大减少，而业主对工程造价的控制就能做到基本不突破预算。因此固定总价合同也是业主对付承包商"低中标、勤签证、高索赔"的妙招。

固定单价施工合同的特征是按工程量计算工程造价，按照固定单价方式编制招投标文件、签订施工合同，是国际惯例"FIDIC 合同条件"采纳的方法。"FIDIC 合同条件"是国际上工程项目管理科学和法学的经验总结，内容完善，融工程专业技术、经济、管理、法律于一体，结构严谨、词语准确，业主与承包商的风险分担公平合理、义务和权利分明，为国际工程项目承包认可和推荐的合同文本，是可以借鉴的好模式。

我国颁布的统一施工合同示范文本，学习了国际惯例的 FIDIC 合同条件，结合了我国国情，具有内容完整全面、法律法规依据清晰、责任清楚、规范性强、固定性与灵活性相结合等特点。更重要的是示范文本体现了社会主义市场经济的要求，使双方建立一种市场经济关系，规范双方合同行为。《建设工程施工合同条件》中规定的"甲方根据协议条款约定的时间、方式和甲方代表确认的工程量，按构成合同价款相应项目的单价和取费标准计算、支付工程价款"（第 22 条），以及"工程量清单"的提供（第 2 条第 1 款第 5 项）、工程量的核实确认（第 21 条）等，都表明了固定单价施工合同的方式和特点，是实际工程中实行固定单价施工合同的依据。

三、固定价合同纠纷处理

（一）建设工程固定总价合同纠纷的主要原因

据统计，固定总价合同纠纷产生的原因主要是：在施工过程中，由于图纸的变更（即工程内容发生变化）而导致的工程量变化。由于业主的使用要求突然发生重大变化，重新修改了图纸，且修改内容较多，甚至在使用功能上发生本质的变化，产生新版本施工图纸，原固定总价投标预算书已经不能够支持新版本施工图纸的内容，在这种情况下常会发生固定总价合同纠纷，并增加了结算工作的难度。

（二）施工图预算方式的固定总价合同纠纷与争议

在施工图预算方式下，业主在招标时候，在招标文件中没有提供工程量清单，而仅提供招标图纸，投标单位根据图纸内容自行编制投标预算文件参与投标。投标单位需要根据实际情况综合分析编制经济标书，在这种情况下，一般会采用一些投标技巧，其中很普遍的一种就是采用不平衡报价法。采用该方法目的是通过调整内部各个项目的报价，既不提高总报价、不影响中标，又能在结算时得到更理想的经济效益。为了使投标在总体上有竞争力并且赢得合同，投标人对某些分项的报价高于正常水平，必然对其他的分项报价偏低或有意漏报。在中标单位与业主签署固定总价合同后，若业主由于使用功能变更或对招标图纸进行细化，将使得实际施工图纸与招标图纸存在差异较大，出现两个版本的图纸。这种情况的发生对于结算工作的影响是巨大的，会产生很多争议问题。具体而言，上述引发争议的图纸差异存在五种情况：

第一，招标图纸中设计了此内容，承包单位投标预算书中有相应子项，实际施工图纸减少此内容或取消此内容。

业主在结算时希望根据实际情况结算，将减少或取消的内容在结算中全部扣减掉。而承包单位很可能不同意，尤其是在减少或取消内容较多、价格数额较大、关涉承包单位利润空间多的子项等情形下。承包单位认为业主虽然有权利提出设计变更、修改设计图纸，但是不能够在招标投标后有意将招标图纸内容分解取消，从而降低工程造价。另外，在投标预算书中由于承包单位作为当时的投标单位，使用不平衡报价等投标技巧，可能会出现工程量偏差，即与招标图纸工程量不相符。因此对于减少或取消的内容是按招标图纸实际工程量扣减还是按承包单位投标预算书中工程量扣减，也将成为双方关注的焦点。

第二，招标图纸设计了此内容，承包单位投标预算书中无相应子项，实际施工图纸减少此内容或取消此内容。

即承包单位由于在投标预算时采用不平衡报价等投标技巧，在有些子项上有意漏报，而业主恰巧在后来施工阶段对这部分内容作了修改，在工程量上减少或取消该子项。在该情形下，结算时业主会按实际情况进行工程量扣减，而承包单位可能会认为这些内容当初是作为投标时一种优惠条件，而在工程量上少报或没有计取，在结算时不能够将投标预算书中少计取或未计取的内容再扣减。同时，在扣减时如何取用单价的问题也使双方不可避免地产生争议。

第三，招标图纸设计中没有的内容，实际施工图纸增加内容。

此情况对业主与承包单位来说争议较少，一般业主也能够同意在结算中对招标图纸中没有而施工图纸中增加的内容予以增加。可能存在争议性问题就是单价的计取。

第四，招标图纸设计了此内容，承包单位投标预算书有相应子项，实际施工图纸增加此部分内容。

此种情况一般业主都能够根据实际情况对新增加的内容在结算中予以认可。但是若承包单位在投标时使用不平衡报价等投标技巧，将使得投标预算书中这部分内容工程量不准确。若投标预算书中工程量相比招标图纸实际工程量过多，则业主可能不同意在结算中再予以增加，若投标预算书中工程量与招标图纸实际工程量相比过少，则承包单位可能利用设计变更，要求按施工图纸工程量与投标预算书差值增加。另外，在取用单价时，是延续承包单位投标预算书报价，还是重新取用新单价，也成为不可避免的争议，双方都会力争采用其主张的内容。

第五，招标图纸设计了此内容，承包单位投标预算书无相应子项，实际施工图纸增加此内容。

首先，承包单位可能认为投标预算书中未计取的这些内容是投标阶段的一种优惠条件，现在业主在实际施工中增加了这些内容的工程量，承包单位不能够再承受，要求在结算中增加这些内容的工程量。而业主可能认为承包单位投标预算中未计取这些内容，相当于承包单位为了中标作为优惠主动放弃这些项内容，因此不能在结算中增加计取。其次，单价取用上也会存在争议。

(三) 解决固定总价合同争议的具体途径

遵照国家相关法律法规的规定，并根据工程实际经验，应站在比较客观公平的角度，采取积极解决问题的态度提出建设性意见。结算方式应采取下面的公式：投标预算书造价+招标图纸与施工图纸的差异，其优点是充分遵照合同约定，与国家相关法律法规的倡导思想相吻合，结算内容相对明确。采用这种方式结算，要着眼于投标预算书、招标图纸与施工图纸之间的图差，本着"交易习惯，双方协商"的思想由业主与承包单位来解决问题。基于该结算方式，对上述五种争议应采取以下相对应的五种具体解决措施：

第一，对于第1种减少或取消的内容，首先确定施工图纸与招标图纸工程量量差。量差确定后采用承包单位投标预算中单价进行扣减量差。对于投标预算书中实际工程量多或少不予考虑，因为为了使投标在总体上有竞争力并且赢得合同，投标人对某些分项的工程量计取高于正常水平，必然对其他分项中工程量的计取偏低。投标预算书中的单价问题也是同样道理。

第二，对于第2种漏项错误，承包单位往往无法证明其漏项错误究竟是工作疏忽、让利行为还是故意留有余地。由于此处的漏项错误损失有可能被别处的重项错误所弥补，漏项错误使承包商在投标竞争中处于有利地位，乃至获得了不当利益，因此仍然用招标图纸工程量与施工图纸工程量量差进行扣减。单价的取用可以参照类似价格取，既可参考标底，也可参考当地标准定额及市场造价信息，由双方协商确定。这种解决方式符合我国《施工合同司法解释（一）》第19条第2款规定："因设计变更导致建设工程的工程量或者质量标准发生变化，当事人对该部分工程价款不能协商一致的，可以参照签订建设工程施工合同时当地建设行政主管部门发布的计价方法或者计价标准结算工程价款。"

由于第1种和第2种情况所涉及内容均为取消或减少的内容，在这里要作特殊说明。如果减小或取消的子项较多，价格数额较大，可能直接对工程价款产生巨大影响，笔者建议不能完全采用以上2点方式。可参考国家水利部《水利水电土建工程施工合同条件》工程价款结算的约定中第39条中相关规定。对于减少或取消内容所涉及工程价款与所增加内容相比超过合同价格的15%时，笔者建议只扣减主材费用，或双方协商解决。

第三，对于第3种情况，属于新增的工程变更范畴，可以根据施工图纸增加的工程量，采用现行定额和当地造价管理部门造价信息调整单价，由双方协商确定。

第四，第4种情况与第1种情况相对应，属于如何扣减即如何增加的问题。

第五，第5种情况应与第2种情况相对应，亦是如何扣减即如何增加的问题。

总之，当施工图纸预算模式下的固定总价合同发生变化时，在结算工作中应遵照国家相关法规，本着"交易习惯，协商解决"的原则去解决问题。

（四）工程量清单形式的固定总价合同纠纷解决方式

近年来大多数的固定总价合同以工程量清单的形式产生。一般情况招标人会委托有资质的专业代理公司编制工程量清单，因此招标文件中的工程量应该是准确的，投标人在投标前也可以复核，有重大错误时可以向招标人提出。这种形式的固定总价合同因上述情况发生施工图纸变化时，在量差上一般不存在争议，若存在争议则可以采用以实际发生量为基础进行增加或减少的方式解决。双方可以根据上述分析的"交易习惯，协商解决"的五种情况对应实施。

（五）"清标"工作是减少或避免合同纠纷的最有效途径之一

无论施工图预算形式还是工程量清单形式的固定总价合同，如果能够将投标预算书的"量"与"价"控制在比较精准的基础范围内，那么即使后来施工图纸发生变化，有了投标预算时的基础，然后在此基础上相对增减，也是可以解决问题的。因此，在这里引入一个"清标"的概念，清标工作主要由评标委员会及发包人委托的造价咨询或监理公司中的投资控制人员进行，主要是把各投标单位的清单报价汇总分析，得出各项目的相对报价，依据工程量清单招标文件、招标方编制的标底进行对比审查。其重点内容有以下几项：一是偏差审查，对照招标文件，查看投标人的投标文件是否完全响应招标文件；二是符合性审查，对投标文件中是否存在更改招标文件中工程量清单内容进行审查；三是计算错误审查，对投标文件的报价是否存在算术性错误进行审查；四是合理价分析，对工程量大的单价和单价过高于或过低的项目进行重点审查；五是对措施费用合价包干的项目单价，要对照施工方案的可行性进行审查；六是对工程总价、各项目单价及要素价格的合理性进行分析、测算；七是对投标人所采用的报价技巧，要辩证地分析判断其合理性；八是在清标过程中要发现清单不严谨的表现所在，妥善处理。

清标工作可以减少招标人和投标人工程量计算失误的概率，从而避免纠纷的发生，同时又可防止承包方故意漏算、错算工程量。

四、案例解析

（一）某电力建筑公司与某电厂建设工程施工合同纠纷案件

1. 案情简介

2009年9月11日，某电力建筑公司（以下简称"电建公司"）与某电厂公司（以下简称"电厂公司"）签订了《发电厂工程施工承包合同》，合同约定，发包方将合同承包范围内的建筑及设备安装工程发包给电建公司，电建公司依照施工合同和图纸履行施工义务，电厂公司依约向电建公司支付工程价款。合同约定合同价款为包死价，即承包范围内的工程项目和费用项目，按批准概算确定的工程项目和费用项目的概算价8762万元作为合同价。合同签订后电建公司严格按照电厂公司提供的施工图设计全面履行了施工义务，并按约定将建成且经验收合格的两台机组分别移交电厂公司投产使用。但在合同的实际履行过程中，电厂公司所提供的施工图设计与签订合同时初步概算设计存在根本的区别，施工图设计无论从工程量、工程范围、还是工程造价上都大大突破了初步设计。合同原约定的工程量及工程价款因业主而产生了变更，如按施工图施工则势必要变更合同，而按合同约定施工即无法满足电厂公司提供的施工图的设计要求。

事实上，电厂公司的实际施工图的大量要求改变了原合同约定的工程量，电建公司只好按实际施工图设计的新内容进行工程建设施工，无条件地满足发包方电厂公司的要求进行了全面的施工。

工程竣工结算时，发包方与承包方在结算合同价上出现了严重分歧：电厂公司认为，既然合同是包死价，结算只能按照包死价进行结算；电建公司认为，合同虽然约定是包死价，但是在合同履行的过程中，发包方已经变更了原来初步设计，改变了原来合同约定时的工程量等项目，属工程变更，应按照变更后的实际施工图工程量进行如实结算。

双方因此产生结算争议。在长达4年的结算过程中，电厂公司自行委托鉴定单位进行了单方审价，且要求在原包死的范围内审价，而拒绝按变更后的工程量据实结算，给承包方电建公司造成了巨大的经济损失。故电建公司依据合同的约定，于2012年7月向仲裁委申请了仲裁。

2. 案件的审理与仲裁

该电厂工程于2009年9月开工、2011年底竣工，结算工作一直延续到2012年年底。在此期间，双方形成了大量的工程结算资料。

2012年7月，电建公司正式就此案向仲裁委申请仲裁，电厂公司随后提出反请求，涉案标的额达15 000千万元。仲裁委受理双方的仲裁申请后，通知双方当事人举证，并于2012年11月12日第一次就本案进行了开庭审理。

承包方举证证明，施工图设计的实际工程量大大超出签订合同时的初设图纸，工程量发生了根本性的变化，由此证明该施工合同发生了质的变化，并以此为突破口，主张不应按照原来所签合同价9762万元结算而应据实结算，并在庭审中始终围绕这一中心点展开举证和辩论。发包方电厂公司坚决主张依照原来签订的施工合同进行结算，结算额不能突破合同总价9762万元加认可的50万以上工程变更，拒绝据实结算。

最终，仲裁庭在承包方全面完整的举证之下采纳了其观点，认同该工程应该据实结算，而不应按照原来双方签订的固定价合同结算。至此，承包方基本上突破了结算所依据的原合同的包死价的限制。

在仲裁之前，发包方就做过一个单方鉴定，承包方不同意其单方鉴定结论，要求重新鉴定。由于双方对于工程结算的主要分歧无法达成一致意见，所以仲裁庭在开庭审理后，支持申请人对该工程的造价申请司法鉴定，以求通过司法鉴定解决双方的分歧，将鉴定结论作为该工程造价的参考或依据，并以该结论为仲裁裁决的基础。

2013年4月电建公司正式申请进行司法鉴定，因为双方在共同选择司法鉴定机构过程中无法达成一致意见，所以仲裁庭指定了司法鉴定单位，对该工程造价进行了整体鉴定。司法鉴定最终的结果是：电厂整体工程造价为103 849 163.14元。这个结果大大超出了原"合同包死价"和发包方单方审价的数额，基本上实现了提起仲裁的目的。仲裁委在该鉴定结果的基础上，再次组织双方进行调解。双方对工程整体造价和还款方式等事项再次进行协商，并达成一致，认可电厂整体造价为10 270万元，仲裁委根据双方协商一致的意见，作出裁决：电厂工程总造价为10 270万元，加上电建公司已代付的设备款3 185 000元，剩余材料款79 456.78元，再减去8项消缺费用及油料款928 000元后，最终工程结算额为105 036 456.78元，减去电厂公司已经支付电建公司的83 567 103.59元，电厂公司共欠电建公司工程款21 469 353.19元，上述款项应在4个月内付清；本案双方各自已经支付的仲裁费和鉴定费由双方各自承担。本案仲裁结果基本上达到了电建公司的预期。

3. 案例评析

从本案中可见施工企业在项目管理上存在的如下问题及解决办法。

（1）合同管理中存在的主要问题：

第一，合同签订存在随意性。在本案证据资料的整理过程中发现很多合同的签订存在随意性，比如产品规格不明确、数量模糊、条款不严谨。项目部在施工过程中根据工程进度需要，要签订大量工程分包、物资采购、设备租赁和构件加工等合同文件，这些合同的签订直接关系日后工程的结算问题。但在实际的合同签订过程中，合同签订人很少从整个工程结算的角度对合同进行全面的审查，造成签订的合同条款不完善、部分条款意思不明确或者合同条款不利于己方甚至合同无效等情况，没有很好的重视合同审查以便避免出现不必要的合同风险为以后出现纠纷埋下了隐患。

第二，合同履行不严格。合同是双方当事人一起订立并遵照执行的、对双方都有约束力的法律文件，当事人应当按照约定全面履行自己的义务。任何一方不严格履行合同，不仅会承担违约责任，还有可能导致赔偿对方经济损失的法律后果。在项目部经营管理过程中，经常出现签订合同后便把合同搁在一边，履行合同时没有再去仔细研究合同条款或进行合同交底，而是凭借对合同的粗略理解或是个人以往的经验履行合同，并且对合同履行情况没有建立跟踪报告制度。这样可能造成的直接后果就是合同履行不全面、产生违约现象甚至出现合同纠纷，影响到公司的正常经营管理，损害公司的经济利益。

第三，合同变更手续不完善。施工项目部在经营管理过程中，由于施工现场实际情况发生大的变化，经常会出现到对已签订合同的主要内容（包括合同标的、数量、质量、价款、履行地点时间方式、违约责任和争议解决方式等）进行变更的情况，因此往往涉及合同变更手续的完善问题。在出现此种情况时，若项目部管理人员只是打个电话通知或是当面几句话说明情况，双方没有形成书面的合同变更协议，那么一旦产生纠纷，合同变更将无从主张，从而导致合同产生履行风险。我国合同法规定当事人协商一致可以变更合同。所以，在合同发生变更时，应取得双方协商一致的书面协议或是对方同意合同变更的书面声明，完善合同变更手续，避免出现合同风险。

（2）施工过程中索赔的问题：

第一，施工企业项目管理中工程合同索赔意识不强。工程索赔是指在建设工程施工合同履行过程中，业主或承包商一方由于另一方未恰当履行合同所规定的义务而遭受损失时，向另一方提出赔偿要求的行为。其特征是：①不主张不赔偿；②事后提出；③依法解决。工程索赔是保证施工合同正确履行，获取应得经济效益的有效途径，签证索赔工作在实际的施工过程中经常发生，并非影响承包人和发包人之间关系的非正当行为。

受传统管理模式的影响，施工企业对于工程索赔工作的重视不够，形成了不敢签证索赔、不会签证索赔的局面，即认为承揽工程不容易，建设单位（发包人）能将工程交给自己做，就应当听发包人的，一味顺从发包人。承包人遇到该签证索赔的事件时，若顾及与发包人的关系不去签证索赔，仅将索赔停留在口头上，错过签证索赔的最佳时机，将造成工程索赔不能，导致公司应得利益的严重流失。

第二，工程索赔资料原件缺失或不完整，结算依据不足。在本案的资料整理中发现工程资料存在大量的复印件，原件缺失，甚至有的工程结算项目没有相应的证据资料支持。在此种情况下，一旦双方发生结算纠纷，而公司的主张又没有相应签证资料支持，必然给公司带来不利后果。

因此，在施工过程中应做好工程签证资料的原件的收集和管理工作，所有履行相关合同过程中形成的原始资料，都是日后进行结算和索赔的最合法、最有说服力的证据，尤其应对以下资料应给予特别关注：其一，开工前应注意收集的资料。①合同书，补充协议，分包合同，材料供应合同，设备代办合同，设备材料租赁合同；②招标文件，投标文件，中标通知书；③工程标准规范及有关技术文件；④图纸，图纸会审，设计交底资料（要有对方签字的原件）；⑤工程量清单，工程报价单；⑥施工许可证及工程的相关批准文件；⑦工程师及甲方监理的授权书；⑧进场的记录，场地移交手续有关文件；⑨甲方应当完成的工作记录手续相关文件。其二，履行施工合同过程中应收集的资料。①经甲方批准的施工组织设计（签字盖章的原件）；②开工令，停工令，复工令（要有对方签字）；③工程书面的，口头指令及口头确认、书面确认；④工程进度计划及相应进度的施工统计报表；⑤设计变更手续（洽商会议、工程变更单、工程指令）相关文件（须有原设计单位签署意见，而非甲方指令，签字方：甲方、监理、设计单位、施工方）；⑥工程量增减及其签证手续（结算依据）相关文件；⑦质量验收手续（中间工程、隐蔽工程、已完工程）相关文件；⑧经甲方批准的安全文明施工规范；⑨工程量的确认手续（正常施工工程量，设计变更增减工程量，经监理确认签字并签付款令付款等）相关文件；⑩预付款、应付款手续；⑪材料设备报表（合同约定到货、验收、交付使用记录，有对方签字）；⑫会议纪要及相关记录（参会人员签字）；⑬来往函件、信件、传真、E-mail；⑭施工备忘录，工程师填写的施工记录表；⑮工程照片；⑯竣工验收交接手续（竣工报告、竣工验收、竣工移交的手续）相关文件；⑰结算、付款及催款手续相关文件（严格按照合同约定履行结算程序，结算程序具体可行，明确约定时间、方法等）；⑱索赔情况记录、申报手续相关文件；⑲来往收发文件的签收记录（业主签字，严格执行文件签收制度）。其三，竣工验收后的资料。①保修合同（涉及质保金等）；②工程资料移交手续清单（签字）；③工程款的催付手续相关文件（保持时效）。

同时，在收集工程索赔资料过程中还要注意以下问题：①主体——谁签字有效、合法；②程序——严格按合同约定程序提出索赔；③时间——要按合同约定时间主张权利；④证据——在法律上只有原件有效力。

（二）厦门金龙房地产开发有限公司与安徽三建集团公司厦门分公司、厦门市同方房地产开发有限公司建设工程合同纠纷【（2014）民申字第1698号】

《建设工程施工合同》第一部分协议书第5条约定"土建工程固定总价暂定1660万元"；但《协议书》第2条第2款第2项、专用条款第47条的补充条款第1条约定，先由承包方安徽三建编制工程造价的预算，编制预算的依据是厦门地区的定额标准，最终工程造价的确定需要根据定额标准和实际的工程量来确定。金龙公司认为1660万元系确定的固定包干总价，但二审判决最终将工程价款计价方式认定为"固定单价"。

再审法院认为，纵观合同的约定和案件事实，虽然合同中涉案工程款作了固定价格表述，但施工合同约定是"暂定"1660万元，而不是完全确定的固定总价。且施工合同专用条款的约定表明工程造价可以随着工程量的变化进行调整，而不是总价固定。此外，双方当事人在本案审理当中，同意通过鉴定的方式对涉案工程实际的工程量进行界定，可见当事人对于实际发生的工程量并不确定，相应的工程造价也不确定。因此，金龙公司认为1660万元是包干价的理由不能成立。

【法律分析】实践中存在许多类似上述情况的案例，由于承发包双方未准确理解固定总价合同的含义，虽然在施工合同中有"固定价""包干价"相关表述，但施工合同中多处条款标明工程造价实际上是以固定单价形式计价。此种情况下，法院最终会认定该工程系固定单价合同，而非固定总价合同。

（三）新安县人民政府与中国水利水电第十一工程局建设工程施工合同纠纷上诉案（最高人民法院民一庭《民事审判指导与参考》2007年第1期）

第十一工程局与公路指挥部签订《合同协议书》及《施工合同协议条款》，约定：新安县公路指挥部将新峪公路石井-峪里新建工程发包给第十一工程局施工；承包方式，以小浪底移民局批准下达的建安工程费总价承包。后因工程款结算纠纷，第十一工程局起诉至一审法院，要求新安县政府（公路指挥部已不存在）支付拖欠工程款。

新安县政府答辩称：合同约定以小浪底移民局批准的工程款为准。国家计委批准总长69km的新峪公路总造价为6348万元，第十一工程局修建了34.787km。据此得出，该段公路国家批准的造价应是3200万元。新安县公路指挥部已超付工程款。第十一工程局申请对工程造价进行鉴定，一审法院根据其申请委托咨询公司对工程造价进行鉴定，咨询公司的鉴定结论为：第十一工程局已完工程造价58 748 817元。一审法院采纳了鉴定结论，判决新安县政府支付拖欠工程款25 221 975.24元。新安县政府不服一审判决提起上诉，二审法院最终认定一审法院依照第十一工程局的申请，委托河南省建设工程咨询公司鉴定，有悖当事人意思自治原则，判决撤销（2004）豫法民一初字第3号民事判决。

二审法院认为，本案争议的焦点是新安县政府应支付第十一工程局工程款的数额按照双方合同约定的小浪底移民局批准下达的建安工程费进行总价承包，还是按照一审法院委托的河南省建设工程咨询公司出具的鉴定报告结算。

本案中公路指挥部与第十一工程局签订的《合同协议书》《施工合同协议条款》明确约定："以小浪底移民局批准下达的建安工程费总价承包。"双方履行合同过程中，未对该约定理解产生异议。由此表明，合同约定的"以小浪底移民局批准下达的建安工程费总价承包"为固定价格结算方式。固定价款是合同总价或单价在合同约定的风险范围内不可调整的价格。对此，第十一工程局有权利决定是否承建该工程，并清楚签订合同的法律后果。因此，在双方签订的合同"总价承包"没有变更的情况下，一审法院依照第十一工程局的申请，委托河南省建设工程咨询公司鉴定，有悖当事人意思自治原则。另外，参照最高人民法院《施工合同司法解释》第22条的规定："当事人约定按照固定价结算工程价款，一方当事人请求对建设工程造价进行鉴定的，不予支持。"一审法院在认定合同有效的前提下，又委托河南省建设工程咨询公司对石峪公路工程造价进行鉴定，缺乏事实和法律依据。

【法律分析】当事人在建设工程施工合同中约定不同的结算方式，会导致不同的法律后果。如果合同中约定按照固定价结算工程款，若在履行建设工程施工合同过程中没有发生合同修改或者设计变更的情况，就应当依照合同约定的包干总价结算工程款。因为当事人之间约定以固定价方式结算工程款，属于合同的权利义务条款，对双方都应具有法律约束力。在没有证据和事实推翻合同约定时，应当尊重当事人的意思自治。一方当事人抛开合同约定的包干总价，提出对工程造价进行鉴定的申请，法院不应予以支持。对此，《施工合同司法解释（一）》第28条也明确规定："当事人约定按照固定价结算工程价款，一方当事人请求对建设工程造价进行鉴定的，人民法院不予支持。"

（四）北京建工一建工程建设有限公司与天津金发新材料有限公司建设工程施工合同纠纷再审案【（2014）民申字第2163号】

北京建工公司与天津金发公司签订《建设工程施工合同》，约定天津金发公司将涉案工程发包给北京建工公司施工，工程采用完全综合每平方米造价，固定合同总价包干报价方式。后因工程款结算纠纷，北京建工公司起诉天津金发公司。

北京建工公司认为按照双方会审施工图纸计算的已完成工程量幢号T22的热交换站并不在《建设工程施工合同》合同价款组成范围内。在实际施工过程中，经会审的施工图中存在用以确定合同固定总价的设计图纸以外的工程范围，该部分工程价格依法可以调整，而不应受固定总价的约束。

一、二审法院均判决幢号T22的热交换站包含在固定总价范围内，不予调整。按照合同约定，该工程采用完全综合每平方米造价，固定合同总价包干报价方式，风险费用和风险范围均已包含在合同价款中。后因该合同没有履行完毕，故对北京建工公司已完工程造价的确认，应以双方确认的已完成工程量，结合约定的平方米单价来计算。一审法院依北京建工公司申请，委托鉴定机构对已完工程、临时设施及现场堆放材料进行评估后出具了鉴定结论。该鉴定结论经过一审法院当庭质证认证，鉴定人亦出庭接受了各方询问。一、二审审理过程中双方对鉴定结论中已完成工程量的计算均无异议，也未对此申请重新鉴定，再审申请时北京建工公司亦没有提供证据证明T22工程所完成工程量没有包括在鉴定结论之中。故一、二审法院按照双方合同约定，以已完成工程量结合约定的平方米单价计算工程造价，证据充分，适用法律正确，北京建工公司该项理由不能成立。

【法律分析】所谓固定总价，是建立在承包范围和工作内容固定的基础上的，因此承包人在签订固定总价合同时应明确固定总价对应的承包范围。若包干范围不明确，承包人主张调整时应承担举证责任，即证明调整工程量不在承包范围内。

一般采用招标图纸签订的固定合同总价所对应的承包范围和工作内容就是招标图纸。当实际施工图纸与招标图纸差异较大时，往往会存在大量的设计变更或新增项目，此时承包人应及时与发包人确认总价是否变化以及是否办理差异部分的设计变更及新增项目签证。此外，现实中经常存在招标人在招标时提供工程量清单，并声明所提供的工程量清单仅供投标人参考，此时投标人应注意仔细审查招标人提供的工程量清单，对于其中存在的缺项、漏项、错项等，及时向招标人提出并要求其以书面形式作出答复。

(五) 河北省乾荣城市建设有限公司与石家庄市麟凯房地产开发有限公司建设工程施工合同纠纷【最高人民法院（2015）民申字第280号】

麟凯公司与乾荣公司于2005年10月17日签订一份《建设工程施工合同》，约定麟凯公司将涉案工程发包给乾荣公司施工，固定总价1900万元，合同工期为396天。后乾荣公司违约致《建设工程施工合同》解除，未完成全部工程。因工程款结算纠纷，乾荣公司将麟凯公司诉至法院。

诉讼中，河北康龙德工程造价咨询有限公司受一审法院委托作出一份《审核报告》，报告结论如下：按2003年定额计算，乾荣公司已完工程造价为1 037 183.99元；按《建设工程施工合同》约定固定总价1900万元，《建筑工程施工许可证》记载总面积38 000 m^2，折合单价500元/m^2计算工程造价为448 205.72元，加上其他部分价款，乾荣公司已完工程造价为564 445.98元。

乾荣公司认为，《建设工程施工合同》约定风险费用中的清单价和风险范围外的合同价款调整均采用现行预算定额，说明清单单价是用预算定额计算出来的。故若有清单价，则直接套用；若无清单价，则用定额计算。因此，应采用《审核报告》中按定额计算出的已完工程造价1 037 183.99元的结论。一、二审法院均判决按固定总价折合每平方米单价计算已完工程价款。

法院认为，依照《施工合同司法解释》第16条规定，当事人对建设工程的计价标准或者计价方法有约定的，按照约定结算工程价款；因设计变更导致建设工程的工程量或者质量标准发生变化，当事人对该部分工程价款不能协商一致的，可以参照签订建设工程施工合同时当地建设行政主管部门发布的计价方法或者计价标准结算工程价款。

本案中，《建设工程施工合同》约定合同价款为固定价格1900万元，风险范围包括工程量清单中的工程价格（单价）及不可预见项目估价，方法按现行省定额计算。可见，双方当事人将工程量清单中的工程及不可预见项目按照当时省定额计算出的单价及估价汇总后固定为1900万元。诉讼中，乾荣公司和麟凯公司均未提供工程量清单。至此，已无法直接按工程量清单中的工程单价及不可预见项目估价鉴定乾荣公司已完工程造价是多少。这种情况下，在上述《审核报告》中，以《建设工程施工合同》中按当时省定额计算的固定总价1900万元，除以《建筑工程施工许可证》中载明的建设总面积 38 000m²,得出固定单价为 500 元/m²。上述鉴定乾荣公司已完工程造价的方法,既含有当时省定额,亦分摊了固定总价,基本符合双方当事人的真实意思表示,二审判决予以采纳,并无不当。因此,乾荣公司申请再审提出应按 2003 年定额结算其已完工程价款的理由,缺乏事实和法律依据,不能成立。

【法律分析】合同是确立民事法律关系的依据,依法成立的合同应受法律保护。当事人在合同中约定的计价方式和计价标准,系双方意思自治的结果,也属于合同的权利义务条款,对双方都应具有法律约束力,在没有证据和事实推翻合同约定的情况下,应当按照合同约定执行。《施工合同司法解释(一)》第 19 条第 1 款也明确规定:"当事人对建设工程的计价标准或者计价方法有约定的,按照约定结算工程价款。"

(六)陈千照为与中铁一局集团有限公司、重庆市渝煌建设(集团)有限公司、任亚明建设工程施工合同纠纷上诉案【(2015)鄂恩施中民终字第 00520 号】

渝煌公司将其承包的恩黔高速公路路基工程中的土石方工程转包给陈某,双方签订《劳务协议书》约定:总工程量 463 499.70m³,实行包干制,总价款 230 万元。后因工程款结算产生纠纷,陈某起诉要求确认《劳务协议书》无效,陈某所完成工程量按照渝煌公司与发包人中铁一局之间的合同约定 6.50 元/m³ 单价计算。渝煌公司辩称陈某完成的工程总量属实,但应以《劳务协议书》中约定的包干价与工程总量为据计算工程单价,即按照该单价 4.96 元/m³(230 万/463 499.70m³)计算工程款。

一、二审法院均判决按单价 4.96 元/m³ 对已完工程进行结算。

二审法院审理认为,陈某无承包爆破作业的企业资质,其与渝煌公司签订的《劳务协议书》《补充协议》依据《施工合同司法解释》第 1 条的规定应属无效。合同被确认无效后,对已完成工程按照《施工合同司法解释》第 2 条规定,已经验收合格的,可参照合同约定支付工程价款。此规定针对已完成的建筑工程不能恢复原状、返还原物的特点作出,旨在平衡双方利益,最大限度接近签订合同时双方当事人的真实意思,并不以承包人主动请求为前提。

本案中陈某未全部完成《劳务协议书》中约定的总工程量,对已完工部分工程价款可参照原《劳务协议书》约定计算。陈某称应按发包方与渝煌公司约定的单价 6.50 元/m³ 计算工程款,因陈某非该约定单价的合同相对方,该价款仅能约束发包人与渝煌公司,且陈某未举证证实其与渝煌公司除上述两份协议外另行有约定,故陈某该理由不能成立。

【法律分析】双方的固定总价合同因陈某不具备资质而被认定无效,根据《施工合同司法解释》第 2 条规定,对陈某完成《劳务协议书》中的部分工程,可参照原合同约定进行结算。一、二审法院在处理时均直接按照固定总价除以约定的总工程量计算出单价,以此标准最终确定已完工工程款。

第三节　工程欠款违约责任

一、工程欠款违约责任的处理

（1）支付违约金。违约金必须在合同中进行明确定约定，否则无法计算其具体数额。

（2）支付拖欠工程款部分的利息。如果没有约定违约金的，只能根据法律规定要求其支付拖欠款部分的利息。如果合同对利息有约定的，按照约定，没有约定的按照同期银行贷款利息计算。对利息的计算日期问题，根据《施工合同司法解释（一）》第 26 条规定，当事人对欠付工程价款利息计付标准有约定的，按照约定处理；没有约定的，按照同期同类贷款利率或者同期贷款市场报价利率计息。

二、违约行为的定义以及分类

1. 违约行为的定义

违约行为，是指当事人一方不履行合同义务或者履行合同义务不符合约定条件的行为。这一定义表明：①违约行为的主体是合同当事人。合同具有相对性，违反合同的行为只能是合同当事人的行为。如果由于第三人的行为导致当事人一方违反合同，对于合同对方来说只能是违反合同的当事人实施了违约行为，第三人的行为不构成违约。②违约行为是一种客观的违反合同的行为。违约行为的认定以当事人的行为是否在客观上与约定的行为或者合同义务相符合为标准，而不论行为人的主观状态如何。③违约行为侵害的客体是合同对方的债权。因违约行为的发生，使债权人的债权无法实现，从而侵害了债权。

2. 违约行为的分类

（1）单方违约与双方违约。双方违约，是指双方当事人分别违反了自己的合同义务。《民法典》第 592 条第 1 款规定："当事人都违反合同的，应当各自承担相应的责任。"可见，在双方违约情况下，双方的违约责任不能相互抵销。

（2）根本违约与非根本违约。以违约行为是否导致另一方订约目的不能实现为标准，违约行为可作此分类。其主要区别在于，根本违约可构成合同法定解除的理由。

（3）不履行、不完全履行与迟延履行。

（4）实际违约与预期违约。

三、违约支付工程款的法律后果

（1）发包人未按约定支付工程价款，致使承包人无法施工，且在催告的合理期限内仍未履行相应义务,承包人有权请求解除建设工程施工合同。

(2)建设工程施工合同无效或解除,已经完成的建设工程质量合格的,发包人应当按照约定支付相应的工程价款,初次验收不合格经修缮后合格的,也应当按照约定支付工程款,但承包人应当承担相应的修缮费用,但经修缮后仍不合格的,发包人可不予支付工程款。

(3)承包方可以根据合同约定及实际情况主张违约金,逾期付款利息,停工、窝工、倒运、机械设备调迁、材料和构件积压等实际损失。

四、案例解析

(一)乙公司诉甲公司建设工程施工合同欠款纠纷

2010年11月26日,甲公司与乙公司签订安装施工合同,约定:乙公司承揽安装甲公司承建的崂山某街道新型集中社区斜屋面彩瓦工程;项目及价格,斜屋面彩瓦六边形43.5元/m², 总面积为5621m², 计款244 513.5元, 屋脊瓦42元/m², 以施工后统计的数额结算;如单方没有认真履行,按合同总价款赔付并另行支付30%违约金和5‰的日逾期利息以及律师费用。双方当事人还对工期、付款方式等事项进行了约定。合同签订后乙公司进行了施工,2011年3月11日,工程全部完工,甲公司签字确认"该项工程已全部完工,验收双方确认"。甲公司工程部门为乙公司出具了工程图纸和结算单,结算工程造价为269 634.36元。甲公司已付乙公司工程款173 300元,尚欠工程款96 334.36元,乙公司要求按244 513.5元结算。

一审法院认为,双方当事人签订安装施工合同的意思表示真实,应按约定履行。工程完工验收后,甲公司为乙公司出具的图纸及结算书工程价款为269 634.36元,乙公司要求按244 513.5元结算,从其主张。甲公司于2011年8月26日付工程款173 300元,未按合同约定付款至95%,构成违约,应承担责任,按合同约定甲公司应支付工程价款30%违约金计73 354元、支付逾期付款每日5‰的利息,乙公司只请求甲公司支付30%的违约金,从其主张。乙公司起诉聘请律师支付律师费9000元,甲公司应按合同约定付款。甲公司欠乙公司工程款71 213.5元,工程未过质保期,应扣除5%的质保金12 225.68元,甲公司应付乙公司工程款58 987.82元。一审法院据此判决:①甲公司在判决生效之日起10日内支付乙公司工程款58 987.82元;②甲公司在判决生效之日起10日内支付乙公司违约金73 354元;③甲公司在判决生效之日起10日内支付乙公司律师费9000元。

宣判后,甲公司不服一审判决提出上诉,其主要理由是:乙公司不具备相关资质,合同无效,一审法院对工程款计算条款和违约条款适用错误。乙公司答辩称,甲公司在合同履行完毕后主张合同效有主观恶意,其提交的证据足以证明涉案工程已经完工并且质量合格，请求二审法院驳回上诉，维持原判。

二审法院经审理认为，乙公司在二审中确认其不具备对涉案工程进行施工的资质，故涉案合同无效。同时，双方均未提交证据证明合同无效的过错在于对方，故本案应认定双方当事人对合同无效具有同等过错。涉案工程已完工并验收合格，本案可以参照合同约定由甲公司支付工程款。根据《合同法》第58条规定，有过错的一方应当赔偿对方因此所受到的损失，双方都有过错的，应当各自承担相应的责任。合同无效，不应再适用违约条款。甲公司未及时向乙公司支付工程款并引发本案诉讼，由此造成的损失按照合同无效的责任，应由双方当事人共同负担。对于损失的数额，二审法院酌情以甲公司应支付工程价款的30%及乙公司支付的律师费共计82 354元，由甲公司、乙公司各应负担41 177元。据此二审法院判决：维持一审法院关于支付剩余工程的判决，撤销违约金、律师费的判项，同时判决甲公司赔偿乙公司损失41 177元。

【法律分析】涉及合同纠纷，法院首先要依职权审查合同效力，如果合同有效，依照合同约定及法律规定做出认定；如合同无效，还应对合同无效的后果进行处理。法律和司法解释对建设工程施工合同效力认定主要通过列举的方式，规定在最高人民法院《施工合同司法解释（一）》的第1条。本案系因有乙公司因没有取得建设工程施工资质，属违反了法律的效力性强制性规定而导致合同无效的情形，考虑到建设工程施工合同的特殊性，对此类合同无效的一般处理原则是"无效认定，有效处理"。具体还要区别建设工程是否经竣工验收合格，如验收合格，按照《施工合同司法解释（一）》第24条的规定，实际履行的合同难以确定一方当事人请求参照最后签订的合同关于工程价款的约定折价补偿承包人的，应予支持。如验收不合格经修复后又合格的，发包方应支付工程款但可以请求承包人承担修复费用。如验收不合格经修复后仍不合格的，承包人按合同约定折价补偿的，则不予支持。本案属于合同无效，工程经验收合格的情形，乙公司主张工程款应予支持，但不应再适用违约条款，而是作为损失部分由双方进行了分担。

无论是建设单位、发包方、合法转包人、分包人还是实际施工人，在签订建设工程施工合同时，都应了解法律和司法解释的相关规定，避免因合同无效而导致自己利益受损。

（二）甲公司诉乙公司工程欠款纠纷：

甲公司向法院起诉请求：①乙公司支付甲公司工程款277万元，同时确认甲公司对承包建筑的价值277万元钢结构厂房享有建设工程价款优先受偿权；②本案诉讼费用由乙公司承担。

为证明其主张，其提交如下证据：①《钢结构厂房制作安装合同》一份，该证据证明甲公司与乙公司签订钢结构安装合同，由甲公司为乙公司制作安装钢结构厂房，工程量为4800m²、工程单价为580元/m²，工程造价为2 784 000元，由甲公司垫资制作安装，工程验收合格后，按实际结算价款支付工程款。②《竣工验收单》一份，该证据证明甲公司是在2014年10月30日竣工验收，乙公司认可工程质量合格。③《钢结构厂房竣工验收结算单》一份，该证据证明工程验收合格后，双方于2014年11月2日进行结算，工程量为4789.5m²，工程总造价为277万元，甲公司在法定期限里享有工程款优先权。乙公司对上述证据的真实性及证明事项均无异议，认可工程款数额。另查明，甲公司没有取得承建钢结构厂房的相关资质。

法院审判业务管理系统显示：在甲公司提起本案诉讼之前，法院已经立案受理乙公司作为被执行人的执行案件几十起，因乙公司无财产可供执行，绝大多数案件已执行终结。

法院认定：因甲公司并无施工资质，故其与乙公司于2012年9月29日签订《钢结构厂房制作安装合同》违反了有关法律、行政法规的强制性规定，该合同为无效合同。虽然该合同无效，但乙公司认可甲公司已施工完毕并对双方确认的结算单无异议，系对自己诉讼权利的合法处分，法院予以确认；故乙公司应支付甲公司工程款277万元。甲公司主张其对涉案工程价款具有受偿权，对此，法院认为，本案审理中，甲公司仅提交了其与乙公司签订的《钢结构厂房制作安装合同》《钢结构厂房竣工验收结算单》《竣工验收单》，而不能提交图纸、签证、材料采购合同等其他施工资料来进一步证明涉案工程由其实际施工。并且，在甲公司提起本案诉讼之前，法院已立案受理乙公司作为被执行人的执行案件几十起。故，法院不能排除乙公司与甲公司存在恶意串通转移财产的合理怀疑，据此，法院对甲公司要求乙公司依照合同约定支付工程款277万元的请求予以支持，对甲公司的要求享有建设工程价款优先受偿权的请求不予支持。

【法律分析】建设工程价款优先受偿权，是指承包人在发包人不按照约定支付工程价款时，可以与发包人协议将该工程折价或申请人民法院将该工程拍卖，对折价或者拍卖所得的价款，承包人有优先受偿的权利。建设工程价款优先受偿权应在合理期限内行使，最长不得超过18个月，自发包人应当给付建设工程价款之日起计算。建设工程款优先受偿权的保护范围包括施工过程的全部建安成本，即应包括施工工程中发生的机械费用、管理费、措施费等。在我国，建设工程的建设单位或发包人拖欠施工单位的工程款问题十分普遍。优先受偿权设立的立法目的是保护劳动者的利益，因为在发包人拖欠的承包人的工程款中，有很大一部分是承包人应当支付给施工工人的工资及其他劳务费用。甲公司提起本案诉讼之前，法院已立案受理乙公司作为被执行人的执行案件几十起，多数案件因乙公司无财产可供执行而执行终结。

本案中乙公司对甲公司的主张及提交的证据均予认可，未作任何抗辩，明显与常理不符。且甲公司仅提交了其与乙公司签订的《钢结构厂房制作安装合同》《钢结构厂房竣工验收结算单》《竣工验收单》，而不能提交图纸、签证、材料采购合同等其他施工资料来进一步证明涉案工程由其实际施工。在工程价款近 300 万元的工程中，甲公司提交的证据过于简单，也不符合施工惯例。建设工程价款优先受偿权优先于抵押权等权利，早在甲公司提起本案诉讼之前，法院已经立案受理乙公司作为被执行人的执行案件几十起，若支持甲公司的优先受偿权，可能会损害乙公司其他债权人的合法利益。因法院不能排除乙公司与甲公司存在恶意串通转移财产的合理怀疑，故法院对甲公司的要求享有建设工程价款优先受偿权的请求不予支持。

（三）丁公司诉丙公司、甲公司等工程欠款纠纷：依据合同相对性原则支付工程款

2010 年 7 月，青岛某研究院和青岛某区投资开发公司作为发包方与甲公司签订建设工程施工合同，约定由甲公司承包该研究院青岛研发基地项目综合办公楼等工程。2011 年 5 月 17 日，甲公司与乙公司签订智能化工程专业分包合同，约定由乙公司分包上述研发基地项目施工图纸范围内的智能化工程。2011 年 6 月 12 日，丙公司（诉讼中，乙公司认可其与丙公司之间系"合作关系"）与丁公司签订研究院弱电系统工程施工合同，约定：由丁公司负责保障楼、科研楼、检测中心、办公楼综合布线系统、监控系统、一卡通系统，保障楼有线电视系统和门铃系统的辅材采购、施工、安装、调试；工程价款总计 30.5 万元，发生单项设计变更、工程洽商、不可抗力时，经丙公司审定后可调整本合同造价；自全部工程竣工验收合格并交付使用之日起，本工程保修期 12 个月；工程竣工验收合格后 7 日内，扣除工程质保金 11 500 元，剩余款项一次付清；余款 11 500 元，待质保期满后 7 日内一次性支付。

该合同载明丙公司联系人为案外人徐某。上述合同签订后，丁公司依约完成施工义务，丙公司的联系人徐某于 2012 年 8 月 24 日在丁公司出具的《工程竣工验收证书》中"验收单位"一栏（载明：同意验收）"负责人"处签名并注明"施工完毕"，"验收意见"一栏载明：走线规范、设备安装牢固，施工符合有关规范；合同内约定及追加的工作内容已安装、处理到位。后因丙公司仅支付丁公司工程款 10 万元而未支付其他款项，丁公司遂提起诉讼请求判令丙公司支付剩余工程款 20.5 万元及利息，由甲公司、乙公司及其青岛分公司和青岛某研究院承担连带责任。

一审法院认为，在青岛某研究院、青岛某区投资开发公司共同与甲公司签订建筑工程总包合同、甲公司与乙公司签订智能化工程分包合同的情况下，丁公司与丙公司签订的研究院弱电系统施工合同属于违法分包，该合同无效。但鉴于涉案工程已由丁公司于 2012 年 8 月 24 日施工完毕并经验收合格，故丙公司仍应按照合同约定支付相应工程款，但丁公司请求乙公司及其青岛分公司、甲公司和青岛某研究院承担连带责任，无事实和法律依据，据此判决丙公司支付丁公司剩余工程款 20.5 万元及相应利息，并驳回丁公司对乙公司及其青岛分公司、甲公司和青岛某研究院的诉讼请求。丁公司不

服一审判决，以青岛某研究院、甲公司均应在欠付工程价款的范围内与乙公司及其青岛分公司、丙公司承担连带责任为由提起上诉。二审法院认为，丁公司要求与其无合同关系的乙公司及其青岛分公司、甲公司、青岛某研究院对其主张的工程款承担连带清偿责任，既不符合合同的相对性原则，也无法律依据，遂据此作出终审判决：驳回上诉，维持原判。

【法律分析】首先，关于本案涉及的合同相对性问题。所谓合同相对性，即合同效力的相对性，是指合同关系只能发生在特定主体之间，只对特定主体发生约束力，即其只能约束合同当事人，合同外的第三人既不享有合同上的权利也不承担合同上的义务；只有合同当事人才能基于合同相互提出请求或者提起诉讼，合同当事人不能依据合同对合同关系外第三人提出请求或者提起诉讼，合同关系外的第三人也不能依据合同向合同当事人提出请求或者提起诉讼。具体到本案中，丁公司与丙公司之间存在合同关系，而与乙公司及其青岛分公司、甲公司和青岛某研究院之间均不存在合同关系，依照合同的相对性原则，其只能向合同相对人丙公司主张权利或者提起诉讼，而不能向合同之外的第三人主张工程款。

其次，关于丁公司主张的连带责任问题。丁公司突破合同相对性，向其合同相对人之外的甲公司、乙公司和青岛某研究院主张权利，依据的是《施工合同司法解释》第26条的规定。该条第1款规定："实际施工人以转包人、违法分包人为被告起诉的，人民法院应当依法受理。"第2款规定："实际施工人以发包人为被告主张权利的，人民法院可以追加转包人或者违法分包人为本案当事人。发包人只在欠付工程价款范围内对实际施工人承担责任。"从该两款规定可以看出，实际施工人提起诉讼主张工程款以不突破合同相对性为法律适用的基本原则，以突破合同相对性为特别规定。该特别规定意在保护农民工等实际施工人的合法权益。根据上述司法解释的规定，实际施工人可能是自然人、超资质等级施工的建筑施工企业、超施工资质范围从事工程基础或者结构施工的劳务分包企业等。

本案中，丁公司作为具有涉案工程施工资质的单位，经与丙公司签订涉案弱电工程施工合同，负责涉案保障楼、科研楼、检测中心、办公楼综合布线系统、监控系统、一卡通系统，保障楼有线电视系统和门铃系统的辅材采购、施工、安装、调试，所提供的是专业技术安装工程作业而非普通劳务作业，且被拖欠的系工程款并非劳务分包费用，并不具备上述司法解释第26条第2款规定的适用条件，故其要求乙公司及其青岛分公司、甲公司和青岛某研究院承担连带责任，人民法院不予支持。

（四）甲公司诉乙公司工程欠款纠纷：承包人依据未完全履行合同主张工程款不予支持

2009年1月5日，甲公司承包青岛某改造工程安置区项目——4#、5#楼施工图纸范围内的消防报警安装工程；2009年6月25日，甲公司又承包该项目室外消防管道（球墨铸铁管）施工图纸范围内的室外消防管道及室外消防联动工程。上述工程承包合同的相对方均为乙公司。2009年8月11日，4#、5#楼消防工程通过竣工验收消防备案。甲公司称，乙公司已付工程款共计2 236 856元，欠付工程款417 995.64元，故起诉至人民法院。乙公司辩称，甲公司始终未安装消防报警CRT系统，不应向其支付剩余工程款。

经庭审查明，2014年8月4日，双方达成《工程结算书》一份，载明：甲公司施工的涉案工程结算值共计2 654 851.64元；备注部分写明存在的问题包括消防控制室CRT未调试安装等。2015年4月2日，甲公司（专业工程分包人）、乙公司（工程分包人）与丙公司（总承包人）签订《×小区消防工程补充协议》，约定：为完成消防报警CRT的安装，乙公司于本协议签订后3日内支付给甲公司工程款20万元；甲公司收到工程款后，1周内完成安装工作并调试正常运行；安装完成后2日内，甲乙公司与涉案小区物业公司办理CRT实体移交并办理书面交接手续；在完成交接后2周内，总承包方丙公司向乙公司支付剩余工程款，乙公司向甲公司支付所有未付工程款。2016年3月7日，法院进行现场勘验，并对物业公司管理人员进行询问。物业管理人员称，4#、5#楼一开始没有CRT设备，2016年3月2日左右有人到监控室安装一台电脑，不知道谁安装的，现在无法开启使用。

法院经审理认为，双方已经达成《工程结算书》，共同确认涉案工程款共计2 654 851.64元，乙公司已经支付工程款2 236 856元，剩余工程款417 995.64元至今未付。依据补充协议的约定，甲公司收到乙公司支付的20万元工程款后1周内完成CRT系统安装工作并调试正常运行；甲乙双方与物业办理CRT实体移交手续后2周内，乙公司向甲公司支付欠付工程款。依据现场勘验，CRT系统目前并未实际使用，电脑并未开启，且依据物业管理人员的陈述，该系统于2016年3月份才安装，至今无法开启使用。甲、乙公司双方约定了支付剩余工程款的条件，即甲公司应安装并确保CRT系统经过调试正常运行，且需要甲、乙公司与物业三方共同办理移交手续，在双方约定的支付剩余工程款的条件未成就之前，乙公司有权拒付甲公司相应工程款，甲公司应与乙公司继续履行补充协议的约定，将CRT系统安装调试正常使用并移交后，再向乙公司主张支付剩余工程款项。故判决：驳回甲公司的诉讼请求。二审维持原判。

【法律分析】《合同法》第45条第1款规定："当事人对合同的效力可以约定附条件。附生效条件的合同，自条件成就时生效。附解除调解的合同，自条件成就时失效。"本案的争议焦点为甲公司请求乙公司支付工程款是否符合合同约定的支付条件。首先，双方于2015年4月2日签订的《消防工程补充协议》系自愿签订，不违反法律规定，对双方具有约束力，双方当事人应当按照该协议履行。其次，该协议约定，甲公司收到乙公司支付的20万元工程款后1周内完成CRT系统安装工作并调试正常运行；双方与物业办理 CRT 实体移交手续后 2 周内，乙公司向甲公司支付欠付工程款。这是双方约定的付款条件，乙公司随后支付 20 万元工程款。根据现场勘验，CRT 系统目前并未实际使用，电脑并未开启，且依据物业管理人员的陈述，该系统系 2016 年 3 月份才安装，且无法开启使用。因此，原告甲公司并未完成约定的合同义务，导致付款条件未成就。最后，该协议约定，甲公司应安装并确保 CRT 系统经过调试正常运行后，双方与物业共同办理书面移交手续，乙公司才支付剩余工程款，而原告甲公司亦未举证证明三方共同办理了书面交接手续。因此，在双方约定的支付剩余工程款的条件未成就之前，乙公司有权按照协议约定拒付甲公司相应的工程款。

（五）B 建筑工程公司与 A 房地产开发公司工程结算纠纷：在阴阳合同均无效情况下，依据实际履行的合同进行工程结算付款

A 房地产开发公司将其开发的某小区住宅楼工程进行公开招标，招投标前 A 房地产开发公司与 B 建筑工程公司先行就合同的实质性内容进行了谈判，2014 年 3 月，双方就谈判内容订立了《某小区住宅楼建设工程施工合同》。后 B 建筑工程公司在公开招标中中标，并于 2014 年 8 月与 A 房地产开发公司订立了中标合同，该中标合同对工程项目性质、工程工期、工程质量、工程价款、支付方式及违约责任均作了详细的约定，后将中标合同向相关建设行政主管部门进行了备案。2015 年底该工程竣工并验收合格。但双方对于用哪一份合同作为工程款结算的依据存在争议，2016 年 3 月，B 建筑工程公司诉至法院。本案审理过程中，A 房地产开发公司认为，应按标前合同支付工程款，理由是标前合同是双方真实意思表示，且已经实际履行，而中标合同只是作为备案用途，不能用于工程结算。而 B 建筑工程公司认为，应按中标合同支付工程款，理由是中标合同是按照招投标文件的规定签订的，且已向有关部门备案，应作为结算依据。

法院认定，因 A 房地产开发公司与 B 建筑工程公司违反招投标法的强制性规定，涉嫌串标，故标前合同和中标合同均认定无效，双方当事人应按实际履行的合同结算工程款。

【法律分析】在建设工程领域中，存在大量的"阴阳合同"，又称"黑白合同"，是指当事人就同一标的工程签订 2 份或 2 份以上实质性内容相异的合同。通常"阳合同"是指发包方与承包方按照《招标投标法》的规定，依据招投标文件签订的在建设工程管理部门备案的建设工程施工合同。"阴合同"则是承包方与发包方为规避政府管理，私下签订的建设工程施工合同，未履行规定的招投标程序，且该合同未在建设工程行政管理部门备案。

本案中，B 建筑工程公司认为，中标合同已向有关部门备案，应作为结算依据。根据最高人民法院《施工合同司法解释》第 21 条规定，"当事人就同一建设工程另行订立的建设工程施工合同与经过备案的中标合同实质性内容不一致的，应当以备案的

中标合同作为结算工程价款的根据。"但适用本条规定的前提是备案的中标合同为有效合同。而本案中，A 房地产开发公司与 B 建筑工程公司在招投标前已经对招投标项目的实质性内容达成一致，构成恶意串标，并且签订了标前合同（阴合同），后又违法进行招投标并另行订立中标合同（阳合同），这一行为违反了《招标投标法》第 43 条、第 55 条的强制性规定，因此中标无效，从而必然导致因此签订的标前合同和中标合同均无效。故本案并不适用《施工合同司法解释》第 21 条规定。因此，标前合同（阴合同）与备案的中标合同（阳合同）均因违反法律、行政法规的强制性规定被认定为无效时，应按照当事人实际履行的建设工程合同折价补偿承包人。

（六）某市建筑公司诉某市轮胎厂工程欠款纠纷：发包方未按约履行支付工程款义务构成违约

某市轮胎厂与某市建筑公司于 1993 年 5 月 10 日签订了一份建设工程承包合同。合同规定：工程项目为 6 层楼招待所，建筑面积为 4247.4m^2，总造价 108 万元；1993 年 5 月 20 日开工，同年 12 月 25 日竣工；合同生效后 10 日预付 48 万元的材料款，工程竣工后办理竣工决算；工程按施工详图及国家施工，验收规范施工，执行国家质量标准。轮胎厂在工程竣工验收时又付款 22 万元，尚欠 38 万元，轮胎厂在 1994 年 3 月 8 日写有欠条，表示分期给付欠款。1995 年 1 月轮胎厂被省外贸公司兼并。同年 5 月，外贸公司在某市报纸上刊登启事通知与原轮胎厂有业务联系者，见报后 1 个月内来该厂办理有关手续，过期不予办理。同年 12 月建筑公司持欠条向外贸公司要款，外贸公司以原轮胎厂的账上无此款反映，要款已超过报上规定的时间为由拒付此款。建筑公司遂向法院起诉，请求外贸公司支付欠款和银行利息。

法院判决外贸公司偿还建筑公司工程欠款 38 万元及利息。

【法律分析】轮胎厂与建筑公司签订建设工程承包合同，双方均具有签约主体资格，且内容合法，意思表示真实，依法应确认为有效合同。工程竣工后，双方验收结算，明确了工程价款，轮胎厂扣除预付款 48 万元，竣工后支付工程款 22 万元，还应向建筑公司支付余款 38 万元。1994 年 3 月 8 日，轮胎厂又书面表示分期给付欠款。按《合同法》第 286 条规定："发包人未按照约定支付价款的，承包人可以催告发包人在合理期限内支付价款。发包人逾期不支付的，除按照建设工程的性质不宜折价、拍卖的以外，承包人可以与发包人协议将该工程折价，也可以申请人民法院将该工程依法拍卖。建设工程的价款就该工程折价或者拍卖的价款优先受偿"，轮胎厂拖欠建筑公司的工程款本应由轮胎厂承担法律责任，但该厂已被外贸公司兼并，其债权债务应由外贸公司承担，外贸公司拒绝付款无法律依据，建筑公司可与外贸公司协议将该工程折价以支付工程价款，也可以直接申请人民法院将该工程依法拍卖，建筑公司可就该工程折价或者拍卖的价款优先受偿。

（七）天云建筑工程队诉北京市平发肉用种鸡厂工程欠款纠纷：工程价款结算时发包方拒绝补付工程款引起的纠纷

1989年7月25日，北京市平谷县天云建筑工程队以包工包料的方式承包了北京市平发肉用种鸡厂的种鸡孵化室工程。天云建筑工程队在组织施工过程中，发现鸡厂为了节约开支、防止该工程超出预算，经原告北杨桥乡建筑队同意，自己从通县台湖物资供应站采购了一批价值36 500元的木材，并从应预付天云建筑工程队的工程款中拨出36 500元，支付了木材款。1990年8月9日，该工程如期竣工后，双方在结算工程款时，平发种鸡厂又从应付天云建筑工程队的工程款中扣除了购木材款36 500元。天云建筑工程队经核算当即提出其扣除购木材款属再次扣除，是计算失误，要求立即给付多扣的工程款36 500元。平发种鸡厂拒不给付。1992年6月，天云建筑工程队起诉至法院，要求平发种鸡厂给付欠款36 500元及相应的银行利息。

法院认定，双方签订的建筑安装合同合法有效，双方均应认真履行。平发种鸡厂在工程结算时，重复扣除木材款，在天云建筑工程队举出正确的工程款数据后仍拒绝补足工程款的行为是违约行为，应承担完全的民事责任，故法院对天云建筑工程队要求平发种鸡厂给付所欠工程款及赔偿相应的银行贷款利息损失的请求予以支持。据此，依照法律相关规定判决，平发种鸡厂给付天云建筑工程队工程款36 500元及赔偿天云建筑工程队经济损失9202.5元。

【法律分析】建设工程承包合同是指建设单位和施工单位之间，为了完成一定建设工程项目，而明确相互权利义务的协议。建设工程承包合同可分为两大类：建筑安装工程承包合同和勘察设计合同。建筑安装工程承包合同是建设单位（发包方）与施工单位（承包方）之间，为完成特定的建筑安装工程任务，明确相互权利义务关系的协议。在建筑工程承包合同中承包方的主要义务有按照合同约定的时间、质量完成建筑安装任务等；发包方的主要义务有提供施工所必要的设计图纸、给付工程款，包工不包料的，要保证供应施工所需要的建筑材料。承包方和发包方任何一方不按合同履行义务，都是违约行为，都应承担相应的民事责任。本案发包方拖欠承包方工程款的行为是违约行为，按照《民法典》相关规定，应承担民事责任，给付工程款及赔偿承包方的经济损失。

（八）D建筑公司诉A水泥公司工程欠款纠纷：通过司法鉴定方式确定最终结算并以此主张未付工程款

1995年11月，A水泥公司与D建筑公司签订了一份《水泥生产线扩建工程建筑工程承包合同书》，合同约定：由水泥公司提供图纸，建筑公司包工包料，竣工结算；自合同签订并经鉴证生效后，建筑公司先将50万元汇入水泥公司账户作为信用保证金。合同签订后，工程顺利开工，并于1996年9月竣工。1997年7月，建筑公司，水泥公司和银行三方就本工程的决算进行对项，核对了部分工程量，但对工程单价未能达成一致意见，致使三家对项工作无法继续进行。同年11月3日，经建筑质量监督站审核，该工程被评为合格工程。

由于建筑公司，水泥公司和银行三方对工程单价一直未达成统一，1998年7月，建筑公司向当地法院提起诉讼，请求判令：水泥公司支付拖欠的工程款，支付延期付款的违约利息，双倍返还工程定金100万元，并承担本案诉讼费用。

在法院诉讼中，法院委托立信投资咨询有限公司对本案工程造价进行鉴定，立信公司根据双方提供的材料单价，于2000年11月作出鉴定结论：确认该项工程总造价为4 382 263.33元。水泥公司对鉴定结论提出异议，认为鉴定的结论数额偏高。

法院认定：建筑公司与水泥公司签订的《建设工程承包合同书》，内容真实、合法、有效；立信投资咨询有限公司对本案工程总造价再次进行鉴定，程序合法，鉴定结论做到了公正、公平、合理、合法，应予以采用；关于建筑公司所提出的双倍返还工程定金100万元的请求，由于在双方的合同中已明确了50万元为信用保证金，且合同已履行完毕，信用保证金已抵扣，建筑公司将其视为定金，要求双倍返还的理由不能成立，应予以驳回。最后，法院依据《民法通则》的有关条款，判决如下：A水泥公司支付建筑公司尚欠的工程款397 993.46元，并从1996年9月20日至付清之日止，按银行同期贷款利率计算利息；驳回B建筑公司的其他诉讼请求。

水泥公司对一审判决不服，上诉称：立信投资咨询有限公司对本案工程造价进行鉴定的结论数额偏高，该鉴定单位采用建筑公司单方提供的工程量计算工程造价，有失公正。请求二审法院查清事实，依法改判扣减相应的工程造价款。

二审法院审理后认为：建筑公司与水泥公司于1995年11月24日签订的《建设工程承包合同书》，内容真实、合法、有效。关于50万元信用保证金的问题，一审法院认为建筑公司将其视为定金，要求双倍返还的理由不能成立，并驳回其请求的判决是正确的；立信投资咨询有限公司对本案工程造价进行的鉴定结论作到了公正、公平、合理、合法，水泥公司的请求不予采纳。

因此，根据《民事诉讼法》中的有关规定，判决如下：维持一审法院做出的民事判决。

【法律分析】本案是一起工程款结算纠纷，双方的矛盾主要集中在工程造价鉴定的结论上。由此可见，工程造价鉴定结论在法院审理或仲裁机构仲裁工作中会起到至关重要的作用。可以说，工程造价鉴定结论是从技术层面上为法院或仲裁机构提供支持，使之能够更好地履行自己的职责，作出公正的判罚和裁决。通常来说，法院和仲裁机构在处理工程款结算纠纷时，都会委托一家具有资深能力的工程造价鉴定机构来作工程造价鉴定。而工程造价鉴定机构必须快速、及时地从专业技术的角度公正、公平、合理、合法地进行造价鉴定，并且在日后的庭审或仲裁中为双方当事人解释其作出的鉴定结论，做到有理、有利、有节。

在本案中，立信投资咨询有限公司就很好地履行了一家工程造价鉴定机构所应承担的职责，为法院的判罚提供强有力的技术支持。可近年，随着我国工程造价鉴定领域不断拓展，许多不具有相关资质的工程造价鉴定机构也进入了这一市场，在里面"滥竽充数"。正是由于这些"滥竽"的"捣乱"，致使许多法院或仲裁机构在处理案件或纠纷时遇到了诸多困难。为了改变这种状况，保障仲裁工作的顺利进行，提高工程造价鉴定工作的质量和效率，规范鉴定机构的委托及管理工作，我国许多司法机构都已经相继出台了一些规定和办法。如：北京仲裁委员会依据《仲裁法》《北京仲裁委员会仲裁规则》，参考《民事证据规定》《人民法院司法鉴定工作暂行规定》《人民法院对外委托司法鉴定管理规定》等规定制定出台了《北京仲裁委员会关于工程造价鉴定机构及其鉴定工作的暂行规定》，并已于2004年8月20日开始实施。这些规定、办法的实施，必将会提高工程造价鉴定机构的工作效率和能力，使我国工程造价鉴定领域更加规范，使工程造价鉴定工作在法院审理或仲裁机构受理中发挥更加重要的作用。

（九）李金增与郑州市惠济区古荥镇马村村民委员会建设工程欠款纠纷

2006年8月4日，李金增（乙方）与郑州市惠济区古荥镇马村村民委员会（以下简称"马村村委会"）及郑州市惠济区古荥镇马村第四村民组（以下简称"马村四组"）（甲方）签订施工合同一份，约定李金增为马村四组村内道路的修建进行施工。其中工程量、施工费用约定为：本工程包工包料，施工费用以实际施工面积丈量计算为准；付款方式主要约定为，施工结束、由交通部门验收合格后，按工程总额支付95%，余款5%为保质金，半年内不出问题全部付清；应付款超期1天罚款100元。合同签订后，李金增按合同约定进行了施工，2006年9月底，由马村四组验收合格并已投入使用。

另查明，因上述道路的修建系政府补贴支持的"村村通"工程，马村村委会、马村四组与李金增约定，由马村村委会负责支付路面工程款，即出资200元/m，由马村四组负责支付路基款，即出资75元/m。工程完工后，马村四组支付路基和附属工程款139 000元，马村村委会已支付李金增路面及附属工程款14万元，至今还剩余124 740元未付。

法院认定：①李金增与马村村委会、马村四组签订施工协议，李金增包工包料为马村村委会、马村四组施工修路，现该道路经验收合格并投入使用，马村村委会、马村四组应按约定及时足额支付相应的工程款。②对于李金增要求马村四组支付该款的诉请，因已约定分别支付道路路基款和路面款，且马村四组已履行支付修建路基工程款的义务，故不予支持。③关于李金增要求马村村委会自2006年10月11日至2010年7月31日按每日100元计算，支付违约金的诉讼请求，因双方已在合同中约定明确，系双方真实意思表示不违反法律的强制性规定,且马村村委会违反诚信拖欠李金增工程款 4 年有余,故予以支持。

综上,一审法院判决:①马村村委会于本判决生效后 15 日内支付李金增工程款 124 740 元,并自 2006 年 10 月 1 日至 2010 年 7 月 31 日按每日 100 元支付违约金 139 700 元;②驳回李金增的其他诉讼请求。

宣判后,马村村委会不服一审判决,提起上诉称:①本案超过诉讼时效。李金增认为 2006 年 9 月底应得到工程款,直到 2010 年 8 月 19 日才主张权利,超过法定时效期间。即使有损失,也是李金增自己放任扩大的结果。②一审法院认定事实不清。双方付款方式约定,施工结束由交通部门验收合格后按工程总款付 95%,李金增未完全尽到合同约定的施工义务、未验收,因此未完工,不应支付全额工程款。马村村委会同意关于一审法院查明的关于村委会负责路面工程款,马村四组负责路基款的事实,即使马村四组对李金增施工量进行验收,也仅是其负责对路基方面的施工工程。根据双方合同约定的付款方式,李金增请求支付工程款条件不成就,其未主张过也未按约定提供结算发票,因此,马村村委会不存在违约事实。且违约金过高,应根据公平原则和诚信原则进行调解。

二审法院查明:①李金增二审中提供马村村委会于 2006 年 10 月 26 日出具验收证明一份,载明:"对李金增修朱庄村内油漆路长 1323m、宽 5m、厚 5cm,地基 30cm 三七灰土,符合村村通要求,验收合格。"②李金增共修路 1323.7m,根据双方约定 200 元/m,该项工程款合计 264 740 元,马村村委主任毛保兴在工程结算单上签字认可。二审法院认为:①马村村委会作为发包方,应负有向交通部门申请验收的义务,其于 2006 年 10 月 26 日向李金增出具该工程验收合格证明,应视为该工程已经验收并合格。该项工程经马村村委会确认工程款为 264 740 元,马村村委会仅支付李金增 140 000 元,未按照合同约定支付工程款 95%,故马村村委会应承担违约责任,超期 1 天罚款 100 元。②马村村委会在一审期间经传票传唤,无正当理由拒不到庭,视为其放弃抗辩权,在二审期间提出诉讼时效抗辩,根据最高人民法院《关于审理民事案件适用诉讼时效制度若干问题的规定》第 4 条第 1 款规定,法院不予支持。二审法院驳回上诉,维持原判。

【法律分析】本案实体法律关系简单,但涉及诉讼时效争议。关于诉讼时效问题,最高人民法院在 2008 年 8 月 21 日发布了一个专门的司法解释,即《最高人民法院关于审理民事案件适用诉讼时效制度若干问题的规定》(法释〔2008〕11 号),其第 4 条第 1 款规定:"当事人在一审期间未提出诉讼时效抗辩,在二审期间提出的,人民法院不予支持,但其基于新的证据能够证明对方当事人的请求权已过诉讼时效期间的情形除外"。该条规定明确了诉讼时效抗辩应当在一审提出,对于二审才提出的诉讼时效抗辩,人民法院原则上不予支持,理由是:诉讼程序机制的建构实质蕴涵着"通过构筑正当程序以保证私权争议获得公正裁判"的诉讼理念。如果允许义务人在任何审理阶段均可行使诉讼时效抗辩权,则将出现法院无法在一审审理阶段固定诉争焦点,无法有效发挥一审事实审的功能,使审级制度的功能性设计流于形式,产生损害司法程序的安定性、司法裁决的权威性、社会秩序的稳定性等问题。另外,该条规定二审期间"基于新的证据能够证明对方当事人的请求权已过诉讼时效期间的",人民法院应予支持,理由是:我国民事诉讼采用二审续审制,即第二审承接第一审继续进行审理。二审既是法律审,又是事实审。

在二审期间,当事人可以提出新的证据,进一步陈述案件的事实,法院可以对一审未尽事实和适用法律问题进行审理。续审制更多地体现了对实体公正功能的追求,也有助于实现诉讼效率。那如何确定新的证据呢?最高人民法院在2008年12月11日发布的《最高人民法院关于适用〈关于民事诉讼证据的若干规定〉中有关举证时限规定的通知》(法发〔2008〕42号)第10条规定:"关于新的证据的认定问题。人民法院对于'新的证据',应当依照《证据规定》第四十一条、第四十二条、第四十三条、第四十四条的规定,结合以下因素综合认定:(一)证据是否在举证期限或者《证据规定》第四十一条、第四十四条规定的其他期限内已经客观存在;(二)当事人未在举证期限或者司法解释规定的其他期限内提供证据,是否存在故意或者重大过失的情形。"

就本案而言,发包人马村村委会在一审期间经传票传唤,无正当理由拒不到庭。因此,其在一审期间并没有提出诉讼时效抗辩。在二审期间,马村村委会虽然提出了诉讼时效抗辩,但其并没有提供新的证据证明承包人李金增的请求权已过诉讼时效期间。因此,根据《最高人民法院关于审理民事案件适用诉讼时效制度若干问题的规定》第4条第1款的规定,其诉讼时效抗辩无法获得法院支持。

(十)西宁市东关中心粮站与西宁市粮食建筑工程公司工程欠款纠纷

1997年9月9日,西宁市东关中心粮站(以下简称"东关粮站")与西宁市粮食建筑工程公司(以下简称"粮建公司")签订建设工程施工合同,约定由粮建公司承建东关粮站的综合楼。有关"三通一平"等前期费用暂由粮建公司支付,待工程竣工后由东关粮站按实付给粮建公司或计入工程总决算中。

1997年12月2日,粮建公司将其承包的粮站综合楼工程整体转包给了青海省科龙建筑工程有限责任公司(以下简称"科龙公司")。后由于科龙公司承建的工程施工质量不合格,造成重大事故。1998年4月10日,科龙公司撤出工地,该工程继续由粮建公司承建。2000年12月18日,该工程经青海省建设工程质量监督站检验评定为合格工程,至2001年工程全部交付国粮城东公司使用。2000年2月,根据西宁市粮食局宁粮人〔2000〕008号文件,成立青海国粮城东粮油综合贸易有限公司(以下简称"国粮城东公司"),该公司成立时接收了东关粮站的资产;根据西宁市经济体制改革委员会给西宁市粮食局的宁体改字〔2000〕第006号批复,西宁市粮食建筑工程公司改组为股份合作制企业，并更名为西宁兴禾工贸有限公司（以下简称"兴禾工贸公司"）。2005年4月5日，国粮城东公司与兴禾工贸公司就粮站综合楼形成《会谈纪要》，双方认定工程款总造价为5 498 751.67元；国粮城东公司已付兴禾工贸公司4 746 608.80元；从工程总价款中减去已付款4 746 608.80元、现金及实物价值88 808元、集资房六套270 810元，国粮城东公司尚欠兴禾工贸公司392 524.87元。

2007年11月1日，国粮城东公司向西宁仲裁委员会申请仲裁，请求兴禾工贸公司支付延期交工损失费等38.9万元。西宁仲裁委员会于2008年2月20日裁决：兴禾工贸公司赔偿国粮城东公司延期交工损失38.9万元。2008年10月15日，兴禾工贸公司向西宁市中级人民法院提起诉讼，请求判令：①国粮城东公司付清拖欠的工程款692 524.87元及8年间的同期银行利息95 626.67元；②国粮城东公司偿还兴禾工贸公司垫付的工程前期费用384 559.6元及8年间的同期银行利息51 091元。

2009年3月5日，国粮城东公司提起反诉，请求判令：①兴禾工贸公司支付延期2年交工违约金692 770元；②兴禾工贸公司支付银行利息和罚息1 150 080元。

一审法院认为：其一，国粮城东公司欠付兴禾工贸公司的工程款应认定为492 524.87元，此款应由国粮城东公司给付兴禾工贸公司。其二，"三通一平"的费用共计108 332元，应由国粮城东公司给付兴禾工贸公司。其三，案涉工程延期交工两年属实。延期交工的主要原因是兴禾工贸公司违法转包工程导致工程基础报废，兴禾工贸公司理应承担延期交工的违约责任。但国粮城东公司基于此事实已于2007年向西宁仲裁委员会申请仲裁，要求兴禾工贸公司赔偿的延期交工损失中包括违约金692 770元、银行利息449 280元、拆迁及租赁损失334 344元，共计1 476 394元，考虑兴禾工贸公司的实际给付能力，只要求赔偿38.9万元。仲裁裁决兴禾工贸公司赔偿国粮城东公司延期交工损失38.9万元。该仲裁裁决现已生效，而国粮城东公司又以同一事实和理由在本案中提出反诉请求，请求的事项也是违约金、银行利息和罚息，诉讼中放弃了拆迁和租赁损失的诉求，与申请仲裁的请求事项相同，诉讼要求赔偿的数额与仲裁申请赔偿的数额也大致重合。因此，国粮城东公司的此项反诉请求属于重复主张权利，违反了"一事不再理"的原则，其反诉应予驳回。其四，关于兴禾工贸公司的起诉是否超过诉讼时效。双方于2005年4月5日达成的《会谈纪要》对工程总造价和欠付工程款等作了确定，没有约定履行期限。根据《合同法》第62条第1款第4项的规定，兴禾工贸公司可随时主张权利。在2007年11月国粮城东公司申请仲裁期间，兴禾工贸公司在其答辩状以及仲裁庭审中向国粮城东公司主张过清偿欠付工程款的权利，国粮城东公司也认可其欠付工程款的事实，此节事实已在仲裁裁决书中予以认定，至此诉讼时效中断。从此时到兴禾工贸公司于2008年10月起诉时未超过2年的诉讼时效。一审法院判决：①国粮城东公司于本判决生效后30日内偿付兴禾工贸公司工程款492 524.87元、"三通一平"的工程前期费用108 332元；②驳回国粮城东公司的反诉。

一审判决后，国粮城东公司不服，向二审法院提起上诉称：2007年仲裁期间，兴禾工贸公司就工程款未提起反请求，其诉讼请求已过诉讼时效。二审法院认为：兴禾工贸公司和国粮城东公司于2005年4月5日达成的《会谈纪要》对工程总造价和欠付工程款等作了确定，双方应当按照《会谈纪要》确认的内容履行各自义务。《会谈纪要》中未确定欠付工程款履行期限，兴禾工贸公司可随时主张权利。2007年11月国粮城东公司申请仲裁期间，兴禾工贸公司向国粮城东公司主张过清偿欠付工程款的权利，本案关于诉讼时效的期间应从2007年11月起算，国粮城东公司关于兴禾工贸公司诉讼请求超过诉讼时效的理由不成立。国粮城东公司关于从一审法院认定的欠付工程款492 524.87元中扣除10万元的主张成立，予以支持。《会谈纪要》确认国粮城东公司欠付的工程款392 524.87元和兴禾工贸公司垫付的前期费用108 332元，国粮城东公司应予支付。一审法院认定的欠付工程款数额部分有误，应予纠正。

二审法院判决：①维持一审法院民事判决第二项；②变更一审法院民事判决第一项为：国粮城东公司于本判决生效后30日内偿付兴禾工贸公司工程款392 524.87元、工程前期费用108 332元。

【法律分析】本案是一则工程款纠纷案例，但争议焦点是承包人要求发包人支付工程款的诉讼请求是否超过诉讼时效。《民法通则》第135条规定："向人民法院请求保护民事权利的诉讼时效期间为二年，法律另有规定的除外。"因此，诉讼时效一般为2年，有特殊规定的除外。《民法通则》第137条规定："诉讼时效期间从知道或者应当知道权利被侵害时起计算。但是，从权利被侵害之日起超过二十年的，人民法院不予保护。有特殊情况的，人民法院可以延长诉讼时效期间。"可见，诉讼时效的起算从当事人知道或应当知道权利被侵害时起计算。20年的规定则是权利的最长保护期限。本案的特殊性是发包人与承包人没有明确约定工程款的支付期限。《民法通则》第88条第2款规定："合同中有关质量、期限、地点或者价款约定不明确，按照合同有关条款内容不能确定，当事人又不能通过协商达成协议的，适用下列规定：……（二）履行期限不明确的，债务人可以随时向债权人履行义务，债权人也可以随时要求债务人履行义务，但应当给对方必要的准备时间……"《合同法》第62条规定："当事人就有关合同内容约定不明确，依照本法第六十一条的规定仍不能确定的，适用下列规定：……（四）履行期限不明确的，债务人可以随时履行，债权人也可以随时要求履行，但应当给对方必要的准备时间……"由此可见，履行期限不明确，承包人可以随时要求发包人履行，但承包人应当给发包人必要的准备时间。债权人给债务人必要的准备时间又称为宽限期或优惠期，自该期限届满，债务人不履行债务时，债权人即应知道权利被侵害，故履行期限不明确的债，应当自债权人给予债务人清偿债务的宽限期满时计算诉讼时效。

就本案而言，一、二审法院虽然认为承包人的诉讼请求没有超过诉讼时效，但存在细节错误。一、二审法院认为2007年11月兴禾工贸公司向国粮城东公司主张过清偿欠付工程款的权利，故诉讼时效应从2007年11月起算，这与《民法通则》《合同法》所规定的"应当给对方必要的准备时间"相违背。正确的处理方式应当是在兴禾工贸公司向国粮城东公司主张清偿欠付工程款之日起给予国粮城东公司一段时间的宽限期，待宽限期满之日起再计算诉讼时效。至于宽限期的具体长度法律没有规定，本案的承包人也没有明确，故应当由法院根据实际情况酌情确定。另外，一审法院认为2007年11月兴禾工贸公司向国粮城东公司主张过清偿欠付工程款的权利属于时效中断，笔者认为该观点值得商榷。《民法通则》第140条规定："诉讼时效因提起诉讼、当事人一方提出要求或者同意履行义务而中断。从中断时起，诉讼时效期间重新计算。"但是，诉讼时效中断的前提是诉讼时效已经开始计算，如果诉讼时效都没有开始计算当然不可能发生时效中断。由于本案当事人没有明确债务履行期限，所以诉讼时效一直没有起算，2007年11月兴禾工贸公司要求国粮城东公司清偿欠付工程款的行为是诉讼时效起算事由，并不是一审法院所说的中断事由。

（十一）大发房地产公司与精细建筑公司建设工程欠款纠纷

2002年3月15日，签订《建设工程施工合同》。约定：由精细建筑公司承建位于某市广达路的新发大厦。施工范围包括：框架18层，施工图纸范围内的土建、水、电、暖、卫、电气工程，包工包料，施工面积20 000m²。工程价款暂定1900万元，建筑材料价格涨跌幅度为目前市场平均价格20%内时，合同价不能调整；图纸范围内的设计变更，可调整工程价款，但幅度上下不超出200万元。开工时间为2002年5月1日，竣工时间为2003年11月底。甲方先支付工程总价8%的工程款，以后按施工形象进度支付，工程进度款支付到70%时，逐月扣回工程预付款。余款扣除5%保修金后，在工程竣工后10日内支付。工程质量标准为优良，如获鲁班奖，则按工程总造价的10%给予承包人奖励；工程质量未达到优良标准的，则扣罚工程总造价的10%。工期拖延和工程价款拖延支付，均按照拖延一日向对方支付2000元标准执行。

合同签订后，精细建筑公司开始施工。在施工过程中，精细建筑公司将部分工程项目分包给其他单位施工，包括：消防系统工程、通风空调工程、地辐射采暖工程、电梯工程、外墙装饰、高压电气设备工程、±0以下结构工程。上述分包工程由精细建筑公司统一管理、验收，大发房地产公司为此支付给精细建筑公司工程总价3%的配合费。在施工过程中，由于设计图纸与双方当事人签订的施工合同约定的施工面积及实际层高不符，双方通过签证决定按照设计图纸施工。以后，双方又通过设计变更签证将合同约定的标准层平面增加2层，总层高为20层，并为此对结构支撑部分作出相应调整。确认该部分工程工期4个月，造价280万元。新发大厦于2003年5月1日竣工，经发包人、施工人、设计人、监理人和规划单位五方验收合格，确认为合格工程。工程竣工后，精细建筑公司于2003年5月2日向大发房地产公司提交了工程结算书，确认工程造价为2500万元。大发房地产公司对施工人提交的竣工结算文件迟迟不予答复，致使精细建筑公司于2003年8月2日通过公证处向精细建筑公司发出紧急催款函。催款函载明："自大发房地产公司收到本函之日起28天内，就我司报送的工程竣工结算文件向我司出具书面意见；如到期未出具书面意见，视为认可我司报送的结算文件内容，按报送文件结算。本函为施工合同组成部分，自大发房地产公司签收之日起发生法律效力。"大发房地产公司收发室工作人员签收上述函件并加盖收文专用章。施工过程中，大发房地产公司已向精细建筑公司支付工程预付款、进度款共计1900万元。

2003年10月1日，精细建筑公司在索要工程款无望的情况下，向工程所在地一审法院提起诉讼，请求：大发房地产公司按照催款函上记载的内容，支付未付工程款600万元及自工程竣工之日起至给付之日止的利息并按中国人民银行规定的同期同类贷款利率计息；拖延支付工程价款期间，按照合同约定，每日向施工人支付2000元。大发房地产公司答辩称：精细建筑公司未达到合同约定的工程质量优良标准，应承担违约责任210万元；精细建筑公司未在合同约定工期内完工，应按每拖延1日2000元承担违约责任；工程结算文件中大量报价与事实不符，应由法院委托鉴定决定工程价款数额；施工人存在违法分包行为，应承担违约责任；发包人不存在违约，不应承担任何违约责任。据此，请求法院驳回原告诉讼请求。

一审法院经审理认为，双方签订合同的性质为建设工程施工合同。讼争建设项目取得《开工许可证》。施工企业具备相应的资质等级，施工人主体适格。签约时，当事人意思表示真实、自愿，合同内容合法，不违反法律、行政法规强制性规定，应认定合同有效。在履行合同过程中，当事人均存在违约行为。发包人未在催款函记载的回复期间内答复承包人，意味着催款函发生法律效力，发包人应按催款函记载的款项数额向施工人支付工程欠款。发包人同时还应向承包人支付欠款利息，利息自催款函发生法律效力之日（2003年9月1日）起算，至付清欠款之日止，按中国人民银行同期同类贷款利率计息。自2003年9月1日起，大发房地产公司按每日2000元标准，向精细建筑公司支付延期付款违约金。讼争工程未达到合同约定的质量标准，未在约定工期内完工，施工人将部分主体结构工程分包属违法分包行为，亦构成违约。此外，大发公司还以工程结算文件存在大量不实内容为由，抗辩原告的诉讼请求。分析被告答辩内容，除施工人报送的工程结算文件存在大量不实内容属于答辩内容外，其他内容不是针对原告请求提出的答辩意见，而是发包人提出的为抵消、吞并原告诉讼请求的具体请求事项，已构成独立的诉讼请求，应提起反诉。

在本案中，发包人未提出反诉，有权另行提起诉讼。据此，一审法院判决：①自判决发生法律效力之日起30日内，大发房地产公司向精细建筑公司支付工程欠款600万元及利息（自2003年9月1日起至付清款项之日止，按照中国人民银行发布的同期同类贷款利率执行）；②自本判决发生法律效力之日起 30 日内，大发房地产公司按每日 2000 元标准，向精细建筑公司支付延期付款违约金（自 2003 年 5 月 30 日起至付清工程欠款之日止）；③驳回原告的其他诉讼请求。

一审判决后，双方当事人未提出上诉，一审判决发生法律效力。

【法律分析】

观点一：结算工程款应综合考虑合同约定和变更合同价款因素。

合同约定的结算方式为固定总价。本案承发包双方当事人在施工合同中约定的工程结算方式为固定总价的结算方式。原建设部《建筑工程施工发包与承包计价管理办法》第 12 条规定："合同价可以采用以下方式：（一）固定价。合同总价或者单价在合同约定的风险范围内不可调整……"第 13 条规定："发承包双方在确定合同价时，应当考虑市场环境和生产要素价格变化对合同价的影响。"本案施工合同约定，施工范围：框架 18 层，施工图纸范围内的土建、水、电、暖、卫、电气工程，包工包料，施工面积 20 000m²。工程价款暂定 1900 万元，建筑材料价格涨跌幅度为目前市场平均价格 20% 内时，合同价不能调整；图纸范围内的设计变更，可调整工程价款，但幅度上下不超出 200 万元。合同约定表明，1900 万元为固定总价的结算方式。"建筑材料价格涨跌幅度为目前市场平均价格 20% 内时，合同价不能调整"属于建设部规章规定的"合同总价或者单价在合同约定的风险范围内不可调整"范畴。"图纸范围内的设计变更，可调整工程价款"，为合同约定的工程价款可调整的风险范围；"但调整幅度上下不超出 200 万元"，为合同约定的工程价款可调的风险系数。

目前，建筑市场大多数施工合同采取固定总价的方式结算工程价款，一般都约定有可调整合同价款的风险范围，即属于建设部部颁规章规定的"应当考虑市场环境和生产要素价格变化对合同价的影响"因素的情形。从理论上讲，采用固定价作为结算方式的建设工程一般为工程量小、价款少的工程，一般适用于 500 万元以下的小额工程；工程量大、工程费用高的工程一般适合采用可调价的方式结算工程价款；成本加酬金的结算方式适合于翻建、改建旧工程的建设项目。但目前我国建筑市场未按照理论上设定的 3 种结算方式，结合工程性质和工程量大小进行结算，而是按照施工合同范本的要求，主要采取可调价和固定价方式进行工程结算。

本案合同在履行过程中，因设计变更，施工企业承建的房屋加层，变更了原合同约定的施工范围，设计变更已经超出了设计图纸范围，并因此引发相应的工程结构变更。工程价款按固定价结算，是指在合同约定的风险范围内，即在"图纸范围内的设计变更，可调整工程价款，但幅度上下不超出 200 万元"。本案加层部分引起的工程量变化，不属于合同约定的调价风险范围，而应按实际造价，另行据实结算。最高人民法院《施工合同司法解释》第 16 条第 2 款规定："因设计变更导致建设工程的工程量或者质量标准发生变化，当事人对该部分工程价款不能协商一致的，可以参照签订建设工程施工合同时当地建设行政主管部门发布的计价方法或者计价标准结算工程价款。"本案即属于因设计变更导致的工程量变化，按照该规定，应当据实结算。本案双方当事人以签证方式确认，因设计变更致工程量增加而引发工程价款增加数额为280万元，工期延长4个月。按施工合同和设计变更后的签证内容，本案工程建设项目价款的约定方式为："在1900万元固定总价范围内，按照合同约定风险范围可调整合同价款；对于风险范围外，因设计变更，导致增加的工程量价款为280万元。"如本案设计变更后增加的工程造价没有约定且不能通过协商达成一致的，人民法院应对整体工程造价进行鉴定，或按司法解释规定，可以参照签约时的市场价格信息，据实结算工程款。

观点二：发包人未在催款函约定期间回复，视为认可施工人报价。

本案合同约定的工程款，由预付款、进度款、结算款三部分组成。施工人在工程竣工并经五方验收合格后，向业主报送工程竣工结算文件，业主拖延审价，致使工程结算无法继续进行。在此种情况下，施工人向发包人发出了经公证的紧急催款函，并约定了审价期间。此函性质为要约，发包人签收此函即为承诺，视为接受函示内容。故此函成为施工合同的组成部分，对双方当事人发生法律效力，双方均应受此函内容约束。《施工合同司法解释》第20条规定，"当事人约定，发包人收到竣工结算文件后，在约定的期限内不予答复，视为认可竣工结算文件的，按照约定处理。承包人请求按照竣工结算文件结算工程价款的，应予支持。"原建设部发布的《建筑工程施工发包与承包计价管理办法》第16条第1款规定，"工程竣工验收合格，应当按照下列规定进行竣工结算：……（二）发包方应当在收到竣工结算文件后的约定期限内予以答复。逾期未答复的，竣工结算文件视为已被认可……"发承包双方在合同中对上述事项没有约定的，可认可其约定期限均为28日。原建设部规章与《施工合同司法解释》比较而言，按规章规定，施工人"竣工结算文件视为已被认可"，不需要"当事人约定"这一前提；而适用《施工合同司法解释》的前提必须是有"当事人约定"，否则，不能按照施工人报价结算。本案施工人在向发包人发出紧急催款函上注明，甲方在函示期间内不能回复意见，视为认可施工人报价。此函示属于当事人约定范畴，应当适用司法解释的规定。

延伸此问题，按原建设部发布的施工合同范本通用条款第33条第3款规定的内容，如发包人在28天内未审价的，能否按照《施工合同司法解释》第20条规定，产生"当事人约定，发包人收到竣工结算文件后，在约定期限内不予答复，视为认可竣工结算文件的，按照约定处理"的法律后果？最高人民法院在〔2005〕民一他字第23号《最高人民法院关于如何理解和适用〈最高人民法院关于审理建设工程施工合同纠纷案件适用法律问题的解释〉第二十条的复函》中明确指出：建设部制定的建设工程施工合同格式文本中的通用条款第33条第3款的约定，不能简单推论出，双方当事人具有发包人收到竣工结算文件一定期限内不予答复，则视为认可承包人提交的竣工结算文件的一致的意思表示，承包人提交的竣工结算文件不能作为工程款结算的依据。

合同约定按固定总价方式结算工程款的，应当按照合同约定的不同风险范围，可以或者不能调整工程价款。现《施工合同司法解释（一）》第19条第2款仍保留了上述相关规定。因设计变更导致超出合同约定风险范围内的工程量或质量标准变化，应按照司法解释规定据实结算，当事人另有约定的除外。

发包人未在合同约定的审价期限内审价，视为认可施工人报价；合同约定，既可以体现在施工合同中，也可以在履约甚至结算阶段作出。

第四章 工程期限

第一节 对工程期限的认定

一、美建建筑系统（中国）有限公司与青海明瑞房地产开发有限公司等建设工程施工合同纠纷[1]

> 基本案情

（一）基本情况

2011年1月6日，青海产权交易市场受西宁城通交通建设投资有限公司（以下简称"西宁交投"）的委托在《西宁晚报》刊登《新宁广场公共停车场改造工程项目招商公告》，对改造项目进行招商，并告知本工程项目建成后，产权归开发主体，即西宁交投所有。经过招商，2月11日，西宁交投、青海产权交易市场向青海明瑞房地产开发有限公司（以下简称"明瑞公司"）发出《招商中选通知书》，确定明瑞公司为中选单位。

2011年3月23日，西宁交投为甲方与乙方明瑞公司签订《合作协议》，载明：西宁交投委托青海省产权交易市场对新宁广场公共停车场综合改造项目的投资、建设进行公开招商，最终确定明瑞公司为项目投资人。合同约定：合作方式：甲方将本项目的开发建设和一定年期经营权以公开招商的方式授予乙方，乙方负责投入全额资金。本项目建设工程竣工后，其产权均归甲方，乙方将地下停车场（库）相关资产及经营权移交甲方，地下商业区的经营权按50年（包括建设施工时间）由甲方按本协议的约定价格有偿转让给乙方，待乙方50年经营期满之次日，乙方将本项目资产和经营权无偿移交甲方或政府指定的其他单位。

2012年4月10日，西宁交投、明瑞公司出具《关于成立新宁广场公共停车场综合改造项目管理小组的通知》，决定成立新宁广场公共停车场综合改造项目管理小组；小

---

[1] （2018）最高法民终59号。

组职责：①对项目工程安全、质量、技术交底、进度及文明施工，进行统一管理；②及时协调各参加方的关系，解决项目实施中存在的问题。

2012年9月7日，《西宁政讯》刊登《韩建华副市长安排部署新宁广场停车场综合改造项目后续建设工作》。2012年8月20日，因综合改造项目基坑边坡出现滑坡事故，部署抢修事宜。

2012年9月17日，西宁交投、西宁城市投资管理有限公司（以下简称"西宁城投"）、明瑞公司出具宁城投字〔2012〕131号《关于成立新宁广场公共停车场综合改造项目联合项目部的决定》，三家公司决定成立：联合项目部，共同负责改造项目期间内的管理；履行建设主体单位的项目法人授权职责；统一管理建设资金。

2012年1月8日，明瑞公司为甲方与乙方美建建筑系统有限公司（以下简称"美建公司"）签订《钢结构施工合同》，约定，工程内容：主体钢结构工程；建筑面积：116 703m²（具体以竣工图纸为准）；层数：地下3层、局部4层；工程承包范围：地下（含地面1层）主体钢结构框架，含钢梁、钢柱、钢楼梯、连接件、对应辅材（含垫板、预埋钢板等，不含面漆和防火），及钢结构施工图纸的全部钢结构工程量。含预埋件的加工、制作和施工指导（不含预埋件的具体埋设施工）；合同价款：本合同为固定综合单价，暂定总价129 746 524.25元；本合同所采用的固定综合单价，包干内容包括人工费、材料费、机械费、管理费、利润、税金，以及乙方为履行合同所发生的一切费用，但不包括总包管理费和配合费；本钢结构工程施工合同的承包工程量以投标报价清单及双方协定的范围为准；本合同的结算工程量以钢结构施工图纸为依据；工程量计算以经过钢结构设计单位和甲方确认的深化加工图纸为准，深化设计按国家或行业有关计量规定计算；本工程最终结算价款为：固定综合单价×实际工程量+变更或增减工程价款。

该合同第7条"工程期限及顺延"约定：①工期约定：钢结构主体施工总工期为207日历日（暂定从2012年1月1日起至2012年7月25日止），其中需要保证的重要节点时间为140日历日。②工期延误：在施工准备期间，如甲方提出设计变更（包括主力店、百货、超市、影院、餐饮，结构改造）或材料、设备变更等，将对重新采购或重新制作给乙方造成的直接经济损失时，对变更工程，乙方应同甲方或结构设计单位采用书面确认，以便划分各自责任范围。施工期间遇下列情况之一的工期相应顺延：一是，甲方未能按合同约定时间提供正式的、足够的施工图；二是，进场后，发现工地现场不具备进场施工条件，无法进行钢结构施工的，工期顺延至具备进场施工条件时；三是，甲方提出设计变更，导致工程增加、或已完工程的返工、或已制作构件重新制作时，工期相应顺延，并支付乙方相应增加的费用；四是，由于甲方提供的工程地质资料（如地质勘探报告等）不准或基础工程不符合设计要求，导致乙方设备无法进入项目地施工，工期顺延至前述障碍消除时，由于甲方项目基础筏板、基础、塔吊及操作指挥人员未按既定时间完成或到位及进入项目现场通道不能满足钢结构材料进入现场，导致乙方构件和设备无法进入项目地施工，工期顺延至前述障碍消除时；五是，1周内非乙方原因导致的停水、停电、停气等造成停工累计超过8小时的，按每8小时顺延一天计；六是，工程师未按合同约定提供所需指令、批准等，致使施工不能正常进行。因工程师签证不及时而影响下一道工序施工的，自应签未签之日起至影响消除日止；七是，未按合同约定的时间和金额足额支付工程款，工期顺延至按约定金额支付时；八是，因不可抗力的因素而延误工期及地方职能部门下达行政指令停止作业的，工期顺延；九是，甲方施工前一工序未完成，导致乙方停工等待的，工期顺延；十是，合同和法律、法规、规章规定的其他可以顺延工期的情况，本地区冬季和夜间停工令不适用于本合同条款，但甲方负责协调使乙方可以在冬季及夜间施工、运输及作业；十一是，因工程量变更导致工期顺延，时间由双方商定。③暂停施工：工程师根据施工现场的施工环境认为有安全隐患且必须停工时，以书面形式通知乙方，并在停工通知发出后24小时内书面提出方案。乙方实施处理方案后。以书面形式提出复工要求。工程师应在收到复工要求后24小时内做出是否复工的决定，逾期则视为同意复工。停工责任属甲方的，由甲方承担相应费用，工期相应顺延。停工责任属乙方的，由甲方承担连带责任。

该合同第11条"工程验收"约定：①主体结构验收：钢结构主体安装完毕，乙方自评符合设计及相应规范质量要求后通知甲方组织主体结构验收。甲方在接到通知后3日内组织验收。验收合格的，双方签字确认，验收不符合要求的，乙方整改。甲方3日内不组织验收的，视为验收合格，乙方有权进入下一道工序。②完工约定：双方约定完工指完工不受其他专业承包单位（如土建等）施工未完成而不能安装的小部分钢构件、配件等安装。该部分构件在可进行施工安装的条件下，由甲方以工程联系单的形式规定完成的期限。③钢结构子分部工程验收：全部钢结构工程完工后，甲方应自收到钢结构工程验收申请报告后，10天内组织验收。验收合格的，甲乙方签字确认。实际竣工的日期为乙方向甲方提出钢结构工程验收申请报告日；经验收认为基本符合合同要求，有个别一般性问题整改，可在钢结构分部（子分部）质量验收记录上签字确认合格，但需要验收记录中对存在的问题和限定整改的期限予以明确，乙方在限定期限内整改完毕并经甲方确认，则验收合格日期为钢结构分部（子分部）质量验收记录签字确认日；验收不符合合同要求的，由甲乙方和监理工程师形成验收纪要，明确存在的问题和修改意见及期限，乙方在修改意见期限完成修改后甲方再次验收。实际工期计算至首次提交钢结构工程验收申请报告日并另加整改工期；甲方在收到乙方再次提交的钢结构工程验收申请报告后5日内不组织验收或组织验收后5日内无书面修改意见的，则视为工程已经验收合格，甲方应按合同约定支付已完成工程量的工程尾款。④单项工程竣工验收：单项工程全部完工后，由甲方组织竣工验收，乙方参与；

验收合格的甲乙方在《钢结构工程竣工验收记录》上签字确认。⑤工程未经竣工验收或验收不合格的,甲方不得使用或同意进行其他下一道工序施工。如果使用或同意其他下一道工序施工则视为工程质量符合合同约定的标准,有关质量等问题由甲方承担责任。

该合同第12条"工程价款的支付与结算"约定:①工程款支付:合同签订之日起3日内,甲方应支付按暂定合同总价(按第3条规定,如有调整,则为调整后的暂定合同总价)的30%作为预付款用于备料;乙方上级公司长江精工钢结构集团(股份)有限公司对30%预付款资金的安全性进行公司担保并通过法律公证;首批主钢结构构件(2000 t)进场(堆场或坑底)之日起3日内,甲方支付乙方工程的暂定合同价款的20%;主钢结构完成总工程量50%之日起3日内,甲方支付乙方工程的暂定合同价款的20%;主钢结构吊装完成总工程量67%之日起3日内,甲方支付乙方工程的暂定合同价款的10%;主钢结构构件进场完成100%之日起3日内,甲方支付乙方工程的暂定合同价款的10%;钢结构工程完工、验收合格且完成结算后3日内,甲方支付全部款项,乙方同时向甲方提供合同结算总价3%的银行保函作为工程质量保修金。银行保修金保函由甲方保管,在本辖区满后3日内由甲方返还给乙方。保修期计算方法:自钢结构工程完工之日起1年,保修期内保修费用由乙方全额承担;甲方用其他现金方式支付给乙方工程款,甲方必须凭乙方财务部门开具收款收据支付,否则乙方不予承认。②结算:乙方应于钢结构子分部验收合格或视为合格后14日内向甲方提交工程结算报告及结算资料,双方按照约定的合同价款和工程变更调整内容进行结算;工程最终决算价按本合同第3条关于造价的约定和其他相关条款约定的方式、方法结算。本合同中无约定的,适用国家或行业或青海省行业有关规定;甲方自收到乙方的结算报告及结算资料后14日内给予确认或提出修改意见,期限内不作确认或不提出修改意见的,则视为确认该结算报告;如结算报告的工程最终造价为固定合同价款,无增减时,则无需甲方确认即应按本条第1条关于工程款支付的约定时间支付工程款;如有增减时,对增减部分进行结算,并经甲方确认;追加工程款、费用、赔偿,如已经甲方签证确认的,则无需再次确认即应支付;尚未确认的,由甲方在收到结算报告和结算资料之日起14日内确认;不论何种原因,甲方在钢结构子分部验收后收到乙方钢结构工程结算书28日内审核完毕,逾期即视为甲方确认该结算书,并按乙方提出的结算报告金额进行结算。

该合同第13条"奖励和违约责任"约定:①乙方的违约责任:工程质量不符合合同和设计要求的,应予返工或修理,并承担其费用;因乙方的原因不能在合同约定的期限或合同允许顺延的期限内竣工的,其工期逾期的违约责任为每天工程造价的0.01%计算赔偿甲方的损失,质量及工期违约金之和最高不超过合同总价的2%。甲方对工期逾期的索赔应在钢结构工程完工之日起28个工作日内提出。②甲方的违约责任：未按合同约定的时间方式支付工程款，甲方应支付乙方该笔款项每天0.2%的滞纳金，工期顺延。造成乙方停工、窝工的，赔偿损失；工程中途停建、缓建、土建施工延误或由于甲方要求变更设计而造成停工、窝工、返工的，工期顺延。并赔偿乙方停工、窝工、返工、机械设备调运、施工人员遣散、材料构件积压等损失；甲方未及时向乙方发出指令、批准、或发出指令错误，赔偿乙方因此所受的损失；延误工期的，工期顺延；工程验收合格后，甲方未按合同的约定支付工程尾款的，每天按工程造价的0.03%偿付违约金。

2012年1月19日，明瑞公司向美建公司支付第一笔工程款3892.4万元。

2012年3月13日，美建公司向明瑞公司出具《工程联系单》，称：由于土建作业面不能按时移交，导致自合同约定的2012年2月5日至今无法进场正常施工。明瑞公司、重庆江河工程建设监理有限公司（以下简称监理公司）签字盖章确认。

2012年3月31日，美建公司向明瑞公司出具《工程联系单》，称：由于明瑞公司未提供施工图纸，至2012年3月31日收到部分图纸。明瑞公司、监理公司签字确认。

2012年4月6日，美建公司向明瑞公司出具《工程联系单》，称：要求明瑞公司对2012年3月31日联系单提出的图纸问题予以答复。明瑞公司签字盖章确认。

2012年4月11日，美建公司向明瑞公司出具《工程联系单》，称：要求明瑞公司对2012年3月31日、4月6日联系单提出的问题予以答复。明瑞公司签字盖章确认。

2012年5月2日，美建公司向明瑞公司出具《工程联系单》，称：明瑞公司未确认钢结构优化方案，及未提供施工蓝图，无法进行结构深化设计，要求明瑞公司答复。明瑞公司签字盖章确认。

2012年5月11日，明瑞公司向美建公司出具《工程联系函》，称：明瑞公司委托浙江勤业建筑设计有限公司开展主体钢结构工程优化及深化设计，特通知主体建筑规划设计单位及结构设计单位全力配合，提供完成的设计技术参数及设计图纸等全部资料，由委托优化及深化设计单位同上海盛捷结构设计事务所共同完成。

2012年5月20日，西宁交投向监理公司发出《中标通知书》。

2012年5月28日，美建公司向明瑞公司出具《工程联系单》，称：明瑞公司应于2012年2月5日向美建公司提供作业面1/4作业面，由于土建工作面不能按时移交，至2015年5月28日只移交了1/16工作面，造成工期不断压缩，无法按合同约定的工期完成；要求工期顺延等。明瑞公司签署同意工期顺延的意见。

2012年5月30日，美建公司向明瑞公司出具《工程联系单》，称：5月28日以来，新宁广场构件已经相继进场，由于基础筏板工作面未进行清场以及未及时进行杯口抽水，无法正常进行放线工作，要求解决。明瑞公司签字盖章确认。

2012年6月4日，美建公司向明瑞公司出具《工程联系单》，称：因基础筏板工作面未及时解决，广场工程无法顺利进行。监理公司签字盖章确认。

2012年6月6日，美建公司向明瑞公司出具《开工报告》，称：拟定于2012年6月12日开工。明瑞公司签署条件具备，同意开工的意见，明瑞公司、监理公司签字盖章确认。

2012年6月15日，美建公司向明瑞公司出具《工程联系单》，称：因马道不定期产生裂缝，导致构件无法进入工地，严重影响施工及人员、机械设备窝工，要求工期相应顺延。监理公司签字、盖章确认。

2012年6月19日，美建公司向明瑞公司出具《工程联系单》，称：由于明瑞公司未及时提供人防工程图纸，影响了构件深化、加工及现场安装的进程，要求明瑞公司尽快解决。明瑞公司、监理公司签字、盖章确认。

2012年6月25日，美建公司向明瑞公司出具《工程款支付申请表》，称："我方已完成了钢结构进场2383.167t工作，按施工合同规定，建设单位应在2012年6月28日前支付该项工程款25 949 304元。监理公司签署情况属实，请业主方审核；明瑞公司签署建议在本次工程进度款中暂扣5%安全质量文明生产及进度保证金，确保进场安全、质量、文明生产及进度的意见，并加盖印章确认。"

2012年6月26日，美建公司向明瑞公司出具《工程联系单》，称：至2012年6月26日，明瑞公司仍未提供人防工程图纸，导致公司构件深化、加工及现场安装无法正常进行，要求明瑞公司尽快解决。明瑞公司、监理公司签字、盖章确认。

2012年6月27日，美建公司向明瑞公司出具《工程联系单》，称：至2012年6月26日，明瑞公司仍未提供人防工程图纸，导致公司构件深化、加工及现场安装无法正常进行；同时提出楼承板系统存在问题，影响整体工程的工期，请求明瑞公司尽快解决。明瑞公司签字、盖章确认。

2012年7月7日，美建公司向明瑞公司出具《工程联系单》，称：经现场测量发现1-33/G-N轴区域杯口施工误差较大，无法满足钢结构吊装条件，杯口数据不对，根本无法施工，要求明瑞公司尽快解决。明瑞公司、监理公司签字、盖章确认。

2012年7月24日，美建公司向明瑞公司出具《工程联系单》，称：至2012年7月21日，明瑞公司未提供施工蓝图，且收到的电子版图纸进行了设计变更，要求明瑞公司回复解决。明瑞公司、监理公司签字、盖章确认。

2012年8月11日，美建公司向明瑞公司出具4份《费用索赔申请表》，称：由于明瑞公司未支付工程款，导致工期延误，要求给付工程款、滞纳金、误工工资、机械设备闲置费用等。明瑞公司在3份申请表中签字、盖章确认

2012年8月7日，美建公司向明瑞公司出具《工程停工报审表》，称：明瑞公司未及时支付进度款，工厂构件无法按计划发运，施工现场无构件可吊装，申请于2012年8月8日停工。明瑞公司、监理公司未回复。

2012年8月11日、9月12日，美建公司向明瑞公司出具《工程联系单》，称：由

于现场施工地未清障，导致构件材料二次倒运造成工期延误，要求明瑞公司解决。明瑞公司、监理公司签字、盖章确认。

2012年8月20日、9月11日，美建公司向明瑞公司出具《工程联系单》，称：由于图纸、设计出现问题，影响施工，要求明瑞公司及时答复。明瑞公司、监理公司签字、盖章确认。

2012年9月16日，美建公司向明瑞公司出具《工程联系单》，称：由于7区现场施工地未清场，无法正常施工，影响工期顺延。明瑞公司未签字，监理公司加盖印章确认。

2012年9月23日，美建公司向明瑞公司出具《工程联系单》，称：由于杯口四周未清场，无法正常施工，影响工期顺延。明瑞公司、监理公司签字、盖章确认。

2012年11月2日，美建公司向明瑞公司出具《工程联系单》，称：由于场地未及时常清移交，影响施工，要求明瑞公司及时答复。明瑞公司、监理公司签字、盖章确认。

2012年11月10日，美建公司向明瑞公司出具《工程联系单》，称：由于施工区因总包原因未移交，影响施工，要求明瑞公司及时协调。明瑞公司签署请二十三冶建设集团有限公司（以下简称"二十三冶"）土建队尽快移交美建进行钢柱吊装施工，明瑞公司、监理公司签字、盖章确认。

2012年12月2日，美建公司向明瑞公司、城投公司、城通公司、监理公司、五矿二十三冶建设集团出具4份《关于新宁广场综合改造项目钢结构工程款的申请报告》，称：申请工程款及因迟延支付工程款导致窝工、停工，要求工期顺延32天（2012年7月6日至2012年8月6日）等。明瑞公司、监理公司有关人员签字确认。

2013年4月11日，美建公司、明瑞公司、监理公司等的参加下共同形成《监理例会会议纪要》，美建公司提出业主解决工程款、筏板基础工作面未移交、钢结构蓝图未提交等问题，要求明瑞公司及时解决。明瑞公司签署请二十三冶土建队尽快移交美建进行钢柱吊装施工，明瑞公司、监理公司签字、盖章确认。

2013年5月13日，美建公司向明瑞公司出具《资金使用审批表》，称：本期支付金额：200万元；累计支付金额：103 574 000元；申请支付200万元。监理公司签署为完成后期工程进度目标，请甲方及时支付进度款；明瑞公司签署同意支付的意见，并加盖印章确认。

2013年5月30日，美建公司向明瑞公司出具《工程联系单》，称：2012年8月东南角博物馆基坑支护坍方，造成钢结构安装停工25天；至2013年5月13日，钢结构主体结构安装完成为现今现场情况，2013年春节后，钢结构主体结构因无施工工作面而一直处于停滞状态。由于筏板基础未完成，造成主体结构未能安装、钢楼梯无法进场，现场施工停滞；增加工程量1800 t，至少欠工程款1720万。明瑞公司签字、盖章确认。

2013年7月15日，美建公司向明瑞公司出具2份《工程联系单》，称："钢结构工程现已进入剩余35根钢柱，约1500 t钢结构安装，2013年5月，因土建单位南四、五筏板基础未浇筑完成及业主工程款迟迟未支付，为此，我司在毫无办法的情况下，被迫停工撤场。现南四、五筏板基础于2013年7月8日浇筑完成，为确保基坑安全，应业主要求，我司已进场施工，但仍存在诸多问题：南四、五区筏板基础从浇筑完成至今，杯口基础及筏板面积水、淤泥未清理，不具备施工条件。监理公司签署情况属实，请业主酌情给予补偿，明瑞公司签署以上两项确实存在，已安排二十三冶抽水清淤工作，请二十三冶继续安排作业，以保证钢结构吊装的意见，同时盖章确认。"

2013年7月18日，美建公司向明瑞公司出具《工程联系单》，称：按合同约定应支付总价的90%，即116 771 872.1元，实际收款：110 074 000元，尚欠6 697 872.1元；我司应于钢结构子分部验收合格或视为合格后14日向贵方提交结算报告及结算资料。后附：兰州审计2012年12月13日工程款审核单。明瑞公司、监理公司签字确认。

2013年8月6日，美建公司向明瑞公司出具《西宁新宁广场公共停车场综合改造工程钢结构子分部工程情况说明》，提出的主要内容为：工程因为业主方原因2012年6月才开工，因图纸问题、工作面问题、资金问题导致整个工期被拖延，美建公司损失惨重，工期应当顺延。明瑞公司、监理公司签字确认。

2012年12月13日，甘肃金信建设工程造价咨询有限公司出具《西宁新宁广场公共停车场综合改造工程钢结构施工月进度审核》，内容：申请进度款：14 400 000元；本月完成情况：完成主体结构的加工及深化；审核进度款：10 080 000元，暂按完成工程量的70%计取。

2013年10月10日，在美建公司、明瑞公司、监理公司、二十三冶的参加下形成《监理例会会议纪要》，美建公司提出9/F-G轴钢梁被砼车撞变形，需业主出具修缮方案。同日，美建公司就同事实向明瑞公司出具《工程联系单》，监理公司签署情况属实，如设计方不出方案，可由业主指定处理方案后施工，明瑞公司签署由美建公司出具施工方案，并加以修复，此工程联系单转发二十三冶的意见，同时盖章、签字确认。

2013年10月11日，美建公司向明瑞公司出具《工程联系单》，提出给付工程款、无正式施工蓝图，无法施工，工期应顺延。监理公司签署以上情况属实，请业主协调解决，明瑞公司签署"①完善工程钢楼梯的制作安装；②要求设计院对施工全套图纸的出具；③根据合同资金的支付情况，支付工程款；④报2013年完成工程结算单"的意见，同时盖章、签字确认。

2013年11月7日，在美建公司、明瑞公司、监理公司、二十三冶等部门的参加下形成《监理例会会议纪要》，美建公司提出钢结构深化图纸设计签字确认、马道13日拆除时间不能拖延、塔吊拆除时间请予确定等问题。工作联系函，证明截至2014年7月11日美建公司工程尚未完工，其于2013年11月23日出具结算书无任何依据。

2014年9月4日,美建公司向明瑞公司送达《工程结算书》,结算造价为164 070 286元。明瑞公司在结算书中签署双方友好协商,2014年11月15日前对审完毕的意见。

2015年12月8日,经勘察单位青海工程勘察院、设计单位上海捷盛土木工程结构设计事务所有限公司、监理公司、美建公司、二十三冶进行验收,出具《钢结构分部(子分部)工程质量验收记录》,案涉工程验收合格。

2016年1月20日,明瑞公司向美建公司出具"函",告知工程需整改,决算资料应补齐,未完成工程应安排落实,并确定2016年1月20日进行工程量对审。

2016年1月27日,明瑞公司出具对美建公司律师函的答复"函",告知2015年12月8日验收属于工程未全部完工状态下的甩项验收,仍存在未完工程的施工,工程尚不具备结算条件。

合同履行中,明瑞公司向美建公司支付工程款:110 664 063.67元。对此,美建公司对工程施工中产生的水、电费存在异议。

2016年8月4日,美建公司向一审法院提出对新宁广场公共停车场综合改造工程主体钢结构工程造价进行司法鉴定,经一审法院委托司法鉴定机构对案涉工程的工程造价进行鉴定。2017年4月27日,青海五联工程造价司法鉴定所作出《鉴定意见》,工程总造价为147 306 893.65元。

(二)争议焦点

焦点一,关于明瑞公司是否应当就6 697 871.83元进度款支付滞纳金的问题。

焦点二,关于一审确认明瑞公司向美建公司已支付工程款为110 664 063.67元是否正确的问题。

焦点三,关于一审将2017年4月30日作为保修期起算日,并扣除保修金是否正确的问题。

焦点四,关于一审认定进度款滞纳金按每天0.2%计算明显超过实际损失从而调整到按年24%计算是否错误的问题。

焦点五,关于一审认定结算款违约金明显超过实际损失从而调整到按中国人民银行发布的同期同类贷款利率计算是否错误的问题。

焦点六,关于美建公司是否有权对新宁广场公共停车场综合改造项目工程进行折价拍卖并优先受偿的问题。

焦点七,关于西宁交投、西宁城投是否应承担连带付款责任的问题。

焦点八,关于美建公司是否存在工期逾期的违约事实的问题。

焦点九,关于一审判决鉴定费用全部由美建公司承担是否正确的问题。

(三)处理结果

因欠付工程进度款导致的工期顺延天数,应结合欠款时间和工程竣工时间等客观事实予以认定。导致工期顺延的事由应当是在施工期间发生的事由,工程竣工后,工程实际工期、顺延天数和逾期天数,都已成为客观事实被固定下来,不因欠款状态的延续而变化,即便工程竣工后仍未支付进度款,所导致的工期顺延天数也应在工程竣工之日停止计算。因此,一审法院将工期顺延至一审庭审之日以及美建公司主张工期应顺延至今均是错误的,应以实际施工期间欠付工程款的天数计算工期顺延时间。如前所述,明瑞公司最迟应于 2012 年 12 月 28 日支付 90%进度款且至今尚未付款,故工期顺延天数应自 2012 年 12 月 29 日开始计算,至工程实际竣工之日即 2015 年 12 月 8 日停止计算,共计顺延 1075 天,此外,其他事由导致的工期顺延天数为 485 天,故案涉工期合理顺延天数共计为 1560 天。

《钢结构施工合同》约定工期截至 2012 年 7 月 25 日,按合理顺延 1560 天计,工期应顺延至 2016 年 10 月 31 日。关于案涉工程的实际竣工日期,建设工程经竣工验收合格的,按照竣工验收合格之日为竣工日期,2015 年 12 月 8 日,由设计、勘察、分包、施工、监理等单位共同验收并出具的《钢结构分部(子分部)工程质量验收记录》记载,案涉工程验收合格,故应确认 2015 年 12 月 8 日为案涉工程实际竣工之日。明瑞公司虽然主张案涉工程至今尚未完工,其无需支付该进度款,但其主张与案涉工程验收合格的事实相矛盾,明瑞公司提供的证据亦不足以否定上述事实。因此,案涉工程的实际竣工日期早于顺延后的竣工日期,美建公司不存在工期逾期违约的行为。一审法院认定美建公司违约,并判决美建公司承担逾期交工的违约赔偿责任有误,应予纠正。美建公司该项上诉请求成立,最高人民法院予以支持。

案件评析

认定本案是否存在工期逾期的违约事实的实质就是认定是否存在工期的延误。明瑞公司最迟应于 2012 年 12 月 28 日支付进度款,但其一直未按约支付,故法院据此认定自该日开始至工程实际竣工之日期间为工期顺延较为适宜。本案属于约定开工日期和竣工日期的形式,在确定案件工期后,竣工日期亦应顺延。据此法院综合计算顺延日期后,认定美建公司不属于工期延误,不应承担逾期交工的违约赔偿责任。

二、蚌埠畅达房地产开发有限公司与唐某军建设工程施工合同纠纷[1]

基本案情

(一)基本情况

蚌埠畅达房地产开发有限公司,(简称"畅达公司")将其开发的蚌埠市五河县

---

[1] (2018)皖民终 340 号。

内的畅达城中嘉园小区3#-10#楼发包给腾飞公司总承包建设，双方于2009年6月1日签订了一份《建设工程施工合同》，主要约定：工程内容：土建、水电、弱电；资金来源：自筹；承包范围：3#-10#共8栋楼总承包；开工日期：2009年5月25日；竣工日期：设计文件、工程内容约定的项目完成，并经有关部门验收合格签章止；合同工期总日历天数280天；工程质量标准：合格；承包人向发包人承诺按照合同约定进行施工、竣工并在质量保修期内承担工程质量保修责任，见本合同附件3；发包人向承包人承诺按照合同约定的期限和方式支付合同及其他应当支付的款项，见本合同条款47"补充条款"；监理单位委派的工程师是杨某好，发包人派驻的工程师是高某，项目经理是周某和；工期顺延的其他情况执行本条款；合同价款采用可调价格合同，合同价款的其他调整因素另定；工程款（进度款）支付的方式和时间：3层主体结构封顶结束，经验收合格后付工作量的20%，以后按月再完成合格的工作量付60%，主体结构结束经验收合格后付至总工作量70%，工程竣工验收合格后付至总工程量的85%，6月内再付至总工程量90%，剩余总工程量的保证金10%按保修书规定结束后分项付清；工程变更按设计认可或发包方技术负责人在不影响结构的基础上发出的工作联系单变更增减工作量；竣工验收与结算需经"五大"责任主体及县质量监督站签发并盖章的单位或子单位工程验收竣工报告为竣工验收通过，发包人接到承包人正式决算之日起40日内审核结束；补充条款：双方在《建设工程施工合同》中，继续本着平等、自愿、公平和诚信的原则下，同意补充以下条款："从2009年5月25日为正式开工的绝对日期开始计算总工期的日历天数，工程竣工为各方责任主体及县质监站签章后为竣工日期，总工期280天。除不可抗力、自然灾害，经发包方签字后为停工日期。按合同工期每提前壹天奖励1万元，每推迟1天罚款1万元（从付工程款中扣除）。"高某、唐某军分别在该合同发包人委托代理人和承包人委托代理人栏签名。

2009年8月11日，腾飞公司与唐某军签订《工程（内部）承包协议书》，腾飞公司将案涉工程交由唐贵军承包施工，唐贵军实际施工了5#-10#楼及地下室工程。

2009年12月31日，畅达公司取得畅达城中嘉园项目的《建筑工程施工许可证》，该证载明：设计单位为上海华东建筑发展设计有限公司，施工单位为腾飞公司，监理单位为合肥工大建设监理有限责任公司；合同开工日期为2009年3月，合同竣工日期为2009年12月；项目经理为周某和。

2011年7月15日，唐某军与高某签订《协议》载明："本人建5#~10#楼工程在2011年8月20日完成达到竣工验收标准，如达不到，本人愿承担违约金以每天3万元的钱类推。因甲方原因影响，本人不承担违约金，其工期相对顺延。本人写借条（如达不到标准，欠条交公司累计扣除）。"

2011年8月26日，李某强、唐某军出具的《报告》载明："我水电班李某强承接老唐5#-10#楼水电安装项目，原来我写的承诺未兑，因其他工程影响5#、6#楼正常施工，加上有时供电局停电等因素。我最近资金太紧张，只要董事长、高书记二位领导帮我解决20万元，我本人感激万分，绝对在最近全部完成所有项目达到初验，在最后冲刺时望二位领导再帮助解决一点。"

2011年10月18日，腾飞公司5#-10#楼项目部、唐某军致函畅达公司：腾飞公司承建城中嘉园5#-10#楼工程，经过开发公司这几个月的帮助，项目部全体人员的抢修，已达到初验标准，请甲方、质监站、监理公司在2011年10月23日来工地初验，待提出宝贵意见后，我们全力以赴尽快在几天内整改结束达到正式验收。畅达公司2011年10月23日在该报告上注明：没有达到预验，请施工单位在本月30日组织验收。

2011年11月29日，高某出具《收条》载明：今收到5#-10#楼进户门钥匙（全部）。

2012年4月14日，五河县建筑工程质量监督站下发蚌埠腾飞建安公司一份《建筑工程质量整改通知书》载明："经查，你单位承建的城中嘉园小区工程窗的安装制作与图纸不符，请你单位严格按《建筑工程质量施工质量验收统一标准》第5.0.6条规定委托有资质的检测单位对窗制作安装安全性及窗的节能指标进行检测鉴定，并按此条规定进行处理，一周内将处理相关资料报我站核查。"

2013年3月18日，五河县建筑工程质量监督站出具的《关于城中嘉园开发小区工程存在质量问题处理经过及经过说明》载明："五河县城中嘉园住宅小区项目于2009年9月1日陆续开工建设，工程主体验收时间：1#、2#、4#楼2010年10月17日，3#楼2011年3月2日，5#楼2011年3月21日，8#、9#楼2010年7月23日，7#楼2011年2月28日，10#楼2011年2月28日，6#楼2011年3月27日。工程基础、主体结构均经各方责任主体验收合格，之后进入装修和安装阶段施工。完工后开发单位未组织竣工验收就擅自将工程交付使用。[1]我站于2011年12月6日签发《建设工程质量整改通知单》（质监改字003号），责令开发单位进行整改。2011年12月20日，3#、4#楼竣工初验，在验收过程中发现塑钢窗中空玻璃厚度与设计图纸不符，以及其他一些质量问题。2012年2月12日我站报住建局建议对城中嘉园小区相关责任单位进行处罚；2012年2月25日向住建局汇报城中嘉园整改情况；2012年4月14日我站再次下发建筑质量整改通知书，责令施工单位对塑钢窗进行检测并进行处理，该问题开发商与业主已经协商解决。目前还存在部分墙体裂缝及外墙打荫渗漏，现正在督促处理中，施工单位正在按保修义务进行处理。"

（二）争议焦点

①案涉工程逾期时间和逾期责任主体如何确定；②如案涉工程逾期，则违约金数额如何确定。

与本节相关内容处理过程及结果：

---

[1] 各方责任主体已对单位工程质量出具了认可文件。

焦点一，关于案涉工程逾期时间和逾期责任主体如何确定问题。

（1）关于开工日期的确定。畅达公司上诉认为开工日期应为工程竣工报告载明的8#楼开工日期，唐某军和腾飞公司则主张开工日期应是案涉工程取得建筑工程施工许可证的日期。畅达公司提交的五河县建筑工程质量监督站出具的《关于城中嘉园开发小区工程存在质量问题处理情况及经过说明》载明："该项目于2009年9月1日陆续开工建设"，腾飞公司对此予以认可，唐某军也未提交相反证据予以反驳，故一审法院据此认定2009年9月1日是案涉工程的实际开工时间，并无不当。畅达公司虽主张案涉工程开工日期应为工程竣工报告载明的8#楼开工日期，但该主张与其提交的《关于城中嘉园开发小区工程存在质量问题处理经过及经过说明》载明的内容不符，故二审法院对其该项主张，不予支持。唐某军和腾飞公司主张应以案涉工程取得建筑工程施工许可证的时间认定开工日期，因与案件事实不符，二审法院不予采纳。

（2）关于工期顺延时间。①关于延期支付工程进度款。唐某军上诉称畅达公司延期支付工程进度款，应相应顺延工期。经查，案涉合同中未有逾期支付工程进度款可顺延工期等约定。唐某军也未充分举证证明畅达公司存在逾期支付工程进度款的违约事实，以及因畅达公司逾期支付工程进度款严重影响工程施工进度，故对唐某军的该项主张，不予支持。②关于2009年9月21日《工程联系单》，属于暴雨等不可抗力因素造成的工程量增加，而《建设工程施工合同》补充条款中约定"除不可抗力、自然灾害，经发包方签字后为停工日期"，故案涉工程施工工期应相应顺延。唐某军主张三方对此签字确认84天工期，该主张与《工程联系单》记载内容不符，不予支持。③关于2010年5月24日《通知》，其中1-4项内容属于工程施工变更，唐某军并未举证证明该部分变更需要顺延工期，故对唐某军顺延工期的主张，不予支持。④关于2011年1月19日《工程联系单》，畅达公司主张该抽排水为工程施工的基本环节，并非设计和工程量的增加，而唐某军亦未举证证明该时段的抽排水需要顺延工期，故对唐某军顺延工期的主张，不予支持。⑤关于2011年3月1日《通知》，属于工程施工变更，唐某军并未举证证明该部分变更需要顺延工期，故对唐某军顺延工期的主张，不予支持。⑥关于2011年9月26日《建设单位工作联系单》，其明确载明："……部分门窗未装齐；原1-2层商铺内墙通知不砌隔墙，现仍要砌筑，未结束；要重新安装卷闸门；顶层堵楼梯口，改单住户……"畅达公司上诉认为其是对案涉工程施工未完成和不符合要求部分提出的整改方案，不应顺延工期。畅达公司该项主张与前述记载内容不符，且其未提交其他证据进行佐证，故不予支持。⑦关于2011年11月30日《工程联系单》，畅达公司主张因该增加工程量在2011年11月29日接收房屋钥匙后，故不在本案审理范围内，但其并未提供证据证明其该项主张，故亦不予支持。综上，一审法院对案涉工程工期顺延时间的认定，符合本案实际，并无不当，二审法院予以维持。对于案涉工程逾期竣工318天，腾飞公司按照合同约定应承担违约责任。而腾飞公司承接工程后，以内部承包的方式交由唐某军实际施工，腾飞公司承担损失后就工程逾期竣工可向唐某军主张损失赔偿，故案涉工程逾期竣工责任的最后承担主体系唐某军。一审判令唐某军承担工程逾期责任，腾飞公司对此承担连带责任，唐某军对此未提出上诉，予以维持。

焦点二，关于工程逾期违约金数额如何确定问题。《建设工程施工合同》约定："按合同工期每提前1天奖励1万元，每推迟1天罚款1万元（从付工程款中扣除）。"该条款系双方当事人真实意思表示，不违反强制性法律规定，合法有效。2011年7月15日的《协议》约定："本人（唐某军）建5#-10#楼工程在2011年8月20日完成达成竣工验收标准，如达不到本人愿承担违约金，以每天3万元的钱类推。因甲方原因影响，本人不承担违约金，其工期相对顺延……"唐某军虽主张不应按此约定标准承担违约金，但其并未举证证明系畅达公司原因造成案涉工程逾期竣工，故对其该项主张不予支持。一审法院根据《建设工程施工合同》和《协议》的约定，认定案涉工程逾期违约金，符合双方约定，二审法院亦予以确认。

案件评析

本案中的工期虽然约定了开工日期和竣工日期，但在实际履行中发生变化，法院最终在确定开工日期后对竣工日期也进行了顺延；在工期顺延问题上，承包人未举证充分，其工期顺延的理由均未被法院支持；最终的赔偿问题上，因承包人有书面约定，法院按照其约定进行了相应判决。值得注意的一点是，本案中法院系直接判决实际施工人承担工期延误的违约责任。

三、青岛海沃置业有限公司与沈阳远大铝业工程有限公司建设工程施工合同纠纷[1]

基本案情

（一）基本情况

2010年1月，青岛海沃置业有限公司（以下简称"海沃公司""发包人"）与沈阳远大铝业工程有限公司（以下简称"远大公司""承包人"）签订《永新国际广场幕墙工程合同》，约定由远大公司承包海沃公司发包的永新国际广场项目建筑幕墙工程，承包方式为：由承包人按照发包人提供的幕墙工程设计及说明，远大公司包施工图纸设计、包工、包料、包质量、工期及安全生产、维护。承包范围：发包人提供的"永新国际广场"项目建筑幕墙工程招标图范围内的幕墙工程，具体如下：A（T1）系

---

[1]（2020）鲁民终275号。

统 T1 塔楼标准单元式玻璃幕墙；A（T2、T3）系统 T2、T3 塔楼标准单元式玻璃幕墙；B 系统 T1 塔楼空中花园玻璃幕墙系统；C（T1）系统 T1 塔楼屋顶立面玻璃幕墙系统；C（T2、T3）系统 T2、T3 塔楼屋顶立面玻璃幕墙系统；D 系统塔楼通风铝合金百叶系统；E 系统裙楼单元幕墙后衬钢柱系统；QA 系统裙楼标准框架玻璃幕墙系统；QB 裙楼主入口幕墙、采光顶及雨篷系统；QC 系统裙楼石材幕墙系统；QD 系统裙楼冷却塔格栅系统。

合同价款包干总价 7600 万元。合同工期为 376 天，具体如下：T3 塔楼现场施工 2010 年 1 月 19 日-2010 年 6 月 2 日 135 天；裙楼现场施工 2010 年 3 月 1 日-2010 年 7 月 18 日 140 天；T2 塔楼现场施工 2010 年 3 月 15 日-2010 年 8 月 11 日 130 天；T1 塔楼现场施工 2010 年 7 月 1 日-2010 年 11 月 30 日 153 天；具体开工日期以发包人书面通知的开工令为准，但原总工期天数 376 天及 T3 塔楼、裙楼、T2 及 T1 等各部分工程的工期天数均不变，按照实际开工日期依次相应顺延。

通用条款第 1.14 条约定，工期指发包人承包人在协议书中约定，按总日历天数（包括休息日、法定节假日）计算的承包天数。

通用条款第 10.1 条约定，承包人应按专用条款约定的日期，将施工组织设计和工程进度计划书书面提交工程师，工程师按专用条款约定的时间予以确认或提出修改意见，逾期不确认也不提出书面意见的，视为同意。

通用条款第 10.2 条约定，群体工程中单位工程分期进行施工的，承包人应按照发包人提供图纸及有关资料的时间，按单位工程编制进度计划，其具体内容双方在专用条款中约定。

通用条款第 10.3 条约定，承包人必须按工程师确认的进度计划组织施工，接受工程师对进度的检查、监督、工程实际进度与经确认的进度计划不符时，承包人应按工程师的要求提出改进措施，经工程师确认后执行。因承包人的原因导致实际进度与进度计划不符，承包人无权就改进措施提出追加合同价款。

通用条款第 11.1 条约定，承包人应当按照本合同约定的开工日期开工。承包人不能按时开工，应当不迟于协议书约定的开工日期前 7 天，以书面形式向工程师提出延期开工的理由和要求，工程师应当在接到延期开工申请后的 48 小时内以书面开工答复承包人。工程师在接到延开工申请后 48 小时内不答复，视为拒绝承包人的延期开工申请，承包人必须按照本合同约定的开工日期施工。

通用条款第 11.2 条约定，因发包人原因不能按照本合同约定的开工日期开工，工程师应以书面开工通知承包人，推迟开工日期。

通用条款第 12 条约定，工程师认为确有必要暂停施工时，应当以书面开工要求承包人暂停施工，并在提出要求后 48 小时内提出书面处理意见。承包人应当按工程师要求停止施工，并妥善保护已完工程。承包人实施工程师作出的处理意见后，可以书面开工提出复工要求，工程师应当在 48 小时内给予答复。工程师未能在规定时间内提出处理意见，或收到承包人复工后 48 小时内未予答复，承包人可自行复工。因发包人原因造成停工的，由发包人承担所发生的追加合同价款，赔偿承包人由此造成的损失，相应顺延工期；因承包人原因造成停工的，由承包人承担发生的费用，工期不予顺延。

通用条款第 13.1 条约定，因以下原因造成工期延误，经工程师确认，工期相应顺延：①发包人未能按专用条款的约定提供图纸及开工条件；②发包人未能按约定日期支付工程预付款、进度款，致使施工不能正常进行；③工程师未按本合同约定提供所需指令、批准等，致使施工不能正常进行；④设计变更和工程量增加；⑤一周内非承包人原因停水、停电、停气造成停工累计超过 8 小时；⑥不可抗力；⑦专用条款中约定或工程师同意工期顺延的其他情况。

通用条款第 13.2 条约定，承包人在本通用条款 13.1 条情况发生后 14 天内，就延误的工期以书面形式向工程师提出报告。工程师在收到报告后 3 天内予以确认，逾期不予确认也不提出修改意见，视为拒绝顺延工期。

通用条款第 23.1 条约定，招标工程的合同价款由发包人承包人依据中标通知书中的中标价格的基础上在协议书内约定。非招标工程的合同价款由发包人承包人依据工程预算书在协议书内约定。

通用条款第 23.2 条约定，合同价款在协议书内约定后，任何一方不得擅自改变。

通用条款第 23.3 条约定，可调价格合同中合同价款调整因素包括：①法律、行政法规和国家有关政策变化影响合同价款；②工程造价管理部门公布的价格调整；③一周内非承包人原因停水、停电、停气造成停工累计超过 8 小时；④双方约定的其他因素。

通用条款第 23.4 条约定，承包人应当在上述 23.3 款情况发生后 14 天内，将调整原因、金额以书面形式通知工程师，确认调整金额后作为追加合同价款，与工程款同期支付。工程师收到承包人通知后 14 天内不予确认也不提出修改意见，视为已经拒绝该项调整。

通用条款第 26.1 条约定，在确认计量结果后 14 日内，发包人应向承包人支付工程款（进度款），按约定时间发包人应扣回的预付款，与工程款（进度款）同期结算。

通用条款第 26.2 条约定，本通用条款第 23 条确定调整的合同价款，第 31 条工程变更调整的合同价款及其他条款中约定的追加合同价款，应与工程款（进度款）同期调整支付。

通用条款第 26.3 约定，发包人超过约定的支付时间不支付工程款（进度款），承包人可向发包人发出要求付款的通知，发包人收到承包人通知后仍不按要求付款，可与承包人协商签订延期付款协议，经承包人同意后可延期支付。协议应明确延期支付的时间和人计量结果确认后第 15 日起计算应付款的贷款利息。

通用条款第26.4条约定，发包人不按本合同约定支付工程款（进度款），双方又未达成延期付款协议，导致施工无法进行，承包人可停止施工，由发包人承担违约责任。

通用条款第29.1条约定，施工中发包人需对原工程设计进行变更，应提前14日内以书面形式向承包人发出变更通知。变更超过原设计标准或标准的建设规模时，发包人应报规划管理部门和其他有关部门重新审查批准，并由原设计单位提供变更的相应图纸和说明。承包人按照工程师发出的变更通知及有关要求，进行下列需要的变更：①更改工程有关部分的标高、基线、位置和尺寸；②增减本合同中约定的工程量；③改变有关工程的施工时间和顺序；④其他有关工程变更需要的附加工作。因变更导致合同价款的增减及造成的承包人损失，由发包人承担，延误的工期相应顺延。

通用条款第29.2条约定，施工中承包人不得对原工程设计进行变更，因承包人擅自变更设计发生的费用和由此导致发包人的直接损失，由承包人承担，延误的工期不予顺延。

通用条款第29.3条约定，承包人在施工中提出的合理化建议涉及对设计图纸或施工组织设计的更改及对材料、设备的换用，须经工程师同意。未经同意擅自更改或换用时，承包人承担由此发生的费用，并赔偿发包人的有关损失，延误的工期不予顺延。

专用条款约定，监理工程师为马某引，监理工程师需要取得发包人批准才能行使的职权：工期延长、投资增加、设计变更、签证、其余按监理合同执行。发包人工程师为江某，职权为代表发包人对工程施工进行全面监督管理。承包人项目经理为李某斌，职权为全权代表承包人行使本合同项下的全部权利，代表承包人对该工程进行全面管理、签署来往洽商文件、协议等。

通用条款第35.2条约定，当发生下列情况时，承包人违约：①本通用条款第14.2条提到的因承包人原因不能按照协议书约定的开工和竣工日期或工程师同意顺延的工期竣工；②本通用条款第15.1条提到的因承包人原因工程质量达不到协议书约定的质量标准；③承包人不履行合同义务或不按合同约定履行义务的其他情况。承包人承担违约责任，赔偿因其违约给发包人造成的损失，双方在专用条款内约定承包人赔偿发包人损失的计算方法或者承包人应当支付违约金的数额或计算方法。

专用条款6.1约定，发包人应按约定的时间和要求完成以下工作：①施工场地具备施工条件的要求及完成的时间。②将施工所需的水电、电讯线路接至施工场地的时间、地点和供应要求：发包人负责协调，由总承包单位提供供电分表接口，提供施工临时用水、用电来源，但水电费由承包人承担。③施工场地与公共道路的通道开通时间和要求。④不提供工程地质和地下管线资料的提供时间。⑤发包人应做的其他工作：按现状提供能基本满足承包人施工要求的场地。⑥施工场地内的主要道路应保证施工期间的畅通，满足施工运输的需要。

专用条款第 8.1 条约定,承包人提供施工组织设计(施工方案)和进度计划的时间,承包人在签订本合同后 14 天内提供施工组织设计,每月 25 日提供当月完成计划和下月施工计划。

专用条款第 8.2 条约定,承包人在签订本合同后 14 日内根据目前工程进展情况提交详尽可行的施工进度计划。承包人应无偿根据发包人及总承包单位的要求随时调整进度计划,并完全符合施工进度要求。

专用条款第 9 条约定,由于承包人原因造成的工期延误,每延误一日承包人向发包人支付合同总价 0.02% 的违约金。该违约金系惩罚性的,承包人不得援引《合同法》第 114 条的规定请求减少。承包人还应承担由此对发包人造成的所有损失。

专用条款第 12.1 条约定,本合同价款采用固定总价方式确定。①本合同总价包括但不限于施工机械、劳务、材料(包括发包人提供的材料、设备、卸车及场内运输、现场保管费用)、施工用水电、缺陷修补及维护、深化设计、管理费、利润、保险、税金等各项直接、间接费用,以及所包含的风险、责任及政策性文件规定的各项应有费用。除非另有约定,否则合同总价在合同履行过程中为固定价,不得进行调整。②综合单价、措施项目费固定不变,在合同履行过程中,不得以任何理由(包括设计变更,由于发包人原因导致的设计变更除外)提出调整的要求。在合同期内因人工、材料、机械、运输费用、公共事业收费的变动或汇率的波动而引起承包人的费用增减,承包人均已事先估计并列入标价中。该综合单价及措施费用不随政策、规范性法律文件的调整而变化并作为最终的结算依据,中标的综合单价除双方同意外不得调整。不因工程量变动及设计变更以及其他任何方面的原因而调整。③投标书中的施工组织设计和监理工程师批准的施工组织设计均不作为结算依据。

专用条款第 13 条约定,发包人向承包人支付工程款的时间和金额:合同签订后 14 日内,发包人向承包人支付 500 万元的工程预付款。该 500 万元预付款项,于发包人第 1 次支付 T2、T3 幕墙工程(T2、T3 同时施工)的月进度款时开始分批扣除,前 3 个月每月分别扣除 100 万元,第 4 个月扣除 40 万元,共计 340 万元;余款 160 万元,于发包人第 1 次支付 T1 幕墙工程的月进度款时开始分批扣除,第 1 个月扣除 100 万元,第 2 个月扣除 60 万元。

专用条款第 14.1 条约定,承包人在每月 28 日之前,向工程师提交已完工程量的报告。工程师接到报告后 14 日内按设计图纸核实已完工程量,并在计量前 24 小时通知承包人,承包人为计量提供便利条件并派人参加。承包人收到通知后不参加计量,计量结果有效,作为工程价款支付的依据。

专用条款第 14.2 条约定,工程师收到承包人报告后 14 日内未进行计量,从第 15 日起,承包人报告中开列的工程量即视为被确认,作为工程价款支付的依据。工程师收到承包人报告后 14 日内未进行计量,从第 15 日起,承包人报告中开列的工程量即视为被确认,作为工程价款支付的依据。工程计量仅作为支付进度款的依据。

专用条款第15条约定,工程款(进度款)支付:T2、T3塔楼幕墙由5层施工至15层时,支付已完工程量造价的75%;T2、T3塔楼幕墙由15层以上及其他部分幕墙,按月进度支付工程进度款,支付比例为当月已完工程量造价的75%;幕墙工程完工后30日内支付至合同造价的85%;幕墙工程竣工验收合格后支付至合同造价的90%;幕墙工程竣工结算后支付至合同造价的95%;剩余合同造价的5%作为工程质量保修金。T1及裙楼按每月已完工程量支付,支付比例同T2、T3。

专用条款第21.1条约定,发包人违约的具体责任按照本合同专用条款的以下约定执行:发包人未能按专用条款第13条约定的拨付工程备料款,工期顺延;发包人未能按专用条款第15条约定拨付工程进度款,工期顺延。

专用条款第21.2条约定,承包人的违约责任:①由于承包人原因造成的工期延误,每延误一天承包人向发包人支付合同总价的0.02%的违约金。该违约金系惩罚性的,承包人不得援引《合同法》第114条规定请求减少。②承包人必须严格按照施工图及工程施工验收规范等精心施工,严格把好每道工序的质量关,确保工程质量达到合格标准。经竣工验收,如为不合格工程,发包人有权拒绝支付工程款,承包人应无条件返工、整改、采取相应的补救、修复措施,直至验收合格,由此产生的费用和延误的工期均由承包人承担。因此造成工期延误的,每延误一日承包人向发包人支付合同总价0.02%的违约金。该违约金系惩罚性的,承包人不得援引《合同法》114条规定请求减少。因误工而造成经济损失的,仍应当承担赔偿责任。因乙方误工给发包人造成经济损失的,承包人除承担上述违约责任外,仍应当承担赔偿责任。

2012年5月10日,海沃公司(甲方)与远大公司(乙方)签订《补充协议书》约定:①甲方同意于本协议签订后2日内预付乙方幕墙工程施工款1000万元;②甲方在2011年6月10日之前,保证永新国际金融中心项目现场具备幕墙施工条件;③乙方收到上述款项后,应当立即为幕墙施工做前期的一切准备,包括施工人员的组织、幕墙玻璃和钢构件等材料及备件的加工等;④T2、T3楼(包括裙楼)幕墙施工工期为7个月,自2012年6月10日至2013年1月9日,如遇不可抗力,工期可以相应顺延。⑤乙方需在本补充协议签订后3日内向甲方提供T2、T3楼的书面施工进度节点计划,玻璃生产、钢构件的生产计划安排及进场时间计划,甲方将不定期到生产厂家查看生产情况。T1幕墙的工期为待定,具体开工时间以甲方的书面通知为准。(双方共同约定的时间完成)。⑥甲方要求乙方在2012年6月10日开始施工,若乙方未按时开工或完工的,每逾期一日,应按原合同总价款的0.02%支付违约金(2012年6月10日前施工准备全部完成)。⑦甲方应当按照乙方月施工进度工程量的70%支付工程款,次月10日前支付上月工程进度款,每逾期1日,甲方应按当期应付款项的0.02%支付违约金,若违约金不足以弥补乙方窝工损失的,甲方仍应当承担赔偿责任;⑧若本协议约定与原合同不一致，以本协议的约定为准，本协议书未约定的，以原合同约定为准。

海沃公司提交落款日期为 2012 年 10 月 25 日海沃公司作为甲方与远大公司作为乙方的《补充协议书（二）》，主要内容：双方在 2010 年 1 月签订的《永新国际广场幕墙工程合同》及 2012 年 5 月 10 日签订的补充协议基础上，经协商一致，签订如下补充协议，以供双方共同遵照执行：①甲方同意于本协议书签订后的 2 日内预付乙方 T1 塔楼幕墙工程施工款 400 万元。②甲方在 2012 年 11 月 20 日之前保证"永新国际金融中心"（原永新国际广场）T1 塔楼 5-8 层南立面、东立面及现场具备幕墙施工条件。③乙方收到上述款项后，应当立即为 T1 塔楼南立面及东立面 5-8 层幕墙施工做前期一切准备，包括施工人员的组织、幕墙玻璃和钢材等材料及备件的加工等。④T1 塔楼南立面及东立面 5-8 层单元于 2012 年 11 月 28 日开始施工，2012 年 12 月 25 日上述部位安装完成。如遇不可抗力因素及建设单位原因工期可以相应顺延。⑤乙方需在本补充协议签订后 5 日内向甲方提供 T1 塔楼的书面施工进度节点计划，玻璃生产、钢构件的生产计划安排及进场时间计划，甲方将不定期到生产厂家查看生产情况。⑥甲方要求乙方在 2012 年 12 月 25 日完成 T1 塔楼南立面及东立面 5-8 层单元安装，若乙方未按时完工，每逾一日，应按原合同总价款的 0.02% 支付违约金。⑦甲方应当按照乙方月施工进度工程量的 70% 支付工程款；次月 10 日之前支付，本补充协议同《补充协议书》一致，预付款不扣回。⑧若本协议的约定与原合同不一致，以本协议的约定为准，本协议未约定的，以原合同约定为准。⑨本补充协议书自甲乙双方盖章之日起生效。该《补充协议书（二）》落款处加盖了远大公司的印章，海沃公司未盖章。

上述合同签订后，远大公司进行了施工。双方对于开工和完工时间存在争议。双方均确认合同约定的总工期为 376 天，开工时间以开工令通知时间为准。海沃公司主张首次通知开工时间为 2010 年 8 月 10 日，但远大公司未按时开工。远大公司主张 T1 主体结构在 2013 年 7 月 8 日之前未完工，不具备施工条件，实际开工时间在 2013 年 7 月 8 日之后。T2、T3 塔楼在 2013 年 6 月 8 日之前主体结构未完工不具备施工条件，实际开工时间是 2013 年 6 月 8 日之前。海沃公司所发送的所有的开工通知单均未按时开工，且未发送新通知单，只能证明开工在 2013 年 7 月 8 日之后。有关竣工时间海沃公司主张实际竣工时间是 2016 年 12 月 30 日，竣工验收之前有 300 万的工程远大公司没有施工完毕，海沃公司通知远大公司之后委托第三方进行施工。远大公司主张 T1 楼竣工时间按照青岛农商银行发函是 2015 年 5 月 4 日，证明在 5 月 4 日已经实际使用；T2、T3 楼按照竣工图纸是 2015 年 12 月 4 日，海沃公司主张的 2016 年 12 月竣工是该项目整体竣工的时间，而非幕墙工程竣工的时间，远大公司于 2015 年 12 月份已提交了竣工图纸，说明该幕墙工程已经竣工。

海沃公司主张远大公司于 2015 年 6 月 17 日与监理核对未完工程量并签订工程量确认单，还有接近 300 万元工程未完工就不再施工，并要求撤场，海沃公司多次发通知要求其全部施工完毕以及提出存在很多质量问题要求整改，远大公司均未执行，海沃公司认为远大公司于2015年6月之后撤场。远大公司主张其2015年12月底撤场，已经施工完毕，否则不可能出竣工图纸。

关于是否完工的情况，远大公司提交加盖远大公司公章及监理人员签字的《青岛永新国际广场剩余工程量统计》，其中记载9项未完工程量总计273.4万元，打印时间为2015年4月19日，监理落款处手写时间为2015年5月8日。远大公司主张2015年6月17日远大公司剩余工程量合计242.4万元，后期海沃公司委托第三方施工费用为700万元缺乏事实依据。海沃公司主张该统计系远大公司单方制作，据海沃公司统计，远大公司未施工部分远远大于242.4万元。

2010年8月10日，海沃公司向远大公司出具《开工时间确认通知》，通知幕墙工程于2010年8月10日开工。远大公司认为该通知为计划开工日期，并非实际的开工日期，且已被2012年5月10日的补充协议取代。

2012年6月7日，海沃公司向远大公司出具工作联系单："确认青岛永新国际金融广场已具备开始施工条件，请你方于2012年6月10日全面施工。"涉案幕墙工程施工许可证于2012年9月1日办理完毕。2013年2月4日，海沃公司和远大公司签署停工报告，远大公司申请2013年春节期间放假，停工日期2013年2月4日，预计开工日期2013年2月25日。海沃公司同意该申请。

2014年1月6日，远大公司申请春节放假，预计停工日期为2014年1月20日，2014年2月17日复工。海沃公司盖章同意于2014年1月20日暂停施工。2014年3月3日，远大公司申请于2014年3月6日复工。海沃公司在复工申请上盖章。关于竣工时间，远大公司提交备案的竣工图纸，图纸首页打印日期为2015年12月4日，加盖的检验章中检验人填写的编制日期为2016年12月15日。远大公司主张竣工图纸上打印的2015年12月4日为其提交竣工图纸时间，幕墙工程已经竣工。海沃公司主张检验人填写的编制审核日期在2016年12月之后，竣工日期应以监理方和海沃公司共同确认的时间为准，截止到诉讼之前本案涉及的工程远大公司并未完成其应该施工的部分。

（二）争议焦点

①远大公司施工的工程是否存在逾期以及逾期责任的认定；②远大公司应否赔偿海沃公司主张的质量维修损失。

（三）处理结果

关于案涉工程的开工日期和施工期间。一审认定2011年3月至2011年8月期间有实际施工；在补充协议签订后，于2012年6月10日实际复工，至2015年12月4日完工。其中2011年3月的开工时间认定，一审法院主要依据远大公司在一审时提交的2011年12月18日的工程款申报表。远大公司在该证据材料中自己主张2011年3月至2011年8月完成工程项目进度款298万余元，且监理工程师确认现场完成了部分预埋件安装，其余申报工程量属实。至于海沃公司是否支持进度款以及款项性质，与工程的实际开工时间并无必然联系。而且认定2011年3月至2011年8月期间有实际施工，对于一审判决依据补充协议确定远大公司逾期完工的事实并没有实质影响。

关于补充协议签订后复工时间的认定。2012年5月10日双方签订的补充协议，是在涉案工程已停滞一段时间以后，在海沃公司同意预付施工款1000万元、远大公司单独作出如期开工承诺的基础上达成。补充协议签订后，海沃公司于5月18日向远大公司支付了1000万元预付款，并于2012年6月7日向远大公司发出工作联系单，确认现场具备复工条件，要求6月10日全面施工。而远大公司在此后的施工中对该工作联系单并未提出异议。据此，一审认定涉案工程于2012年6月10日按照补充协议的约定整体全面复工并无不当。

关于2015年12月4日为工程完工时间的认定。虽然远大公司提交的竣工图纸是其单方制作，在图纸上标明制作时间是2015年12月4日也是远大公司单方所为。但海沃公司在一审提交的证据中有2015年12月4日其与上海京藤建设工程有限公司签订的《永新国际金融中心幕墙百叶窗改玻璃及维修工程施工合同》。该证据材料可以证实当时远大公司已不在工地施工。至于后来远大公司可能曾短时间内派人到工地工作，但并非大范围施工，不应认定为整体工程的工期结束节点。因此，一审认定2015年12月4日远大公司整体施工结束并无不当。

关于远大公司逾期竣工违约责任的认定。远大公司作为建设工程施工合同的承包人，应对未按约定工期完工的免责事由承担举证责任。显然，远大公司在本案中对该问题的举证并不充分。双方的往来函件中，既有海沃公司要求、催促远大公司早日复工、加快进度的，也有远大公司要求拆除电梯、催促确认设计变更方案的，并没有正式的工期顺延报告。涉案合同造价7600万元，海沃公司已陆续支付进度款6984万余元，付款比例达到合同价款的92%，已经超过75%进度款付款比例，也超过"完工后30日内支付至合同造价85%"的付款比例，因此，无法认定海沃公司拖欠进度款，而且达到了致使施工不能正常进行的程度，故远大关于海沃公司欠付进度款导致工期延误的主张缺乏事实依据，此外，远大公司的其他主张亦缺少相应的证据支持，远大公司未能完成举证证明责任。但是，综合本案的证据情况看，在合同履行过程中，应当存在主体结构验收迟延、进度款支付迟延、未及时拆除施工电梯、设计变更、增加工程量等影响远大公司施工进度的情形。远大公司另案主张涉案工程总造价约9798万元，如果仅仅因为其施工管理不规范、未及时获取和保存证据材料等因素而未能充分举证，即判令其全额承担高达1600余万元的逾期竣工违约金，有可能会造成双方当事人之间的利益失衡。综合考量上述因素，结合本案事实，二审法院酌定在一审判决违约金16 096 800元的基础上扣减20%。

案件评析

在建设工程施工合同纠纷中，作为承包人的一方如主张存在未按约定工期完工的免责事由，其应当对此承担举证责任。一般应当举证证明：①存在发包人或者其他非承包人原因不能如期开工或者影响施工的事实，而且该事实的严重程度达到足以导致整体工程的合同工期延误；②该事由应当顺延的工期天数；③其已按合同约定的时间和程序要求向发包人提出了工期顺延申请。

第二节 对工程期限延误的认定及索赔

一、哈尔滨金士源建筑工程有限公司与哈尔滨市益农种业有限公司建设工程施工合同纠纷[1]

基本案情

（一）基本情况

2011年9月8日，哈尔滨金士源建筑工程有限公司（以下简称"金士源公司"）与哈尔滨市益农种业有限公司（以下简称"益农公司"）签订《合同》，约定：金士源公司承包益农公司投资建设的销售办公楼工程，工程内容为销售办公楼1栋，建筑面积约为1098m^2，按建筑面积1420元/m^2，共计约1 559 160元（结算时以实际面积为准）；水、电、消防工程图纸提供后，重新签订合同按图施工；承包方式为包工包料，工期为2011年9月15日开工，整体形象交工日期为2012年6月1日，工期总天数为259天；主体工程在2011年10月31日前竣工，每晚一天罚2000元，如出现大自然不可抗力，工期顺延；付款方式为按整个工程的进度分期付款。2012年3月25日，金士源公司与益农公司签订《建设工程施工协议》约定，工程承包内容：办公楼、住宅楼、食堂车库、锅炉房工程项目；承包方式：按协议承包范围包人工、包材料、包工期、包质量、包安全和文明施工；合同工期：开工日期为2012年4月15日，竣工日期为2012年8月15日（办公楼、住宅8月15日前，锅炉房2.5个月内，食堂3.5个月内）；质量标准的评定以现行国家质量检验评定标准为依据，达到优良的标准，其中办公楼达到结构优质工程的标准；合同价款为2258万元，其中办公楼1280万元、住宅楼490万元、锅炉房160万元、食堂车库328万元。

该协议约定的工程造价确定及结算方式为固定总价，结算依据如下：①按图纸施

---

[1] （2018）黑民终42号。

工及金士源公司编制的工程预算报价中所包含的全部项目。除办公楼不含内外墙干挂理石、理石楼梯地面、墙砖、地砖、吊顶、门、窗外，其他工程均按图纸施工。②合同价格中材料（钢筋、水泥）的涨跌及工程量变化不超过10%按合同价格结算，超过10%按实际发生调整合同价款。价格调整依据，以施工期间《哈尔滨市工程造价信息》为依据。③增加施工项目时按2012年黑龙江省建筑工程计价定额、费用定额及省市建设行政主管部门下发的有关工程结算文件计算价格，管理费和利润按中线计取，材料价格按施工期间《哈尔滨市工程造价信息》执行。最终价格双方协商确定。

2012年5月2日，金士源公司与益农公司签订《建设工程施工协议》，约定：工程名称为玉米杂交种产业化建设项目；承包内容为两栋库房，每栋1923.25m^2，二栋建筑面积约为3846.50m^2；承包方式为按协议承包范围包人工、包材料、包工期、包质量、包安全和文明施工；开工日期2012年5月10日，竣工日期2012年8月15日；质量标准的评定以现行国家质量检验评定标准为依据，达到优良工程的标准；合同价款为542万元。该协议约定的工程造价确定及结算方式为固定总价。结算依据与2012年3月25日签订的《建设工程施工协议》的约定基本一致。

2012年5月26日，金士源公司与益农公司签订《建设工程施工协议》，约定：工程名称为玉米杂交种产业化建设项目；承包内容为给排水外网、采暖外网、电气外网；承包方式为按协议承包范围包人工、包材料、包工期、包质量、包安全和文明施工；合同工期为厂区外网不影响厂区道路施工；质量标准的评定以现行国家质量检验评定标准为依据，达到优良工程的标准；合同价款为430万元。该协议约定的工程造价确定及结算方式为固定总价，结算依据与2012年3月25日签订的《建设工程施工协议》的约定基本一致。

上述合同及协议签订后，金士源公司组织进行了施工。销售办公楼全部完工；主办公楼除室外散水、室外台阶、坡道、附跨地面、地下室地面、通风道、外墙防水砂浆、1-4轴填充墙、基础保温、室内大白、水电暖、外墙保温外，全部完工；住宅楼除室外散水外，全部完工；食堂除室外散水、室外台阶外，全部完工；锅炉房除室外散水、室外台阶外，全部完工；4号、5号库房除室外散水外，全部完工。

2013年12月，金士源公司撤离施工现场。金士源公司与益农公司签订的4份合同（协议）约定的工程总价款为33 859 160元。2013年4月28日，双方共同签字确认变更结算为1 624 538.16元。益农公司已给付金士源公司工程款3015万元（前3份合同按照约定进度付款；外网工程未按照约定进度付款，益农公司主张是金士源公司工程进度的原因）。益农公司现已将案涉工程实际投入使用并办理了房屋产权证。金士源公司主张2012年12月施工完毕后，住宅楼、销售办公楼、食堂投入使用；益农公司则主张于2013年12月投入使用。金士源公司与益农公司未进行结算。

一审中，金士源公司与益农公司均提出鉴定申请。2015年9月10日，黑龙江中和力得尔工程咨询有限责任公司（以下简称"力得尔公司"）针对金士源公司提出的鉴定申请出具了黑中力鉴字（2015）第 1202 号司法鉴定意见书（以下简称"1202 号鉴定意见书"），鉴定意见为：①主办公楼及住宅楼地下室增加面积工程 2 085 128.30 元；②电气工程变更工程 432 177.26 元；③销售办公楼水暖、电气工程 197 795.66 元；④外墙保温板工程：已完工程造价 75 788.43 元；未完工程造价 554 384.35 元；⑤甲供材料造成利润、管理费损失 227 089.81 元；⑥地坪工程造价 425 689 元；⑦外网工程（已施工部分）工程造价 4 402 815.76 元；⑧未完工程（不含外网）按原报价扣减工程 641 138.07 元；⑨主办公楼南北附跨修复费用 41 325.75 元。

特别事项说明：关于甲供材造成金士源公司利润、管理费损失问题，金士源公司陈述按合同约定工程为包工包料，由于甲供材造成该公司利润及管理费损失，应计算这部分费用；而益农公司陈述对甲供材部分增加费用已在双方结算中考虑，有相关材料，但鉴定单位至今未收到该材料。在此情况下鉴定人是依据金士源公司提供的材料及计算办法，计算的相应损失费用。

同日，力得尔公司针对益农公司提出的鉴定申请出具黑中力鉴字（2015）1301 号司法鉴定意见书（以下简称"1301 号鉴定意见书"），鉴定意见为：①由金士源公司施工的益农公司办公室、住宅楼、锅炉房、食堂车库、4 号库房、5 号库房、外网、销售办公室等项目，其工程实物现状存在质量问题。②上述质量问题按建议的修复方案进行修复，所需的修复费用预计为 492 320.38 元。③待定部分的修复费用。依据益农公司提供的外委修复合同对外网地沟内采暖管道、附件、设备、阀门等项目，水暖管除锈防腐、保温修复，采暖散热器对丝、丝堵处密封垫片进行更换处理及外网排水系统管线堵塞部分的修复费用为 476 008 元。④依据益农公司提供的《双城益农种业外网报价单》计算外网工程未施工部分给水、电缆、地沟及路灯工程的工程造价为 1 833 624.96 元。

特别事项说明：①对鉴定要求中益农公司提出的住宅楼 1、2、3 单元地下室漏水问题，由于鉴定人未见到该公司提供的地下室防水层的设计图纸，故鉴定人无法作出该部分的修复方案及应计取的修复费用。②对鉴定要求中益农公司提出的南北侧副楼地沟及办公楼基础连系梁问题，由于地沟已由益农公司自行修复，办公楼基础连系梁无法解剖、勘验，需益农公司与金士源公司提供相应的证据后确定。③对鉴定要求中益农公司提出的住宅楼卫生间地面漏水、2 单元 6 个房间、3 单元 6 个房间卫生间门口地板被浸泡问题，由于该问题现场实物现状显示已由益农公司自行修复，需益农公司与金士源公司提供相应的证据后确定。④对鉴定要求中益农公司提出的 4 号、5 号库房雨篷是否断裂问题，由于在鉴定人听证、现场勘验过程中该钢筋混凝土雨篷（共计 8 个）已变更为钢机构雨篷，故鉴定人不能确定 4 号、5 号库房钢筋混凝土雨篷是否曾存在断裂现象。⑤对鉴定要求中益农公司提出外网地沟内采暖管道、附件、设备、阀门等是否按图施工，水暖管除锈防腐、保温是否施工，暖气垫是否更换及外网排水系统管线堵塞问题。对以上问题现场实物现状显示部分项目已由益农公司自行修复，由于以上项目中如外网排水系统管线堵塞的修复费用鉴定人无法按定额计算，故对以上项目的修复费用鉴定人是依据益农公司提供的外委修复合同中的价格确定的修复费用。

金土源公司与益农公司均对上述 2 份鉴定意见提出异议：

针对金土源公司提出的异议，鉴定人员的答复为：根据益农公司鉴定申请第 7 项，外网地沟渗水及是否按照要求施工等项目的鉴定，鉴定人员进行了现场勘验，以上项目存在质量问题。鉴定人员到现场时，益农公司已经自行修复了一部分，鉴定人员只能看到修复痕迹，部分修复项目在定额中是没有的。市场价格很多种，鉴定人员只能调查鉴定期间的价格，但不能证明修复时的价格。修复费用与当时的实际情况相关，故无法通过市场调查来取得。鉴定人员系根据益农公司提供的外委修复合同的价格计算修复费用，并对该价格计取的依据以特别事项的形式在鉴定意见书中作出了说明。28 万元是外网排水的清掏和维修费用。修复费用中也包括没有修复部分的费用。没有修复部分的修复费用依据益农公司提供的协议书。协议书包括的是全部的修复费用。

针对益农公司提出的异议，鉴定人员的答复为：现场勘验时已征求了双方意见，益农公司不同意将隐蔽部分的石膏板全部拆除，故无法对主办公楼一层大厅承重柱进行全部检测，仅进行了局部解剖检测。承重柱存在质量问题，因现场实物现状为承重柱部分已经采用石膏板进行隐蔽，故鉴定人员作出了修复费用，若双方协商确定，可对承重柱部位进行全面解剖和勘验。

因双方当事人均对鉴定意见中的部分项目提出异议并要求鉴定单位出具说明，力得尔公司于 2017 年 1 月 25 日出具《关于对黑中鉴字（2015）第 1202 号司法鉴定意见书来函的答复》，主要内容：关于鉴定书未明确外网工程在实际施工中"已完部分"工程量变化情况的问题。鉴定书是依据委托鉴定要求的内容，依据经委托人提供施工合同、施工协议书、设计图纸、投标文件及外网报价单等有关资料，并根据外网工程现场实际完成情况（除给排水工程与报价单造价一致外，其余项目实际造价均超过合同约定的±10%价格），按照外网工程合同约定的计算方法，计算出外网工程已完部分工程造价。

（二）争议焦点

①如何确定案涉工程的竣工时间及逾期竣工的原因；②如何确定案涉工程增项部分的工程款；③如何确定案涉工程变更部分的工程款；④如何扣减未完工程部分的工程款；⑤应否依据鉴定意见自益农公司应付工程款中扣除修复费用及修复费用的计算标准；⑥益农公司是否为金土源公司代缴安全风险金等费用，该费用是否应自工程款中扣除。

（三）处理结果

一审法院判决裁明：关于如何确定案涉工程的竣工时间及逾期竣工原因的问题。

金士源公司虽主张案涉工程的竣工时间应依据竣工档案备案的时间即 2012 年 8 月 15 日进行确定，但该公司法定代表人于 2012 年 8 月 31 日出具的说明及该公司于 2013 年 5 月 8 日出具的承诺书均证实案涉工程逾期完工。从益农公司举示的出门证可以看出，金士源公司于 2013 年 8 月 13 日撤场，故应确定该时间为案涉工程的竣工日期。对逾期竣工的原因双方均未举示证据加以证明。

二审法院认为，一审判决认定案涉工程的竣工日期为 2013 年 8 月 13 日，双方当事人均未对此提出异议，故对此予以认定。根据案涉施工合同有关工期的约定可以认定，案涉工程确为逾期完工。益农公司主张应由金士源公司承担逾期完工的违约责任。根据 2013 年 4 月 28 日变更结算表、1202 号鉴定意见书可以认定，案涉工程施工过程中存在大量的变更、增量及增项工程，而双方当事人均未能举证证明双方重新约定了工程期限。同时，案涉工程施工过程中，部分材料系由益农公司提供。故即使案涉工程存在逾期完工的情形，亦无法证实系由金士源公司原因所致，一审判决对益农公司的上述主张未予支持，并无不当。

最终二审法院判决中仅认定涉案工程存在逾期完成情形，但并未支持益农公司主张的逾期完工违约责任。

案件评析

结合本案可以看出，工期是否延误需结合施工过程中的具体的情况综合分析，双方需有充分证据佐证自己主张的竣工日期，故承包人或发包人等均需留存相应的证据，以在发生纠纷时充分保障自己的合法权利。

关于工期延误后的索赔，法院审理过程中认定工期延误，并不等于对方一定承担逾期方承担违约责任。法院将审查工期延误的具体原因，如系因施工方原因导致工期延误，则会要求其承担违约责任；如系因发包方或其他原因导致工期延误，则不会要求施工方承担违约责任。此外，如因发包方原因导致工期延误给施工方造成损失，施工方亦可要求发包方承担相应赔偿责任。

二、八冶建设集团有限公司与青海恒健投资集团有限公司建设工程施工合同纠纷[1]

基本案情

（一）基本情况

2013 年 9 月 11 日，青海恒建校资集团有限公司（以下简称"恒健公司""甲

---

[1]（2019）最高法民终 202 号。

方") 与八冶建设集团有限公司（以下简称"八冶公司""乙方"）签订《建设工程施工合同》，约定八冶公司承建恒健公司开发的位于互助县彩虹大道西侧互助县古城度假村酒店土建工程。工程承包范围：互助县古城度假村酒店工程中的土建及部分安装工程（包工包料），发包人提供的施工图所设计的内容及主体结构中需预埋及预留洞口的所有管道及电气配管、接地引线及连接工程。不含基础土方开挖工程、门窗安装工程、外墙保温工程、外墙装饰工程、消防工程、通风与空调工程、电梯工程、室外工程、照明灯具及弱电工程以及图纸注明或甲方指定的进行二次设计装饰装修工程、设施设备工程、智能系统工程。总建筑面积约为 70 890.82m²。合同工期：开工日期为 2013 年 9 月 10 日（以开工报告日期为开工日期），竣工日期为 2014 年 7 月 10 日（以开工日期顺延），合同工期为日历天数 290 天。合同价款暂定为 9000 万元，最终以实际工程结算造价三类取费为准。

  本工程实行市场认质认价的材料，甲乙双方及监理工程师到市场进行材料询价确定当期材料价格，主要材料差价 2013 年按照《青海工程造价管理信息》2013 年第 3 期西宁指导价进行调整，2014 年按照开工时间的当期《青海工程造价管理信息》进行调整。工程款（进度款）支付的方式和时间：本工程所有工程款必须汇入签订本合同的承包人账户，否则视为甲方没有支付工程款。甲方以现金、承兑汇票、支票等方式支付给其他任何人和任何单位的工程款被视为没有支付工程款给乙方。先期工程款由乙方垫付至结构封顶，即混凝土浇筑完成但不包括砌体、二次结构及屋顶造型，甲方在 15 日内支付已完成工程价款的 70%，工程封顶后乙方每月呈报的工程量进度报表支付证书由甲方确认后 10 个工作日内支付工程量进度款的 70%，剩余工程款待验收后即支付 26%，剩余 4%工程质量保修期满后一次性支付。如果甲方未按合同约定支付工程款，乙方可阻止其他施工队伍进入该现场进行后续项目的施工，由此造成的损失由甲方承担。如发包方不能按期支付工程款，甲方每日支付乙方 0.05%的违约金，并承担相应工程款利率的 3 倍。乙方不能按照合同及甲方约定的工期（或局部工程）完成的，乙方应按照工程延误的工期每推迟一天向甲方支付合同工程价款 3%的违约金。因工程质量造成的返工，由承包人承担一切费用。承包方在合同签订后 5 个工作日内向发包方支付 200 万元作为合同履约金及农民工工资保证金。乙方必须按时发放参与本工程施工的劳务班组的农民工工资，如因农民工工资发放或其他原因，给发包人或其他现场施工单位造成的一切损失由承包人承担。属于本工程施工的农民工每一次闹事或冲突，甲方从以上合同履约金及农民工工资保证金中扣罚 20 万元。乙方在完成主体封顶后返还农民工工资保证金。

  双方约定工期顺延的情况：①由于甲方原因造成的工期延误工期顺延；②由于甲方提供的资料与实际不符造成的工期延误工期顺延；③因工程变更而导致工程量变化，双方协商确定；④因不可抗力导致的工期延误，非施工单位本身原因，按合同约定的竣工日期顺延；⑤施工期间连续停水、停电、下雨3天以内的工期不做顺延。

案涉工程于2013年9月26日开工。2013年9月27日，八冶公司支付恒健公司合同履约保证金及农民工工资保证金200万元。

2014年4月17日，因恒健公司未办理施工许可证等相关法定建设手续，互助县住房和城乡建设局给恒健公司及八冶公司下发《停工通知书》。

2014年5月6日，互助县住房和城乡建设局、互助县安全生产监督管理局给互助县各施工企业、监理单位下发《通知》，内容：鉴于近期安全生产事故频发，根据县政府领导指示，结合近期安全生产大检查中查出的一些问题，经住建局与安监局研究，决定凡在互助县县域内施工的建设工程项目、市政工程项目一律停止施工，并进行自查自纠，待自查整改完毕，经监理单位复查合格后，报住建局质监站和安监局进行复工审查，审查合格后方可继续施工，凡不按照通知要求、擅自施工的施工企业和监理单位一经发现，从严从重处理，绝不姑息。

2014年9月29日，案涉工程取得《建设工程规划许可证》；2014年10月11日，取得《建筑工程施工许可证》。

2014年11月15日，案涉工程主体平屋面全部封顶。

2015年8月5日，恒健公司与八冶公司达成《工程补偿金支付协议》，主要内容为，经双方友好协商，达成如下协议：恒健公司支付给八冶公司600 000元，作为互助古城度假村酒店项目的工程补偿金，此费用不在八冶公司完成工程量结算范围内。此款项在斜屋面完成后15日内支付。

2015年8月27日，青海润宇劳务有限公司（以下简称"润宇劳务公司"）向恒健公司及八冶公司申请签证，《工程量签证单》载明："由我润宇劳务公司承建的互助古城大酒店劳务项目，因2014年停工后至今一直未复工，现甲方要求复工，由于我方2014年施工的斜坡屋面未完成，现复工屋面模板需要重新进行拆除安装及外架进行的所有人工费用材料费为30万请贵单位进行确认登记。恒健公司承担总费用的40%即12万元，八冶公司承担总费用的30%即9万元，润宇劳务公司承担总费用的30%即9万元。21万元整由建设单位在2015年9月30日转入润宇劳务公司。"恒健公司及八冶公司在该《工程量签证单》上盖章确认。

2015年11月29日，八冶公司《完成工程量报审表》中上报"斜屋面及观光楼全部封顶"，监理工程师审核意见为斜屋面及观光楼已基本完成，12-26轴A-F轴斜屋面未做。

另查明，因案涉工程为未完工程，恒健公司申请对八冶公司施工的已完工程量及造价进行鉴定，鉴定初稿作出后因恒健公司不予补缴鉴定费，故鉴定中止，后八冶公司补缴剩余鉴定费用。2018年2月8日，青海百鑫工程造价司法鉴定所与青海五联工程造价司法鉴定所对案涉工程造价联合作出《司法鉴定意见书》，2018年3月9日作出

《司法鉴定意见补正书》，载明：①由八冶公司施工的互助古城度假村酒店实际施工已完工程工程造价部分：2013 年按西宁地区材料指导价、2014 年按互助地区材料指导价计算已完工程造价为 63 486 751.11 元；2013 年按西宁地区材料指导价、2014 年按西宁地区材料指导价计算已完工程造价为 61 438 329.12 元。②由八冶公司主张的互助古城度假村酒店冬季施工费用部分：双方无争议的 2013 年冬季施工费为 260 037.74 元；双方有争议的 2014 年冬季施工费为 104 520.53 元。③由八冶公司主张的签证费用部分：按互助地区材料指导价计算签证部分工程造价为 312 009.82 元；按西宁地区材料指导价计算签证部分工程造价为 313 254.6 元。

恒健公司申请对八冶公司施工的已完工程质量是否合格、对不合格部分修复方案及返工修复费用进行鉴定，2017 年 6 月 19 日，青海省建筑建材科学研究院司法鉴定所就案涉工程质量是否合格作出青建研（2017）司鉴字第 004 号《司法鉴定意见书》，检验结果为已完工程存在不合格项。2018 年 10 月 22 日，青海五联工程造价咨询有限公司对案涉工程返工修复费用作出五联鉴字（2018）4 号《鉴定意见书》，裁明互助古城大酒店返工修复费用工程预算造价为 21 123 369.7 元。

八冶公司主张解除与恒健公司签订的《建设工程施工合同》，恒健公司同意解除，该院予以确认。双方无异议的已付工程款为 27 778 000 元。

法院再查明，润宇劳务公司以劳务合同纠纷将八冶公司、八冶西宁分公司、恒健公司诉至青海省海东市中级人民法院，该院作出（2016）青 02 民初 32 号民事判决，该判决尚未生效。该案认定事实部分指出：八冶公司承建案涉工程后与润宇劳务公司签订《建筑施工合同》，将该工程的劳务施工部分分包给润宇劳务公司，承包范围为设计图纸范围内劳务大清包。2014 年冬季停工后，至 2015 年 8 月润宇劳务公司一直没有复工。

（二）争议焦点

（1）本案一审的争议焦点。

本诉部分：关于八冶公司主张恒健公司支付剩余工程款 36 385 319.2 元的诉求应否支持的问题；关于八冶公司主张恒健公司承担违约金及利息的诉求应否支持的问题；关于八冶公司主张恒健公司返还保证金 200 万元、给付补偿金 60 万元、给付返工损失 12 万元的诉求应否支持的问题；关于八冶公司诉求对现状工程价款享有优先受偿权应否支持的问题。

反诉部分：关于恒健公司主张八冶公司支付工程修复费用 21 123 369.7 元的诉求应否支持的问题；关于恒健公司主张八冶公司支付迟延交工违约金的诉求应否支持的问题；关于恒健公司主张八冶公司支付甲供加气混凝土砌块积压的 222 个托盘费用 57 720 元、监理附加工作报酬 85 万元的诉求应否支持的问题；关于恒健公司主张八冶公司交付已完工程施工资料和验收备案资料,开具已付进度款发票的诉求应否支持的问题。

（2）本案二审的争议焦点。

一审判决恒健公司支付八冶公司的违约金及利息按 24% 计算,是否正确;一审判决对八冶公司主张的建设工程优先受偿权未予支持,是否正确;一审判决八冶公司支付恒健公司工程修复费用,是否正确;一审判决八冶公司向恒健公司开具已付款发票,是否正确;一审判决对恒健公司主张的工程逾期损失赔偿未予支持,是否正确;一审判决认定恒健公司支付八冶公司工程款数额,是否正确。

（三）处理结果

在该案一审审理中,恒健公司认为,根据合同约定八冶公司应于 2014 年 7 月 26 日竣工,八冶公司迟延交工按照合同应承担日 3‰ 的违约金。恒健公司要求八冶公司承担以工程总造价为基数,按年利率 24% 计算,自 2014 年 7 月 26 日起至判决生效之日止的违约金。

八冶公司认为,因恒健公司未办理施工许可手续导致停工,加之其不支付工程进度款导致后续工程无法施工,且案涉工程存在设计变更,故工程迟延交工系恒健公司造成,其所主张的违约金,八冶公司不予承担。

一审法院认为,双方所签《建设工程施工合同》约定工期顺延的情况：①由于甲方原因造成的工期延误工期顺延;②由于甲方提供的资料与实际不符造成的工期延误工期顺延;③因工程变更而导致工程量变化,双方协商确定;④因不可抗力导致的工期延误,非施工单位本身原因,按合同约定的竣工日期顺延;⑤施工期间连续停水、停电、下雨 3 天以内的工期不做顺延。根据查明的事实可知,案涉工程施工过程中,存在：因恒健公司未办理施工许可证等相关法定建设手续,被互助县住房和城乡建设局责令停工;恒健公司未按期支付工程款,导致八冶公司无法施工;工程发生设计变更;因安全生产问题,互助县住房和城乡建设局、互助县安全生产监督管理局要求互助县各施工企业停工整改等情形。故根据合同约定,工期应予顺延,但对于顺延的期限双方并未协商,因竣工日期不确定,故恒健公司主张由八冶公司承担迟延交工违约金无事实依据,该院不予支持。

二审法院认为,根据一审判决查明的事实,涉案工程施工过程中,存在：因恒健公司未办理施工许可证等相关法定建设手续,被互助县住房和城乡建设局责令停工;恒健公司未按期支付工程款,导致八冶公司无法施工;工程发生设计变更;因安全生产问题,互助县住房和城乡建设局、互助县安全生产监督管理局要求停工整改等情形。故根据合同约定,工期应予顺延,但对于顺延的期限双方并未协商,故一审判决认定恒健公司在合同履行过程中存在违约行为并作出相应认定,并无不当。

最终二审法院判决认定涉案工程工期应当顺延，未支持恒健公司主张由八冶公司承担迟延交工违约金的诉讼请求。

> **案件评析**

本案中，因发包方原因导致施工方无法正常施工，发包方主张施工方延误工期应当承担违约责任。但法院经审理认为，根据合同约定及案件事实，工期应当顺延，施工方无需承担逾期损失。

在上述情形下签订工期顺延条款是保护施工方免受合同违约责任的重要手段。对于发包方来说，在出现工期顺延情形后，及时协商明确顺延期限，则是保障自己合法权益的必要步骤。

三、浙江城建建设集团有限公司与赣州市鼎安置业有限公司建设工程施工合同纠纷[1]

（一）基本案情

2012年10月26日，甲方赣州市鼎安置业有限公司（以下简称"鼎安公司"）与乙方浙江城建建设集团有限公司（以下简称"浙江城建公司"）签订《内部意向施工协议书》，主要内容如下：

（1）工程概况。工程名称：安远县财富广场。工程地点：安远县安远大道。工程内容：发包人提供的施工图纸和预算范围内的土建工程、装饰工程、水电安装工程（消防除外）。

（2）工程承包方式及范围。承包方式：施工总承包，包工包料。承包范围：施工图和预算范围内土建工程、装饰工程、水电安装工程总承包工程，以及总包对分包、甲方指定供应商、独立承包商等所有在施工现场的单位进行质量、进度、安全文明施工等管理及协调工作。其中电梯安装工程、消防工程及土方工程为甲方专业分包；其他分包工程，由甲乙双方协商，但乙方有优先承包权，如协商不成，甲方也有权分包。桩基工程及基坑围护工程另行协商。

（3）合同工期。本工程自2012年10月1日起至2013年12月30日竣工，总工期日历天数约为450天（工期从垫层开始计算），开工时间以甲方通知书为准。施工中阶段性主要工期承诺：地下室主体施工工期为75天；裙楼主体施工工期为30天/层；主体框架结构施工工期为各幢每月4层；因乙方原因滞后于上述施工阶段性控制的工期，甲方将采取阶段性工期拖延处罚。因乙方原因在各个阶段性工期控制时间拖延15天以上的，甲方向乙方发出书面警告，乙方不采取赶工措施的，3天后甲方再次发出书面警

---

[1]（2020）最高法民终425号。

告，并处 5000 元预扣罚款；若再次拖延 15 天以上的，甲方向乙方再次发出书面警告，并处 5000 元的预扣罚款。由于乙方的努力把拖延后的工期按原计划赶上，甲方将此前的预扣罚款无息退回给乙方。拖延工期 45 天以上并且乙方不积极整改，以消极的态度对待项目施工，工程处于停工或半停工状态的，甲方有权终止本协议书，预扣罚款抵作违约金归甲方所有。终止本协议书后，乙方在收到书面的终止协议书后在 15 日历天内无条件退场；乙方若在 15 日历天内不清理退场，甲方有追索一切损失的权利，工程款也不支付。若按时退场，则退场后按已完合格工程的 82% 支付工程款。

（4）质量标准。工程质量标准：合格工程。争创市优质结构工程、市文明标化工地。

（5）工程计价。基本结算原则采用定额计价法。付款：甲方支付分包工程分包方施工进度款时，同时按 50% 支付配合费给乙方，分包工程完工后付清配合费，分包单位施工所用水电由分包单位另行接表，费用由分包单位另行支付给乙方。合同价款中包括的风险范围：①因承包人预算工程量有错、漏，导致工程报价不准确；②因天气、地形、地质等自然条件的变化，采取的临时措施（不可抗拒因素除外）；③按合同工期完工所采取的赶工措施；④配合甲方指定或单独发包的市政、供水、供电、电梯、铝门窗、智能化系统、高压供电系统等由专业施工单位施工，乙方负责提供材料及工具的存放场所、垂直运输以及与相关专业的衔接的配合工作；⑤除甲方及设计要求，乙方在实际施工中改变既定的施工组织、施工顺序、施工方法，导致的费用（包括技术措施费和其他措施费等）增加。因乙方原因导致工期延误期间所产生的材料包括但不限于水泥及中粗砂（指除预拌商品混凝土外的）、钢筋材料、混凝土、铜母线、电线、电缆及其他一切机械和材料价格变化、人工费上涨，甲方均不予调差，由此产生的风险由乙方自行承担。甲方自己完成工程量（孔桩、地下室土方）等不计取任何管理费用给乙方。甲方已完成的工地办公用房、围墙、电等由乙方承担，甲方从临时设施费用中扣回。

（7）工程款（进度款）支付。地下室顶板结构完成后 15 天内甲方向乙方支付已完工程造价的 50% 工程进度款；30 天内甲方向乙方支付已完工程造价的 80% 工程进度款。裙房结构每一层封顶后 15 天内甲方向乙方支付已完工程造价的 80% 工程进度款。塔楼主体结构分栋每四层砼完成浇筑后 15 天内甲方向乙方支付已完工程造价的 80% 工程进度款。砌体及装饰工程、水电安装工程按照每月 15 号前支付上月完成工程造价的 80% 工程进度款。外架拆除后 15 天内甲方向乙方支付累计已完工程造价的 85% 工程进度款。正式竣工验收合格后（并办理好工程竣工验收备案表）15 天内甲方向乙方支付累计已完工程造价的 90% 工程进度款。

备注：业主方另行分包工程进度若影响乙方工程验收工作，而乙方已经完成自身的全部工作，则应支付累计已完工程造价的 90% 工程进度款。乙方向甲方提交完整的工程结算资料后 60 天内甲方完成结算审核，双方认可结算审核书后 30 天内甲方付到工程结算总价的 97%，预留工程结算总价款的 3%作为工程质量保证金，工程竣工后乙方履行质量保修责任，自竣工验收合格起满 1 年后 7 天内退还工程结算总价的 1%保修金，自竣工验收合格起满 2 年后 7 天内退还工程结算总价的 1%保修金，预留工程结算总价的 1%作为防水工程保修金，自竣工验收合格起满 5 年后 7 天内退还。进度款与质量挂钩，报送工程进度表时需附有甲方要求的质量证明文件，若所报工程质量达不到验收规范或合同内的相关标准及技术要求，则甲方有权暂缓支付该部分工程款，但甲方需出具相关的书面文件。甲方向乙方支付工程款前，乙方须向甲方提供合乎甲方财务要求的税务发票，否则付款期限顺延。发包人未能按合同约定支付工程进度款，按每日 0.1%支付滞纳金；次月仍不能按时支付，发包人同意继续按逾期应支付的累计金额的日 0.1%支付滞纳金；承包人有权停工，因此停工的期限不计入工程期限及进度期限。

（8）结算原则。按照承包范围及材料、设备的要求、工程施工技术规范、相关组织措施的要求一次包干，若实际施工无设计变更，结算时不做任何调整。预算包干价款是根据甲方施工图纸并结合现场实际情况确定的，承包范围内约定的工作内容，为施工图纸中有表述的全部工作内容（即使并不明确），乙方均按预算包干一次包干，在完成工程时不得以任何理由提出结算调整的要求。属于承包范围内和施工图纸内的工作内容，乙方在本合同双方认定的工程量预算书中未列的项目，视为已包含在本预算包干总价中。

（9）履约担保。乙方向甲方提供 100 万元作为履约保证金，按合同约定履行自己的各项义务。在签署本内部意向施工协议后 7 个工作日内由乙方向甲方约定银行账号存入 50 万元作为履约保证金；在签署正式施工协议后的 7 个工作日内再由乙方向甲方约定银行账号存入 50 万元作为履约保证金。履约保证金返还时间：地下室底板结构完成后 7 天内返还履约保证金 50%；地下室顶板结构砼完成浇筑后 7 天内退还剩余 50%履约保证金。

（10）安全与文明施工。本协议书中的安全防护费用和安全文明施工措施费按 1.2%计取，综合费率中已包含该项费用，乙方在施工中必须足额用于本程的安全防护、文明施工措施项目。甲方采取对安全防护费和安全文明施工措施费按时支付给乙方的办法，将经测算的安全文明措施费根据实际发生数额足额支付给乙方，直至付完本工程经计算的 1.2%费用为止。

（11）其他。施工中隐蔽工程签证必须在工程隐蔽前办理签证确认。签证每 10 天确认一次，超过 10 天甲方不予补办签证。所需甲方指定品牌及单价的材料，乙方在施工前 1 个月申报品牌及单价、甲方收至资料后两周内必须书面确定，否则视为认可乙方申报的品牌及单价。本合同由双方法定代表人或授权委托代理人签署并加盖公章后生效。在合同尾部,双方均加盖公章并由法定代表人签字,同时,楼某明作为浙江城建公司的委托代理人签字。

在施工过程中,2013年4月3日,甲方鼎安公司与乙方浙江城建公司签署《补充协议》,主要内容:针对前期施工实际情况,根据双方协商,特订立如下补充协议,双方共同执行:①合同工期:2012年10月27日起至2014年6月26日止,工期日历天数约为600天。(此工期包括原合同施工范围内的施工中因不可抗力,设计变更等一切原因引起的工期耽误天数)。不管任何原因,逾期每天罚款1万元至工程全面竣工验收交付日止。如因延期交房产生的业主索赔乙方同意承担50%。②工程造价:工程造价暂定为78 000 000元(包含土建工程、装饰工程、水电工程),待核对后,按双方认定的工程量预算书包干。后期结算除增减工程量和材料调差外其他不予调整,材料调差只计税不计费。③工程款支付:双方重新明确,乙方带资工程量必须达到《内部意向施工协议书》规定的顶板工程量(约1800万元),甲方才付款给乙方。④其他:2013年4月至2013年8月,经甲方同意用商品混凝土的,商品混凝土在2013年8月31日前按C25:320元/m³、C30:335元/m³、C35:360元/m³的价格计算材料调差。竖向构件直径14mm以上(含14mm)的钢筋采用电渣压力焊接计算,不计算搭接长度,直径25mm的钢筋采用机械焊接,其余为绑扎搭接计算,图纸设计直径6mm线材钢筋抽筋量按直径6.5mm线材计量。本补充协议未注明的按原《内部意向施工协议书》执行,如本协议与其他施工协议有冲突,则以本协议的约定为准。

2012年1月30日,浙江城建公司赣州分公司向鼎安公司出具《委托书》,授权楼某明为安远财富广场项目执行经理,负责该项目的承包施工任务,全权委托楼某明处理与鼎安公司之间及项目有关的一切事宜和签署文件。2013年3月1日,浙江城建公司向鼎安公司出具《法定代表人授权委托书》,浙江城建公司法定代表人林某强委托楼某明为其单位受托人,全权负责财富广场项目施工管理工作。另外,浙江城建公司还向鼎安公司出具了一份《委托书》,未签署日期。内容如下:现全权委托楼某明为浙江城建公司的合法代理人,代表其公司就安远财富广场项目工程竣工结算事宜与鼎安公司进行相关商洽,受委托签署财富广场项目工程竣工结算的工程款数量及金额的确认,以其公司名义签署财富广场项目工程竣工结算的工程款数量及金额的确认文件同其公司的行为具有同等法律效力,其公司将承担该代理人行为的法律后果和法律责任。委托期限为自即日起至安远财富广场工程竣工结算商洽完止。同时,鼎安公司将项目工程款全部付至浙江城建公司的账号。

2016年元月25日,鼎安公司、安远县劳动人事局、安远县建设局、江西公仁律师事务所、泥工班组、钢筋工班组、粉刷班班组、木工班组、外墙瓷砖班班组各方代表、浙江城建公司代表楼某明在鼎安公司办公室就建设财富广场农民工工资支付及工程款问题进行会商,形成决议,并签署了《会议纪要》。主要内容如下:关于安远县财富广场工程款结算和农民工工资及已付工程款 66 205 023 元，其中汇入公司账户 4462 万元，因政府出面协调农民工工资问题，直接由楼某明预借工程款 21 585 023 元等问题，各方代表形成以下决议：其一，所有财富广场工程结算及农民工工资结算需由浙江城建公司在 2016 年 1 月 26 日上午提供以下资料：班组和浙江城建公司的施工合同；班组和浙江城建公司的结算单；班组已借款凭证；浙江城建公司还欠班组的欠条；班组主要成员名字和银行账号、联系方式；浙江城建公司出具给楼某明的关于全权委托处理财富广场项目工程款的授权委托书。其二，自 2014 年 1 月至 2015 年 10 月止由楼某明代表浙江城建公司预借的工程款共计 21 585 023 元，已全部付到民工及材料商手上，本借款事实存在，浙江城建公司承认上述事实的存在。其三，浙江城建公司提供上述材料、经双方审核确认后 3 天内，由鼎安公司会同浙江城建建设集团有限公司赣州分公司现场将工程款支付给各班组，由浙江城建公司现场出具收款凭证。

2016 年 2 月 1 日，甲方鼎安公司与乙方浙江城建公司代表楼某明签订《飞单处理协议》，主要内容：为保障农民工工资及材料供应，保证财富广场工程顺利施工，甲方从 2014 年起要求乙方直接出具工程款借条，甲方将工程款汇入乙方账户，在甲方监管下，将款项分配给各个民工和各个班组、材料商及交纳税款，上述举措导致 21 585 023 元未进入乙方公司账户，造成了飞单问题，经双方多次协商，达成如下协议：①甲方、乙方承诺今后工程结算款坚决杜绝类似飞单情况，所有资金汇入浙江城建公司指定对公账户。②甲方拿出 100 万元资金作为飞单处理账户往返资金，乙方接收该笔飞单资金后 3 个工作日内应退回甲方指定账户。双方不得以任何理由扣押处理这笔 100 万元资金，如一方扣押，则应以飞单总额为基数向对方支付 10% 的违约金，但当汇入乙方对公账户达到 21 585 023 元工程款时，也就是说往返达到 22 次，在甲方第 23 次汇入乙方账户时，乙方不予退回，该 100 万元视为甲方支付给财富广场项目后续工程款。因处理本次飞单问题，造成乙方打款给甲方的 21 585 023 元的打款记录，乙方同意以履行本飞单处理协议解释，不作其他任何解释。③双方约定在 2016 年 3 月 1 日开始第一次汇款来处理飞单，在 2016 年 6 月 30 日前一定将 21 585 023 元的飞单处理完毕。该协议上加盖了鼎安公司公章、浙江城建公司安远财富广场项目部技术专用章，楼某明签字捺印。

2016 年 2 月 1 日、2016 年 2 月 2 日楼某明在 3 张已付工程款对账单和 1 张《甲方代付工程工资》表上签字确认，并加盖了浙江城建公司安远财富广场项目部技术专用章。在 3 张对账单上确认收到工程款 66 205 023 元（包含进入浙江城建公司账户的 4462 万元和未进入浙江城建公司账户的飞单款项 21 585 023 元）。在《甲方代付工程工资》表上确认鼎安公司代付各班组工程款 4 705 680 元。《甲方代付工程工资》表中后 4 项共计 230 万元，鼎安公司认可未实际履行，而是主张该 230 万元系楼某明向案外人付某山借款 200 万元本息结算而来，鼎安公司承诺向付某山还款 230 万元，故而由楼某明出具借款单并作为已付款予以确认，其目前尚未向付某山支付该230万元。浙江城建公司与鼎安公司对支付至浙江城建公司账户的4462万元无争议。对于其他款项是否为已付工程款，双方存在争议。

诉争工程于2012年10月27日开工、2015年6月12日竣工，并经竣工验收合格。在施工过程中鼎安公司将部分工程分包给第三方施工，除土方、电梯、消防外，鼎安公司另行向其他承包方支付分包工程款19 927 703元。

鼎安公司于2015年9月5日收到浙江城建公司提交的工程结算资料，并自行委托江西明正建筑工程咨询事务所审核，审核结果与浙江城建公司申报造价金额相差巨大。2016年5月21日，鼎安公司向浙江城建公司发函称其至今未提供完整规范的工程结算资料。双方对结算不能达成一致，遂引发本案纠纷。

经江西万隆中审工程咨询有限公司鉴定，浙江城建公司已完工工程造价（含消防、电梯的分包配合费，不含其他分包工程的分包配合费）为75 970 319.35元。

浙江城建公司垫付诉争工程鉴定费63万元，其在申请财产保全过程中因购买诉讼保全责任保险支付财产保全担保费3万元。一审法院执行局在执行实施财产保全时委托江西省豫章房地产经纪评估有限公司对已查封财产进行评估需支付评估费6.28万元，浙江城建公司已支付3.14万元。

（二）争议焦点

①关于鼎安公司尚欠浙江城建公司工程款及逾期付款滞纳金的数额问题；②关于鼎安公司尚欠浙江城建公司工程保修金及其滞纳金的数额问题；③关于浙江城建公司对诉争工程折价或拍卖价款是否享有建设工程价款优先受偿权的问题；④关于浙江城建公司应否向鼎安公司支付延误工期损失350万元的问题；⑤关于本案工程造价鉴定费、保全财产评估费、财产保全担保费应由谁承担的问题。

（三）处理结果

鼎安公司主张浙江城建公司逾期竣工350天，按照合同约定应向其支付延误工期违约金350万元。因诉争合同无效，经释明，鼎安公司改为向浙江城建公司主张延误工期损失350万元。浙江城建公司主张鼎安公司提出该项诉请已超过诉讼时效，且延误工期不是浙江城建公司而是鼎安公司造成的，其不应承担延误工期损失。根据《民法通则》第137条、《民法总则》第188条第2款的规定，诉讼时效期间自权利人知道或者应当知道权利受到损害以及义务人之日起计算。根据《民法通则》第135条规定，向人民法院请求保护民事权利的诉讼时效期间为2年，法律另有规定的除外。根据《最高人民法院关于适用〈中华人民共和国民法总则〉诉讼时效制度若干问题的解释》第3条规定，民法总则施行前，民法通则规定的2年或者1年诉讼时效期间已经届满，当事人主张适用民法总则关于3年诉讼时效期间规定的，人民法院不予支持。本案诉争工程于 2015 年 6 月 12 日竣工验收合格，此时，鼎安公司知道且应当知道浙江城建公司延误工期的事实，且双方关于延误工期的损失计算方法明确，诉讼时效应从 2015 年 6 月 12 日起算，至 2017 年 6 月 11 日届满 2 年，民法总则施行时间为 2017 年 10 月 1 日。因此，本案应适用民法通则规定的 2 年诉讼时效期间，鼎安公司反诉主张延误工期的损失时诉讼时效已经届满。一审法院对鼎安公司的反诉请求不予支持。

案件评析

本案中一方当事人以诉讼时效抗辩，并成功获得法院支持，值得引起发包方及承包方的注意。作为发包方，在工程竣工验收合格后，对于存在延误工期事实的情况，应当在诉讼时效期间内主张自己的权利；作为承包方，在存在延误工期、发包方就此主张权利的情况下，亦要考虑是否已经超过诉讼时效。此外，本案中还涉及《民法总则》及《民法通则》适用的问题，现在实践中应采用《民法典》相关规定。

第三节　工程期限的顺延

一、江苏省建工集团有限公司与滨州至尊置业有限公司建设工程施工合同纠纷[1]

基本案情

（一）基本情况

2006 年 1 月 18 日，案外人万鑫房产公司滨州分公司作为发包方与承包方江苏省建工集团有限公司（以下简称"建工集团"）签订《建设工程施工合同》（以下简称"《2006 合同》"）。《2006 合同》第一部分"协议书"约定的主要内容：①工程概况。工程名称：滨州新城广场花园小区高层 G7#、G8#、G9#楼；工程地点：黄河二路以北，渤海十六路以东；工程内容：G7#、G8#、G9#楼。②工程承包范围：建筑、安装、装饰（铝合金门窗、防盗门、电梯、钢构、内外涂料、卷材、防水等工程甩项）。③合同工期。开工日期为 2006 年 1 月 16 日（以实际开工日期为准），竣工日期为 2006 年 11 月 30 日，合同工期总日历天数 321 天。④质量标准：合格。⑤合同价款约 2882 万元。

《2006 合同》第二部分"通用条款"约定的主要内容：①开工及延期开工。承包人应当按照协议书约定的开工日期开工。承包人不能按时开工，应当不迟于协议书约定的开工日期前 7 天，以书面形式向工程师提出延期开工的理由和要求。工程师应当

---

[1]（2016）最高法民再 64 号。

在接到延期开工申请后的48小时内以书面形式答复承包人。工程师在接到延期开工申请后的48小时内不答复，视为同意承包人要求，工期相应顺延。工程师不同意延期要求或承包人未在规定时间内提出延期开工要求，工期不予顺延。②工期延误。因以下原因造成工期延误，经工程师确认，工期相应顺延：发包人未能按专用条款的约定提供图纸及开工条件；发包人未能按约定日期支付工程预付款、进度款，致使施工不能正常进行；工程师未按合同约定提供所需指令、批准等，致使施工不能正常进行；设计变更和工程量增加；一周内非承包人原因停水、停电、停气造成停工累计超过8小时；不可抗力；专用条款中约定或工程师同意工期顺延的其他情况。承包人在上述情况发生后14天内，就延误的工期以书面形式向工程师报告。工程师在收到报告后14天内予以确认，逾期不予确认也不提出修改意见，视为同意顺延工期。③工程竣工。承包人必须按照协议书约定的竣工日期或工程师同意顺延的工期竣工。因承包人原因不能按照协议书约定的竣工日期或工程师同意顺延的工期竣工的，承包人承担违约责任。④竣工验收。工程具备竣工验收条件，承包人按国家工程竣工验收有关规定，向发包人提供完整竣工资料及竣工验收报告。发包人收到竣工验收报告后28天内组织有关单位验收，并在验收后14天内给予认可或提出修改意见。工程竣工验收通过，承包人送交竣工验收报告的日期为实际竣工日期。⑤质量保修。承包人应按法律、行政法规或国家关于工程质量保修的有关规定，对交付发包人使用的工程在质量保修期内承担质量保修责任。

《2006合同》第三部分"专用条款"约定的主要内容：承包人工程工期每逾期1天，向发包人支付工程造价的0.04%的违约金。工程质量问题由承包方无偿修复合格为止。《2006合同》附件《房屋建筑工程质量保修书》约定：①质量保修期。地基基础工程和主体结构工程质量保修期为设计文件规定的该工程合理使用年限。层面防水工程、有防水要求的卫生间、房间和外墙面的防渗漏为2年。装修工程为2年。电气管线、给排水管道、设备安装工程为2年。供热与供冷系统为2个采暖期、供冷期。质量保修期自工程竣工验收合格之日起计算。②承包方施工的全部工程内容均在保修范围，非承包方施工原因造成的质量问题，承包方不负任何责任。

2009年5月10日，华滨置业公司与建工集团签订《建设工程施工合同》（以下简称"《2009合同》"）。《2009合同》第一部分"协议书"约定：①工程概况。工程名称：新城广场住宅小区地下停车库1#、2#；工程地点：滨州市黄河二路北、渤海十六路路东；工程内容：1#、2#车库工程。②工程承包范围：土建、安装工程。③合同工期。开工日期为2009年5月18日，竣工日期为2009年6月18日（如5月31日完成板、柱浇筑，奖励10万元）。④质量标准：合格。⑤合同价款：约1000万元。

《2009合同》第二部分"通用条款"约定的内容与《2006合同》第二部分"通用条款"约定的内容相同。

《2009合同》第三部分"专用条款"约定的主要内容：承包人工程工期每逾期1天，向发包人支付工程造价的0.04%的违约金。

《2009合同》附件《房屋建筑工程质量保修书》约定：①质量保修期。地基基础工程和主体结构工程质量保修期为设计文件规定的该工程合理使用年限。层面防水工程、有防水要求的卫生间、房间和外墙面的防渗漏为2年。装修工程为2年。电气管线、给排水管道、设备安装工程为2年。②承包方施工的全部工程内容均在保修范围，非承包方施工原因造成的质量问题，承包方不负任何责任。

《2006合同》签订后，建工集团于2006年3月27日向建设单位提交G7#楼书面开工报告，开工报告载明：开工日期为2006年3月28日，定额工期为321天，计划竣工日期为2007年2月12日。监理单位淄博市建银工程建设监理有限公司（以下简称"建银监理公司"）对此予以同意并盖章确认。

2007年8月28日，建工集团提交工程竣工报告，载明：开工日期2006年3月28日，完工日期2007年8月20日；建工集团已完成施工合同和施工图设计约定的全部内容，技术档案和施工管理资料齐全有效，主要建筑材料、建筑构配件和设备的进场试验报告（含监督抽验）资料齐全有效，工程质量符合有关法律、法规和工程建设强制性标准，特申请办理工程竣工验收手续。建银监理公司的监理意见为：完成设计和合同约定的各项内容，符合验收规范规定，同意验收。同日，建设单位、监理单位、施工单位、设计单位滨州建筑设计院有限责任公司（以下简称"建筑设计院公司"）共同对G7#楼进行了验收，验收项目及结论分别为：①分部工程共6分部，符合标准及设计要求，验收合格；②质量控制资料核查共26项，符合规范要求，同意验收；③安全和主要使用功能核查及抽查结果，符合要求，同意验收；④观感质量验收，符合要求，验收结论为好；⑤综合验收结论为：符合设计及施工质量验收规范要求，同意验收。验收单位分别在单位（子单位）工程质量竣工验收记录上予以盖章（建银监理公司的签字盖章时间为2007年9月7日），验收单位的相关人员陈某堂、沈某利、芮某、于某胜予以签字确认。

建工集团于2006年3月7日向建设单位提交G8#楼书面开工报告，开工报告载明：开工日期为2006年3月8日，定额工期为321天，计划竣工日期为2007年1月30日。监理单位建银监理公司对此予以同意并盖章确认。

2007年8月28日，建工集团提交工程竣工报告，载明：开工日期2006年3月8日，完工日期2007年8月20日；建工集团已完成施工合同和施工图设计约定的全部内容，技术档案和施工管理资料齐全有效，主要建筑材料、建筑构配件和设备的进场试验报告（含监督抽验）资料齐全有效，工程质量符合有关法律、法规和工程建设强制性标准，特申请办理工程竣工验收手续。建银监理公司的监理意见为：同意验收。同日，建设单位、监理单位、施工单位、设计单位共同对G8#楼进行了验收，验收项目及结论分别为：①分部工程共6分部，符合标准及设计要求，验收合格；②质量控制资料核查共26项，符合规范要求，同意验收；③安全和主要使用功能核查及抽查结果，符合要求，同意验收；④观感质量验收，符合要求，验收结论为好；⑤综合验收结论为：符合设计及施工质量验收规范要求，同意验收。验收单位分别在单位（子单位）工程质量竣工验收记录上予以盖章，相关人员陈某堂、沈某利、芮某、于某胜予以签字确认。

建工集团于2006年3月1日向建设单位提交G9#楼书面开工报告，开工报告载明：开工日期为2006年3月6日，定额工期为321天，计划竣工日期为2007年1月28日。监理单位建银监理公司对此予以同意并盖章确认。

2007年8月20日，建工集团提交工程竣工报告，载明：开工日期2006年3月1日，完工日期2007年8月20日；建工集团已完成施工合同和施工图设计约定的全部内容，技术档案和施工管理资料齐全有效，主要建筑材料、建筑构配件和设备的进场试验报告（含监督抽验）资料齐全有效，工程质量符合有关法律、法规和工程建设强制性标准，特申请办理工程竣工验收手续。建银监理公司的监理意见为：同意验收。

2007年8月28日，建设单位、监理单位、施工单位、设计单位共同对G9#楼进行了验收，验收项目及结论分别为：①分部工程共6分部，符合标准及设计要求，验收合格；②质量控制资料核查共26项，符合规范要求，同意验收；③安全和主要使用功能核查及抽查结果，符合要求，同意验收；④观感质量验收，符合要求，验收结论为好；⑤综合验收结论为：符合设计及施工质量验收规范要求，同意验收。验收单位分别在单位（子单位）工程质量竣工验收记录上予以盖章，相关人员陈某堂、沈某利、芮某、于某胜予以签字确认。

2012年7月6日，滨洲至尊置业有限公司（以下简称"至尊公司"，为原华滨置业公司）与建工集团共同签署工程造价咨询核定总表，确认G7#、G8#楼的审定工程造价为18 764 397.40元，确认G9#楼的审定工程造价为9 374 502.05元，G7#、G8#、G9#楼的审定工程总造价为28 138 899.45元。涉案G7#楼、G8#楼、G9#楼至本案诉讼时尚未结算完毕，并业已形成诉讼且在一审法院审理过程中，案号为（2013）滨中民四初字第21号。至尊公司自认上述G7#楼、G8#楼、G9#楼已于2007年11月17日交付。

《2009合同》中1#车库工程的监理单位是山东省工程建设监理公司滨州分公司。2009年8月10日，建工集团就1#车库工程向建设、监理单位提交书面竣工工程验收申请书，载明：1#车库工程经施工单位自评、工程监理单位初验，工程质量初评合格，已具备竣工验收条件，申请对工程进行竣工验收，山东省工程建设监理公司滨州分公司工作人员张某华在该验收申请书上签字。

2012年8月10日，建设单位、监理单位、施工单位建工集团、设计单位山东建宏工程设计咨询有限公司共同对1#车库工程进行了竣工验收，验收项目及结论分别为：

①分部工程共 5 分部，符合标准及设计要求，验收结论为符合要求；②质量控制资料核查共 12 项，验收结论为符合要求；③安全和主要使用功能核查及抽查结果共核查 3 项，验收结论为符合要求；④观感质量验收抽查 1 项，验收结论为符合要求；⑤综合验收结论为：通过验收。验收单位分别在单位（子单位）工程质量竣工验收记录上予以签字盖章。同日，验收单位共同签署了竣工工程质量验收报告，载明：竣工工程质量检查情况（含工程质量控制资料情况）为竣工工程分项均检验合格，各项工程资料质量控制资料齐全，竣工工程质量通过验收。

2#车库工程的监理单位是淄博永安建设项目管理有限公司滨州分公司。2010 年 6 月 1 日，建工集团就 2#车库工程向建设、监理单位提交书面竣工工程验收申请书，载明：2#车库工程经施工单位自评、工程监理单位初验，工程质量初评合格，已具备竣工验收条件，申请对工程进行竣工验收，淄博永安建设项目管理有限公司滨州分公司工作人员王先庆在该验收申请书上签字。

2012 年 8 月 10 日，建设单位、监理单位、施工单位建工集团、设计单位滨州城建建筑设计有限公司共同对 2#车库工程进行了竣工验收，验收项目及结论分别为：①分部工程共 5 分部，符合标准及设计要求，验收结论为符合要求；②质量控制资料核查共 12 项，验收结论为符合要求；③安全和主要使用功能核查及抽查结果共核查 3 项，验收结论为符合要求；④观感质量验收抽查 1 项，验收结论为符合要求；⑤综合验收结论为：通过验收。验收单位分别在单位（子单位）工程质量竣工验收记录上予以签字或盖章。同日，验收单位共同签署了竣工工程质量验收报告，载明：竣工工程质量检查情况（含工程质量控制资料情况）为竣工工程分项均检验合格，各项工程资料质量控制资料齐全，竣工工程质量通过验收。

对于 1#车库、2#车库工程的造价，至尊公司与建工集团不能达成一致的工程造价确认数额，双方由此产生纠纷并形成诉讼。提起本案诉讼时，该案正在一审法院审理过程中，案号为（2013）滨中民四初字第 20 号。至尊公司自认 1#、2#车库已于 2012 年 8 月 10 日交付。

在合同履行过程中，2008 年 3 月 10 日，万鑫房产公司、建工集团及华滨置业公司三方签订《合同转让协议》，约定：为建设好新城广场花园小区，三方就该小区建设中的权利与义务转移的有关事宜，制订以下内容，共同遵守：①万鑫房产公司现已用新城广场花园全部净资产作为投资，与陈某东、山东胜利华滨置业有限公司共同设立华滨置业公司，现华滨至尊公司已正式运营。②万鑫房产公司与建工集团 2006 年 1 月 18 日签订的协议书（施工）合同，经三方商定，该合同中万鑫房产公司应承担的全部权利与义务，全部转让由华滨置业公司承担，该合同自履行中所发生的任何债权债务均由华滨置业公司承担。

2011 年 5 月 9 日，华滨置业公司变更名称为至尊公司。

此外，至尊公司向建工集团主张的工期延误违约金总额为 7 774 899 元，其中：G7#、G8#、G9#楼以工程总造价 27 733 398 元为基数，违约天数 305 天（2006 年 3 月 1 日至 2007 年 11 月 17 日），以每天 0.04% 为标准，主张的违约金数额为 3 383 467 元；1#、2#车库以工程总造价 9 554 900 元为基数，违约天数 1149 天（2009 年 5 月 18 日至 2012 年 8 月 10 日），以每天 0.04% 为标准，主张的违约金数额为 4 391 432 元。

建工集团主张其不应承担工期延误的违约责任，理由是至尊公司不按合同约定支付或及时支付工程款、施工工程存在设计变更或甩项等，工期应予顺延。

建工集团就 G7#、G8#、G9#楼工程分别提交了加盖监理单位建银监理公司印章的 2006 年 12 月 13 日停工报告报验申请表（以下简称"停工报告"）与 2007 年 3 月 18 日复工报告报验申请表（以下简称"复工报告"）各一份，停工报告内容为："我单位已完成主体与抹灰工程工作，因天气原因申请停工，现上报请予以审查、核实。建银监理公司的审查意见为：因天气原因可暂停工，明年复工要申请。"建银监理公司人员沈某利对此签字确认。复工报告内容为："现因气温已回升，我单位申请复工，现上报请予以审查、批准"。建银监理公司的审查意见为："同意复工，上报建设单位。"建银监理公司人员沈某利对此签字确认。

建工集团以该停工报告与复工报告已经监理单位同意为由，主张该停工期间的 3 个月又 5 天不计入工期，并相应顺延工期。至尊公司不认可停工报告与复工报告的真实性，并对停工报告与复工报告上面的字迹及印章形成时间提出质疑，认为停工报告与复工报告均系新形成的证据材料，同时申请对停工报告与复工报告形成的时间进行技术鉴定。

在至尊公司提出书面鉴定申请后，建工集团又申请撤回了该组停工报告与复工报告证据，并决定不再将停工报告与复工报告作为本案证据提交，也不再据此主张权利。至尊公司随后亦撤回了针对该组证据的鉴定申请。

再审中法院查明，2006 年 12 月 6 日，建工集团向新城广场花园小区筹建处、建银监理公司作出《停工报告》，主要内容：G7#、G8#、G9#楼工程于 2006 年 3 月 1 日开工，原计划 2006 年 12 月底内、外装修基本完成。但考虑到现在的天气比较寒冷，为了确保工程质量及用户的需求，建工集团申请于 2006 年 12 月 6 日暂停土建工程方面的施工。《停工报告》还载明停工原因包括涉及变更、外饰做法未确定、工程款方面的问题等。至尊公司项目经理陈某堂签署审批意见，"同意停工，但必须确保按进度计划竣工"。项目监理工程师刘某显在报告上签字。

同日，建工集团作出《2007 年各分部分项工程施工进度计划》。主要内容为建工集团已经拟定工程进度计划，并明确竣工日期为 2007 年 5 月 1 日。

2015 年 5 月 7 日，刘某显出具《证明》，对 G7#、G8#、G9#楼停工事实予以确认。《证明》载明，《停工报告》《2007 年各分部分项工程施工进度计划》是经过至尊公司、建工集团协商同意的。因《停工报告》《2007年各分部分项工程施工进度计划》同时提交，所以陈某堂、刘某显仅在《停工报告》上签字确认。在该《证明》上建银监理公司加盖了公章并签字"属实"。

又查明，除承建工程不同外，案外人福华集团、宏博公司、田兴公司作出的《停工报告》《200年各分部分项工程施工进度计划》在时间、内容和形式上与建工集团提交的《停工报告》《2007年各分部分项工程施工进度计划》具有高度相似性。

（二）争议焦点

①建工集团、至尊公司是否就工期顺延达成一致；②如果达成一致，工期应当顺延至何时。

（三）处理结果

至尊公司是否就工期顺延达成一致的问题。建工集团提交的《停工报告》载明：建工集团申请于2006年12月6日停工，并就停工原因作出了说明，同时拟定了《2007各分部分项工程施工进度计划》，变更了原竣工进度计划。至尊公司的项目负责人陈某堂在报告上签字同意停工，同时注明"但必须确保按进度计划竣工"。至尊公司认为，陈某堂系要求建工集团按照原合同约定的进度计划竣工，该解释与陈某堂同意停工的意思表示相矛盾，不合常理，再审法院不予采纳。建工集团还提交了由监理工程师刘某显出具并经建银监理公司盖章确认的《证明》，内容为G7#、G8#、G9#楼存在工期顺延的情形。本案再审审查阶段，再审法院对刘某显进行了询问，刘某显再次对上述事实予以确认，且询问笔录已由双方当事人质证。至尊公司称刘某显并非案涉工程监理工程师，但不能对刘某显曾在开工报告、主体工程质量验收报告上作为总监理工程师签字的事实作出合理解释，再审法院不予采纳。此外，建工集团提交的案外人福华集团、宏博公司、田兴公司的《停工报告》等证据亦可证明，除建工集团承建的G7#、G8#、G9#楼外，G1#、G2#楼等其他工程在同一时间段也均存在停工的情况。综合上述分析，建工集团提交的《停工报告》《2007各分部分项工程施工进度计划》《证明》等相关证据已经形成证据链，足以证明建工集团已与至尊公司就工期顺延达成一致。

关于工期顺延至何时的问题。《2007年各分部分项工程施工进度计划》载明：G7#、G8#、G9#楼竣工日期为2007年5月1日，该日期应当视为至尊公司与建工集团对顺延后工期的约定。至尊公司实际竣工日期为2007年8月28日，逾期竣工119天。按照二审确定的27 733 398元的工程款总额和合同约定的工程造价日0.04%计算工期延误违约金，建工集团应当向至尊公司支付违约金1 320 109.75元（27 733 398元×0.04%×119天）。

最终，再审法院判决：①撤销（2014）鲁民一终字第241号民事判决和（2013）滨中民四初字第4号民事判决；②江苏省建工集团有限公司于本判决生效后10日内支付滨州至尊置业有限公司工期延误违约金1 320 109.75元；③驳回至尊置业有限公司的其他诉讼请求。

案件评析

施工项目的工期一般是合同在订立时，合同双方根据施工项目的工程量作出的具体时间约定。双方会对保证按期完成进行相应的约定，并且会约定相应的惩罚措施。在施工过程中，如果不是己方的原因或者不可抗力的因素导致无法正常施工，则可以申请工期顺延。本案中建工集团通过举证证明了其与至尊公司就工期顺延事宜达成一致意见，从而在再审程序中达成改判。

二、盈江县振盈建筑工程有限责任公司与云南光洋房地产开发有限公司建设工程施工合同纠纷[1]

基本案情

（一）基本情况

承包方盈江县振盈建筑工程有限责任公司（以下简称"振盈公司"）和发包方云南光洋房地产开发有限公司（以下简称"光洋公司"）双方于2010年12月31日签订了《建设工程施工合同》（GF-1999-0201），合同对工程名称、工程地点、工程内容、合同工期、质量标准、合同价款、违约责任等进行了约定，明确了双方的权利义务。2011年9月2日，双方签订了《盈江花园项目工程施工合同补充协议书》，作为《建设工程施工合同的附件》，对部分合同内容变更约定，未变更部分仍然按《建设工程施工合同》执行。2012年10月19日，双方签订《盈江花园附属工程施工协议》。

案涉工程于2011年9月30日，经监理方审批同意开工；2012年11月15日，振盈公司向光洋公司提交竣工验收报告；工程于2013年4月2日竣工验收。期间，振盈公司光洋公司向光洋公司提出由监理公司同意拨付进度款的申请，但光洋公司未按申请支付进度款；2012年1月12日至2014年1月22日，光洋公司共支付振盈公司工程款人民币27 500 000元（其中100 000元为代被告支付水电费），光洋公司实际支付给振盈公司的工程款为27 400 000元。振盈公司项目负责人李某向光洋公司的法定代表人借款人民币100万元。该案一审诉讼过程中，经振盈公司申请、光洋公司同意，一审法院依法委托德宏振宏司法鉴定中心进行评估。德宏振宏司法鉴定中心于2015年2月10日作出德振价鉴字（2015）第001号《鉴定意见书》、于2015年9月18日作出德振价鉴字（2015）第001号《鉴定修正意见书》、于2015年10月18日作出《关于

---

[1] （2019）最高法民申2496号。

〈对鉴定报告质证意见〉的回复意见书》，结论：涉案工程造价为 30 456 198.48 元。

(二) 争议焦点

①光洋公司是否延迟支付工程进度款？②如何确定工程竣工时间？工期如何计算？是否存在顺延的情况？③振盈公司在请款过程中是否存在虚报的情况？④本案延期交付工程是单方违约还是双方违约？振盈公司应否承担延期交付工程的违约责任？

(三) 处理结果

关于案涉工程竣工时间。振盈公司提交了《工程质量评估报告》《主体结构工程验收记录》《工程竣工验收报告》，主张其建设的 1#-8# 楼主体工程于 2012 年 9 月 17 日由监理公司质量评估合格，并于 2012 年 11 月 15 日向光洋公司及监理单位报送了工程竣工验收报告，因为门窗安装及外墙由其他人负责，故至 2013 年 3 月 19 日申报综合验收；二审认定 2013 年 4 月 2 日涉案工程竣工验收是工程的综合备案验收时间，振盈公司不负责盈江花园的整体施工。根据《施工合同司法解释》第 14 条第 2 项"承包人已经提交竣工验收报告，发包人拖延验收的，以承包人提交验收报告之日为竣工日期"之规定，欲证明二审以工程的综合验收时间作为振盈公司的完工时间错误。

光洋公司质证认为，2012 年 9 月 17 日监理公司的质量评估只是其中的一项分步验收，《有关资料及隐蔽工程验收记录》记载 6 层的水电安装工程在 2012 年 12 月 27 日完工。振盈公司提交的 2012 年 11 月 15 日竣工验收报告是其单方制作，格式也不符合竣工验收申报的要求，光洋公司对此不予认可。此外，发包人光洋公司不存在拖延验收的情况。2013 年 3 月 19 日振盈公司制作的《建设工程竣工验收申报书》，需要在项目的完成设计、工程量情况、城市规划消防的验收情况及按合同支付工程进度款情况、验收组组成情况、验收资料等相关材料齐全的情况下，由施工单位、监理单位、建设单位、工程质量监督机构四方签字盖章，才具有法律效力。二审认定 2013 年 4 月 2 日涉案工程竣工验收是正确的。

再审法院认为，振盈公司提交的《工程质量评估报告》载明的主体结构分部工程质量评估报告及《主体结构工程验收记录》载明的每个步骤每栋楼的主体工程质量评估和分步验收日期均不一致（如 1#、2# 楼的主体工程验收日期是 2013 年 2 月 23 日，6# 楼的主体工程验收日期是 2012 年 11 月 25 日），双方均无异议的《鉴定修正意见书》工程总造价已经计算了水电安装工程的造价，而振盈公司亦认可 2012 年 11 月 15 日每一栋楼的水电安装工程并没有完工，2013 年 3 月 18 日振盈公司制作建设工程竣工验收申报书，并于 2013 年 3 月 19 日由勘察单位、设计单位、监理单位、建设单位验收签章，2013 年 4 月 2 日涉案工程在住建部门备案竣工验收，故振盈公司申请再审主张以 2012 年 11 月 15 日作为竣工验收时间的理由不能成立，二审判决认定振盈公司没有证据证明其于 2012 年 11 月 15 日向光洋公司及监理单位报送了工程竣工验收报告，继而认定振盈公司施工的工程于2013年3月6日完工，2013年4月2日涉案工程竣工验收并无不当。

关于工期是否可以顺延。振盈公司提交了如下证据：①盈江县水文局拉贺练水文站2011年10月至2012年10月的降雨统计，欲证明施工期间盈江县下雨133天，工期应当按不可抗力延期133天；②施工延期报告及工程临时延期申请，因延误进场2天、下雨误工50天、停电6天、停水1天、县城断路9天、清理基坑积水淤泥15天，以上五项合计申请延期83天，申请延长竣工日期至2012年10月23日，且延期申请有监理公司的签章。

光洋公司质证认为，《建设工程施工合同》第39条对不可抗力有明确约定，合同约定的风雨、雪、洪、震等自然灾害与正常的雨季不能相提并论，下雨133天不能作为工期延期的理由。延期报告上的章与驻场监理公司的签章不一致，不予认可。

再审法院认为，振盈公司主张下雨133天应当顺延，但是振盈公司没有向光洋公司提出下雨133天延期的书面报告，故振盈公司主张应当延期133天的理由不能成立。因《建设工程施工合同》第13条约定设计变更和工程量增加；一周内非承包人原因停水、停电、停气造成停工超过8小时；专用条款约定工程师同意工期顺延的其他情况，承包人在情况发生后14天内，就延误工期以书面形式向工程师提出报告，工程师收到报告后14内予以确认，逾期不确认也不提出修改意见，视为同意顺延工期。振盈公司已经向光洋公司提出因延误进场2天、下雨误工50天、停电6天、停水1天、县城断路9天、清理基坑积水淤泥15天，以上5项合计申请延期83天的《工程临时延期申请的书面报告》，光洋公司虽然否认监理公司的签章真实性，但是光洋公司逾期不确认也不提出修改意见，视为同意顺延工期。本案的工期应当按约延长竣工日期至2012年10月23日。

关于本案延期交付工程是单方违约还是双方违约以及振盈公司应否承担延期交付工程的违约责任？振盈公司认为，一二审判决中均认定光洋公司存在不按时、不按进度拨款的违约行为，耽误工期，本案双方违约，应当区分违约责任的大小划分责任，并由光洋公司承担导致延期交付工程的主要责任。

光洋公司认为，振盈公司自己制作并经相关部门确认的《建设工程竣工验收申报书》，已经确认工程进度款严格按照合同拨付，并且已经付到工程款的80%以上，不存在因工程进度款违反合同拨付导致施工无法进行的情况。振盈公司超过合同约定的竣工时间才完工的客观事实存在，且振盈公司没有提交相应证据证明其不承担违约责任的主张，故振盈公司应承担单方延期交付工程的违约责任。

再审法院认为：其一，光洋公司没有根据合同约定的时间按时拨付工程进度款，而振盈公司也存在工程施工进度拖延的问题，双方的行为均影响工期如约完工。双方对于延期交付工程均存在过错，在合同履行过程中均存在违约情形。二审判决既认定光洋公司每期实际拨付进度款的金额少于振盈公司提交并经监理审批同意的进度款金额的事实,又认定振盈公司提出的光洋公司未按约拨付进度款导致工期延误的抗辩理由不能成立,两者存在逻辑矛盾。其二,二审判决自 2012 年 10 月 23 日起至 2013 年 3 月 6 日完工止计算振盈公司延期交付工程的违约金,但是自 2012 年 10 月 23 日至 2013 年 3 月 4 日光洋公司仍陆续向振盈公司的两个项目部拨付了 9 次的工程进度款共计 605 万元,即二审判决计算振盈公司单方延期交付工程违约责任的期间,涵盖了光洋公司陆续支付工程进度款的期间。故二审判决认定振盈公司自 2012 年 10 月 23 日至 2013 年 3 月 6 日完工逾期 134 天,应承担违约责任的天数为 119 天明显不当,裁判结果显失公平,应予纠正。光洋公司要求对方承担延期交付工程违约金的反诉请求不能成立。

案件评析

本案涉及工期认定、工期顺延以及工期延误后的索赔,可以看出法院裁判仍多以书面证据为准,对竣工时间的认定系因振盈公司没有证据证明 2012 年 11 月 15 日向光洋公司及监理单位报送了工程竣工验收报告而不予支持;而工期顺延的认定中振盈公司虽能证明下雨 133 天,但是因其没有向光洋公司提出下雨 133 天延期的书面报告,法院亦未支持该项理由。综上,我们作为从事相关业务的法律工作者,应当提示或告知当事人,在工作中注意防范,多以书面形式与对方沟通,从而更好地保障自己的合法权益。

第五章　工程质量和保修

第一节　工程质量责任

一、和昌（十堰）房地产开发有限公司、和昌（湖北）置业有限公司与中国葛洲坝集团建设工程有限公司建设工程施工合同纠纷[1]

基本案情

（一）基本情况

2010年，和昌（十堰）房地产开发有限公司（以下简称"和昌房地产公司"）、和昌（湖北）置业有限公司（以下简称"和昌置业公司"）作为甲方，与乙方与中国葛洲坝集团建设工程有限公司（简称"葛洲坝建设公司"）签订《建设工程施工补充协议》，甲乙双方就乙方承包甲方和昌国际城Ⅰ、Ⅱ期工程（总建筑面积约136万m^2，其中：Ⅰ期约56万m^2，造价约9亿元；Ⅱ期约80万m^2，造价约12.6亿元。）达成补充协议主要如下：

（1）履约保证金。①乙方应向甲方交纳合同履约保证金，其中Ⅰ期合同履约保证金8000万元，在合同履约保证金的担保协议签订后1个月内交纳5000万元，余下3000万元在3个月内支付，本条所指的余下3000万元履约保证金若乙方不能支付，也不追究乙方责任。Ⅱ期合同履约保证金1亿元应在Ⅱ期工程具备开工条件且合同履约保证金的担保协议签订后1个月内交纳。②若甲乙双方签订合同且乙方进场后1个月不能正常施工，则在第二个月的第一天开始启用甲乙双方签订的履约保证金的担保协议。③甲方应在工程单栋封顶后退还该栋工程履约保证金的50%，其余50%履约保证金待该栋工程取得工程竣工备案证后，一次性退还（保证金不计息）。

（2）工期：Ⅰ期工程自施工许可证签发日期为开工日期，工程总工期为480个日历天；Ⅱ期工程根据工程的实际情况确定。

---

[1]（2015）鄂民一初字第00018号；（2019）最高法民终1668号。

(3) 同价款的确定：①定额套用 2003 年《湖北省建筑装饰工程消耗量定额及统一基价表》《湖北省安装工程消耗量定额及单位估价表》《湖北省建筑安装工程费用定额》，取费按 Ⅱ 类工程取费，并按鄂建文〔2006〕172 号文的规定调整人工费，依据鄂建文〔2007〕302 号文计取安全施工和文明施工措施费。主要材料依据施工同期《十堰建设工程造价管理》执行，其中：钢材价格按信息价每吨减少 100 元；今后若有政策性的价格调整本项目均不参与调整。主要材料品牌需要甲方认可，最终结算价款按上述约定下浮 7%。②本协议书内容不包括入户防盗门、室内木门、外墙涂料、装饰面砖花岗岩、门窗、阳台栏杆、大型土方开挖、发电机、高压柜、变压器、电梯、对讲系统及消防系统工程、安装工程总配电箱、入户插卡水表、暖气插卡计量表、煤气工程、户内不穿电线等。③所有施工中应按图纸设计（含图纸会审、变更单）要求预留管孔必须预设到位（如：开关、管孔预埋、穿线管、插座的底盒等）。

(4) 工程款支付方式。①单栋地下主体工程结构验收合格后，甲方按±0 以下建筑面积 500 元/m^2 支付±0 以下工程进度款（含基础、地下室、地下室施工完成±0 以上 8 层主体，甲方支付±0 至 8 层主体建筑面积 500 元/m^2 工程进度款。②单栋验收合格后，自验收合格之日起 10 日内甲方支付至单栋工程总造价的 75%；取得竣工备案证交给甲方后 10 日内，甲方支付至总工程款的 95%（必须经双方审计造价确定同步完成），剩余 5% 的工程款作为保修金，保修金的支付按照国家规定执行。

(5) 违约。①若本工程验收质量达不到合格标准，乙方应当返工至合格，返工所发生的一切费用由乙方承担，并且乙方自愿承担相应工程总造价的 2% 罚款。②若甲方未能按合同内容履行应负责的义务，竣工日期顺延，且甲方应赔偿由此对乙方造成的实际损失。③由于甲方原因造成的工程停建、缓建或返工，一切责任和费用由甲方承担。④若工程未验收，甲方提前使用或擅自动用，则由此发生的质量或其他问题，由甲方承担责任。⑤乙方在施工过程中应规范施工，由此而发生的一切质量事故由乙方承担。

(6) 本合同补充协议书与双方签订的《建设工程施工合同》具有同等法律效力，本协议书与《建设工程施工合同》相矛盾时，以本协议书的条款为准。招标后签订的国家标准施工合同限于办理备案手续使用。

2010 年 11 月 19 日，葛洲坝建设公司作为甲方与和昌房地产公司作为乙方签订了《土地抵押合同》，约定为保证甲方履约保证金的资金安全，乙方同意用其国有土地使用权作为抵押。2010 年 12 月 23 日、2011 年 1 月 27 日、2011 年 1 月 28 日葛洲坝建设公司分别向和昌房地产公司汇款 2000 万元、1300 万元、1700 万元，共计 5000 万元。

2010 年 12 月 30 日、2011 年 2 月 25 日，和昌房地产公司、和昌置业公司两次致函葛洲坝建设公司，要求该公司尽快落实施工资质在十堰市备案、工程招投标和 A1#、A2# 楼的组织施工等事宜。

2011年1月18日、2011年2月28日和2012年5月30日，葛洲坝建筑公司先后与和昌房地产公司、和昌置业公司签订3份《协议书》，双方约定和昌国际城一期A3#、A5#公寓楼、酒店式公寓和C1#-C8#商住楼施工招标使用的工程量清单和拦标价文件仅用于办理招投标手续，不作为工程款支付及竣工结算（决算）的依据，最终竣工结算以葛洲坝建设公司与和昌房地产公司签订的补充协议为结算依据。

葛洲坝建设公司与和昌房地产公司、和昌置业公司签订了3份《协议书》，约定和昌国际城一期A1#、A2#、C9#、C10#住宅楼工程的招投标文件亦不作为工程款支付及竣工结算（决算）依据，最终竣工结算以补充协议为结算依据。

2011年2月28日、2011年3月28日，和昌房地产公司与葛洲坝建筑公司就和昌国际城项目一期A3#、A5#公寓楼、酒店式公寓工程和商业广场工程，分别签订2份《湖北省建设工程施工合同》，并向十堰市建设工程招标投标管理办公室鉴证备案。2012年3月6日，十堰市住房和城乡建设委员会就案涉A3#、A5#公寓楼和酒店式公寓、商业广场工程补发建筑工程施工许可证。2013年4月，商业广场主体工程质量验收合格；2013年4月1日，A3#、A5#公寓楼地基和主体工程质量验收合格；2014年4月20日工程全部竣工验收合格。

2011年3月18日，和昌置业公司与葛洲坝建筑公司就和昌国际城一期C1#-C8#住宅楼工程签订一份《湖北省建设工程施工合同》，并向十堰市建设工程招标投标管理办公室鉴证备案。2011年9月10日，十堰市住房和城乡建设委员会就案涉C1#-C8#工程签发建筑工程施工许可证。C1#-C6#住宅楼地基和主体结构工程于2012年10月验收合格，于2014年1月3日竣工验收，于2017年7月27日取得竣工验收备案证。C7#、C8#住宅楼地基和主体结构工程于2012年11月通过质量验收。

2011年6月19日，葛洲坝建设公司向和昌房地产公司发送了一份葛洲坝建设公司为承诺人、葛洲坝建筑公司为担保人的《承诺书》，承诺A1#、A2#楼开工日期定于2011年6月23日，保证A1#、A2#楼孔桩工程成孔时间在2011年8月10日前，±0完工及基础验收在2011年9月30日前完成（基础、地下室、地下室两层2011年11月30日完成±0以上8层顶板主体工程）。并承诺若工期滞后在5日以内，每拖延一天承担1万元的违约金；工期滞后超过5日的，每拖延一天承担10万元的违约金；违约金在工程款中扣除（如和昌公司部分程序协调不到位，不影响此承诺）。

2011年9月30日，和昌房地产公司与葛洲坝建设公司签订和昌国际城项目一期A1#、A2#栋住宅楼《湖北省建设工程施工合同》，并向十堰市建设工程招标投标管理办公室鉴证备案。2012年7月26日，十堰市住房和城乡建设委员会为A1#、A2#楼工程签发建筑工程施工许可证。2013年1月23日，葛洲坝建设公司施工的A1#、A2#住宅楼主体工程全部通过和昌房地产公司验收。

2011年10月24日，葛洲坝建设公司与和昌房地产公司、和昌置业公司签订《建设工程施工协议》。同日，葛洲坝建设公司向和昌房地产公司、和昌置业公司出具《承诺书》一份，承诺上述《建设工程施工协议》不具备任何法律效力，双方就和昌国际城一、二期工程项目签订的《建设工程施工补充协议》仍是双方必须遵守的协议，双方之间的所有权利义务仍以《建设工程施工补充协议》为准。

2011年10月28日，和昌房地产公司、和昌置业公司与葛洲坝建设公司就和昌国际城项目一期C9、C10住宅楼工程签订《湖北省建设工程施工合同》，并向十堰市建设工程招标投标管理办公室鉴证备案。同日，葛洲坝建设公司向和昌房地产公司出具《工作联系函》一份，主要内容："由我公司承建的和昌国际城A区A-1，A-2住宅楼为32F+1F+负2F，深基础挖桩等，鉴于本工程的特殊性，经与贵公司友好协商后，达成如下协议：1. 本公司工程款支付条件更改为±0.00以上完成8层主体开始支付工程款。2. 最终结算价款由原工程补充协议约定下浮7%更改为下浮2%，其他按照原协议执行。"2011年10月31日，和昌房地产公司法定代表人吴某圳在该《工作联系函》上签署同意意见。

2011年11月11日至2014年1月15日，葛洲坝建设公司多次向和昌房地产公司、和昌置业公司致函，要求返还对应的履约保证金，和昌房地产公司、和昌置业公司均未返还。葛洲坝建设公司遂向湖北省高级人民法院提起诉讼，诉请判令和昌房地产公司、和昌置业公司返还履约保证金5000万并按约定支付延期返还保证金的违约金1200万元。该院一审后作出（2014）鄂民一初字第7号民事判决，判令和昌房地产公司、和昌置业公司返还葛洲坝建设公司履约保证金2500万元并支付相应违约金。最高人民法院二审审理以（2015）民一终字第239号民事判决驳回和昌房地产公司、和昌置业公司的上诉，维持原判。

2012年12月28日，十堰市建设工程质量检测中心出具《和昌国际城A6酒店验证检测报告》，载明酒店式公寓工程基础及主体结构工程验证检测合格。2013年4月，酒店式公寓主体工程质量经设计、监理、建设单位验收合格。2013年8月21日，设计单位十堰市建筑设计研究院向和昌置业公司、葛洲坝建筑公司发出《工程设计变更单》，就酒店式公寓工程局部结构垂直度偏差问题出具加固处理方案。

2014年6月3日，和昌房地产公司向设计单位十堰市建筑设计研究院出具一份《情况说明》，内容："我公司投资兴建的和昌国际城一期A3、A5项目，当时设计为5.3m层高的复式楼，现已基本具备竣工验收条件，但由于种种原因及我公司当初的规划意图和销售策划，需精装后销售，外窗防护栏杆未安装，由后期装修完成。因电梯原因，防火门验收时部分尚未安装完毕，我公司保证在建设主管部门验收前全部安装完毕并符合设计要求。请贵院设计及技术负责人复查，请贵院先行予以签字盖章为谢。"

一审审理过程中，和昌房地产公司、和昌置业公司申请对酒店式公寓工程施工质量进行司法鉴定。根据一审法院委托，武汉市建筑工程质量检测中心有限公司司法鉴定所鉴定并出具（2006）鉴字第006号《司法鉴定意见书》。鉴定意见：①所检测竖向结构构件的垂直偏差均严重超出验收规范的规定，不排除其他不具备测量条件的竖向结构构件中还有垂直度严重超标的构件。施工单位在施工过程中未对竖向构件的垂直度进行有效控制是造成垂直偏差超标的直接原因。对有怀疑存在垂直偏差超标的竖向构件，要创造条件进行垂直度偏差检测，并根据检测结果按验收规范相关规定进行处理。②负3层地下室墙壁裂缝是混凝土收缩裂缝，在地下室墙壁临时伸缩缝间距过大的情况下，施工单位在施工过程中未采取应对措施，是造成产生混凝土收缩裂缝的原因。地下室底板的隆起渗漏是底板的设计抗力不足以抵抗底板下水浮力所致。地下室底板的隆起渗漏现象不影响上部结构承载安全。但可能对地下室的使用功能造成影响，应采取措施进行加固处理。

2016年11月11日，酒店式公寓的设计单位十堰市建筑设计研究院致函和昌房地产公司，主要内容：①收回原主体结构竣工验收报告合格评定，并重新评定为不合格，不能进行下一工序，更不能投入使用。和昌公司应告知各参建单位。②依据《司法鉴定意见书》可能对主体结构构成安全隐患的要求，应立即做好施工现场安全防护及监控工作。③建议对未知部分进行全面检测，并依据检测结论进行全面加固后整体拆除。

一审诉讼中，和昌房地产公司、和昌置业公司向一审法院提交了鉴定申请书，申请对酒店式公寓因工程质量不合格而不能营业的租金收入及财务成本等经济损失金额、商业广场因不能按时竣工验收备案影响开业导致的租金收入及财务成本等经济损失金额进行鉴定，并明确鉴定损失计算的期间是2013年4月5日至2018年6月14日。经一审法院依法委托，武汉真道会计师事务所有限公司按照上述申请进行了司法鉴定工作，于2019年1月15日出具了武真道鉴字（2009）第002号、第003号鉴定意见书。

武真道鉴字（2009）第002号鉴定意见书载明：①商业广场投入资金利息鉴定意见。其一，经鉴定，2013年4月5日至2018年6月14日期间，按央行贷款基准利率计算，商业广场因不能按时竣工备案影响开业而产生的投入资金利息为22 523 119.33元。其二，经鉴定，2013年4月5日至2018年6月14日期间，按央行贷款基准利率上浮20%计算，商业广场因不能按时竣工备案影响开业而产生的投入资金利息为26 454 740.10元。②商业广场租金收入鉴定意见。经鉴定，假设商业广场达到正常运营状态且租赁合同正常履行，则2013年4月5日至2018年6月14日期间，商业广场因不能按时竣工验收备案影响营业期间的租金收入为90 430 747元。

关于酒店式公寓工程部分，武真道鉴字（2019）第003号鉴定意见书载明：①酒店式公寓投入资金利息鉴定意见。其一，经鉴定，2013年4月5日至2018年6月14日期间，按央行贷款基准利率计算，酒店式公寓因工程质量不合格不能营业而产生的投入资金利息为14 576 392.82元。其二，经鉴定，2013年4月5日至2018年6月14日期间，按央行贷款基准利率上浮20%计算，酒店式公寓因工程质量不合格不能营业而产生的投入资金利息为 16 879 857.29 元。②酒店式公寓租金收入鉴定意见。经鉴定，假设酒店式公寓达到正常运营状态且租赁合同正常履行，则 2013 年 4 月 5 日至 2018 年 6 月 14 日期间，酒店式公寓因工程质量不合格不能营业期间的租金收入为 29 544 187.50 元。

同时，葛洲坝建设公司、葛洲坝建筑公司亦申请对案涉和昌国际城一期 A1#、A2#、A3#、A5#楼及 C1#-C9#楼、商业广场的工程造价按照备案的《湖北省建设工程施工合同》进行司法鉴定。经原审法院依法委托，湖北信永中和工程管理咨询有限公司依照上述备案合同鉴定后依法出具了两份鉴定意见书。两份鉴定意见书分别载明：C1#-C9#楼造价为 130 020 243.52 元，A3#-A5#公寓楼造价为 83 181 676.88 元，商业广场造价 56 637 474.44 元，合计造价 269 839 394.84 元；A1#、A2#住宅楼工程造价为 74 902 890.35 元。

一审开庭审理后，因双方对工程结算的依据存在较大争议，一审法院又依法通知湖北信永中和工程管理咨询有限公司根据双方签订的《建设工程施工补充协议》出具了两份工程造价鉴定。两份鉴定意见书分别载明：C1#-C9#楼造价为 120 931 487.44 元，A3#-A5#公寓楼造价为 77 393 009.06 元，商业广场造价 52 265 893.22 元，合计造价 250590389.72 元；A1#、A2#住宅楼工程造价为 68 811 027.02 元。

对本案鉴定机构出具的上述工程质量、工程造价及损失鉴定意见书，一审法院依法组织各方当事人进行了质证。鉴定人员出庭接受了质询，并针对各方对鉴定意见书提出的异议予以书面回应。质证意见及鉴定机构的书面回复意见均已记录并附卷在案。

一审庭审结束后，一审法院组织各方当事人就案涉工程已付工程款情况进行了对账。关于酒店式公寓工程部分，各方均认可已付工程款为 33 728 290 元。关于商业广场部分，各方均认可已付工程款为 51 384 571 元。关于其余工程，葛洲坝建设公司认可收到已付 A1#、A2#工程款 51 485 247 元，葛洲坝建筑公司认可收到已付 A3#、A5#栋工程款 53 749 819.20 元，收到已付 C1#-C8#楼工程款 113 330 000 元。

（二）争议焦点

①葛洲坝建设公司应否就葛洲坝建筑公司完成的案涉工程向和昌房地产公司、和昌置业公司承担连带责任。②酒店式公寓资金投入的利息损失及租金收入损失的司法鉴定意见，能否作为认定酒店式公寓工程不合格导致经济损失的依据，该损失应否支持。③案涉工程是否延期交付构成违约，应否赔偿和昌房地产公司商业广场的资金投入利息损失和租金收入损失，以及 A1#、A2#住宅楼，A3#、A5#公寓楼迟延交付的违约金。④A1#、A2#住宅楼，A3#、A5#公寓楼，C1#-C8#栋住宅楼以及商业广场工程应按备案的中标合同办理工程结算，还是应根据 2010 年《建设工程施工补充协议》办理工程结算。⑤和昌房地产公司、和昌置业公司应否支付除酒店式公寓外的剩余工程款。

⑥2500万元工程履约保证金应否全部退还。

（三）处理结果

和昌房地产公司上诉主张：酒店式公寓因施工不当导致质量不合格而无法使用，葛洲坝建筑公司应承担违约责任，赔偿和昌房地产公司对酒店式公寓已投入资金的利息损失（实际损失）和租金收入损失（预期利益损失）。原审法院仅支持租金收入损失属认定事实及适用法律错误。

葛洲坝建筑公司上诉主张：酒店式公寓租金收入的司法鉴定意见所依据的租赁合同不真实、预期租金收入未扣除管理成本等费用，不能作为认定酒店式公寓工程违约损失的依据。另，葛洲坝建筑公司与和昌房地产公司之间的酒店式公寓施工合同法律关系已在2015年11月9日解除，而酒店式公寓租金收入的鉴定结论为2013年4月5日至2018年6月14日期间的租金收入共29 544 187.50元。施工合同解除后，和昌房地产公司未采取任何措施防止损失扩大，因此葛洲坝建筑公司不应承担酒店式公寓施工合同解除后产生的租金损失。

对此二审法院认为，酒店式公寓因施工不当导致质量不合格，一审法院基于和昌房地产公司的诉请，确认解除和昌房地产公司与葛洲坝建筑公司就酒店式公寓形成的施工合同法律关系，认定解除的时间点为葛洲坝建筑公司收到对方起诉状的日期，即2015年11月9日。因酒店式公寓主体结构工程质量不合格系葛洲坝建筑公司施工不当所致，根据《合同法》第107条"当事人一方不履行合同义务或者履行合同义务不符合约定的，应当承担继续履行、采取补救措施或者赔偿损失等违约责任"和《施工合同司法解释》第10条"建设工程施工合同解除后，已经完成的建设工程质量合格的，发包人应当按照约定支付相应的工程价款；已经完成的建设工程质量不合格的，参照本解释第三条规定处理。因一方违约导致合同解除的，违约方应当赔偿因此而给对方造成的损失"的规定，葛洲坝建筑公司应承担违约责任，赔偿和昌房地产公司的相应损失。

一审中，和昌房地产公司诉请葛洲坝建筑公司赔偿其酒店式公寓已投入资金的利息损失和预期租金收入损失，并申请对投入资金的利息损失和预期租金收入损失进行司法鉴定。经一审法院委托，武汉真道会计师事务所有限公司按照上述申请进行了司法鉴定，武真道鉴字（2019）第003号鉴定意见书载明：①酒店式公寓投入资金利息鉴定意见。经鉴定，2013年4月5日至2018年6月14日期间，按央行贷款基准利率上浮20%计算，酒店式公寓因工程质量不合格不能营业造成投入资金的利息为16 879 857.29元。②酒店式公寓租金收入鉴定意见。经鉴定，假设酒店式公寓达到正常运营状态且租赁合同正常履行，则2013年4月5日至2018年6月14日，酒店式公寓因工程质量不合格不能营业期间的租金收入为29 544 187.50元。由于将工程款投入酒店式公寓项目建设是和昌房地产公司作为建设方的合同义务,而且酒店式公寓租金收入损失的鉴定意见是以酒店式公寓达到正常运营状态且租赁合同正常履行为基础计算得出。因此,投入工程款是进行商业租赁并取得租金收入的前提条件,故和昌房地产公司同时诉请投入资金的利息损失与租金收入损失构成重复主张,一审法院仅支持和昌房地产公司关于酒店式公寓预期租金收入损失的诉讼请求,并无不当。和昌房地产公司关于葛洲坝建筑公司应赔偿其对酒店式公寓已投入资金的利息损失的上诉理由不能成立,二审法院不予支持。

该鉴定意见系具有合法资质的鉴定机构依据正当鉴定程序独立作出,且已经过当事人质证,可以作为认定和昌房地产公司因酒店式公寓工程施工质量不合格、不能交付使用而产生的预期租金收入损失的依据。虽然葛洲坝建筑公司主张酒店式公寓租金收入鉴定意见所依据的租赁合同不真实、租金收入未扣除管理成本等费用,并主张 2015 年 11 月 9 日双方解除酒店式公寓施工合同法律关系之后的损失与其无关。但是,葛洲坝建筑公司所提交的证据不足以证明和昌房地产公司与案外人于本案诉讼之前签订的酒店式公寓租赁合同是虚假的,也未能证明和昌房地产公司取得租赁收入必须支出的相应成本的具体金额,且案涉酒店式公寓主体工程质量不合格必然影响和昌房地产公司出租使用该房产、造成相关租金收入损失。故一审法院采用关于酒店式公寓租金收入的司法鉴定意见,并据此作出判决并无不当。葛洲坝建筑公司关于酒店式公寓租金收入的司法鉴定意见不能作为酒店式公寓工程违约损失认定依据的上诉理由不成立,二审法院不予支持。

案件评析

本案系承包方施工不当导致质量不合格而引起的诉讼,根据《施工合同司法解释》第 10 条"建设工程施工合同解除后,已经完成的建设工程质量合格的,发包人应当按照约定支付相应的工程价款;已经完成的建设工程质量不合格的,参照本解释第三条规定处理。因一方违约导致合同解除的,违约方应当赔偿因此而给对方造成的损失"的规定,承包方方应承担违约责任,赔偿发包方相应损失。

二、李某刚与依兰县教育建筑工程有限责任公司建设工程施工合同纠纷[1]

基本案情

(一) 基本情况

2010 年 6 月中旬,李某刚挂靠昊诚开发公司对颐园府邸小区(A、B 栋高层)及

---

[1] (2016) 黑民终 292 号;(2016) 最高法民申 3056 号。

达连河镇商业街工程项目进行开发建设。司某杰挂靠昊诚建筑公司与李某刚口头达成建设工程施工承包协议，承包了该工程。承包方式：包工、包料，工程承包内容为土建工程、给排水工程、采暖工程、消防工程等。具体施工情况如下：颐园府邸小区（A、B栋高层），本工程为桩基础，框架剪力墙结构，地上17层。司某杰于2010年7月25日进场，开始前期临建、临电、设备安装等项目施工，并于当年8月17日正式开槽（A栋高层），基槽挖完后，因开发商手续不全被迫停工。后于2011年8月复工，至当年11月末停工。2012年4月，因开发商资金不足等原因再次停工。此后施工单位的建筑材料、设备开始逐步撤离施工现场。2011年4月8日，司某杰开始对依兰达连河商业区的9栋商业及住宅楼进行施工。该工程已于2011年11月末完工，并交付使用。司某杰认可收到上述两项工程的工程款总计4920万元，但其无法区分收到的工程款中属于颐园府邸小区或达连河镇商业区工程的工程款具体数额。

一审中，根据司某杰申请，2014年5月19日一审法院司法技术处委托黑龙江省龙建司法鉴定所（以下简称"龙建鉴定所"）对案涉工程造价进行司法鉴定。2014年7月15日，龙建鉴定所作出龙建司法鉴定所（2014）龙建鉴字第012号《依兰达连河颐园府邸小区A栋、B栋工程定额造价鉴定意见书》。结论为"依兰达连河颐园府邸小区A、B栋的工程按照国家定额标准进行鉴定的工程造价为7 798 807.95元"；2014年7月15日，龙建鉴定所作出省龙建司法鉴定所（2014）龙建鉴字第011号《依兰达连河商业区0#、1#、2#、5#、7#、8#、9#、11#工程定额造价鉴定意见书》，结论为"依兰达连河镇龙化路0#、1#、2#、3#、5#、7#、8#、9#、11#栋的工程按照国家定额标准进行鉴定的工程造价为86 938 428.66元。"

经依兰县教育建筑工程有限责任公司（以下简称"教育建筑公司"）申请，2014年5月19日一审法院司法技术处委托龙建鉴定所对依兰达连河商业区0#、1#、2#、5#、7#、8#、9#、11#楼房屋质量进行鉴定，并对该楼房工程质量不合格部分所需维修费及该工程中没有按照图纸施工部分的拆除费用及重新建筑费用进行鉴定。同年7月15日，龙建鉴定所作出省龙建司法鉴定所（2014）龙建鉴字第010号《依兰达连河商业区0#、1#、2#、5#、7#、8#、9#、11#工程质量与维修费用鉴定意见书》，结论为："依兰达连河镇龙化路0#、1#、2#、5#、7#、8#、9#、11#楼房屋工程质量不合格，工程质量不合格部分所需维修费及该工程中没有按照图纸施工部分的拆除费用及重新建筑费为15 420 135.23元"。其中，工程质量不合格部分工程造价为2 077 347.75元；没有按照图纸施工部分的拆除及重新建筑工程造价为13 342 787.48元。

一审法院组织各方当事人对鉴定结论进行质证，针对各方当事人提出的质证意见，2015年6月8日，龙建鉴定所作出《关于省龙建司法鉴定所（2014）龙建鉴字第010号、011号鉴定2015年6月1日："黑龙江省哈尔滨市中级人民法院函"回复》：首先，未按图纸施工部分的实际工程造价2 126 240.37元，其中土建工程造价1 672 130.06元，水暖工程造价454 110.31元;该部分工程造价加上按照图纸施工部分的工程总造价为85 283 147.91元,其中土建工程造价77 834 730.93元,水暖工程造价744 841.98元。其次,(2014)龙建鉴字第010号鉴定意见中超过保修期的项目(排序参照鉴定意见书第4条分析说明第6项鉴定意见):①室外排水坡、门台阶下回填土不实下沉,造成排水坡面层开裂、下沉,回填土施工与施工单位无关,未做维修;住宅楼梯间、商服柱与梁抹灰层空鼓、开裂(装饰工程);②局部外墙涂料脱落、起皮;③室内及地沟供热、消防管道防腐处理不当,管道生锈;④商服一层地面回填土不实,造成地面下沉及产生空洞,回填土与施工单位无关,未做维修;⑤个别塑钢窗泄水孔堵塞、安装不严透风、固定不牢。超过保修期的项目维修造价总计1 690 942.53元。

(2014)龙建鉴字第010号鉴定意见书未超过保修期的项目为(排序参照鉴定意见书第4条分析说明第6项鉴定意见):①个别独立基础柱混凝土接缝施工有缺陷(地基基础工程);混凝土梁与砌块墙交接处有通长水平裂缝(主体工程);②部分天棚板有细微裂缝和屋面天棚板渗水痕迹(主体工程);③彩钢瓦屋面缺铆钉、铆垫(屋面工程);④个别阳台栏板与外墙交接处有竖向裂缝,最大宽度2mm(主体工程)。未超过保修期的项目维修造价总计386 405.32元。

一审法院依职权调取下列证据:①2012年4月23日,依兰地方税务局向昊诚建筑公司发出依地税通(2012)7号《税务事项通知书》,送达地点为达连河镇,受送达人处签名为"辛某君代李某刚";②2012年4月28日,依兰地方税务局向昊诚建筑公司发出(2012)6号《税收强制执行决定书》,送达地点为达连河镇,受送达人处签名为"辛某君代李某刚";③2012年8月9日,依兰发展改革局向昊诚建筑公司下发依发改核准(2012)32号《关于核准依兰达连河镇龙化路1#-17#楼项目前期工作的通知》;④2012年8月13日,依兰国土资源局与昊诚开发公司签订《国有建设用地使用权出让合同》,昊诚开发公司取得案涉工程建设用地使用权;⑤2012年8月20日,依兰住房和城乡建设局向昊诚开发公司颁发案涉工程的《建设用地规划许可证》。

一审庭审中,李某刚和教育建筑公司意图证明案涉房地产项目是教育建筑公司挂靠昊诚开发公司开发,而非李某刚挂靠昊诚开发公司开发,实际施工人是昊诚建筑公司而非司某杰。为此,其所举示的证据包括:

(1) 2010年3月1日教育建筑公司制作的《聘书》一份,内容为:"兹聘请李某刚同志担任教育建筑工程有限责任公司副总经理一职,自2010年3月1日起生效"。

(2) 2010年8月7日黑龙江省依兰达连河镇人民政府与教育建筑公司签订的《协议书》,其中约定:"甲方达连河镇人民政府、乙方依兰教育建筑工程有限责任公司。按照《依兰达连河镇总体规划》的要求,结合我县2010年大项目实施意见,经达连河镇党政会议研究决定对东环路实施打通建设工程,经甲乙双方协商达成协议如下:一、乙方同意垫付资金(资金额度按程序核定)拆迁并建设东环路。二、垫付资金由乙方在达连河镇区域开发项目的规费和土地出让金（待县里定）中逐步偿还。三、东环路两侧由乙方投资开发建设。四、甲方欠乙方垫付资金不能转让他人，更不能起诉甲方。五、双方未尽事宜协商解决。"

（3）2010年9月19日，教育建筑公司（甲方）与李某刚（乙方）签订《借款协议》，主要内容：依兰教育建筑有限责任公司，因建筑工程急需资金周转向乙方借款，经甲乙双方协商达成以下协议：①甲方向乙方借入资金9 000万元。②借款期限为2年。甲方以所建门市做抵押。③乙方根据工程进度分期付款，以保证工程进度正常进行。④协议到期甲方未还清借款，甲方以门市房建筑成本作价还清乙方借款。

（4）教育建筑公司向李某刚出具的收据共计13张，总计金额为9000万元，但均未记入教育建筑公司的财务账中。

（5）2010年10月6日，教育建筑公司（甲方）与昊诚建筑公司（乙方）签订《委托协议书》，内容为："由于甲方不具备施工条件，现将依兰达连河镇东环路道路工程转包给乙方施工。乙方要严格按照甲方与达连河镇政府签订的协议执行。现将原协议书附后。此协议一式两份，甲乙双方各执一份。双方签字盖章后生效。"教育建筑公司法定代表人谢某、昊诚建筑公司法定代表人吴某国在该协议书上签字。

（6）2011年4月1日，昊诚开发公司与教育建筑公司签订《建筑工程挂靠协议》，甲方昊诚开发公司、乙方教育建筑公司，约定：①甲方同意乙方挂靠在甲方公司下进行达连河东环路两侧开发建筑工程的项目，乙方挂靠期间以甲方项目经理部名义自主经营、独立核算、自负盈亏。工程任务自行承揽。②挂靠期间因乙方以甲方的名义承建工程项目，所以甲方有责任对工程负责，凡以甲方名义签订的施工协议，乙方必须无条件执行甲方与建设方签订的施工协议条款及本工程相关的其他协议。③挂靠期间乙方实行大包干施工，包质量、包工期、包安全、包材料采购、包人员与施工组织。施工期间乙方必须自觉维护甲方的企业信誉，严格按照国家现行的施工技术规范和验收标准以及施工图纸进行施工，确保工程质量，安全施工，文明施工和按期完工。④甲方向乙方提供承接工程任务的公司资质，向乙方提供工程报建所需要的有关资料，协助乙方办理工程协议签订和办理工程开发，凡须由施工单位负责交缴的费用和资料等有关费用均由乙方负责。⑤甲方有权利对正在施工的工程项目和施工地盘进行监督指导。对发现有违反质安操作规程施工的或发现有质安隐患的，甲方有权责令停工整顿。⑥乙方挂靠甲方下经营期间，对所属施工队的管理必须严格执行计划生育管理规定和有关综合治理的管理条例；严格按照规定用工，依法办理所聘员工各种手续，特殊工程要持证上岗。其甲方提取的管理费用：按工程总工程量最后核算。⑦本工程所产生的各项税收和行政收费均由乙方自行承担。⑧挂靠期间暂定为3年，即2011年4月1日起至2013年12月末止。⑨工程竣工后，乙方应向甲方提供一套完整的竣工验收资料。

(7) 2011年4月1日,教育建筑公司与宏达监理公司签订《建设工程委托监理合同》,约定:委托人依兰教育建筑工程有限责任公司与监理人依兰宏达建设工程监理有限公司经双方协商一致,签订本合同。委托人委托监理人监理的工程概况如下:工程名称:达连河商业区工程。工程地点:依兰达连河镇。

(8) 2012年5月15日,达连河镇人民政府信访办公室作出《处理意见书》,内容:"达连河镇龙化路两侧拆迁盖回迁楼,由于楼房质量存在问题,回迁户2011年10月入住后有部分住户到达连河镇政府反映回迁楼楼顶漏水、阳台漏水,冬季又出现房盖缓霜、漏水、滴水现象,截至2012年春天共有139户房屋存在问题。多次找施工方司某杰未解决,住户来政府告状。镇政府责成开发商依兰教育建筑工程公司法人谢某负责解决问题。依兰教育建筑工程公司承诺2013年7月末维修完工"。

(二) 争议焦点:

①李某刚是否为讼争建设工程发包人,应否支付工程欠款;②案涉工程质量是否存在缺陷,质量缺陷责任和工程欠款应如何承担;③欠付工程款利息的计算标准。

(三) 处理过程及结果

关于颐园府邸A、B栋的损失。本案再审期间,李某刚向再审院提交了哈工大建鉴字(2016)第375号《达连河颐园府邸小区A、B栋桩基工程鉴定意见书》及哈工大建鉴字(2016)第S441号《达连河颐园府邸小区A栋、B栋桩基质量及损失技术鉴定书》。鉴定结论为,颐园府邸小区A栋、B栋桩基可以进行质量鉴定;上述建筑物桩基质量不满足设计图纸及《建筑地基基础工程施工质量验收规范》(GB50202)中的要求,该项损失为6 236 515.02元。

再审法院认为:首先,关于颐园府邸A、B栋工程桩基质量问题。本案一审时,教育建筑公司申请对颐园府邸A、B栋工程质量进行鉴定,但教育建筑公司未能将桩挖出导致鉴定程序无法继续,而李某刚亦未申请鉴定。因李某刚举证不能,一、二审法院判决李某刚承担付款责任。本案再审期间,颐园府邸A、B栋仍处于该建筑物的合理使用寿命内,李某刚举示了新证据证明颐园府邸A、B栋地基基础工程质量不合格,司某杰虽有异议,但未能提供足以反驳的证据,再审法院对李某刚关于颐园府邸A、B栋桩基质量不合格的主张予以认可。其次,关于颐园府邸A、B栋工程损失的问题。哈工大建鉴字(2016)第S441号鉴定意见书附件预算书载明:该部分损失实际为颐园府邸小区A、B栋已完工程总造价。哈工大建鉴字(2016)第S441号鉴定意见书与一审法院委托的黑龙江省龙建司法鉴定所对颐园府邸A、B栋工程造价进行鉴定的内容和范围一致,根据现有证据,哈工大建鉴字(2016)第S441号鉴定意见书中关于工程造价的鉴定结论不足以推翻一审法院委托鉴定结论,再审法院对上述S441号鉴定意见书中关于工程造价的结论不予采信。

再审法院认为，《建筑法》第 60 条第 1 款规定，"建筑物在合理使用寿命内，必须确保地基基础工程和主体结构的质量。"颐园府邸 A、B 栋工程地基基础工程质量不合格，司某杰无权请求参照施工合同约定主张该部分工程款。李某刚将案涉工程发包给无建筑施工资质的个人即司某杰，其对合同无效及工程质量缺陷应当有所预见。

本案中，环宇公司于 2011 年 10 月出具桩基检测报告证明桩基满足设计要求。根据一审法院查明的事实，直至 2012 年 4 月，颐园府邸 A、B 栋工程才停工撤场，即在案涉工程桩基检测后至停工前，工程还在陆续建设。根据本案现有证据，不足以证明案涉工程的发包方、施工方、监理方和设计单位对桩基部分严格履行了法定结构验收职责，发包人李某刚对于案涉颐园府邸 A、B 栋桩基质量不合格及造成的损失亦具有过错。《施工合同司法解释》第 3 条第 2 款规定，"因建设工程不合格造成的损失，发包人有过错的，也应承担相应的民事责任。"根据黑龙江省龙建司法鉴定所（2014）龙鉴鉴字第 012 号《依兰达连河颐园府邸小区 A 栋、B 栋楼工程定额造价鉴定意见书》，颐园府邸 A、B 栋工程造价 7 798 807.95 元，扣除企业管理费、规费、利润、税金共计 1 048 281.03 元后，剩余 6 750 526.92 元为颐园府邸 A、B 栋的实际损失，应由李某刚和司某杰各自承担 3 375 263.46 元。

案件评析

本案中法院以案涉工程的发包方、施工方、监理方和设计单位无法证明其对桩基部分严格履行了法定结构验收职责为由，认定发包人对案涉颐园府邸 A、B 栋桩基质量不合格及造成的损失亦具有过错。依据《施工合同司法解释》第 3 条规定，发包人和实际施工人各自承担相应责任。

根据 2020 年 12 月 29 日发布的《施工合同司法解释（一）》第 13 条规定："发包人具有下列情形之一，造成建设工程质量缺陷，应当承担过错责任：（一）提供的设计有缺陷；（二）提供或者指定购买的建筑材料、建筑构配件、设备不符合强制性标准；（三）直接指定分包人分包专业工程。承包人有过错的，也应当承担相应的过错责任。"可见现行法律已对发包方对建筑工程质量缺陷应当承担的过错责任作出了明确的规定。

三、六枝特区金海大酒店有限公司与戴某忠建设工程施工合同纠纷[1]

基本案情

（一）基本情况

2011 年 3 月 28 日，贵州省六盘水市六枝特区人民政府作为甲方与作为乙方的金某

---

[1] （2017）黔民初 53 号；（2020）最高法民终 429 号。

求签订《招商引资协议书》，约定甲方提供土地作为招商引资条件，乙方出资在六枝特区平寨镇南环路修建五星级酒店。2013年1月25日，金某求作为六枝特区金海大酒店有限公司（以下简称"金海大酒店"）法定代表人与贵州省六盘水市六枝特区人民政府签订《五星级酒店开发建设补充协议》，对五星级酒店的建设时间、完工时间及投入试运营时间等事项进行补充约定。

2014年8月27日，戴某忠作为乙方与作为甲方的罗某方签订《协议书》，内容为：由于甲方在六枝特区金海大酒店装饰工程投标中已中标，甲方将该工程所有工程事项转包给乙方施工，现甲乙双方对该工程的前期开支协商如下：①该工程总造价的1%作为甲方费用；②乙方挂靠公司挂靠费按工程的总工程款1.5%在工程完工上交公司。罗某方在该协议书上签字并加盖原华翔飞分公司印章。同日，戴某忠向原华翔飞分公司出具《安全承诺书》及《担保书》。同日，原华翔飞分公司邱某东向戴某忠出具《授权委托书》，授权戴某忠洽谈金海大酒店装饰装修合同签订等相关事宜。

2014年8月27日，金海大酒店作为甲方与作为乙方的原华翔飞分公司签订《施工合同》，部分约定内容如下：

（1）工程概况：①工程名称：六枝特区金海大酒店装修施工工程；工程地点：六枝；承包范围：六枝特区金海大酒店所有的客房和公共区域的装修装饰，强弱电、给排水、智能化及所有未完工的所有项目。②承包方式：包工、包料（后附合同附件人工费报价表不包括任何材料）。材料以双方签证价计算另加10%作为施工采保费。所有法定税收费用由甲方负责。③工期：以甲方进场通知书为准。开工日期：2014年8月26日，竣工日期：2015年1月26日，总日历工期天数150天。④合同暂定价款：5000万元。上述造价为暂定价，按实际工程量造价结算。工程进度款支付方式和时间：其一，工程竣工7日内支付工程总价款的90%；其二，工程竣工结算后15日内一次性支付到97%（扣留工程总造价的3%作为工程质保金），工程质保金竣工一年后付清。如果甲方未按期付款，甲方应向乙方每月支付违约金按总价的5%计算作为赔偿。并以本酒店的产权49%作为抵押给乙方，在酒店产权抵押期间，甲方仍然向乙方每月支付违约金按总价的5%计算作为赔偿，直至付清为止。乙方进场后5天内开始计算总投入金额暂定3000万元，甲方每月按乙方投入暂定3000万金额的2%作为给付乙方的投入报酬费用。⑤甲方于合同签订后7日内向乙方提供完整的装饰施工图，乙方需要超过双方约定的图纸份数，甲方应代为复印，复印费用由乙方承担。

（2）质量与检验。①工程样板。根据装饰需要，甲方可要求乙方制作样板间。乙方制作的样板间，经甲方代表检验合格后，由甲乙双方封存。样板间作为甲方竣工验收的实物标准。制作样板间的全部费用，由甲方承担。乙方报价时提供的样板，由甲乙双方封存，作为工程验收样品。②工程质量等级。工程质量要求达到国家或专业的质量检验评定的合格标准。工程质量不符合规范、标准和设计要求的，质量不合格，甲方可要求乙方停工和返工，返工费由乙方承担，工期不予顺延。双方对工程质量存在争议，按照职能分工由市（或区）建设行政主管部门进行裁决。因此造成的经济损失和工期拖延，由败诉方承担。

（3）材料设备供应，材料样品和样本。本装饰工程除大型和特殊设备外，其他设备、材料由乙方采购。不论甲乙任何一方供应材料都应事先提供材料样品和样本，经双方验收后封存，作为材料供应和竣工验收的实物标准。图纸确认后，乙方分区域分批次向甲方提交主设备、主材料确认书（部分提供实样），甲方确认后，按照合同附件的主材料价格，甲方应在5日内审核并书面批复，双方确认后才能批量采购。

（4）竣工与结算。①竣工验收：工程具备竣工验收条件，乙方按国家工程竣工验收有关条件，向甲方代表提供完整竣工资料和竣工验收报告。在工程竣工14天内向甲方提交竣工图及电子图1套。甲方收到竣工验收报告后，在7天内组织进行验收，并在验收3天内给予批准或提出修改意见。乙方按要求修改，并承担由自身原因造成的修改费用。甲方代表在收到乙方送交的竣工验收报告7日内无正当理由不申请验收，或验收3天内不予批准且不能提出修改意见，视为竣工验收报告已被批准，即可办理结算手续。竣工日期为乙方送交竣工验收报告日期，需修改后才能达到竣工要求的，应为乙方修改后提请甲方验收的日期。②竣工结算。竣工报告批准后，乙方应按国家有关规定在交工验收后15天内向甲方代表提出结算报告和工程结算书，办理竣工结算。甲方代表收到工程结算书后应在15天内审核完毕或提出审核意见，在7天内拨款通知送经办银行支付工程款，并将副本送乙方。乙方收到工程款10天内将竣工工程交付甲方。甲方收到工程结算书后30天内无正当理由不办理结算，从第31天起按工程总价款扣除已支付部分后的余额为基数，按月支付10%违约金。所有的工程量均按实结算，组价原则：主材单价、人工费、辅材、机械按市场价计价。该条后手书：主材的损耗按5%计量，辅材耗用量按实计算报甲方签证，机械费用按贵州省2004年版计价定额报甲方签字核定。工程量结算依据：合同、施工图、变更通知及甲方签证等资料为依据。③保修。保修负责范围：除甲方使用过程中人为损坏、甲方要求的材料代用原因、第三者故意或非故意损坏、自然灾害及人力不可抗力因素损坏外，凡属乙方施工质量原因及验收后移交前乙方保管不力造成的工程范围各部位、部件、整体或单体、整件或单件的损坏、脱落、变更、开裂等，均属乙方保修责任范围。保修内容包括：合同条款（含补充合同条款）所包含的工程项目设计变更或修改现场签证或文字约定双方会议纪要约定的全部内容。保修费用：将从工程结算款中扣留的3%作为工程质保金。若发生的累计保修费超过保留的保修款总额，超过部分仍由乙方支付。第22.4条保修期间，乙方应在接到甲方书面通知7天内派人修理，否则甲方可委托其他单位或人员修理，其费用在保修费用内扣除，不足部分由乙方支付。

（5）争议、违约和索赔。因甲方代表不能及时发出必要指令、确认、批准，不按合同约定支付工程预付款或工程进度款或履行自己的其他义务而发生的使合同无法履行的行为，应由甲方承担违约责任（包括违约导致乙方增加的费用和从支付之日计算的应支付款项的利息等），相应顺延工期，且甲方应支付合同价款5%的违约金给乙方、赔偿因其违约给乙方造成的损失。乙方在没有签证延期的情况下不能按合同工期竣工、施工质量达不到设计和规范的要求，属乙方责任，乙方应承担违约责任、支付合同价款5%的违约金给甲方、赔偿因其违约给甲方造成的损失。手书变更如下："本页工期违约时，每推迟1天竣工，乙方支付违约金1万元。提前竣工按1万元/天支付给乙方。"

2014年9月12日，金海大酒店与原华翔飞分公司签订《补充协议1》约定：①主合同第1.5.2条应为工程竣工后7日内支付工程总价的90%；工程竣工结算后15日内一次性付到工程总造价的97%，扣留工程总造价的3%作为工程质保金，工程质保金竣工1年后付清。如果甲方未按时付款，甲方除应向乙方每月支付资金利息按总价款的2%计算外，并每延期1天支付乙方违约金按总价款的0.1%，并将本酒店的产权49%抵押给乙方（在酒店产权抵押期间，甲方应向乙方每月支付的资金利息按总价款的2%计算，并每延期1天按总价款的0.1%支付乙方违约金，直至付清为止）。乙方进场后5天内乙方总投入金额3000万元，甲方每月按乙方投入3000万金额的2%向乙方支付投入报酬费用，手书："如甲方按进度付款，该条不执行。"②主合同第6.8条按以下执行：装修许可证报建由甲方按当地政府主管部门规定及时办理，所有费用甲方自行支付。甲方不按条款约定的内容和时间完成以上的工作，造成工期延误，应承担由此造成的追加合同价款，并赔偿乙方有关损失，工期相应顺延。③所有核定主材损耗按5%计算；机械费、辅材费报甲方（原则上参考贵州省2004年版定额），经双方签字核定价格。④主合同第6.8条按以下执行：施工质量达不到设计和规范的要求，或因乙方原因发生其他使合同无法履行的行为，属乙方责任的，乙方应承担违约责任、支付合同价款5%的违约金给甲方、赔偿因其违约给甲方造成的损失。乙方在没有签证延期的情况下不能按合同工期竣工；每延期1天，乙方支付违约金1万元给甲方；工期每提前1天，甲方支付奖金1万元给乙方。⑤合同附表人工费单价表中：轻钢龙骨单层石膏板吊顶是指天棚为平顶，面层为单层石膏板罩面；轻钢龙骨双层石膏板吊顶是指迭一级天棚及造型天棚，面层为单层石膏板罩面。⑥因甲方的设计、工程用料的确认，外墙装饰、铝合金窗、幕墙、空调、消防及其他与本合同工序以外的配合不到位影响室内装饰的工序停工，误工工资由甲方补偿，标准按计时工单价计算。⑦以上协议与原合同不符的地方按本协议执行。戴某忠在乙方处签字并加盖原华翔飞分公司印章。

2014年9月13日，原华翔飞分公司与龙某权签订《建筑工程劳务承包合同》，将酒店13、14、15、16层的所有工程承包给龙某权。戴某忠在甲方处签字。

2014年9月14日，原华翔飞分公司与兰某签订《涂装工程施工合同》，约定将金海大酒店内装设计图以内的所有内墙、天棚乳胶漆、墙纸基层承包给兰某。兰某已提起诉讼主张工程款，并经调解确认由金海大酒店分四次支付兰某工程款29万元，付款方式为金海大酒店支付给戴某忠，再由戴某忠支付给兰某。

2014年9月15日，金海大酒店向原华翔飞分公司发出《开工令》，确定此合同项项目的实际开工时间为2014年9月15日。

2015年1月27日，金海大酒店与原华翔飞分公司签订《补充合同2》约定：经甲、乙双方协商。甲方将金海大酒店3、4、5层室内装饰发包给乙方施工，结合原合同要求，并根据3、4、5层的具体情况，签订本补充合同。①工程概况：3、4、5层建筑面积约8360m^2，3层为KTV包房，4层为水疗会所，5层为行政房。②承包范围：金海大酒店3、4、5层室内装饰，强弱电、给排水、智能化及所有未完工的所有项目。③承包方式：包工、包料、包安全、包验收合格。④计价及结算方式、付款方式：计价按报价表（人工费、辅材费、机械费）计算，主材费按双方签审的价格计算，采保费按材料费的10%计算，管理费按装修装饰总价的18%计算（不含各种税费）。计算公式：工程总造价=（人工费+主材费+辅材费+材料采管费+各种签证费用）×118%。材料损耗按5%，3、4、5层层吊顶材料损耗按10%计算。合同暂定价约：1500万元，结算时按施工图及各种变更、签证等按实结算。进度款支付方式和时间：工程竣工后7日内支付工程总价的90%；工程竣工结算后15日内一次性付到97%，扣留工程总价的3%作为工程质保金，工程质保金竣工1年后一次性付清。如果甲方未按期付款，甲方除应向乙方每月支付资金利息按总价款的2%计算外，另应每延期一天按总价款的0.1%支付乙方违约金，并将本酒店的产权49%抵押给乙方（在酒店产权抵押期间；甲方仍然按总价款的2%向乙方每月支付资金利息，并每延期1天按总价款的0.1%支付乙方违约金，直至付清为止）。乙方进场后5日内开始计算，甲方每月按乙方投入1000万元的2%作为给乙方的投入报酬费用。因甲方只提供3层装饰的施工草图，报价表的分项工程价格涵盖4、5层的分项工程价格，届时如有新增的分项工程另行审价签证。⑤图纸。甲方于合同签订后7日内向乙方提供完整的装饰施工图（3套和电子文档）。如甲方委托乙方设计或优化设计，费用由甲方另行给付。如甲方另行修改施工图或甲方提供的施工图错误，则其给乙方造成的损失由甲方负责，并应及时签证。⑥本补充协议未注明的其他合同条款按原合同及2014年9月12日签订的《补充协议1》执行，三者具有同等法律效力。甲方刘某江签字，乙方戴某忠签字。

2015年4月2日，甲方金海大酒店、乙方原华翔飞分公司与丙方贵州省建筑联合公司六枝金海大酒店项目部签订合同，约定甲方将金海大酒店3层KTV工程承包给乙方，再由乙方把3层KTV室内增加消防排烟系统风管及设备安装、调试工作分包给丙方。

2015年8月11日，戴某忠与贵州雅舍装饰有限公司六枝分公司签订《六枝特区金海国际大酒店装修工程合同书》，约定将金海大酒店3、4、5层装修包工给贵州雅舍装饰有限公司六枝分公司。

2015年8月12日，金海大酒店与戴某忠签订另1份《补充合同2》约定：经甲、乙双方协商，甲方将金海大酒店3、4、5层室内装饰发包给乙方施工，总工期90天。①工程概况：3、4、5层建筑面积约8360m²，3层为KTV包房、4层为水疗会所、5层为行政房。②承包范围：金海大酒店3、4、5层室内装饰、强弱电、给排水、智能化及所有未完工的所有项目。③承包方式：包工、包料、包安全、包验收合格。④计价及结算方式、付款方式。材料费按双方确认签审的单价及实际用量计算。采购材料由甲方确认单价、品牌、质量，封样后下发采购单价，乙方才可采购，否则甲方不予认可，由此造成的损失由乙方自己承担。人工单价、3层KTV包房、4层水疗会所、5层行政房，总人工费包干价总工价计人民币180万元整。根据甲方的设计图纸和施工要求达到甲方交付使用成品验收合格后认可此单价。材料损耗按4层、5层的5%计算，3层KTV材料损耗按10%计算（不包括成品）。甲方付给乙方的利润按总工程量的20%计算，包括材料采保费及其他费用在内。⑤进度款支付方式和时间：从进场当日开始按60%支付进度款，经甲方审核认可后支付。工程竣工验收合格结算后，1个月内把余款付到97%。甲方刘某明签字并加盖金海大酒店印章，乙方戴某忠签字捺印。

合同签订后，戴某忠在施工过程中，经罗某方签字，对案涉项目施工材料、图纸及工序等进行了变更。

经查明，金海大酒店1层为酒店大厅，6层以上为酒店客房，案涉酒店1、6、7、8层客房于2015年6月25日移交金海大酒店投入试营业，2、9、10、11、12、13层客房于2015年7月1日移交金海大酒店投入试营业，14、15、16、17、18层客房于2015年11月20日移交金海大酒店试营业。本案争议存在于3-5层双方未履行完《补充合同2》的工程内容。其中5层为会议室和办公室，已经完工并投入使用；3、4层为KTV和水疗会所，戴某忠未施工完成，后由金海大酒店另行组织施工完成并已投入使用。关于3-5层，一审法院仅对已施工部分的工程量及对应工程价款进行处理。

一审诉讼过程中，金海大酒店向一审法院提出《工程量和工程价款评估鉴定申请书》《五星级酒店工程装修标准和质量返修款、维修款评估鉴定申请书》《经营利润损失评估申请书》三项评估鉴定申请。一审法院对其申请的工程量及工程价款鉴定予以准许。关于工程量和工程造价鉴定，一审法院对外委托办公室委托江西求实司法鉴定中心（以下简称"求实鉴定中心"）进行鉴定。求实鉴定中心接受一审法院委托后，要求戴某忠和金海大酒店提交鉴定所需材料，上述材料由一审法院组织质证后移交求实鉴定中心。求实鉴定中心根据实际情况对酒店开展了现场勘察并制作了笔录。

据此，求实鉴定中心依据双方提交的鉴定资料及现场勘察情况，作出《建筑工程鉴定意见书（征求意见稿1）》，并送达各方当事人。求实鉴定中心组织当事人进行核对，并召开听证会议听取当事人的意见。求实鉴定中心综合考察当事人所提异议对《建筑工程鉴定意见书（征求意见稿1）》进行复核修改，出具了《建筑工程鉴定意见书（征求意见稿2）》，并将该稿移交一审法院。一审法院将该稿送达各方当事人，并给当事人充分合理的复核时间。鉴于当事人针对该稿均提出了异议，一审法院组织进行质证，并要求鉴定人员出庭接受质询。

质证过程中，鉴定人员提出部分项目需要现场再次勘察核实确认，经一审法院允许，其到现场进行再次勘察。根据鉴定人员的反馈，因金海大酒店不配合勘察工作，现场复核未能顺利开展。此后，求实鉴定中心根据质证情况出具了《江西求实司法鉴定中心建筑工程鉴定意见书》（以下简称"《鉴定意见书》"），并移交一审法院送达各方当事人。戴某忠和金海大酒店在收到该稿后，均提出了书面异议，一审法院将双方提出的书面异议转交求实鉴定中心，求实鉴定中心对此进行了书面回复。鉴于双方提出的问题较多，一审法院再次组织各方当事人对《鉴定意见书》进行质证，并通知鉴定人员出庭接受质询。质证过程中，一审法院对各方当事人提出的异议在笔录中予以记录，并要求鉴定人员依照笔录记载的异议内容再次到现场进行勘察复核。鉴定人员围绕双方提出的问题进行了复核，在复核完成后，求实鉴定中心依据该次勘察复核情况出具《江西求实司法鉴定中心建筑工程补充鉴定意见书》（以下简称"《补充鉴定意见书》"）移交一审法院送达各方当事人。

金海大酒店对《补充鉴定意见书》再次提出书面异议，异议理由为：①鉴定机构对六枝金海大酒店3、4、5层按合格工程鉴定造价，没有事实依据，因该项工程在施工过程中未报金海大酒店验收，存在严重的质量问题，异议人对鉴定机构鉴定的3 798 465.83元的评估价款不予认可。水疗设备110 000元与实际不符，因戴某忠提供的金额为70 000元的现金收据未经法庭质证，且该收据系伪造的，故该笔款项只能按40 000元计算。②补充鉴定存在的问题：对第13条不予认可，鉴定单位的评估重复计价，不予调整无依据；第18条服务房地面无地砖，请调整；第23条鉴定单位对地毯出具的数据大于实际的数据，本工程为清单计价工程，现场可实测，应该以实测的数据为准；第24条不属于工序问题，该项属于工程子分项，既然未施工，就不应计算人工费和材料费；关于大厅墙面和地面的石材价格问题，因大厅地面和墙面的石材有几种类型，不应以同一种石材的价格来评估，鉴定单位也未提供评估依据给金海大酒店确认，故对大厅地面和墙面的石材价格不予认可；酒店所有的瓷粉和乳胶漆未审核批价，对鉴定单位在整个评估报告里涉及瓷粉和乳胶漆的项目不予认可，请按实际调整，并提供评估的依据给金海大酒店进行确认。③鉴定机构上述鉴定规则，导致金海大酒店装饰工程第1层、6层至18层附楼、主楼部分工程量、主材人工费计价与实际不符。

求实鉴定中心作出《对金海大酒店的回复函3》，对金海大酒店提出的上述异议予以回复，具体回复内容为：①关于金海大酒店 3、4、5 层鉴定造价按合格工程鉴定没有依据的问题：金海大酒店 3、4、5 层的工程内容未全部完成，鉴定造价是由鉴定人及双方当事人现场对已施工部分共同核实确定，按核实确定的内容计算得出的。已完工程质量问题不属于工程造价鉴定的范围。②对大补充鉴定的问题：关于对第 13 条不予认可的问题，由于灯槽在背景墙上下侧面，灯槽的正面按背景墙的做法施工，因此不予扣减。关于第 18 条中的 18 层服务用房未做地砖的问题，经核实属实，调减 987.68 元；关于第 23 条，现场已实测了几个房间的地毯工程量，误差很小，属于定额计算规定与实测误差问题，不予调整；关于第 24 条不属于工序的问题，该部位设计有透光板，建设方在验收或接管时发现没有安装透光板应及时要求施工方完成，如果没有提出要求且已接管使用，则视为建设方已经认可；关于大厅墙面和地面的石材价格问题，材质的差异及区分不属于工程造价的鉴定范围；关于所有磁粉和乳胶漆未审批价格问题。

2014 年 12 月 8 日，施工单位报送《材料报价表》，金海大酒店于 2014 年 12 月 9 日签认意见为先核实后确认，金海大酒店到现在仍未核实确认。根据《建设工程施工合同（示范文本）》（GF-2013-0201）中通用条款第 10.4.2 条的规定，发包人应在承包人提交变更估价申请后 14 天内审批完成，发包人逾期未完成审批或未提出异议的，视为认可承包人提交的变更估价申请。鉴定人按施工单位报送的价格计算。对于争议的第 24 条透光板费用，鉴定机构单列为 49 313.15 元，并备注：如法院认为应当扣减，可直接从工程总价款中扣减。

除了提出异议外，金海大酒店还自行制作了《复核清单》一本，对《鉴定意见书》及《补充鉴定意见书》中的工程量与其自行计算的工程量存在差异之处进行了对比，一审法院将《复核清单》转交鉴定机构并要求其复核后回复。鉴定机构在《对金海大酒店的回复函 3》中予以回复，具体回复内容部分如下：关于《复核清单》：鉴定人对《复核清单》初步核对，发现存在以下问题：①《复核清单》没有复核情况说明，没有介绍复核方法和依据，没有复核人员签字，也没有盖相应专业复核人员的执业印章；②部分项目鉴定人已在补充鉴定意见中作调整，《复核清单》中有很多列项与已出具的补充鉴定意见不符；③异议人仅提供《复核清单》，而没有提供相关的证据佐证；④由于当事人没有提供完整的竣工图，也没有提供完整的施工图及设计变更材料，根据《建设工程造价鉴定规范》第 2.1.2 条规定，鉴定人采用合同约定的计价原则和估价的方法进行鉴定。鉴定人通过现场勘察确定现场平面布置和主要装修做法，并采用定额规则计算工程量和签证价格或以市场价格计价。因此，工程量的计算不宜全部按照现场测量计算，《复核清单》中的工程量误差不宜调整。

综上分析，鉴定机构对《复核清单》提出的问题不予调整。戴某忠对鉴定机构鉴定的工程造价不持异议，但提出 3、4、5 层装修剩余材料 255 162.57 元损失应得到支持。

经求实鉴定中心调整并最终得出案涉工程装饰装修总造价为 28 156 056.21 元。其中 3、4、5 层装饰工程款为 3 798 465 元。此外，求实鉴定中心在其鉴定意见书中注明：鉴定范围以外戴某忠已申报的费用：①家具、窗帘费用；②资金利息、床垫、杂件等费用；③3、4、5 层已购材料未施工的材料费 255 162.57 元。

关于未计入鉴定范围内可移动的设备和固装家具，经一审法院组织戴某忠和金海大酒店核对，并经双方确认，无争议的项目和金额如下：①电视 120 台，金额 291 840 元。②窗帘 40 000 元、采保费和保管费 11 200 元，共计 51 200 元。③1800 床垫 92 套，单价 650 元每套。1200 床垫 117 套，单价 550 元每套。1350 床垫 115 套，600 元每套。加上采保费和管理费共计 247 232 元。④印刷信纸 25 000 元。⑤感应锁房卡、猫眼、防盗挂钩及 1、2 层的锁等共计 108 300 元，加上采保费和管理费 30 324 元，共计 138 624 元。减去金海大酒店代付款项 8700 元，应付该项费用为 129 924 元。⑥6-18 层入户门 307 770 元，加上采保费和管理费 86 175.6 元，共计 393 945.6 元。⑦6-18 层除入户门外的固装家具包含采保费和管理费共计 808 424 元。⑧1、2 层所有固装家具共计 28 780 元，加上采保费和管理费 8058.4 元，共计 36 838.4 元。以上无争议部分可移动的设备及固装家具为 1 984 404 元。此外，双方存在争议的项目为金海大酒店代付杂件款 20 万元，该款是否应当计算采保费和管理费给戴某忠，争议金额为 56 000 元。

关于已付款问题。经一审法院组织双方对账，双方认可无争议的款项为 4 177 740 元（第一次对账确认金额 4 157 740 元，后期调查质证程序中再次确认已付款金额 20 000 元），有争议的款项为 40 万元。关于争议款项 40 万元，一是 2015 年 8 月 25 日的 20 万元，戴某忠主张系金海大酒店同意补偿给原施工班组关于 KTV 样板房的工资费用，样板房经鉴定工程款为 8 万元，差额的 12 万元应由金海大酒店承担，不应当计算在已付工程款中。二是 2016 年 6 月 21 日付款 5 万元和 2016 年 9 月 24 日付款 15 万元，共计 20 万元。戴某忠主张系为金海大酒店融资产生的居间费用，应该由金海大酒店承担，不应计算在工程款中。金海大酒店认为争议的两笔款项均为支付给戴某忠的工程款。

关于居间费用问题，一审法院根据戴某忠提交的证据查明，段某经戴某忠介绍作为金海大酒店贷款居间人，为金海大酒店居间贷款。段某与金海大酒店于 2016 年 9 月 23 日签订《居间贷款协议》，约定由段某在中投联行（北京）控股有限公司为金海大酒店办理贷款事宜，居间费 120 万元（包括差旅费、律师尽职调查费、公证费、评估费），并约定居间人为金海大酒店贷到第一笔款项后 3 天内支付居间费。同时约定，居间人积极配合金海大酒店作好贷款前期准备，包括及时提供贷款相关材料和数据，以及积极配合律师尽职调查的各项工作。

戴某忠于 2016 年 6 月 24 日、2016 年 9 月 24 日分别在金海大酒店处领取 5 万元、15万元（共计20万元）后，通过戴某红账户于2016年9月24日转账汇款8万元，通过支付宝支付2万元，于2016年10月8日通过支付宝转账支付10万元，共计支付20万元给段某。段某于2016年9月25日通过支付宝向北京汇鹏律师事务所郝某支付6万元，于2016年10月8日向郝某支付12万元，共计18万元。2016年9月29日，金海大酒店加盖公司印章和法人章向北京汇鹏律师事务所公司出具《尽职调查报告验收确认书》，内容为："经过认真核阅，本公司谨在此确认由贵所出具的《六枝特区金海大酒店有限公司关于金海大酒店融资项目法律尽职调查报告（草案）》内容如实反映了我公司及项目截止于考察结束日前的客观现实。"

（二）争议焦点

①金海大酒店是否应向戴某忠支付工程款以及工程款的具体金额如何认定；②金海大酒店是否应支付逾期付款利息、垫资利息以及利息的计算标准如何确定；③戴某忠应否赔偿金海大酒店经营利润损失、工程质量维修、返修损失及应否支付违约金；④一审判决是否违反法定程序。

（三）处理结果

《施工合同》《补充协议1》所涉工程于2014年9月15日开工，按照合同约定的150天工期，工程应当于2015年3月15日完工。经查，该工程于2015年6月即开始陆续移交金海大酒店，存在逾期交工的问题。但关于逾期完成的原因，戴某忠提出系由工程设计、施工变更导致。戴某忠在一审中亦举示了多份签证单等相关证据。经审查，上述证据能够反映工程确实存在设计、施工变更的情况。一审法院据此认定工程超期完工，金海大酒店亦有责任并无不当。况且即便戴某忠超期完工，导致金海大酒店无法按期经营，金海大酒店在经营过程中是否必然产生利润也是不确定的事实。再加之案涉合同中也无关于按五星级酒店标准进行装修的约定，故对金海大酒店主张按五星级酒店经营利润损失确定逾期完成损失的上诉请求，二审法院不予支持。

如前所述，案涉工程因金海大酒店擅自使用已视为认可质量合格，故金海大酒店主张案涉工程质量不合格不能成立。且金海大酒店也未提交证据证明维修、返修损失已经实际产生，故二审法院对金海大酒店的此项请求亦不予支持。至于违约金损失，因《施工合同》《补充协议1》《补充合同2》均无效，故一审法院未支持金海大酒店的该项主张并无不当。

案件评析

本案中法院依据金海大酒店构成对建设工程的擅自使用推定工程质量合格。推定工程质量合格是擅自使用最主要的法律后果。在此情况下，发包人丧失以工程未竣工验收故无法确定质量合格为由，得以拒付工程价款的权利；当然承包人仍然应当对地基基础工程和主体结构的质量在建筑物合理使用寿命内承担责任。如果是擅自使用全部工程的,则推定全部工程验收合格;如果是擅自使用部分工程的,则推定部分工程验收合格。在此情况下又以工程质量不合格为由,主张不支付工程款的,法院一般不予支持。可以考虑在建设工程的合理使用寿命内若地基基础工程和主体结构存在质量问题,通过合同约定及法律规定的保修责任进行权利救济。

第二节 工程质量保修

一、海天建设集团有限公司与云南建展房地产开发有限公司建设工程施工合同纠纷[1]

基本案情

(一) 基本情况

2010年6月29日,海天建设集团有限公司(以下简称"海天公司")与云南建展房地产开发有限公司(以下简称"建展公司")签订《溪畔丽景1#地块建设工程施工合同》《溪畔丽景2#、3#地块建设工程施工合同》。《溪畔丽景1#地块建设工程施工合同》主要内容为:工程名称:溪畔丽景1#地块建筑与安装。承包范围:溪畔丽景1#地块1、2、3、4栋、地下车库的全部土建施工及水电安装工程、弱电管预埋(不包括消防、通风工程、电梯等专业或者发包人认为不属于总承包范围内的其他工程)。工程总建筑面积约为138 734.56m^2。开工日期:2010年11月1日(以发包人下达的书面开工令为准),合同工期:1、2、3栋2011年12月底竣工,4栋2013年3月10日竣工。合同暂定价为2.3亿元。专用条款12.2条第2款:工程造价扣除发包人供应的钢材、管材、电线电缆、铝合金材料等材料后下浮4%所得工程造价作为合同包干价。该合同第15条第2款约定了工程款的支付方式,并约定工程结算总价的3%作为质保金。该合同第16.1条约定了发包人供应的材料包括钢筋等。该合同第18.1条承包人提供竣工图的约定:工程竣工验收合格后30天内提供竣工图、归档施工文件及竣工验收文件资料,上述资料所需套数(含提交城建档案馆一套在内)根据发包人要求提供。该合同第28条:承包人因取得工程款依法应缴纳的税费由发包人提供法律法规及地方规定代扣代缴;质量保修期:电气管线、上下水管安装工程为2年,有防水要求的卫生间、厨房、房间和外墙面的渗漏、屋面防水工程为5年;质量保修金的支付及返还:本工程双方约定承包人向发包人支付的工程质量保修金金额为结算价款的3%,不计利息;

---

[1] (2015)云高民一初字第36号;(2018)最高法民终659号。

本工程竣工验收合格后开始计算保修期,保修期满两年且无工程质量问题或者所产生的质量问题已得到妥善解决的,发包人应在14天内,将剩余保修金和利息返还承包人……《溪畔丽景2#、3#地块建设工程施工合同》约定内容与《溪畔丽景1#地块建设工程施工合同》基本一致。

2011年8月10日,双方签订《溪畔丽景1#地块建设工程施工合同补充协议书》,约定:双方同意原合同专用条款中(其他)第23工程分包,由建展公司完成,海天公司予以配合,配合费协商确定。原合同中甲供材料内容不变。仓保费按0.5%给海天公司,其他材料计价办法按2011年云南省建设工程定额站主办的《价格信息》同期为依据下浮6%计价。

2011年9月14日,双方签订《溪畔丽景1#地块建设施工合同补充协议书》,约定,乙方(海天公司)在2012年1月22日前,自行筹资建设1#地块1#-4#楼34层以下的结构施工。原合同中的总价下浮4%及补充协议中的材料信息价下浮6%点,经双方商定下浮点均不再下浮,作为甲方(建展公司)给予乙方(海天公司)自行筹资建设的垫款补偿及财务成本之费用。

2011年12月28日,双方签订《溪畔丽景1#地块建设工程施工合同补充协议书附件》,约定:由专业分包单位施工的分包部分项工程,发包方(建展公司)在工程初验合格后一个月内提供一份具有法律效力的分部分项工程结算书给总包施工单位(海天公司),作为甲乙双方结算总包配合费的依据。2011年12月28日,双方签订《溪畔丽景2#、3#地块建设工程施工合同补充协议书》,约定:原合同专用条款12.2条中结算审定总价优惠下浮4%作为结算总价,由于施工到20层才支付进度款,所以修改为结算总价均不再优惠下浮。

合同签订后,海天公司进场施工。就合同约定的分项工程由建展公司直接向案外人分包并结算。

涉案工程于2013年9月完工并于2013年9月20日开始在海天公司、建展公司、监理公司的共同参与下进行了分户验收。验收合格后,建展公司于2013年12月交付业主使用。海天公司于2014年8月20日向建展公司移交了以竣工图纸为主的相关资料,建展公司签收。

建展公司接收涉案房屋后,房屋的室内及公共部分出现漏水等情况,建展公司通知海天公司进行修复,海天公司并未修复。建展公司与案外人就房屋漏水修复签订施工合同,由案外人对部分漏水房屋进行了修复,建展公司为此支付了修复费用。

双方因工程款纠纷发生争议,诉至一审法院。

一审审理过程中,经海天公司申请,建展公司同意,一审法院就海天公司施工的溪畔丽景1#地块土建工程,2#、3#地块的土建及安装工程的工程造价委托昆明官审工程造价咨询事务所有限公司进行司法鉴定。昆明官审工程造价咨询事务所有限公司于 2017 年 9 月 8 日作出《工程造价鉴定意见书》，结论海天公司的已完工程造价总金额 464 866 722.54 元，扣除甲（建展公司）供钢筋 22 215.66t（单价 4980 元/t）后，金额为 354 232 735.74 元。其中 1#地块土建部分工程造价鉴定金额 193 589 532.04 元，扣除甲供钢筋 9466.39t（单价 4980 元/t）后，金额为 146 446 909.84 元；2#、3#地块土建部分工程造价鉴定金额 247 732 835.29 元，扣除甲供钢筋 12 749.27t（单价 4980 元/t）后，金额 184 241 470.69 元；2#、3#地块安装部分工程造价鉴定金额 23 544 355.20 元。同时，对于双方存在争议的部分鉴定机构列明：①建展公司与云南建工集团总承包公司签订的前期工程费用 3 250 704.16 元及赔偿金 300 万元；②海天公司主张的土方工程补偿金 40 万元；③海天公司仅持有复印件的签证，涉及金额 2 321 620.69 元；④2#和 3#地块之间公共道路防护棚，涉及金额 1 593 895.55 元；⑤总包配合费 7 263 904.99 元。

此外，经过对账，双方确认：①海天公司已施工完成的溪畔丽景 1#地块安装工程的工程造价（含甲供材）为 24 783 965.62 元；②建展公司向海天公司的已付款包括以下部分：现金 303 475 934.03 元（含代缴税款 339 000 元及 169 500 元、电费 17 249.3 元、水费 7028.6 元）、以房抵款 1 918 797 元；③建展公司向海天公司的钢材量为 26 573.385t，单价 4950 元/t，合计金额 131 538 255.75 元；④1#、2#地块安装工程中建展公司提供的材料（含电线、电缆、pvc 管等）价值分别为 7 401 630.52 元、8 945 008.94 元，应从工程款中扣减。

二审期间另查明：针对双方当事人对鉴定意见所提的异议，鉴定机构在一审期间书面逐一回复，并出庭接受了质询。在双方签订补充协议之前，建展公司已开始向海天公司支付工程款。建展公司向海天公司支付的工程款既有基于海天公司申请付款的，也有建展公司主动付款的。建展公司主张其已按照合同约定按期向海天公司陆续支付了工程进度款，海天公司对该事实予以确认。双方虽对海天公司是否已全部移交相关资料存在争议，但对海天公司已按照建展公司要求移交了部分资料的事实不持异议。双方于 2014 年 8 月 20 日签字确认的《工程结算资料移交单》表明，海天公司向建展公司移交的资料包括 1#、2#、3#地块结算书、施工合同复印件、补充协议复印件、签证复印件、工程相关资料（甲方通知、设计变更、联系单）以及案涉工程的竣工图纸。海天公司在一、二审庭审中均自认，部分使用了省建总承包公司施工项目。双方确认案涉部分分项工程尚未全部结算完毕，尚有部分分项工程未竣工，海天公司修建的主体工程已经竣工验收。海天公司对案涉房屋出现漏水等问题不持异议，仅认为原因不能归咎于海天公司的建筑质量。针对案涉房屋出现的漏水等问题，建展公司与案外人就房屋漏水修复签订了施工合同，由案外人对部分漏水房屋进行了修复，建展公司为此支付了修复费用，但目前仍有部分房屋的质量问题未得到妥善解决。双方对建展公司向海天公司超供的钢材量和钢材款均不持异议。建展公司向海天公司提供的甲供建材中，甲供建材款已包含向第三方支付的增值税。案涉工程完工后，应以案涉工程造价为基数计算税费。

(二) 争议焦点

本诉部分：①建展公司应否向海天公司支付工程款及利息；若应支付，金额是多少？②建展公司应否向海天公司返还工程质量保修金及利息；若应返还，金额如何认定？

反诉部分：①海天公司应否向建展公司支付返修费用；若应支付，金额是多少？②海天公司应向建展公司支付的超供钢材款是多少？③海天公司应否按建展公司的要求交付涉案工程相关资料？

(三) 处理结果

关于建展公司应否向海天公司返还工程质量保修金及利息；若应返还，金额如何认定的问题。按照双方合同约定，海天公司向建展公司支付的工程质量保修金金额为结算价款的3%，不计利息。涉案工程的电气管线、上下水管安装工程保修期2年。有防水要求的卫生间、厨房、房间和外墙面的渗漏、屋面防水工程保修期5年。因双方约定的2年保修期及5年保修期所涉工程的工程价款无法区分，且自2013年9月工程完工并进行分户验收时至二审期间，有防水要求的工程仍处于保修期内，不符合返还保修金的条件，故海天公司主张返还质量保修金及支付利息的诉讼请求没有事实及法律依据。根据双方签订的《溪畔丽景1#地块建设施工合同》及《溪畔丽景2#、3#地块建设施工合同》的约定，工程预算造价扣除发包人供应的钢材、管线、电线电缆、铝合金材料等材料后下浮4%所得工程造价作为合同包干价。工程质量保修金为施工合同价款的3%。如前所述，建展公司主张工程造价下浮4%的主张不予支持，故海天公司与建展公司的工程结算款中应扣除3%的工程质量保修金10 806 489.17元（360 216 305.51×3%）。即建展公司向海天公司支付的工程款扣除质保金后，尚欠工程款44 015 085.31元（54 821 574.48-10 806 489.17）。

关于海天公司应否向建展公司支付返修费用，若应支付，金额是多少的问题。建展公司主张的返修费用主要涉及涉案工程的渗水、漏水情况。对此，海天公司表示认可，但认为造成渗水、漏水的原因是建展公司将涉案房屋交付业主使用，系业主自行装修造成，海天公司不承担返修责任。

对此，一审法院认为：从建展公司提交的证据来看，在其接收房屋之后，因房屋渗水、漏水问题，建展公司曾向海天公司提出返修要求，但海天公司未进行返修。如前所述，涉案工程现仍处于保修期内，海天公司主张的返还保修金一审法院未予支持，故建展公司提出的该部分返修费用问题应由双方在工程质保的范围内予以解决，建展公司诉请支付返修费用及利息没有事实及法律依据，一审法院不予支持。

案件评析

质量保修金是指发包人与承包人在建设工程施工合同中约定，于建筑工程竣工验收合格并交付使用后，从发包人应付工程款中预留一定比例的金额用以维修建筑工程出现的质量缺陷，主要是为了担保竣工验收后的质量问题。故案涉工程质保期虽已届至，但尚需满足无工程质量问题或者所产生的质量问题已得到妥善解决的条件。现双方均认可案涉房屋出现了漏水等问题，并对出现问题的原因各执一词，建展公司并与案外人就漏水修复签订了施工合同进行了部分修复，另有部分房屋质量问题尚未得到妥善解决。因此，海天公司现仅以工程质保期已届满为由主张返还质保金，不能得到支持。

二、汪清县宝泉房地产开发有限公司与江苏长安建设集团有限公司建设工程施工合同纠纷[1]

基本案情

（一）基本情况

2012年5月8日，汪清县宝泉房地产开发有限公司（以下简称"宝泉公司"）（甲方）与江苏长安建设集团有限公司（以下简称"长安公司"）（乙方）签订《建设工程施工合同及补充条款（示范文本）》以下简称"《建设工程施工合同》"，将其开发的汪清县新天府综合区一期工程发包给长安公司施工。合同约定：工程承包范围为土建、采暖、给排水（不包含挖填、电器、消防）；结算方式为预算加签证；工程款支付方式为施工前甲方预付给乙方300万元备料款，施工到六层时每层付人工费35万元，主体封闭之日起，甲方预留乙方1500万元后，其余主体封闭为止的已完工程款在一个月内付清。预付的300万元，裙房封闭后，甲方从6层以上拨款扣回。因甲方供材料、施工图纸、资金不到位造成停工，向乙方承担每天损失7万元，因乙方原因造成工程拖延，违约责任同前。开工时间2012年5月8日，竣工时间2013年11月30日。

该合同在汪清县建设主管部门备案登记。合同签订后，长安公司如约进场施工，在对综合楼外墙体玻璃丝棉保温板施工时，仅对玻璃丝棉保温板进行了防火检测，在该建筑材料在施工时没有附产品合格证及使用说明的情况下，长安公司将该材料直接用于了施工中。整体工程于2013年11月30日竣工后，长安公司向宝泉公司交付了工程。宝泉公司在组织相关部门验收时，因长安公司已完工程尚存在质量问题需要整改，未能通过验收。长安公司完成的工程总价款共计66 024 579元，其中外墙玻璃丝棉复

---

[1]（2018）最高法民再235号。

合保温板单项工程价款 4 413 279 元。宝泉公司已向长安公司支付工程价款 52 218 042 元,其中用位于海南的 6 套房屋抵付工程价款 4 709 485 元,但至今尚未办理物权变更登记手续,诉讼中长安公司明确表示不同意用上述房屋抵付工程价款。

2014 年 5 月 11 日,长安公司施工的综合楼外墙体玻璃丝棉保温板发生脱落,双方因外墙体保温板维修事宜发生争议。经由建设主管部门组织质量检测,设计单位、监理单位、施工单位、建设单位多元会商,结论为外墙体玻璃丝棉保温板工程无法修复,只能在现有基础上采用铝单板干挂。因长安公司无该项施工资质,由宝泉公司将该工程发包给案外人北京市金星卓宏幕墙工程有限公司吉林分公司施工完成,竣工时间为 2015 年 8 月 30 日。经宝泉公司申请,一审法院委托延边明正工程造价咨询有限公司对外墙体铝单板幕墙工程造价进行鉴定,鉴定结论造价为 11 269 075 元,宝泉公司为此支付鉴定费 8 万元。经宝泉公司申请,一审法院委托吉林省建筑工程质量检测中心对长安公司施工的综合楼外墙体玻璃丝棉保温板工程质量进行鉴定,结论为:①玻璃丝棉复合板粘贴面积除 11 层外,其余均不满足标准要求;②玻璃丝棉复合保温板面层网格布施工采用一布二浆做法;③玻璃丝棉复合保温板底板与基层拉伸粘结强度过低,出现脱离现象,无法对其按试验标准进行拉伸粘结强度勘验,不满足标准要求;④胶粘剂与基层拉伸粘结强度不满足标准要求;⑤后补锚栓后,其总数量多数满足标准要求,占总数的 80%;⑥原有锚栓锚固力多数不满足标准要求,占总数的 60%,后补锚栓锚固力均不满足标准要求;⑦工程外墙外保温做法与设计不符。宝泉公司为此支付鉴定费 89 220 元。

此外,案涉工程施工设计由博亚公司设计完成,其中外墙体设计使用材料为玻璃丝棉复合保温板,现该建筑材料已被国家建设主管部门禁止使用于高层建筑物外墙体装饰工程。

长安公司出具的《外墙脱落施工方案 1》和《外墙脱落施工方案 2》原因分析中载明:①外墙复合岩棉保温板是一种新型外墙保温材料,由建设单位供货的,在延边地区高层大面积粘贴外墙是首次,过去只是防火隔离带用,材料进场时供货商也没有提供产品施工说明书,具体的粘贴要求交代不清楚,施工时也没有引起高度重视;②复合岩棉保温板容重太大,重量是 180kg/m³,每块 600mm×800mm×60mm 的复合岩棉保温板重量是 5.184kg,重量约 10.8kg/m³,而原设计容重 20kg/m³ 的 EPS 保温板,80mm 厚,重量是 1.6kg/m³;复合岩棉保温板单位重量是 EPS 保温板的 6.75 倍,再者复合岩棉保温板吸水率也较高;③粘贴岩棉保温板时,由于管理层要求不严,管理不到位,粘接点没达到规范要求,没有按规范要求打锚栓,锚栓过少所导致复合岩棉保温板开裂、脱落。

2015 年 4 月 17 日长安公司延边分公司给汪清县建设工程质量监督站《新天府综合区一期 1 号楼工程质量整改通知单的回复》载明:"一、该工程自 2014 年 5 月 11 日外墙出现质量问题，期间质监站召开了6次协调会，由2015年4月2日汪清县建设局又召开了1次协调会，我单位与宝泉公司也协商了3次，一直没达成一致意见。我公司认为外墙出现质量问题，除我公司施工责任外，但有关三方主体也有相应责任，在责任没划分之前，我单位进场施工是不妥当的。二、宝泉公司委托设计院，经组织专家论证，最终出具了该工程外墙更改设计方案，并经延边州图纸审查中心审查通过。虽然具备了施工前的准备条件，但我公司认为变更已超出原设计标准，也超出了原施工合同范围，因变更导致合同价款的增减及给承包人造成的损失，应由发包人承担。原施工合同规定，合同履行中发包人要求变更工程质量标准及发生其他实质性变更，由双方协商解决。此事在先后十次协商无果的情况下，贵站要求我方两日内进场，准备施工是不具备条件的。三、该工程更改设计方案后属于建筑幕墙工程，已超出原工程合同范围，我公司没有建筑幕墙工程专业承包资质，因此我公司不参与此工程施工。"

2015年4月22日长安公司给宝泉公司、延边工程建设监理有限公司《工程竣工验收申请报告》中载明：其承包工程范围内所有分部分项工程都已施工完毕，已达到竣工验收条件，为不影响宝泉公司使用造成更大损失，申请建设单位及监理单位组织验收。

宝泉公司于2015年4月24日《关于江苏长安集团工程竣工验收申请的回复》载明：因外墙保温系统存在严重质量问题，且修复工作没有完成，分部验收缺项，不能对整体工程进行评价和验收。按《建设工程施工合同》条款规定，若做工程部位甩项验收，需双方另行签订甩项竣工协议，明确双方责任和工程价款的支付方法。

2015年5月4日长安公司给宝泉公司、延边工程建设监理有限公司《工程竣工验收再次申请报告》载明："一、外墙保温系统存在质量问题。我方认为主要是设计不合理，选用材料不当。现已出更改方案，更改方案已超出原设计标准，也超出了原施工合同范围，且我方不参与此工程施工。鉴于以上情况，我方认为，由我公司承包的所有分部分项工程都已施工完毕，已达到竣工验收条件，因此贵方应组织验收。二、此工程虽未经验收，但贵方已在2013年底前部分投入使用，2014年7月份全部进入装修并投入使用。由此发生质量问题及其他问题应由发包人承担责任。三、我方竣工资料早已整理完毕，由贵方分包的工程竣工资料迟迟不送来，影响整个工程资料合成，责任应由发包人承担。四、因更改设计方案，施工工期较长，影响正常验收，因此我方坚持甩项验收理由充分。"

汪清县住房和城乡建设局2015年4月21日给宝泉公司《关于对新天府综合区一号楼工程外墙质量安全隐患，重新选用有资质的施工企业进场施工相关事宜的批复》载明："你公司2015年4月17日《关于对新天府综合区一号楼工程外墙质量安全隐患，重新选用有资质的施工企业进场施工的请示》收悉，经研究，批复如下：2014年5月11日新天府综合区一号楼工程外墙出现质量安全隐患后，汪清县建设工程质量监督站就解决上述质量问题，曾多次组织有关各方进行磋商，始终未能达成共识。期间，又向施工单位长安公司两次下发质量整改通知单，2015年4月17日长安公司延边分公司作出不进场施工的书面回应。原因如下：一是上述质量问题有关各方均有责任；二是设计变更、价款增加，两日内进场不具备条件；三是新方案属建筑幕墙工程，长安公司延边分公司没有该项施工资质，不参与此工程施工。截至目前，除外墙之外，其他工程均已完工。为了使该项目尽早投入使用，现长安公司延边分公司放弃施工的情况下，工程不能再搁置，为此，参照《住房和城乡建设部工程质量安全监管司2015年工作要点》以及住建部关于建设工程质量的相关条例，同意你公司选用有资质的施工企业进场施工。"

（二）争议焦点

长安公司应否对案涉外墙保温工程质量缺陷承担民事责任及应否承担逾期竣工违约责任；如承担，应如何承担。

（三）处理结果

本案中，宝泉公司与长安公司对案涉外墙保温工程存在质量缺陷并无异议，主要争议涉及以下三方面问题：一是，造成案涉外墙保温工程质量缺陷的责任；二是，长安公司应否承担工程质量缺陷的民事责任；三是，外墙保温工程款及改建费用应如何承担。

造成案涉外墙保温工程质量缺陷的责任。根据吉林省建筑工程质量检测中心出具的《司法鉴定意见书》，案涉外墙保温工程存在施工中玻璃丝棉复合板黏贴面积等6项不满足标准要求以及工程外墙外保温做法与设计不符的问题。长安公司在其出具的2份外墙脱落施工方案中自认施工中存在"粘结点没达到规范要求，没有按规范要求打锚栓，锚栓过少所导致复合岩棉保温板开裂、脱落"等施工不到位的问题。上述司法鉴定结论及长安公司在纠纷发生前对外墙保温工程质量缺陷作出的自认，均表明案涉外墙保温工程质量缺陷系因施工人施工不符合规范标准或设计要求等造成。长安公司在与宝泉公司等往来函件及本案诉讼中主张，宝泉公司及设计单位也应对该工程质量缺陷承担责任，但长安公司并没有提供充分证据佐证其主张。

2015年7月30日，吉林省住房和城乡建设厅发布《关于吉林省建筑节能外墙保温工程技术（产品）限制使用的通知》。根据该通知，限制使用的外墙保温工程技术（产品）中虽包括本案争议的外墙保温材料，但该通知发布于讼争工程项目施工完成之后，且仅依据上述通知载明的限制使用的保温工程技术（产品）存在"抗拉强度低，吸水率高，易变形，耐久性差，不能满足严寒地区建筑工程外墙外保温薄抹灰系统标准要求"等缺陷，在无证明本案工程使用的材料存在的缺陷与出现的外墙保温工程质量缺陷间存在直接因果关系的证据的情形下，缺乏得出案涉外墙保温工程质量缺陷与使用的材料选择不当有关的结论的充分依据。故，在案证据证明，造成案涉外墙保温工程质量缺陷的责任在施工方，即长安公司。一审法院认定案涉工程质量缺陷系因施工原因造成，事实依据充分。二审法院认定不能排除出现质量问题与材料玻璃棉选择不当有关，缺乏充分证据支持，最高人民法院对此予以纠正。

长安公司应否承担工程质量缺陷的民事责任。《建筑法》第58条规定，建筑施工企业对工程的施工质量负责。建筑施工企业必须按照工程设计图纸和施工技术标准施工，不得偷工减料。工程设计的修改由原设计单位负责，建筑施工企业不得擅自修改工程设计。本案中，长安公司作为工程的承包人也即施工人，负有按照施工合同约定以及国家有关建筑工程质量、安全标准施工，并对承建工程质量负责的合同义务和法定义务。

如前所述，造成案涉外墙保温工程质量缺陷的责任在施工方即长安公司，长安公司应当依法依约承担工程质量缺陷的民事责任。长安公司主张发包人宝泉公司未经工程验收擅自使用，依据《施工合同司法解释》第13条"建设工程未经竣工验收，发包人擅自使用后，又以使用部分质量不符合约定为由主张权利的，不予支持"的规定，宝泉公司向长安公司提出工程质量缺陷应当承担民事责任的主张不应支持。最高院认为，根据本案查明的事实，2012年5月8日，宝泉公司与长安公司签订《建设工程施工合同》及补充条款，约定将宝泉公司开发的案涉工程发包给长安公司施工。

2013年11月30日，案涉工程完工并交付给宝泉公司，但在宝泉公司组织验收时，因已完工程存在质量问题需要整改，未能通过竣工验收。2014年5月，案涉工程外墙玻璃丝棉保温板发生脱落。长安公司与宝泉公司的往来函件内容表明，双方曾多次就外墙保温工程质量缺陷进行沟通协商，有关主管部门也多次出面协调，长安公司亦曾提出过修复解决方案，并曾请求宝泉公司对存在质量缺陷部分予以甩项后办理竣工验收手续，宝泉公司拒绝在工程质量缺陷问题解决前办理竣工验收手续。案涉工程至本案纠纷发生时尚没有进行竣工验收。基于本案上述事实，可以认定作为发包人的宝泉公司在工程完工后依约履行了工程验收义务，因长安公司施工的工程存在质量缺陷问题而未能通过验收。

《合同法》第279条规定，建设工程竣工经验收合格后，方可交付使用；未经验收或者验收不合格的，不得交付使用。故在双方协调解决工程质量问题期间，发生中行延边分行擅自使用其买受的尚未经竣工验收合格部分房屋的违法行为，宝泉公司作为发包人及房产出卖人存在过错，但宝泉公司与中行延边分行签订的《商品房买卖合同》载明：中行延边分行买受的商品房层高为1层，建筑面积600m²。

再审期间，宝泉公司举示的证据证明中行延边分行购买的底商房产位于案涉楼房1层西侧边角位置。吉林省建筑工程质量检测中心出具的《司法鉴定意见书》载明：案涉工程为地上26层，地下2层，建筑面积为49 283m²。鉴定意见内附各鉴定项目勘验结果汇总表显示，鉴定机构分别从案涉工程的东侧、北侧自2层至25层进行质量勘验。故，二审法院认定宝泉公司未经验收擅自使用的事实依据，即中行延边分行购买的房屋面积在整个案涉工程中占比较小，且无证据表明因该部分房屋使用对讼争案涉外墙保温工程质量缺陷的责任认定及修复构成影响，不足以认定属于《施工合同司法解释》第13条规定的擅自使用部分房屋情形，并据此认定本案符合该条款规定的适用条件。

至于长安公司主张宝泉公司对案涉工程内部进行装修并使用的问题，长安公司在原审及最高院再审期间并未提供证据证明宝泉公司对案涉工程内部装修及使用的具体情形，以及对发生的外墙保温工程质量缺陷责任及修复产生何种影响。另外，案涉工程为酒店用房，发生质量争议的系外墙保温工程，即使宝泉公司在协商解决工程质量缺陷的同时进行酒店内部装修，在不影响解决质量问题的前提下，也应属于防止损失扩大的合理行为，不宜据此认定发包人丧失就案涉外墙保温工程质量缺陷主张施工人承担民事责任的权利。综上，一审法院认定宝泉公司对案涉工程的使用不影响长安公司应承担的工程质量责任，认定事实及适用法律正确。二审法院适用《施工合同司法解释》第13条规定错误，最高院予以纠正。

案涉外墙保温工程款及改建费用的承担。《施工合同司法解释》第16条第3款规定，"建设工程施工合同有效，但建设工程经竣工验收不合格的，工程价款结算参照本解释第三条规定处理。"该解释第3条规定："建设工程施工合同无效，且建设工程经竣工验收不合格的，按照以下情形分别处理：（一）修复后的建设工程经竣工验收合格，发包人请求承包人承担修复费用的，应予支持；（二）修复后的建设工程经竣工验收不合格，承包人请求支付工程价款的，不予支持。因建设工程不合格造成的损失，发包人有过错的，也应承担相应的民事责任。"本案中，对外墙保温工程出现的质量缺陷，长安公司虽曾制定两套修复方案，但后经建设主管部门与建设方、施工方、设计单位、质量检测单位等会商，确定该质量缺陷无法修复，只能在现有基础上采用铝单板干挂。故，一审法院认定案涉外墙保温工程经修复后仍然不合格，长安公司请求宝泉公司支付该部分工程款4 413 279元缺乏法律依据，认定事实及适用法律正确。二审法院在认定案涉外墙保温工程质量缺陷系施工责任的同时，以长安公司已就此项施工内容付出人力和物力，并物化至该部分工程中为由，判令宝泉公司支付该部分不合格工程款，缺乏法律依据，最高院予以纠正。

案涉质量不合格外墙保温工程工程款4 413 279元由长安公司自行承担。对于案涉外墙保温工程改建费用的承担问题。本案中，因长安公司不具有铝单板干挂的施工资质，并明确拒绝进行改建施工，宝泉公司另行发包给具备法定资质的其他施工企业施工，并无不当。经宝泉公司申请，一审法院委托延边明正工程招标造价咨询有限公司对改建后的案涉外墙铝单板幕墙工程造价进行司法鉴定，鉴定结论为工程造价11 269 075元。经审查，鉴定结论确定的该部分工程造价并未包含原有的玻璃丝棉保温板施工的造价。

因长安公司施工的外墙保温工程质量缺陷无法修复,宝泉公司通过采用铝单板干挂改建方式完成外墙保温工程,为此超出原外墙保温工程造价的工程款 6 855 796 元(11 269 075 元-4 413 279 元),属于宝泉公司因工程质量缺陷需多承担的工程费用,应认定属长安公司施工的工程质量缺陷给宝泉公司造成的损失,长安公司应承担赔偿责任。但因案涉外墙保温工程质量缺陷系采用铝单板干挂方式改建,改建造价远高于原外墙工程造价,且原设计使用的外墙保温材料已被限制使用,改建后的外墙保温工程避免了原设计使用的材料因不具有耐久性等缺陷而在将来使用过程中可能出现的问题。故,综合本案长安公司和宝泉公司对案涉外墙保温工程质量缺陷责任,比对原施工合同约定的外墙保温工程设计使用的材料、工程造价与改建方案确定的使用材料、工程造价情况,以及签约时施工合同当事人可预见的因工程质量产生的民事责任预期等因素,最高院酌定,就宝泉公司案涉外墙保温工程改建超出原工程造价的费用 6 855 796 元,由长安公司承担60%的赔偿责任,即 4 113 477.6 元,其余部分由宝泉公司自行承担。二审法院判决长安公司与宝泉公司各半承担外墙改建费用,责任比例失当,确定的损失范围亦有误,最高院予以纠正。

案件评析

工程的承包人、施工人,负有按照施工合同约定以及国家有关建筑工程质量、安全标准施工,并对承建工程质量负责的合同义务和法定义务。本案中虽存在发包人未经验收擅自使用的事实依据,但法院以房屋面积在整个案涉工程中占比较小,且无证据表明因该部分房屋使用对讼争案涉外墙保温工程质量缺陷的责任认定及修复构成影响,而未支持承包人的主张,关于此点笔者认为值得大家结合实务思考。

三、四川省第一建筑工程有限公司与云南万都房地产开发有限公司建设工程施工合同纠纷[1]

基本案情

(一)基本情况

2013 年 11 月 5 日,四川省第一建筑工程有限公司(以下简称"四川一建")与云南万都房地产开发有限公司(以下简称"万都公司")通过招投标程序签订《建设工程施工合同》,约定:由四川一建承建万都公司开发的万都国际广场项目,合同暂定金额为 1.5 亿元,合同价款采用固定综合单价,合同工期总日历天数 480 天。工程进度款按工程形象进度分阶段支付,双方约定工程款的支付方式为银行转账,承包人必须

---

[1] (2019)最高法民终 1134 号。

在工程所在地开户，开户行为：工行昭通昭阳区支行。发包人不得以其他任何方式支付款项。基础工程支付时间：1#、4#楼完成至±0.00及2#楼完成至±0.00，3#楼完成至主体10层封顶后15日付至已完成量的80%。其余按月进度单幢6层封顶15天内支付当期已完成工程80%付款。砌体分项工程、装饰工程、安装工程，按月进度的80%支付。产值不足400万元并入下月按2个月累计完成工程量的80%支付。支付时间为：发承包人共同书面确认价款之日后15日内支付。工程竣工验收报告经发包人认可后30个工作日内，承包人向发包人递交工程竣工结算报告及完整的竣工资料，双方按照协议书约定的程序及价款进行工程竣工结算。工程竣工验收合格后30个工作日内付至合同总价的85%。资料交齐、结算价款经发包方审查后60个工作日内支付经发包人审查后结算价款的95%，预留5%的工程保修金。合同还对案涉工程项目的范围、工程实施、双方主要权利义务、工程质量及验收、工程移交及违约责任等内容进行了约定。

2013年11月5日，四川一建与万都公司签订《建设工程施工补充协议》（以下简称"《补充协议》"），约定：承包人配合发包人办理施工许可证以及与施工有关的一切证件和手续，费用由承包人根据政策规定承担费用。发包人要求承包人提前拆除未使用的机具或临设，承包人同意不向发包人收取因此而产生的费用。发包人到应付期若资金困难时，付款宽限期为30个工作日，承包人不能因资金不到位而影响工期。承包人同意不向甲方收取在付款宽限期内因延迟付款所产生的违约金；如30天以外时间，按银行基准资金利息或按同期银行贷款利息计算。在本工程实施过程中，发包人若遇到资金暂时调度困难或其他情况，承包人愿意协助甲方解决相关问题，承包人承诺不采取任何法律措施干扰发包人的工程进度、房屋销售及入伙验收（如停工、怠工等）。承包人退场条款：承包人无论何种原因导致合同解除（包括甲乙双方依法解除、依双方约定解除或一方单方面解除等），为保证工程项目的顺利完工并交付购房人使用，以及双方纠纷的顺利解决，承包人均应在发包人承包人合同解除达成协议一致起10个工作日内清退出场，否则，承包人应向发包人支付违约赔偿金；同时，发包人有权向当地人民法院申请承包人离场的先予执行。补充协议还对双方责任、监理工程师现场工程检查等内容进行了约定。

2013年10月4日，四川一建向万都公司支付履约保证金100万元。2014年12月23日，应四川一建申请，兴业银行股份有限公司成都分行向万都公司出具300万元《人民币履约保函》一份，有效期至2015年6月30日。2014年1月20日，四川一建向昭通市昭阳区环境卫生监督管理所缴纳城市生活垃圾代运处置费232 170元。

2014年8月29日，四川一建向万都公司报送2014年1月至7月完成工作量报表，载明：完成量为39 600 284.29元，万都公司于2014年9月17日审定四川一建已完工程量价款为25 744 400元，万都公司于2014年9月21日在四川一建提交进度拨款申请上同意拨付该期工程进度款2059.552万元。2014年10月25日，四川一建向万都公司报送2014年10月份完成量报表，载明完成量为6 806 770.21元，万都公司2015年2月9日审定四川一建已完工程量价款为5 005 778.78元。

2015年1月29日，四川一建向万都公司报送2014年11月至2015年1月（2#楼）完成量报表，载明完成量为5 152 004.01元，万都公司2015年2月9日审定四川一建已完工程量价款为2 473 378.60元。2015年1月31日，四川一建向万都公司报送2014年11月至2015年1月（1#楼）完成量报表，载明完成量为9 198 628.17元，万都公司2015年2月9日审定四川一建已完工程量价款为5 411 409.80元。2015年2月2日，四川一建向万都公司报送2014年11月至2015年1月（3#楼）完成量报表，载明完成量为4 986 879.65元，万都公司2015年2月9日审定四川一建已完工程量价款为2 472 270.55元。

2014年8月3日，因云南省昭通市鲁甸县发生6.5级地震，昭通市昭阳区建设工程安全生产监督站发出《关于全区建筑施工现场立即停止施工的紧急通知》。2014年8月22日，在昭通市昭阳区建设工程安全生产监督站主持下，召开双方当事人等参加的关于8.03地震后复工事宜会议，会议确认：2014年8月8日，昭通市昭阳区建设工程安全生产监督站口头通知四川一建，尽快进行施工现场各方面检查，若无大问题，可以进行恢复施工；2014年8月15日，昭通市昭阳区建设工程安全生产监督站电话通知四川一建可以进行恢复施工。会议要求各单位做好各方面检查，及时协商解决各方面问题，尽快恢复施工。

2014年12月18日，双方达成会议纪要内容如下：承包方提供银行300万元履约保函给发包方，并提供委托支付劳务方农民工工资委托书，由发包方直接支付一期进度款尾款400万元给劳务方，付款复工同时进行。春节节点支付工程进度款约1200万元（其中水电安装费用200万元）给承包方，最终以实际完成工程量节点审核为准。春节前工程所用钢筋由发包方代购，承包方委托人出具委托代购书，该钢筋款额从春节节点应付款中扣除。有关工期、延期时间、投标费用等有争议问题，待工程封顶后双方协商处理，合理确定双方责任。水电安装三方合同，2014年12月31日前签订完成。复工后承包方在5天内把样板房通道搭建完成，工程进度争取3#楼封顶。春节节点支付工程进度款时间为2015年2月10日。

2015年3月19日，四川一建向万都公司发出《关于万都国际广场项目行使不安抗辩权的告知函》，要求万都公司妥善解决合同履行中的争议事项，按约定全面履行工程款支付义务，待双方协商一致达成书面协议后再继续施工。2015年4月8日，四川一建向万都公司发出《关于解除万都国际广场项目相关合同的函》，万都公司于2015年4月15日收到该函，并于2015年4月21日向四川一建发出《回复函》，回复内容："贵公司合同未履行完毕，现已停工近3个月，望尽快复工；我公司虽未按工程节点足额支付工程款，但我公司愿意严格按照双方签订的《建设工程施工合同》及《补充协议》中的合同条款执行；贵公司未按规定履行合同，在本项目施工过程中干扰发包人的工程进度，属于贵公司违约。根据补充协议规定，承包人违约造成合同解除，应赔偿发包人一切经济损失；因贵公司上述违约，给我公司造成严重的经济损失及社会负面不良影响，请贵公司收到本回复函后，三天内告知我方如何处理。以避免造成双方更大的损失。"

2015年5月13日，万都公司向四川一建发出《律师函》明确："经昭阳区主管部门多次组织双方协商无果，现贵公司已无履行合同的诚意及能力。请贵公司在2015年5月28日以前按补充协议第15.9条约定清退出场。甲乙双方的权利义务，严格按签订的《建设工程施工合同》及《补充协议》执行。"

2015年5月25日，四川一建向万都公司发出《关于万都国际广场项目退场相关事宜处理的函》明确："根据《补充协议》第15.9条的规定，我司应在贵我双方就合同解除涉及的欠付工程款如何支付、工程量清算等问题达成协议一致起10个工作日退场。贵司应在收到本函后10日内退还我司缴纳的100万元履约保证金和300万元银行履约保函。贵司应在收到本函后10日内支付完毕欠付我司的工程进度款535万元。贵司应全力配合我司在收到本函后2个月内办理完工程结算，且在结算办理完毕起10日内至少付清完成量80%的工程款。如贵司无法满足我司上述要求，必须提供足额、有效担保，并经我司认可。"函件同时还明确了其他事宜。

2016年5月11日至8月2日，四川一建李耀华与张某义、孙某才及四川福达建筑劳务有限公司顾某茂、文某进在万都国际广场现场周材出场收方确认单上签字，其中孙某才在其签名后用括号注明不对数量负责。2017年4月27日至5月7日，四川一建代表与万都公司代表孙某才在万都国际广场现场工棚钢管等物资出场确认单上签字，其中孙某才在其签名后用括号注明不对具体数字负责。

另查明：2014年2月，十四冶建设集团云南水利水电工程有限公司（甲方）与昭通和信建筑安装工程有限公司（乙方）签订《合作框架协议书》，约定：双方以整合资源优势，共同开拓昭通地区建筑市场为目标，甲方支持乙方参与建筑工程项目公开招标活动，乙方在昭通地区的投标项目享有甲方给予的资质优先使用权，同时甲方根据自身优势提供相关技术咨询服务。本协议为框架性协议，针对具体中标项目双方还需要另行签订《建设工程联营施工协议书》。协议还对双方的合作方式及其他合作内容进行了约定。

2015年6月8日，万都公司与十四冶建设集团云南水利水电工程有限公司签订《建设工程施工合同》，合同尾部承包人处盖有十四冶建设集团云南水利水电工程有限公司印章，承包人委托代理人处有马某坤的签名。诉讼中，代表十四冶建设集团云南水利水电工程有限公司签字人员的马某坤、杨某信出庭证实，其两人为昭通和信建筑安装工程有限公司员工，案涉工程由马某坤负责，自负盈亏，昭通和信建筑安装工程有限公司未参与案涉工程。

2016年6月29日，十四冶建设集团云南水利水电工程有限公司向工商行政管理部门申请公司名称变更，简称为"建投二电公司"。

审理中，四川一建向一审法院提出鉴定申请，请求鉴定事项为：①四川一建承建万都国际广场项目已完工程的总造价；②万都公司拖欠工程款给四川一建造成的窝工、停工损失；③因万都公司和建投二电公司强行进场施工，非法占用四川一建建筑材料、物资及施工现场临时设施、建筑机械设备材料等给四川一建造成的财产损失。一审法院对四川一建的鉴定申请第1项予以准许，委托鉴定机构昆明官审工程造价咨询事务所有限公司进行司法鉴定。鉴定机构作出《工程造价鉴定意见书》，鉴定意见为：四川一建在万都国际广场项目已完工程造价总金额55 117 093.27元，其中含商品混凝土甲供材料费11 769 571.18元（不含税，含税金额为12 202 691.40元）。鉴定机构作出《工程造价鉴定意见书补充意见》，补充鉴定意见为：防水材料价格由《工程造价鉴定意见书》中的751 303.96元调整为311 711.21元；钢筋价格不参与下浮，不再调整。关于四川一建申请鉴定第2、3项涉及的窝工、停工损失及物质材料损失，经咨询昆明官审工程造价咨询事务所有限公司，昆明官审工程造价咨询事务所有限公司认为，损失无具体标准，周转材料无法判断，无法进行鉴定。

审理中，万都公司向一审法院提出鉴定申请，请求鉴定事项为：对四川一建承建万都国际广场项目地下室的工程质量存在3万多处渗漏水客观问题和修复痕迹费用进行鉴定。一审法院予以准许，委托鉴定机构云南建科建筑工程质量司法鉴定所进行司法鉴定。

鉴定机构作出2017第01号《司法鉴定意见书》，鉴定意见为：①昭通万都国际项目地下室存在开裂、渗水、孔洞及浇筑不密实等质量问题，不满足现行相关标准、规范的要求。根据现场检测鉴定情况及对委托方提供的资料进行分析，昭通万都国际项目地下室出现渗水问题的主要是由于四川一建施工所致；②昭通万都国际项目地下室裂缝灌缝修复费用评估为1 891 205.65元。鉴定机构建议：按照现行相关标准、规范、文件及程序，对昭通万都国际项目地下室进行裂缝、变形及沉降等项目进行观测，若有继续开裂或变形等异常情况，建议在开裂、变形稳定后进行处理，必要时采取相应措施，确保昭通万都国际项目的正常安全使用。

根据鉴定机构建议，一审法院向云南省住房和城乡建设厅发送《关于建议核查昭通市万都国际广场项目工程质量问题的函》，云南省住房和城乡建设厅向一审法院回复《关于核查昭通市万都国际广场项目工程质量问题的函》及附件材料，复函认为：①通过核查资料、现场实体检查，发现该项目整体地下室剪力墙、现浇混凝土底板、顶板不同程度存在开裂渗水的质量问题，但开裂渗水的位置主要集中在外围剪力墙及露天停车位、车行道区域，该项目外围剪力墙设计为挡土墙，对上部结构安全影响不大。

该项目地下室剪力墙、顶板、底板开裂渗水的质量问题，对结构安全有一定影响，其影响程度，建议通过具有相应资质的鉴定机构对结构安全性进行鉴定。其他地下室混凝土爆模、露筋等常见质量问题，应按规范规定进行整改；②云南省住房和城乡建设厅已责成昭通市住房和城乡建设局对该项目地下室质量问题进行整改，并对违法违规行为依据相关法律法规按程序进行相应处罚。各方当事人对云南省住房和城乡建设厅复函内容及复函附件无异议，万都公司同时明确表示：对复函中所提该项目地下室剪力墙、顶板、底板开裂渗水的质量问题，对结构安全有一定影响，其影响程度，建议通过具有相应资质的鉴定机构对结构安全性进行鉴定中的主体结构安全问题不再申请鉴定，不再主张本案地下室同类型以内的质量问题。

审理中，建投二电公司向一审法院提出鉴定申请，请求鉴定事项为：①指定鉴定机构对案涉十四冶建设集团云南水利水电工程有限公司印章的真实性进行鉴定；②指定鉴定机构对本案所涉建投二电公司人员（王某辉、张某荣、杨某）的签名真实性进行司法鉴定。因本案证据交换中，四川一建及万都公司对建投二电公司提交的《印章审批备案回执》《公司登记（备案）申请书》无异议，《印章审批备案回执》中明确十四冶建设集团云南水利水电工程有限公司印章刻制审批信息为：印章编码：5301000249517；印章内容：十四冶建设集团云南水利水电工程有限公司/空/五角星；印章类别：单位专用印章；印章形状：圆形；印章尺寸：42；印章材质：智能光敏；中心图案：五角星。

经查，2015年6月8日，万都公司与十四冶建设集团云南水利水电工程有限公司所签《建设工程施工合同》及双方往来文件中，十四冶建设集团云南水利水电工程有限公司的印章无印章编码，该印章与建投二电公司提交《印章审批备案回执》中行政主管部门批准十四冶建设集团云南水利水电工程有限公司刻制印章的内容不一致，无鉴定必要，故一审法院对建投二电公司的鉴定申请第1项不予准许，因该项鉴定无必要，一审法院对建投二电公司的鉴定申请第2项亦不予准许。

（二）争议焦点

①万都公司应付工程款应如何认定（包括招投标文件和补充协议的效力问题），一审是否存在违反证据认定规则的情形；②万都公司欠付四川一建工程款的金额及利息；③万都公司应否支付退还四川一建履约保证金的相应利息；④万都公司应否支付四川一建代缴的办理文明施工许可证费用和建筑垃圾处置费232 170元及相应利息；⑤万都公司应否赔偿四川一建窝工损失5 543 130元、停工损失3 392 800元，一审未准许四川一建对停工、窝工损失的鉴定申请是否违反法定程序；⑥万都公司与建投二电公司应否共同赔偿四川一建物资材料及临设损失、机械设备租赁费损失，并返还租赁的机械设备等材料；一审是否存在遗漏审理四川一建的该项诉讼请求、未依申请调查取证等违反法定程序的情形；⑦四川一建应否赔偿万都公司主张的工期延误损

失 10 206 328.96 元、违约金 420 万元；⑧四川一建是否未履行撤场、清场义务而应赔偿万都公司场地清理费、场地占用费、场地租金、场地看管人员工资等损失 10 630 288.68 元；⑨四川一建应否赔偿万都公司地下室修复费 1 891 205.65 元及修复管理费 378 241.13 元。

（三）处理结果

四川一建上诉主张，依据云南省住房和城乡建设厅向一审法院回复《关于核查昭通市万都国际广场项目工程质量问题的函》，渗漏水产生并非四川一建施工所致。最高院认为，一审中鉴定所对四川一建承建万都国际广场项目地下室的工程质量存在 3 万多处渗漏水客观问题和修复痕迹费用进行鉴定。云南建科建筑工程质量司法鉴定所作出 2017 第 01 号《司法鉴定意见书》，鉴定意见为：昭通万都国际项目地下室存在开裂、渗水、孔洞及浇筑不密实等质量问题，不满足现行相关标准、规范的要求。根据现场检测鉴定情况及对委托方提供的资料进行分析，昭通万都国际项目地下室出现渗水问题的主要原因是四川一建施工。昭通万都国际项目地下室裂缝灌缝修复费用评估为 1 891 205.65 元。鉴定机构及鉴定人员具备相应的鉴定资质，且鉴定程序合法，一审判决依据《司法鉴定意见书》认定四川一建应承担地下室修复费用 1 891 205.65 元，是正确的。

关于修复管理费。根据《补充协议》第 5.2.20 条约定：合同规定由承包人完成或提供配合的工作（包括合同、会议纪要约定内容以及设计变更等），如承包人拒绝完成或不能按合同要求完成，发包人即可另行安排其他单位完成，所发生的费用就以承包人承担的实际费用（另加 20%管理费）从承包人工程款中抵扣，影响工期的责任由承包人负责。该约定与工程款有关，可参照该约定对万都公司主张的修复管理费 1 891 205.65 元×20% = 378 241.13 元予以支持，一审法院的处理是正确的。

案件评析

本案中因承包方施工不当产生质量问题，发包方在诉讼中通过鉴定和评估的方法确定产生的质量问题系因承包方所致，并评估了具体数额，法院对此予以采纳。值得注意的是，本案中的修复管理费，因双方在协议中有约定，亦得到了法院的支持，故在以后的相关合同中可以考虑加入类似条款，保障发包人的权利，也更好地督促承包人保质保量完工。

第六章 工程竣工和验收以及司法鉴定

第一节 工程竣工和验收

一、江苏南通二建集团有限公司与吴江恒森房地产开发有限公司建设工程施工合同纠纷[1]

基本案情

（一）基本情况

江苏南通二建集团有限公司（以下简称"南通二建"）与吴江恒森房地产开发有限公司（以下简称"恒森公司"）就本诉支付工程余款、反诉赔偿屋面渗漏重作损失建设工程施工合同纠纷案件，向一审法院提起诉讼。该院于2010年8月5日作出（2006）苏中民一初字第0022号民事判决，南通二建、恒森公司均不服，向二审法院提起上诉。该院于2011年3月3日作出（2010）苏民终字第0188号民事裁定，撤销原判并发回重审。

重审中，原告南通二建诉称：2004年10月15日，原、被告签订《建设工程施工合同》一份，约定由原告承建吴江恒森国际广场的土建工程。2005年7月20日涉案工程全部竣工验收合格，并同时由被告恒森公司接收使用。被告仅支付了26 815 307元，余款计16 207 442元拒不支付。请求判令：①被告支付工程余款及逾期付款违约金153 922.39元，合计16 361 364.39元。②被告赔偿由于设计变更造成原告钢筋成型损失6万元。

被告恒森公司辩称：被告已按约定要求支付工程款，请求驳回原告南通二建诉讼请求；并反诉称：①反诉被告偷工减料，未按设计图纸施工，质量不合格，导致屋面广泛渗漏，该部分重作的工程报价为3 335 092.99元，请求判令反诉被告赔偿该损失。②双方约定工程竣工日期为2005年4月中旬，实际工程竣工日期为2005年7月26日，

---

[1]（2012）苏民终字第0238号。

逾期91.5天，反诉被告应赔偿延误工期违约金915万元。

南通二建针对恒森公司的反诉辩称：①涉案工程已竣工验收合格。对已竣工验收合格的工程，《建设工程质量管理条例》规定施工单位仅有保修义务。②屋面渗漏系原设计中楼盖板伸缩缝部位没有翻边等原因造成。且工程竣工后恒森公司的承租方在屋顶擅自打螺丝孔装灯，破坏了防水层。③根据双方会议纪要，恒森公司已承认是地下室等各种因素导致工期延误，明确不追究原合同工期，不奖也不罚。故对反诉请求不予认可。

一审查明：2004年10月15日，南通二建与恒森公司依法签订建设工程施工合同，其中约定由南通二建承建恒森公司发包的吴江恒森国际广场全部土建工程，合同价款30 079 113元，开工日期2004年10月31日，竣工日期2005年4月28日。同日，双方签订补充协议约定：开工日期计划2004年10月2日（以开工令为准），竣工日期2005年3月11日，工期141天（春节前后15天不计算在内）。每迟后一天，南通二建支付违约金10万元。土建工程造价按标底暂定为3523万元，竣工结算经吴江市有资质的审计部门审计核实后，按审计决算总价下浮9.5%为本工程决算总价。补充协议还对付款方式进行了约定，并约定留总价5%款项作为保修保证金，2年后返还。

2004年10月30日，南通二建致函恒森公司，认为因设计变更造成其钢筋成型损失约6万元，要求恒森公司承担该损失。2004年11月10日，恒森公司致函南通二建，认为应对成型钢筋尽量利用，对确实无法利用的，由南通二建上报明细，经双方核对后，由恒森公司给予补偿。嗣后，南通二建未报损失明细。

2005年1月6日，南通二建与恒森公司签订会议纪要，双方确认南通二建为总包单位，由南通二建收取恒森公司分包合同总价1%总包管理费。该会议纪要同时明确，由于工期延误引发的争议已经双方协商解决，因地下室等各种因素的制约导致工期延误，双方不追究原合同工期，双方同意既不奖也不罚，但恒森公司法定代表人强调必须在2005年4月中旬全部竣工通验。

2005年4月20日，南通二建与恒森公司签订补充合同，约定恒森公司将恒森国际广场室外铺装总体工程发包给南通二建施工，工程总价暂按270万元计，最终结算价按江苏省建安2004定额审计下浮12%确认，室外工程工期为2005年4月20日至2005年6月20日。

2005年6月27日，南通二建与恒森公司就工程现场签证单确认问题等事项订立会议纪要，双方经协商确认工程于6月底前全部竣工，如不能如期竣工，根据原因由责任方承担责任。

施工期间，恒森公司陆续将水电、消防、暖通通风、二次装修、幕墙工程分别分包给第三方施工。其中幕墙分包工程固定总价205万元，另四份协议均约定由南通二建按分包合同总价2.5%向分包单位收取配合管理费。经确认，南通二建已收取配合管理费 323 750 元。

涉案工程于 2005 年 7 月 20 日竣工验收。工程竣工后，恒森公司将其中建筑面积 22 275m² 的房屋出租。原一审中经现场勘查，承租人在屋顶场地中央打螺丝孔安装照明灯 4 盏。

原一审中，南通二建申请对工程造价进行审计；恒森公司申请对屋面渗漏的重作损失进行鉴定。一审法院依当事人申请，委托苏州市价格认证中心（以下简称"认证中心"）、苏州天正房屋安全司法鉴定所（以下简称"天正鉴定所"）及苏州东吴建筑设计院有限责任公司（以下简称"东吴设计院"）对相关事项予以鉴定。

认证中心的鉴定意见为：南通二建施工工程造价为 35 034 260.23 元，其中屋面结构层以上实际施工部分造价为 1 677 635 元。

天正鉴定所经鉴定确定，屋面渗漏部位主要位于伸缩缝、落水管、出屋面排气管及屋面板；南通二建实际施工部分与原设计图纸相比，屋面防水构造做法中无 50 厚[1]粗砂隔离层、干铺无纺布一层、2.0 厚聚合物水泥基弹性防水涂料层及 20 厚水泥砂浆找平层，伸缩缝部位另缺 3.0 厚防水卷材。鉴定意见为：屋面构造做法不符合原设计要求，屋面渗漏范围包括伸缩缝、部分落水管道、出屋面排气管及局部屋面板。

东吴设计院鉴定明确，因现有屋面板构造做法与原设计不符，局部修复方案不能保证屋面渗漏问题彻底有效解决（主要指局部维修施工带来其余部位的渗漏），建议将原防水层全面铲除，重做屋面防水层，并出具了全面设计方案。该全面设计方案中包括南通二建在实际施工中未施工工序，并在原设计方案伸缩缝部位增加了翻边。

认证中心根据东吴设计院上述全面设计方案出具的鉴证价格为 3 975 454 元（以 2009 年 4 月 27 日为鉴定基准日）。

重一审中，一审法院委托苏州市建设工程质量检测中心就本案原设计方案中伸缩缝部位无翻边设计是否符合国家和地方强制标准及屋顶安装 4 盏路灯与屋面渗漏是否存在因果关系进行鉴定。2012 年 3 月 15 日该检测中心出具书面鉴定意见为：伸缩缝设计样式及用材均为参考而并无统一的强制性规范。所调查 4 处路灯基座，3 处未见螺栓破坏现有防水层现象，其中一处路灯基座位置现有防水层存在局部破损现象，但其对屋面防水层整体防水功能的影响程度无法做出明确判断。

重一审中，认证中心出具汇总表一份，明确在全面设计方案的总修复费用中，屋面防水构造做法中未施工的 50 厚粗砂隔离层、干铺无纺布一层、2.0 厚聚合物水泥基弹性防水涂料层及 20 厚水泥砂浆找平层的工程款为 755 036.46 元；伸缩缝部位 50 厚粗砂隔离层、干铺无纺布一层、2.0 厚聚合物水泥基弹性防水涂料、3.0 厚防水卷材的工程款为 13 267.56 元；伸缩缝部位翻边的工程款为 8713.30 元。

---

[1] "厚"为建工领域常用单位，表"mm"。

一审法院认定本案争议焦点为：①工程价款如何认定。②因屋面渗漏，南通二建作为施工单位应如何承担责任。③南通二建是否应承担延误工期的违约责任。

关于工程价款如何认定的问题。诉讼中，南通二建、恒森公司均同意以鉴定造价35 034 260.23元作为工程款结算的依据，并一致认可已支付工程款26 815 307元。南通二建同时认为，工程价款还应加上总包管理费15万元及钢筋成型损失6万元。

一审法院认为，因诉讼中双方一致认可按司法鉴定造价为工程款结算依据，应予准许。关于总包管理费问题，施工期间双方曾确定南通二建为总包单位、南通二建可收取恒森公司分包合同总价1%总包管理费，此系双方真实意思表示，应予确认。恒森公司分包合同总价为1500万元，故恒森公司应按约支付15万元。关于钢筋成型损失问题，双方曾约定恒森公司给予损失补偿的前提是由南通二建上报无法利用钢筋的明细，现因南通二建未能提供因设计变更导致无法利用的钢筋数量明细，应视为该部分成型钢筋已合理用于本案工程中，施工方未实际发生成型钢筋损失，故对南通二建该项诉讼请求不予支持。另，因保修期限届满，且屋面广泛性渗漏问题将在本案中作出处理，故恒森公司应退还保修保证金。综上，一审法院认定恒森公司应付工程总价款为3 518 4260.23元（35 034 260.23元+150 000元），扣除恒森公司已付工程款26 815 307元，恒森公司尚应支付南通二建工程价款8 368 953.23元。恒森公司欠付工程款的利息可参照双方确认的补充协议中的付款期限计算。

关于屋面渗漏，南通二建作为施工单位应如何承担责任的问题。一审法院认为，结合鉴定意见及现场情况，应确认屋面渗漏系南通二建未按原设计图纸施工导致隐患及承租人擅自安装路灯破坏防水层两方面因素所致，其中未按设计图纸施工为主要原因，路灯破坏防水层为局部和次要原因。南通二建提出的原设计不合理的问题，因标准或规范中对伸缩缝部位设计翻边并无强制性要求，其也无其他依据得出伸缩缝部位无翻边必然会漏水的结论，故对南通二建该抗辩不予支持。

南通二建主张自己仅应承担保修义务，而不应承担全面修复费用的问题。一审法院认为，因现有屋面板构造做法与原设计不符，存在质量隐患，局部修复方案不能保证屋面渗漏问题得到彻底解决，还会因维修施工带来其余部位的渗漏；况且，南通二建因偷工减料造成质量不符合设计要求是全面性而非局部性的问题。东吴设计院建议将原防水层全面铲除，重做屋面防水层，并由此出具全面设计方案，该方案较原设计方案相比，仅增加了伸缩缝翻边设计。因此，可以认定全面设计方案宜作为彻底解决本案屋面渗漏的修复方案。鉴于诉讼双方目前已失去良好的合作关系，由南通二建进场施工重做防水层缺乏可行性，故恒森公司可委托第三方参照全面设计方案对屋面缺陷予以整改，并由南通二建承担整改费用。

关于对全面设计方案修复费用3 975 454元应如何承担的问题。一审法院认为，全面设计方案中相较原设计，伸缩缝部位增加了一道翻边，由此增加的费用8713元应扣除。南通二建在实际施工中少做的工序并未计入工程总价款,而全面设计方案中包含了该几道工序,基于权利义务相一致的原则,该部分费用应扣除。但屋面渗漏主要系南通二建施工原因造成,工程实际修复时建筑行业人工、材料价格均有上涨,此事实上增加了恒森公司的负担,该上涨部分的费用应由南通二建承担。

经鉴定,2004年10月15日,南通二建工程屋面结构层以上实际施工部分工程价款为1 677 635元,而2009年4月27日,相同工程量的工程价款为3 198 436.68元(全面修复总费用3 975 454元-屋面防水构造做法中增做部分755 036.46元-伸缩缝部位增做部分13 267.56元-伸缩缝翻边8713.30元)。因此,屋面防水构造做法与伸缩缝部位中应做而未做的部分在2004年10月15日的实际工程价款为402 988.66元,而在2009年4月27日相应工程价款则为768 304.02元,两者之间的差额365 315.36元应由南通二建承担。另,承租人在屋顶打洞装灯破坏防水层,亦是导致屋面渗漏的原因之一,故应当相应减轻南通二建的责任。鉴于该处路灯位于屋面停车场中央较高位置及该路灯仅对屋面板渗漏有影响,而实际渗漏部位还包括伸缩缝、落水管、出屋面排气管等多部位,酌情认定应予扣除修复工程款金额15万元。综上,南通二建应支付的修复费用合计为3 413 752.04元。

关于南通二建是否应承担延误工期的违约责任。一审认为,根据双方补充协议,南通二建应于2005年3月11日完工,否则按每天10万元承担违约责任;实际施工期间,因地基工程施工失败,双方约定由南通二建接替原地基工程施工单位实施地下室围护的抢险施工及围护桩加固工作,该项工作并非总包单位合同内容,属于增加工程,必然导致工期延长,故双方就工期协商约定互不追究原合同工期、既不奖也不罚,但恒森公司并未放弃工期要求,在承诺不针对原工期奖罚的同时,要求南通二建必须于2005年4月中旬竣工。此外,恒森公司将室外铺装工程另行发包给南通二建施工,并明确室外铺装工程工期至2005年6月20日止,结合双方于2005年6月27日会议纪要中作出的工程应于6月底前竣工,否则根据原因由责任方承担责任的意思表示,可认为双方因地下室及工程量增加等原因,已协商将竣工时间延长至2005年6月30日。事实上,本案工程于2005年7月20日竣工,南通二建逾期完工20天,南通二建未能举证证明该20天存在可据实延长的情形,故逾期完工20天的责任应由南通二建承担。因恒森公司投资建房的目的之一系对外招租开设大卖场以获取租金收益,南通二建逾期完工必然导致恒森公司迟延接收使用房屋并获得租金收益,结合恒森公司将所建房屋对外实际出租的状况及规模,一审法院酌定由南通二建赔偿工期延误损失25万元。

综上,一审法院遂依照《合同法》第77条、第107条、第281条,《施工合同司法解释》第14条、第17条、第18条,《民事诉讼法》第13条,《民事证据规定》第2条、第71条之规定,于2012年8月31日作出判决:①恒森公司支付南通二建工程价款8 368 953.23元。②恒森公司支付南通二建工程余款利息。③南通二建赔偿恒森公司屋面修复费用3 413 752.04元。④南通二建赔偿恒森公司工期延误损失250 000元。⑤驳回南通二建及恒森公司其他诉讼请求。

南通二建不服一审判决，向二审法院提起上诉称：①涉案工程已竣工验收合格，施工单位仅应履行保修义务，一审法院判决南通二建承担屋面整体重作费用没有法律依据。②原设计方案有缺陷，此也是造成屋面渗漏的原因，一审法院对原设计缺陷的责任未加认定错误。③双方合同已约定工程总价款下浮9.5%，故修复费用也应下浮9.5%；④4.0-100厚c30细石混凝土找平层系为配合伸缩缝翻边而增加的工序，原设计方案中没有此工序，该费用应予扣除。⑤一审法院确认屋面渗漏原因中，路灯破坏防水层为次要原因，仅减轻南通二建15万元赔偿责任不公平。综上，请求依法改判。

被上诉人恒森公司答辩认为：①南通二建认为涉案工程已验收合格，故只承担保修义务的理由不能成立，因为屋面渗漏系南通二建擅自减少工序而导致，不全面重作已不能有效解决渗漏，南通二建理应承担全面赔偿责任。②实际施工部分的工程款下浮是基于双方在施工合同中的约定，而全面设计方案的工程造价，是南通二建作为施工人向恒森公司承担的赔偿责任，不应下浮；3.0-100厚c30细石混凝土找平层费用不应扣除，因全面设计方案是为彻底解决屋面渗漏而设计的，而屋面渗漏是南通二建未按设计施工导致的，因此，不应扣除全面设计方案中的任何费用。请求驳回上诉，维持原判。

二审法院另查明：东吴设计院鉴定人员在二审庭审中陈述，涉案工程原设计方案无0-100mm厚细石混凝土找平层工程，该工程是为配合伸缩缝部位翻边设计而增设的。该部分费用合计536 379.74元。

经双方当事人确认，二审争议焦点为：①屋面渗漏的质量问题是否存在设计方面的原因；屋面渗漏的质量问题应按何种方案修复。②若选择全面设计方案修复，全面设计方案的费用应如何分担；全面设计方案的费用是否应下浮9.5%；全面设计方案的费用中，0-100mm厚细石混凝土找平层费用是否应当扣除。

（二）争议焦点

焦点一，屋面广泛性渗漏属客观存在并已经法院确认，竣工验收合格证明及其他任何书面证明均不能对该客观事实形成有效对抗，故南通二建根据验收合格证明抗辩屋面广泛性渗漏，其理由不能成立。其依据《建设工程质量管理条例》认为其只应承担保修责任而不应重作的问题，同样不能成立。因为该条例是管理性规范，而本案屋面渗漏主要系南通二建施工过程中偷工减料而形成，其交付的屋面本身不符合合同约定，且已对恒森公司形成仅保修无法救济的损害，故本案裁判的基本依据为民法通则、合同法等基本法律而非该条例，根据法律位阶关系，该条例在本案中只作参考。本案中屋面渗漏质量问题的赔偿责任应按谁造成、谁承担的原则处理，这是符合法律的公平原则的。

焦点二，屋面渗漏的质量问题不在于原设计而在于南通二建偷工减料，未按设计要求施工，故应按全面设计方案修复。南通二建上诉提出，原设计方案中伸缩缝部位无翻边设计，不符合苏J9503图集要求；原设计方案中屋面伸缩缝未跨越坡低谷点，设计坡度不够；原设计方案中屋面伸缩缝以两种不匹配材料粘接；并认为上述设计缺陷均是造成屋面渗漏的原因。对南通二建所提的异议，工程质量检测中心曾于2012年3月15日出具鉴定意见，对原设计方案是否有缺陷以及与屋面渗漏是否存在因果关系作出说明。

二审庭审中，工程质量检测中心的鉴定人员也出庭接受了质询。关于原设计方案中伸缩缝部位无翻边设计的问题，二审法院认为，苏J9503图集并非强制性规定，伸缩缝翻边仅是为进一步保险起见采取的更有效的防水措施，伸缩缝是否做翻边与屋面渗漏之间无必然联系，施工方如果按照原设计规范保质保量施工，结合一般工程施工实际考量，屋面不会渗漏。南通二建欲以原设计方案伸缩缝部位无翻边设计减轻其自身责任的上诉理由缺乏依据。关于原设计屋面伸缩缝未跨越坡低谷点的问题，二审法院认为，增大屋面坡度并跨越坡低谷点，其虽有利防水防漏，但南通二建严格按原设计标准施工即能防止渗漏，故南通二建该上诉理由亦不能成立。关于原设计中屋面伸缩缝以两种不匹配材料粘接的问题，二审法院认为，不同种材料原本难言完全匹配，且国家并没有相关规范或标准对材料粘接匹配作出禁止性规定，此点与屋面渗漏亦无必然联系，故南通二建该上诉理由也不能成立。退而言之，合同双方在合同的履行中均应认真而善意地关注对方的权利实现，这既属于合同的附随义务，亦与自身的权利实现紧密关联，故而南通二建的此类抗辩更应事前沟通而不应成为其推卸责任的充分理由。

关于本案屋面渗漏应按何种方案修复的问题，二审法院认为，根据《合同法》第107条、第281条之规定，因施工方原因致使工程质量不符合约定的，施工方理应承担无偿修理、返工、改建或赔偿损失等违约责任。本案中，双方当事人对涉案屋面所做的工序进行了明确约定，然南通二建在施工过程中，擅自减少多道工序，尤其是缺少对防水起重要作用的2.0厚聚合物水泥基弹性防水涂料层，使其交付的屋面不符合约定要求，导致屋面渗漏，其理应对此承担违约责任。鉴于恒森公司几经局部维修仍不能彻底解决屋面渗漏问题，双方当事人亦失去信任的合作基础，为彻底解决双方矛盾，原审法院按照司法鉴定意见认定按全面设计方案修复，并判决由恒森公司自行委托第三方参照全面设计方案对屋面渗漏予以整改，南通二建承担与改建相应责任有事实和法律依据，亦属必要。

焦点三，全面设计方案修复费用应在考虑案情实际的基础上合理分担。二审法院认为，在确定赔偿责任时，应以造成损害后果的各种原因及原因力大小为原则。一审法院根据天正鉴定所及工程质量检测中心的鉴定意见，认定屋面渗漏南通二建未按设计图纸施工为主要原因，路灯破坏防水层为局部和次要原因。一审法院在鉴定机构就破坏防水层的路灯对屋面防水层整体防水功能的影响程度无法做出明确判断的情况下，鉴于屋面渗漏位置与路灯位置的关系、路灯局部破坏防水层对屋面渗漏整体情形的影响力大小等因素，且南通二建擅自减少工序在先，即使没有该处路灯螺栓孔洞影响防水层，也难避免屋面渗漏的事实，酌情减轻南通二建15万元赔偿责任尚属得当。

至于全面设计方案的费用应否下浮9.5%的问题。二审法院认为，承担全面设计方案的工程造价，是南通二建作为施工人向恒森公司承担的违约责任，与工程实际施工工程款结算分属不同的法律关系，南通二建要求比照施工工程款下浮9.5%的方式计算全面设计方案修复费用，缺乏合同依据和法律依据。关于全面设计方案费用中，0-100mm厚细石混凝土找平层费用536 379.74元是否应当扣除的问题。二审法院认为，0-100mm厚细石混凝土找平层是涉案工程原设计方案没有的，系全面设计方案中为配合伸缩缝部位翻边设计而增加的，由此增加的费用536 379.74元应从总修复费用中扣除。综前所述，南通二建在本案中应支付的修复费用合计为2 877 372.3元（3 198 436.68元+365 315.36元-150 000元-536 379.74元）。

（三）处理结果

二审法院维持一审判决主文第1项、第2项、第4项、第5项；变更一审判决主文第3项为：南通二建赔偿恒森公司屋面修复费用2 877 372.3元。

案件评析

本案系建筑工程施工方南通二建没有按照工程设计施工图纸和施工技术规范，偷工减料，在施工工序方面缺少环节，从而导致工程质量出现问题，造成房屋渗漏。

竣工验收合格是一种应然状态，而非必然状态。承包人对于其交付的建设工程成果的质量本身负责，这是发包方与承包方之间建设工程合同的必然之意。建设工程承包人交付满足合同要求的质量的建设工程，是承包方必然的主合同义务。本案中，南通二建认为案涉工程已经竣工验收合格，但房屋渗漏，涉案项目工程存在质量瑕疵是不争的事实，且质量问题是由于南通二建在施工过程中偷工减料造成的，所以即便涉案项目工程已经竣工验收合格，但该竣工验收合格证明及其他任何书面证明均无法对抗案涉工程质量瑕疵本身。据此，南通二建交付的房屋本身不符合合同约定，其应当承担采取补救措施、赔偿损失等违约责任。

综上，如果建设工程在竣工验收后发现工程存在质量问题，且该质量问题足以否定或部分否定竣工验收合格结论的，则可依据发包方与承包方之间签订的建设工程施工合同及民法典等相关法律规定追究承包方的违约责任，一般体现为质量修复责任，这种修复责任既不受保修条款的限制，也不受保修期限的限制。

二、威海市鲸园建筑有限公司与威海市福利企业服务公司、威海市盛发贸易有限公司建设工程纠纷[1]

基本案情

（一）基本情况

威海市鲸园建筑有限公司（以下简称"鲸园公司"）与威海市福利企业服务公司（以下简称"福利公司"）、威海市盛发贸易有限公司（以下简称"盛发公司"）拖欠建筑工程款纠纷一案，二审法院于2007年4月19日作出（2005）鲁民再终字第16号民事判决，已经发生法律效力。鲸园公司对该判决不服，向最高人民法院申请再审。最高人民法院于2010年7月2日作出（2009）民申字第56-1号民事裁定，提审本案。

2002年4月28日，鲸园公司提起诉讼称：1998年10月15日，鲸园公司与中国康复研究中心威海国际旅游基地（以下简称"旅游基地"）签订《建筑工程施工合同》，约定鲸园公司承建旅游基地开发的泉盛公寓楼。合同履行过程中，鲸园公司按照合同约定于1998年10月5日开工，但旅游基地没有按照合同约定按时、足额支付工程款，造成鲸园公司窝工、利息等损失，共计1 651 753.78元。

1999年12月30日工程竣工，并于2000年6月8日经威海市建筑工程质量建设监督管理站评定达到优良标准。2001年11月9日，经山东江德会计师事务所有限公司威海分所审核验证，工程结算值为7 638 124.44元。鲸园公司、旅游基地均予以盖章认可。但旅游基地未支付工程款，现尚欠工程款5 767 123.8元。2000年9月，旅游基地因未参加年检被威海市高新技术开发区工商局吊销营业执照，债权债务均由其开办单位福利公司全权处理。鲸园公司承建的工程系旅游基地与威海经济技术开发区泉盛贸易公司（以下简称"泉盛公司"）合作开发的项目。

2000年9月，泉盛公司因未参加年检被工商部门吊销营业执照，该公司债权债务均由盛发公司接收。请求判令福利公司、盛发公司：①支付工程款5 767 123.8元；②支付优良工程奖38.2万元；③支付因福利公司违约给其造成的损失1 651 753.78元。

福利公司提出反诉称：1998年10月15日，旅游基地与鲸园公司签订《建筑工程施工合同》。依照合同约定，鲸园公司应于1999年5月30日前向旅游基地提交完整竣工资料和竣工验收报告，但鲸园公司至今未予交付。而且，鲸园公司承包的本工程因至今未达到竣工验收条件未通过验收，致使旅游基地未按约向盛发公司交付房屋，被

---

[1] （2010）民提字第210号。

人民法院判令向盛发公司承担违约赔偿金 1 370 850 元（按银行利率计算）。福利公司已经按照生效判决履行了上述给付义务。因鲸园公司拖延竣工导致旅游基地其他损失 127 万元。请求判令鲸园公司：①提供竣工图纸及全套竣工资料；②赔偿拖延工期造成的损失 2 645 676 元（截至 2002 年 7 月 30 日）。诉讼费用由鲸园公司承担。

一审法院经审理查明：1998 年 2 月 18 日，旅游基地与泉盛公司签订《开发泉盛公寓楼房地产协议》，约定旅游基地出资，泉盛公司出地，联合开发泉盛公寓楼。同日，旅游基地与鲸园公司口头达成泉盛公寓楼建设工程承包协议。鲸园公司于同年 10 月 5 日开始施工。同年 10 月 15 日，旅游基地与鲸园公司补签了《建设工程施工合同》，约定泉盛公寓楼工程面积为 8800m^2；承包范围包括土建、水暖卫电安；工程预算价款为 440 万元；竣工日期为 1999 年 5 月 30 日；工程质量等级为优良，达到优良标准奖励工程价款的 5%；旅游基地若提供三大材；合同签订之时拨付总价款的 25% 为开班费，工程开工 3 日内拨付工程款的 10%，基础工程完工拨付工程款的 10%；基础完工后按进度拨款，主体工程完工拨付工程款至 60%，工程竣工之时拨付工程款至 90%，余款待决算后付清；旅游基地若不按时付款，按银行最高利率计算支付鲸园公司损失；旅游基地若不支付工程款，鲸园公司可留置部分或全部工程，并予以妥善保护，由旅游基地承担保护费用及赔偿因违约给鲸园公司造成的窝工等损失；工程具备竣工验收条件，鲸园公司按照国家工程竣工有关规定，向旅游公司基地代表提供完整的竣工资料和竣工验收报告，旅游基地代表组织有关部门验收；鲸园公司若未按约定工期竣工，支付违约金，违约金数额按实际发生计算；竣工报告批准后，鲸园公司应向旅游基地代表提出结算报告，办理竣工结算。

合同签订后，鲸园公司继续施工。旅游基地在合同签订之日拨付 20 万元；基础工程完工时拨付 98 584 元；至主体工程完工时拨付 638 670 元；至 2000 年 4 月 3 日，旅游基地实际拨付鲸园公司工程款及材料折款共计 1 870 986.7 元。旅游基地因未取得房开发资质等级证书，在办工程手续时将"建设单位"办在鲸园公司名下。1998 年 11 月 5 日、1999 年 4 月 2 日，鲸园公司既作为建设方，又作为施工方，请求威海市环翠区建筑勘察设计院对泉盛公寓楼基础工程、主体工程进行评定。

上述工程被评为合格工程。2000 年 3 月 15 日，泉盛公司与鲸园公司联合以旅游基地资金未能及时到位，致使工程拖延，要求尽快筹集资金，否则将终止合同为内容向旅游基地发出书面通知。2000 年 4 月 5 日，鲸园公司、旅游基地及泉盛公司三方法定代表人均在通知上签字。此后，旅游基地未再拨付工程款及材料。依据鲸园公司的申请，威海市建设工程质量造价监督管理站（以下简称"质监站"）于 2000 年 4 月 30 日对该工程出具了竣工验收报告，2000 年 6 月 8 日出具了工程质量优良等级评定证书，其中注明该工程的建筑面积为 5500m^2。2000 年 6 月 18 日，盛发公司委托山东汇德会计师事务所有限公司威海分公司与鲸园公司对该工程进行了审核决算。2001 年 11 月 9

日，该事务所出具《工程结算审核报告》，确定涉案工程结算值为 7 638 124.3 元。

2000 年 9 月 18 日，旅游基地与泉盛公司均因未年检被工商部门吊销营业执照，旅游基地的债权债务由福利公司承接，泉盛公司的债权债务由盛发公司承接。

另查明，福利公司就联合开发涉案工程起诉盛发公司，一审法院就上述案件作出（2001）威民初字第 1 号民事判决，认定该工程应于 2000 年 4 月主体完工，至 2001 年 11 月 20 日仍未竣工验收，不具备房屋交付条件，福利公司违约，判决福利公司因逾期交房支付盛发公司违约金 1 370 850 元（已执行）。福利公司依据上述判决在本案中提出反诉，要求鲸园公司赔偿因逾期交付房屋造成其损失 1 370 850 元福利公司在威海中院对本案进行第一次审理期间申请对工程造价重新鉴定，但在该院限定期限内，未预交鉴定费。

山东省威海市环翠区人民检察院于 2003 年 3 月对本案所涉工程监理唐新建的调查笔录载明，在质监站出具验收报告时涉案工程未完工，该工程的门窗是福利公司分包给案外人施工的。

二审审理期间，福利公司申请对涉案工程造价进行重新鉴定。二审法院依法委托山东正源和信有限责任会计师事务所（以下简称"正源会计师事务所"）对该楼的工程造价进行鉴定。2006 年 6 月 28 日，该所出具鲁正信工咨字（2006）第 1011 号《威海市泉盛公寓楼工程造价司法鉴定报告》，结论为泉盛公寓楼工程总造价 6 810 949.46 元，门窗造价 348 426.85 元。双方对该结论质证后，对争议问题达成一致意见，2006 年 8 月 10 日，共同委托该所出具《〈威海市泉盛公寓楼工程造价司法鉴定报告〉的补充说明》，称：①2006 年 8 月 3 日，二审法院对福利公司、鲸园公司、盛发公司拖欠建筑工程款纠纷一案所涉及的威海市泉盛公寓楼的工程造价进行了听证。对双方当事人争议较大的问题，经法院调解，双方当事人达成一致意见，并就诸如屋面保温层、屋面防水上刷保护涂料等问题达成共识，由此涉及原造价数额的变动，双方当事人在法庭上已经认可。②泉盛公寓楼工程造价在原报告基础上增加 137 730.58 元。

二审法院委托威海中院就本案建设工程是否全部竣工验收向质监站进行了调查。该站证明，本案所涉工程是全部竣工验收，不是部分验收。

一审法院因拍卖本案所涉楼房，委托威海市价格认证中心对泉盛公寓综合楼进行价格鉴定。2003 年 6 月 18 日，该中心出具《山东省涉案资产价格认定书》载明：综合楼属未完工工程，水、电、暖等配套均不齐。

2002 年 9 月 16 日，一审法院作出（2002）威民一初字第 10 号民事判决，判令福利公司支付鲸园公司工程款 5 767 137.74 元、优良工程款 381 906.22 元及各项损失 1427 199.6 元，合计 7 576 243.56 元；双方的其他诉讼请求予以驳回。福利公司不服上述判决，上诉至二审法院。二审法院作出（2002）鲁民一终字第 297 号判决，驳回上诉，维持原判。福利公司不服生效判决，向山东尚院申请再审。二审法院以

(2003) 鲁民一监字第77-2号民事裁定,撤销一审法院 (2002) 威民一初字第10号和二审法院 (2002) 鲁民一终字第297号民事判决,将案件发回一审法院重审。

一审法院重审认为,鲸园公司与旅游基地签订的《建设工程施工合同》合法有效。按合同约定,工程一切手续由旅游基地申办,由于其没有开发资质,故将手续中的建设方办在鲸园公司名下,使该工程的质量评定及验收报告中,建设单位和施工单位均为鲸园公司一方,对该事实予以认定,并推定旅游基地对上述事实明知,且该结果系旅游基地行为所致,鲸园公司不应承担责任。旅游基地因没有按时拨付工程款,导致泉盛公司与鲸园公司联合向其发出终止合同的书面通知,旅游基地法定代表人在通知上签字,此后旅游基地亦未再向鲸园公司拨付工程款。旅游基地上述行为,足以使鲸园公司有理由相信旅游基地在终止合同通知上签字的意思为同意鲸园公司终止合同,该表述促使鲸园公司与泉盛公司对工程进行决算,故鲸园公司未与福利公司进行决算,而与盛发公司进行决算,应属合理,且经具有鉴定资质的部门依法定程序进行了鉴定,出具了工程竣工验收报告及工程质量评定书,具有法律效力,应作为本案的定案依据。

经调查证实,该工程是全部竣工验收,而不是部分验收,因此,鲸园公司请求判令福利公司支付工程款、利息及要求支付优良工程款理由正当,应予支持。旅游基地未按合同约定及时拨付工程款,应承担鲸园公司保护工程的费用,并赔偿鲸园公司设备及周转性材料停滞费。鉴于旅游基地与泉盛公司在合作开发合同中明确约定泉盛公司出地,旅游基地出资,且本案所涉《建设工程施工合同》也是鲸园公司与旅游基地签订,鲸园公司要求盛发公司承担连带责任缺乏事实和法律依据,不予支持。因旅游基地投资不到位,致使工程不能如期完工,因此,福利公司反诉请求理由不当,不予支持。本案诉争工程已属竣工工程,福利公司反诉请求对 $5000 m^2$ 未完工程赔偿损失理由不当,不予支持。

一审法院于2005年1月25日作出 (2002) 威民一再重初字第10号民事判决:①福利公司支付鲸园公司工程款 5 767 137.74 元;②福利公司支付鲸园公司优良工程款 381 906.22 元;③福利公司偿付鲸园公司工程款利息损失 852 264.7 元、工程保管费 53 150 元、设备及周转性材料停滞损失费 521 784.9 元,合计 1 427 199.6 元;④驳回鲸园公司要求盛发公司承担连带偿付义务的诉讼请求;⑤驳回福利公司请求鲸园公司赔偿其经济损失 264 576 元的诉讼请求;⑥鲸园公司提供给福利公司竣工图纸及竣工验收报告各一份。

福利公司不服一审判决,提起上诉。

二审认为,本案焦点问题为:①涉案工程在质监站验收时是否竣工;②质监站出具的竣工验收报告是否有效及优良奖是否应予支持;③涉案工程造价是多少;④旅游基地逾期付款是应支付违约金;⑤工程保管费、设备及周性材料停滞费和逾期向盛发公司交付工程造成的损失应由哪方当事人承担。

关于涉案工程是否竣工的问题。(2001)威民初字第1号民事判决认定该工程至2001年11月20日仍未竣工验收,该判决已发生法律效力,应作为有效证据。因质监站竣工验收的时间是2000年4月,该证据证明质监站出具竣工验收报告及优良工程评定书时该工程未完工。该站出具的竣工验收报告及优良工程评定书与事实不符。同时,依据合同约定及相关法律法规的规定,涉案工程应由建设单位旅游基地组织验收,鲸园公司作为施工方擅自委托质监站进行验收,违背合同约定和相关法律法规的规定,程序违法。因此,质监站出具验收报告及工程评定书,应认定无效。鲸园公司主张的优良奖381 906.22元,无事实依据,不予支持。

关于涉案工程的造价问题。依据合同约定及相关法律法规的规定,涉案工程竣工后,应由施工方鲸园公司向建设方旅游基地提供结算报告,由旅游基地批准结算。山东汇德会计师事务所有限公司威海分公司出具的结算书,是盛发公司委托的,盛发公司不是合同当事人,其与鲸园公司对涉案工程决算违背合同约定和法律规定,该决算无效,不能作为定案依据。正源会计师事务所出具的涉案工程的司法鉴定报告及补充说明,程序合法、内容客观,且经当事人质证,合法有效,应作为定案依据。该报告认定的涉案工程值为6 948 680.04元,扣除门窗造价348 426.85元及旅游公司拨付的工程款及材料折价1 870 986.7元,旅游基地尚欠鲸园公司工程款4 729 266.49元。

关于旅游基地逾期付款是否应支付违约金的问题。旅游基地未按合同约定及时、足额拨付工程款,根据合同约定应支付鲸园公司损失。按合同约定,该损失应根据旅游基地应付而未付的款项及应付欠款的时间分段计算。一审法院认定按中国人民银行同期贷款利率计算,双方当事人均无异议,应予采信。鲸园公司发终止合同通知后,在双方未对后继事项进行处理的情况下,其以自己的名义于2000年4月30日委托对未完工工程进行验收,此后造成的损失应由鲸园公司承担,旅游基地未及时付款造成的损失应计算至2000年4月30日。因此,旅游基地未及时付款给鲸园公司造成的损失,按中国人民银行同期贷款利率,根据合同约定应付而未付的欠款和时间分段计到2000年4月30日。

关于工程保管费、设备及周转性材料停滞费和逾期向盛发公司交付工程造成的损失应由谁承担的问题。泉盛公寓楼应于1999年5月30日完工而未完工,工程因延期造成的保管费53 450元、设备及周转性材料停滞费521 784.9元,福利公司逾期向盛发公司交付涉案工程,被(2001)威民初字第1号民事判决判令赔偿盛发公司的实际经济损失(已执行完毕),是由旅游基地拨款不到位和鲸园公司未按约完工造成的,旅游基地拨款不到位是造成损失的主要原因,应承担主要责任;鲸园公司未按约完工是造成损失的次要原因,应承担次要责任。依据公平原则,上述损失的70%由旅游基地承担,30%由鲸园公司承担。

旅游基地被注销后,其债权债务由福利公司承担,故旅游基地的上述债务应由福利公司偿还。

再审法院于 2007 年 4 月 19 日作出（2005）鲁民再终字第 16 号民事判决：①撤销一审判决第 2、3、5 项；②维持一审判决第 4、6 项；③变更一审判决第 1 项为：福利公司支付鲸园公司工程款 4 729 266.49 元；④福利公司支付鲸园公司逾期付款违约金，按中国人民银行同期贷款利率，根据合同约定应拨付而未拨付的欠款和时间分段计算到 2000 年 4 月 30 日，计 140 893 元；⑤福利公司支付鲸园公司工程保管费、设备及周转性材料停滞费的 70% 计款 402 664.43 元；⑥福利公司因逾期交付涉案工程赔偿给盛发公司的 1 370 850 元，由鲸园公司承担 30% 计款 411 255 元。上述款项，逾期支付的，加倍支付迟延履行期间的债务利息。

鲸园公司对二审判决不服，向最高人民法院申请再审，请求撤销二审判决，维持一审判决。主要理由：

（1）二审判决采信正源会计师事务所出具的鉴定报告，适用法律错误。一审期间，福利公司提出对工程造价进行重新鉴定，但在法院指定期限内没有交纳鉴定费，丧失了要求重新鉴定的权利。二审期间准许福利公司重新鉴定的申请，适用法律错误。鲸园公司对正源会计师事务所出具的司法鉴定提出书面异议并提供了相关证据，该会计师事务所对鲸园公司提出的 7 项异议内容表示同意，并答应作出书面修改意见或答复。但鲸园公司并未收到正源会计师事务所出具的补充说明，亦未对补充说明发表任何质证意见。二审判决却提出有"补充说明"，并将其作为判决依据，侵犯了鲸园公司的诉权，在实体上也使工程造价直接降低了 100 余万元，侵害了鲸园公司的利益。

（2）一审判决判令鲸园公司承担工程保管费、设备及周转材料停滞费和逾期向盛发公司交付工程造成损失的 30% 是错误的。双方签订的《建设工程施工合同》约定，福利公司不按期拨付工程款项，鲸园公司在催告后有权停止施工并索要逾期付款利息、违约金、窝工损失等。本案中，二审判决认定的工程造价是 660 万元，而福利公司加上材料仅拨付了 187 万元，严重拖欠工程进度款，经多次催告仍不拨付，致使鲸园公司无法施工，人员、设备均窝在了工地上，造成巨大的经济损失。二审法院却在没有任何证据的情况下，称依据公平原则判令鲸园公司承担 30% 的停工损失及违约责任，适用法律错误。

（3）二审判决对福利公司支付违约金的截止时间及其是否应当支付工程优良奖的事实认定错误。

《合同法》第 119 条第 1 款规定："当事人一方违约后，对方应当采取适当措施防止损失的扩大；没有采取适当措施致使损失扩大的，不得就扩大的损失要求赔偿。"鲸园公司在工程施工完毕，在福利公司同意终止合同退出合作开发且杳无音信的情况下，本着将各方损失降到最低的宗旨组织了竣工验收并无过错。且旅游基地在办理开工手续时将鲸园公司填报为建设单位，所以工程竣工验收只能是鲸园公司作为申请人组织验收。即使鲸园公司不应组织竣工验收，福利公司在主体完工前应支付工程款264万元，但其仅支付了187万元，这部分欠付的工程款是一直持续存在的，并非到2000年4月30日就停止了，二审法院认定鲸园公司以自己的名义于2000年4月30日委托对未完工工程进行验收，此后造成的损失应由鲸园公司承担，旅游基地未及时拨款造成的损失应计算至2000年4月30日是错误的。

关于工程是否竣工验收及是否应支付优良奖的问题上，二审判决认定："威海中院（2001）威民初字第1号民事判决书已发生法律效力，该判决认定的事实应作为有效证据使用。"但上述判决在第7页工程"未竣工验收"的认定和第4页查明事实中认定的没有综合验收，是不一致的，明显是个笔误。二审法院对上述判决作片面理解，适用法律错误。况且，依据国家相关规定及双方当事人在合同中的约定，质监站是工程质量评定的行政机关，其作出的竣工验收证书及建筑工程质量等级评定证书非经法定程序是不能否认其效力的。更何况福利公司在起诉状中也称该工程已完工。所以泉盛公寓楼工程已在2000年4月竣工，且是优良工程是不争的事实，鲸园公司主张381 906.22元的优良奖理应受到支持。

福利公司答辩称：

（1）二审判决认定事实的主要证据已经质证。①福利公司对涉案工程申请重新鉴定符合法律规定。《民事证据规定》第28条规定："一方当事人自行委托有关部门作出的鉴定结论，另一方当事人有证据足以反驳并申请重新鉴定的，人民法院应予准许。"2000年6月18日，盛发公司委托山东汇德会计师事务所有限公司威海分公司与鲸园公司对涉案工程进行了审核决算，该事务所出具鉴定报告称涉案工程结算值为7 638 124.3元。盛发公司不是合同当事人，其委托他人与鲸园公司对涉案工程决算，违背合同约定和法律规定，该决算无效，不能作为定案的依据。2005年，福利公司得知威海市建设监理公司监理员唐新建在威海市环翠区检察院关于涉案工程是未完工工程的供述后，在二审法院第二次审理本案过程中，申请对涉案工程造价进行重新鉴定，二审法院委托山东正源和信会计师事务所对涉案工程值进行司法鉴定，鲸园公司对此同意，该司法鉴定符合法律规定。②正源会计师事务所所作涉案司法鉴定已质证。正源会计师事务所对涉案工程所作的司法鉴定报告及补充说明，程序合法，内容客观，且经当事人质证，合法有效，应作为定案的依据。

（2）原审判决适用法律正确。鲸园公司是承包方，擅自对工程进行验收，给福利公司造成极大损失，依法就应承担违约责任。虽然涉案工程在办理开工手续时建设单位填报的是鲸园公司，但这不能改变鲸园公司是工程承包人的合同约定和施工事实，鲸园公司不能代表发包人对工程进行验收。2000年4月5日，本案所涉《建设工程施工合同》终止，鲸园公司已不是涉案工程的建设单位了，却在2000年4月30日委托质监站对涉案工程进行验收是违法的。二审判决认定鲸园公司在发出终止合同通知后，擅自以自己的名义对未完工工程进行验收，此后造成的损失应由鲸园公司承担是正确的。

鲸园公司主张7年违约金没有根据。《建设工程施工合同》终止后，涉案工程一直掌控在鲸园公司手中。2003年3月29日，鲸园公司根据当时生效现已被撤销的（2002）鲁民一终字第297号民事判决书，向一审法院申请执行。2003年7月16日，一审法院委托威海市房地产拍卖行对福利公司3759.15m²的楼房进行了拍卖。2003年8月7日，威海市房地产拍卖行将该楼房拍卖给鲸园公司，总价为3 360 000元，价格893.82元/m²。2003年10月15日，（2003）威执一字第71号《民事裁定书》将上述3759.15m²的楼房裁定归鲸园公司所有。现在鲸园公司主张福利公司要支付违约金至今，缺乏法律依据。

涉案工程是未完工工程，鲸园公司请求支付工程优良奖缺乏事实依据。根据法院已查明的事实，足以证明涉案工程是未完工工程。此外已发生法律效力的（2001）威民初字第1号民事判决书第7页认定涉案工程"未竣工验收"。2000年3月15日，盛发公司与鲸园公司联合以旅游基地资金未能及时到位，致使工程拖延，要求尽快筹集资金，否则将终止合同为内容向旅游基地发出书面通知。这证明2000年4月5日，涉案工程还没有竣工，而《建设工程施工合同》已终止。合同约定的建筑面积是8800m²，质监出具的验收报告载明建筑面积是5500m²，证明涉案工程未完工。2003年2月24日，威海经济技术开发区公证处做的（2003）威开证经字第78号《公证书》证明涉案工程未完工。质监站工作人员唐新建在检察院的供述证明涉案工程未完工。《山东省涉案资产价格认定书》认定涉案工程未完工。鲸园公司法定代表人王喜海的陈述证明涉案工程未完工。

（3）鲸园公司承认一审判决及二审判决是合法有效的，已申请执行，这表明其已放弃申请再审权。2007年6月26日，鲸园公司向一审法院提出"恢复执行申请书"，申请对（2003）威执一字第71号执行案恢复执行。这说明鲸园公司对二审判决是认可的。

（二）争议焦点

最高人民法院认为，本案再审双方当事人争议的焦点问题为：①二审准许福利公司的鉴定申请并委托鉴定单位进行鉴定，适用法律是否正确，鉴定报告是否可以作为证据予以采信；②涉案工程是否为优良工程，福利公司是否应当按照合同约定支付工程优良奖；③二审判决对计算福利公司违约金截止时间的认定是否正确；④二审判决判令鲸园公司、福利公司按照3∶7的比例分担工程延期损失是否正确。

焦点一，关于二审准许福利公司的鉴定申请并委托鉴定单位进行鉴定，适用法律是否正确，鉴定报告是否可以作为证据予以采信问题。本案中，鲸园公司主张福利公司欠付工程款数额的依据是山东汇德会计师事务所有限公司威海分公司出具的《工程结算审核报告》，该报告系由盛发公司委托出具，而盛发公司并非本案所涉《建设工程施工合同》的缔约人，其委托结算行为亦未经上述合同缔约双方认可。且上述报告审核的依据是鲸园公司单方提供的涉案工程决算书，该决算书亦未经发包方旅游基地认可。在二审期间，福利公司提供了威海市环翠区人民检察院的侦查笔录，该笔录中涉案工程监理人员称质监站验收涉案工程时，该工程尚未完工，而上述结算审核报告及鲸园公司提供的结算书均是在完工基础上对工程款进行的结算审核，依照上述事实可以认定山东汇德会计师事务所有限公司威海分公司出具的《工程结算审核报告》，对工程款结算数额的审核不准确，不能作为证据予以采信。二审法院综合上述情况，准许福利公司重新鉴定的申请，适用法律并无不当。鲸园公司认为二审法院准许福利公司重新鉴定的申请适用法律错误，最高人民法院不予支持。

正源会计师事务所出具的《威海市泉盛公寓楼工程造价司法鉴定报告》，鉴定人员具有相应的鉴定资质。二审法院组织鉴定人员及双方当事人对鉴定报告进行了质证，并当庭就双方当事人对鉴定报告提出的异议是否成立进行了认定，鉴定单位依据法庭的认定对鉴定报告进行修改，作出《〈威海市泉盛公寓楼工程造价司法鉴定报告〉的补充说明》。鲸园公司主张其针对鉴定报告提出的异议，鉴定单位未予回复，作出的补充鉴定报告未经其质证，与本案查明的事实不符，其主张上述鉴定报告不能作为证据予以采信，最高人民法院不予支持。

焦点二，关于涉案工程是否为优良工程，福利公司是否应当按照合同约定支付工程优良奖问题。《合同法》第269条第1款规定："建设工程合同是承包人进行工程建设，发包人支付价款的合同。"第279条规定："建设工程竣工后，发包人应当根据施工图纸及说明书、国家颁发的施工验收规范和质量验收标准及时进行验收。验收合格的，发包人应当按照约定支付价款，并接收该建设工程……"《建设工程质量管理条例》第16条第1款规定："建设单位收到建设工程竣工报告后，应当组织设计、施工、工程监理等有关单位进行竣工验收。"上述法律、法规规定表明，竣工验收既是发包人的权利，也是发包人的义务。发包人对建设工程组织验收，是建设工程通过竣工验收的必经程序。本案查明事实表明，旅游基地因不具有相关的开发建设资格，故将涉案工程的建设单位登记为鲸园公司。鲸园公司应本着诚实信用原则，维护旅游基地作为发包人权利义务的行使。双方签订的《建设工程施工合同》约定了鲸园公司提供竣工资料和验收报告的时间，表明旅游基地并未将其对工程组织验收的权利委托鲸园公司。鲸园公司在未经旅游基地同意情形下，单方向质监站办理竣工验收手续，申报质量评定等级，侵害了福利公司作为工程发包人的权利，导致质监站对该工程验收出具的工程竣工验收报告及工程优良评定证书，不符合法定程序，不能产生相应的法律效力。

鲸园公司依照质监站出具的工程竣工验收报告及工程优良评定证书主张工程已经竣工验收，且质量优良，福利公司应当支付工程优良奖的理由不成立，最高人民法院不予支持。

焦点三，关于二审判决对计算福利公司违约金截止时间的认定是否正确问题。二审庭审笔录记载鲸园公司称违约金应计算到2000年4月30日。上述陈述应作为鲸园公司对违约金终止计算时间的自认。现其认为违约金应计算至款项实际支付之日止，与其自认不相符，最高人民法院不予支持。

焦点四，二审判决判令鲸园公司、福利公司按照3∶7的比例分担工程延期损失是否正确问题。本案查明事实表明，在本案所涉建设工程并未符合竣工验收条件时，鲸园公司单方申报竣工验收，侵害了旅游基地作为工程发包单位的权利，对工程未及时竣工亦造成影响。二审判决在鲸园公司存在上述过错基础上，判令鲸园公司对工程延误造成的损失承担30%的赔偿责任，符合本案实际情况。鲸园公司认为其没有过错，不应承担赔偿责任，最高人民法院不予支持。

（三）处理结果

最高人民法院维持（2005）鲁民再终字第16号民事判决，为终审判决。

案件评析

承包人完成的工程，交付的工作成果是否合格，需要由发包人进行验收。在建设工程施工合同中，发包人对承包人工作成果验收的方式就是组织工程竣工验收，以确定承包人交付的项目工程是否符合质量约定。

依据当时有效的《建设工程质量管理条例》第16条第1款规定："建设单位收到建设工程竣工报告后，应当组织设计、施工、工程监理等有关单位进行竣工验收。"本案中，鲸园公司作为承包方，在未经建设单位、发包方旅游基地同意的情况下，鲸园公司擅自以发包人的名义单方对涉案项目工程组织竣工验收，违反了组织竣工验收组织主体的规定，因此，竣工验收程序存在瑕疵，进而涉案项目工程竣工验收不能产生竣工验收合格的法律后果。质监站在此基础之上作出的竣工验收报告及工程质量优良等级评定证书，因为组织验收主体的瑕疵，也不再具有证明力，不应当被采信。

组织竣工验收是发包人的权利，也是发包人的义务。在建设单位收到施工单位的工程竣工验收申请后，应当在法定时间内展开工程竣工验收工作。在组织工程竣工验收过程中，不仅要注意验收项目、验收技术标准以及建设工程合同的相关约定等事项，同时也不可忽视组织竣工验收的主体是否符合法律规定，避免因组织工程竣工验收的主体不适格，导致作出的竣工验收合格报告丧失其应有的法律效果。

三、华丰建设股份有限公司与替克斯阀门有限公司建设工程施工合同纠纷[1]

基本案情

（一）基本情况

华丰建设股份有限公司（简称"华丰建设公司"）具有房屋建筑工程施工承包特级资质（可承接房屋建筑各等级工程施工总承包、工程总承包和项目管理业务单项合同额3000万元以上房屋建筑工程）。截至2012年8月24日替克斯阀门有限公司（简称"替克斯阀门公司"）已支付工程款17 555 136.61元，涉案工程未办理竣工验收备案手续。华丰建设公司多次向替克斯阀门公司催要欠付工程款未果，遂诉至一审法院，请求判令的主要内容：①替克斯阀门公司支付工程款14 332 034.62元并承担逾期付款的利息至款项付清日；②确认华丰建设公司就上述全部款项对已完成工程的工程折价款享有优先受偿权；③诉讼费由替克斯阀门公司承担。

替克斯阀门公司提起反诉，请求判令：①解除替克斯阀门公司与华丰建设公司之间的建设工程施工合同；②确认替克斯阀门公司与华丰建设公司签订的补充协议无效；③华丰建设公司立即向替克斯阀门公司递交已交付工程完整的竣工验收备案资料；④华丰建设公司立即向替克斯阀门公司开具已领工程款3 210 924.61元的发票；⑤华丰建设公司立即向替克斯阀门公司支付工期迟延违约金786 000元；⑥华丰建设公司对其承建的不合格工程进行修复并赔偿替克斯阀门公司的经济损失。庭审前，替克斯阀门公司将其反诉请求第6项变更为：华丰建设公司对其施工的不合格工程进行修复并承担保修责任。

一审查明：华丰建设公司投标替克斯阀门公司的高科技阀门制造基地项目中标后，双方于2010年9月25日签订一份《建设工程施工合同》，约定替克斯阀门公司将其高科技阀门制造基地项目工程发包给华丰建设公司施工，工程总工期为360天，承包范围为设计图纸范围内的土建、安装、装饰、室外总体等工程（除钢结构以外）。承包方式为：工程总承包，包工包料、包质量、包安全。合同价款为19 658 465元，采用固定价合同。合同价款中包括的风险范围：除材料上涨风险外，质量安全、施工安全、人工工资上涨等一切风险。风险费用的计算方法：以池州市工程造价信息2010年第七期信息价为准。风险范围以外合同价款调整方法：材料上涨或下降5%以内不予以调整，超过该范围，按实进行调整。合同价款的其他调整因素：设计变更、现场签证。

补充条款约定：工程竣工验收合格之日起一个月内支付至完成工程量的85%，工程决算双方确认之日起一个月内支付决算款的95%，余下5%作为质量保证金。如有工

---

[1]（2014）皖民四终字第00200号。

程量增加或者减少，其工程量依据承包人投标时的预算计算工程款，在此价款基础上下浮5%（但人工费不在下浮范围）确定发包人应支付的工程款。发包人应按合同约定时间支付相应工程款，如发包人逾期付款超过7个工作日的，超过时间按工商银行同期贷款利率计算利息至付清日止。双方还约定了违约责任。

2011年双方又签订了一份《补充协议书》，就主合同之外增加的工程量及工程款达成如下协议：①定额依据：土建工程执行《全国建筑工程基础定额2000年安徽省综合估价表》，装饰工程执行《1999年安徽省装饰工程综合估价表》，安装工程执行《全国统一安装工程预算定额2000年安徽省估价表》；②取费标准：依据上述定额配套的费用定额，取费标准按招标文件规定；③人工费依据：安徽省最新政策调整；④材料价格依据：施工期间按《池州工程造价》中的青阳县城区信息价，跨月施工的按各月信息价的平均价计算；⑤结算工程量依据：增加修改的设计图纸、设计变更、工程签证单（需业主代表、监理单位签字确认）。若属隐蔽工程的还需提供隐蔽工程验收记录及资料；⑥工程结算价款确定，依据上述约定计算工程造价。上述合同及补充协议签订后，华丰建设公司于2010年10月4日开始施工，后因设计变更及工程量增加等原因工期相应顺延。

2011年12月24日，替克斯阀门公司将涉案工程正式投入使用。该工程经一审法院委托司法鉴定，华丰建设公司已完成工程总造价为24 009 079.66元（含人工费调差2 191 610.66元）。

一审法院认为：华丰建设公司与替克斯阀门公司签订的《建设工程施工合同》系双方真实意思表示，且不违反法律规定，合同有效。庭审中，双方一致同意解除该合同，应予确认。

关于《补充协议书》是否有效。替克斯阀门公司认为，《补充协议书》增加的工程量价款已经超过200万元，属于必须招标的项目，其未经过招投标程序签订的《补充协议书》无效。本案《补充协议书》是以双方签订的《建设工程施工合同》为依据，对定额依据、取费标准、人工费依据等方面作出补充约定，其对应增加的工程量价款虽然超过200万元，但不属于必须进行招投标的建设项目，是对主合同即《建设工程施工合同》内容的补充，该《补充协议书》的签订系双方真实意思表示，内容不违反法律和行政法规强制性效力性规定，且该协议双方已经实际履行，应认定为有效。

关于华丰建设公司主张的优先受偿权是否成立。根据《合同法》第286条规定："发包人未按照约定支付价款的，承包人可以催告发包人在合理期限内支付价款。发包人逾期不支付的，除按照建设工程的性质不宜折价、拍卖的以外，承包人可以与发包人协议将该工程折价，也可以申请人民法院将该工程依法拍卖。建设工程的价款就该工程折价或者拍卖的价款优先受偿。"《最高人民法院关于建设工程价款优先受偿权问题的批复》第4条规定："建设工程承包人行使优先权的期限为六个月，自建设工程竣工之日或者建设工程合同约定的竣工之日起计算。"本案涉案工程未经竣工验收,但替克斯阀门公司已于2011年12月24日实际使用。《建筑法》第61条第2款规定:"建筑工程竣工经验收合格后,方可交付使用;未经验收或者验收不合格的,不得交付使用。"替克斯阀门公司违反建筑法强制性规定,将未经竣工验收的涉案工程提前使用,构成擅自使用。《施工合同司法解释》第14条第3项规定:"建设工程未经竣工验收,发包人擅自使用的,以转移占有建设工程之日为竣工日期。"故涉案工程的竣工日期应认定为2011年12月24日。华丰建设公司于2012年8月29日向该院起诉主张优先权,已经超过6个月的期限,对其主张不予支持。

关于鉴定意见能否作为定案的依据以及替克斯阀门公司欠付工程款的数额、利息如何确定。替克斯阀门公司认为,双方签订的《建设工程施工合同》为固定价合同,根据《施工合同司法解释》第22条规定,对合同内约定的按照固定价结算工程价款的工程造价不应鉴定。经查,本案华丰建设公司已完工部分的工程造价采用的是固定合同价,而所涉及的鉴定系针对原合同内华丰建设公司未完成部分以及原合同外设计变更、工程签证单增加部分的工程造价,故对该部分工程造价进行鉴定不违反上述司法解释规定,亦符合本案实际,应予采纳。

涉案《建设工程施工合同》对合同价款中的风险范围和风险费用的计算方法等进行了约定。本案鉴定意见将主合同内的人工费调差2 191 610.66元计入总造价不符合约定,应予以扣除。《补充协议书》约定就主合同之外增加工程量的人工费调差计入工程款,故鉴定结论将此部分人工费调差计入造价符合合同约定,应予以确认。鉴定意见将案涉甲供电缆未计入工程造价中,故对替克斯阀门公司关于甲供电缆款应从工程总造价中扣除的辩解意见不符合本案实际,不予采纳。涉案工程总造价经鉴定为24 009 079.66元,扣除替克斯阀门公司已经支付的17 555 136.61元及人工费调差价2 191 610.66元,再扣除合同约定的5%的质保金1 090 873.45元〔(24 009 079.66-2 191 610.66)×5%〕,替克斯阀门公司欠付工程款为3 171 458.94元(24 009 079.66-17 555 136.61-2 191 610.66-1 090 873.45)。

关于欠付工程款利息问题。《建设工程施工合同》对工程款支付的时间、方式以及利息的计付标准、期限进行了约定,但由于涉案工程既未竣工验收又未结算,故付款时间应视为约定不明。双方在《补充协议书》中亦未约定主合同外增加工程量的工程款的付款时间及利息标准,但约定了补充协议未规定事宜,按主合同规定执行的条款,故《建设工程施工合同》约定的利息标准亦适用于《补充协议》。根据《施工合同司法解释》第18条规定:"利息从应付工程价款之日计付。当事人对付款时间没有约定或约定不明的,下列时间视为应付款时间:(一)建设工程已实际交付的,为交付之日;(二)建设工程没有交付的,为提交竣工结算文件之日;(三)建设工程未交付,工程价款也未结算的,为当事人起诉之日。"由于该工程于2011年12月24日实际交付,故本案欠付工程款的利息应从2011年12月25日起计算,利率按同期中国工商银行同期银行贷款利率计算至款项付清日。

关于华丰建设公司应否承担工期延误违约责任。替克斯阀门公司认为,由于华丰建设公司管理混乱,人员、资金不到位,导致工程进度缓慢,严重影响了替克斯阀门公司的试生产日期,应承担延期违约责任。华丰建设公司认为,因工程设计变更等客观因素导致工期正常的顺延,不是工期延期,不应承担延期违约责任。综合比较华丰建设公司与替克斯阀门公司提供的证据的证明力,华丰建设公司提供的经监理单位及监理工程师签字盖章确认的因工程量增加导致工期顺延的工作联系单、业务联系单等证据的证明力相对占优,替克斯阀门公司提供的证据不足以证明工期延误系由华丰建设公司原因造成,其认为华丰建设公司构成违约不予支持。

关于涉案工程是否存在质量问题及华丰建设公司应否承担修复及保修责任。《建设工程施工合同》通用条款第15.2条约定,双方对工程质量有争议,由双方同意的工程质量检测机构鉴定,所需费用及因此造成的损失由责任方承担。本案审理过程中,替克斯阀门公司向该院申请对案涉工程质量进行鉴定,该院依法确定了鉴定机构,但由于其未缴纳鉴定费,导致鉴定申请被鉴定机构退回,故对工程质量问题替克斯阀门公司应承担举证不能的法律后果。同时根据《施工合同司法解释》第13条规定,建设工程未经竣工验收,发包人擅自使用后,又以使用部分质量不符合约定为由主张权利的,不予支持;但是承包人应当在建设工程的合理使用寿命内对地基基础工程和主体结构质量承担民事责任。因替克斯阀门公司既未明确需要进行修复的工程部分,又无充分证据证明案涉工程具有质量问题,同时替克斯阀门公司在未经竣工验收情况下即已提前使用该工程,故对替克斯阀门公司该项诉讼请求不予支持。

关于替克斯阀门公司要求华丰建设公司提交已完工工程的竣工验收备案资料及开具已领工程款发票的诉请能否得到支持。替克斯阀门公司认为,华丰建设公司至今未向其递交已交付工程完整的竣工验收备案资料,也未向其开具已领部分工程款的发票。根据合同通用条款第32.1条约定,华丰建设公司对其已完工工程向替克斯阀门公司交付相关竣工资料系合同约定的义务,替克斯阀门公司该项反诉请求理由正当,应予以支持。因开具工程款发票的行为不属于人民法院民事案件审理的范围,对该项诉求不予审理。

综上,原判依据《合同法》第93条第1款、第286条,《建筑法》第61条第2款,《民事诉讼法》第64条第1款、第119条第4项,《施工合同司法解释》第13条、第14条第3项、第18条的规定,判决:①解除华丰建设公司与替克斯阀门公司签订的《建设工程施工合同》;②替克斯阀门公司于判决生效之日起30日支付华丰建设公司工程款3 171 458.94元及逾期利息(利息按中国工商银行同期贷款利率从2011年12月25日起计算,其中2011年12月25日至2012年1月13日的工程款利息按本金 4 914 019.55 元计息，2012 年 1 月 14 日至 2012 年 1 月 16 日工程款利息按本金 4 712 244.55 元计息，2012 年 1 月 17 日至 2012 年 8 月 24 日工程款利息按本金 3 214 499.55 元计息，2012 年 8 月 25 日至款项付清日工程款利息按本金 3 171 458.94 元计息）；③华丰建设公司于判决生效之日起向替克斯阀门公司交付已完工工程的竣工资料；④驳回华丰建设公司的其他诉讼请求；⑤驳回替克斯阀门公司其他反诉请求。如果未按判决指定期间履行金钱给付义务，应当依照《民事诉讼法》第 253 条的规定，加倍支付迟延履行期间债务利息。案件受理费 109 324 元，由华丰建设公司负担 85 132 元，替克斯阀门公司负担 24 192 元；反诉费 5830 元，由华丰建设公司负担 830 元，替克斯阀门公司负担 5000 元；鉴定费 25 万元，由华丰建设公司负担 194 678 元，替克斯阀门公司负担 55 322 元。

后华丰建设公司不服（2012）池民三初字第 00032 号民事判决，向二审法院提起上诉。2014 年 8 月 26 日，二审法院公开开庭进行了审理。

华丰建设公司不服上述判决，提起上诉称：一审判决排除双方合同的适用，以鉴定意见作为确定工程造价的依据错误；一审判决在鉴定意见确定的工程造价中再扣除人工费调差价 2 191 610.66 元缺少事实和法律依据；华丰建设公司对案涉工程主张优先受偿权未超法定期限，一审判决驳回不符合法律规定。请求撤销原判，依法改判替克斯阀门公司支付工程余款 13 776 898.01 元，并从 2012 年 1 月 27 日起按同期银行贷款年利率 10% 支付利息。案件受理费、鉴定费由替克斯阀门公司负担。

替克斯阀门公司答辩称：①根据最高人民法院《关于发包人收到承包人竣工结算文件后，在约定期限内不予答复，是否视为认可竣工结算文件的复函》的意见，建设部制定的建设工程施工合同格式文本中的通用条款第 33 条第 3 款的规定，不能简单推论，发包人收到承包人竣工结算文件一定期限内不予答复，则视为认可承包人提交的竣工结算文件，承包人的竣工结算文件不能作为认定工程价款的依据。一审审理期间是华丰建设公司申请司法鉴定，并认可司法鉴定，一审以鉴定意见作为认定工程价款的依据正确。②原判扣除的人工费调差价 2 191 610.66 元，包括合同内土建工程人工费调整 1 927 173.31 元和安装工程人工费调整 264 437.35 元，没有包括《补充协议书》约定的主合同之外增加工程量的人工费调差价款。主合同之外增加工程量的人工费调差价款已包含在各项增加的工程量价款内。合同明确约定人工工资上涨等风险在合同价款风险范围之内，不予人工费调差。一审判决从工程总造价中扣除原合同内施工部分人工费调差价 2 191 610.66 元正确。③无论是从工程投入使用之日或是合同约定的竣工之日计算，华丰建设公司主张的优先受偿权均已超过 6 个月期限，一审判决不予支持正确。④案件诉讼的各项费用是法院依职权根据双方诉讼请求的合理性、支持度及举证责任的承担，确定双方分别承担的金额合理，华丰建设公司要求替克斯阀门公司承担没有理由。综上，一审判决认定事实清楚，适用法律正确，请求二审驳回华丰建设公司的上诉。

二审庭审中，双方提交的证据及证明目的均同一审，相对方的质证意见亦与一审相同。安徽省高院认证意见与一审一致。

经二审庭审，二审法院对一审查明的事实予以确认。

(二) 争议焦点

二审法院认为：综合双方当事人的举证、质证及诉辩意见，归纳本案二审的争议焦点是：①安徽明珠建设项目管理有限公司所做的鉴定意见能否作为认定本案工程造价的依据；②原判认定替克斯阀门公司欠付华丰建设公司工程款数额及利息的起算时间是否正确；③华丰建设公司主张优先受偿权是否超法定期限。

焦点一，安徽明珠建设项目管理有限公司所做出的鉴定意见能否作为认定本案工程造价的依据。华丰建设公司上诉认为其于2011年12月29日报送的《替克斯阀门有限公司高科技阀门制造基地项目决算书》，替克斯阀门公司没有提出异议，应当以其报送的结算价认定工程造价。二审法院经审查认为，最高人民法院《关于如何理解和适用〈关于审理建设工程施工合同纠纷案件如何适用法律问题的解释〉第二十条的复函》已明确指出，只有当事人在合同中约定有发包人收到承包人递交的竣工结算文件后，在约定期限内不予答复，则视为认可竣工结算文件的内容，承包人递交的竣工结算文件才可以作为工程款结算的依据。而本案双方《建设工程施工合同》并无发包人收到承包人竣工结算文件一定期限内不予答复，则视为认可承包人提交的竣工结算文件的约定，承包人的竣工结算文件不能作为认定工程价款的依据。华丰建设公司此节上诉理由，没有事实和法律依据，二审法院不予支持。

华丰建设公司在一审期间，书面申请一审法院进行工程造价鉴定，一审法院根据其申请依法委托安徽明珠建设项目管理有限公司进行鉴定。在鉴定中，华丰建设公司提供资料并参与现场勘验，安徽明珠建设项目管理有限公司按照双方提供的资料，并经现场勘查后，依据相关规范出具鉴定意见初稿，分别征求双方当事人的意见，对双方提出的异议均给予书面答复，并根据当事人意见进行调整后，最终出具了正式鉴定意见。鉴定人员在一审出庭接受双方质询，对双方的异议给出合理答复。安徽明珠建设项目管理有限公司鉴定程序合法。华丰建设公司虽对鉴定意见仍有异议，但未提交足以反驳的证据和理由，该鉴定意见可以作为认定涉案工程造价的依据。华丰建设公司此项上诉理由不能成立，二审法院不予采纳。

焦点二，原判替克斯阀门公司欠付华丰建设公司工程款数额及利息的起算时间是否正确。华丰建设公司上诉提出一审在鉴定意见确定的工程造价再扣除人工调差价2 191 610.66元无事实和法律依据。经审查认为，根据双方签订的《建设工程施工合同》的约定，合同价款中包括的风险范围是除材料上涨风险外，质量安全、施工安全、人工工资上涨等一切风险。按约定人工工资上涨不应调整，而鉴定工程价款中包含了人工费调差，故一审在鉴定工程价款中扣除人工费调差价 2 191 610.56 元并无不当。华丰建设公司此节上诉理由不能成立，二审法院不予采纳。

一审认定，案涉工程经安徽明珠建设项目管理有限公司鉴定，总造价为 24 009 079.66 元，扣除替克斯公司已经支付的 17 555 136.61 元及人工费调差价 2 191 610.66 元，再扣除合同约定的5%的质保金 1 090 873.45 元（[24 009 079.66-2 191 610.66]×5%），替克斯阀门公司欠付工程款为 317 458.94 元（24 009 079.66-175 55 136.61-2 191 610.66-1 090 873.45），对此二审法院予以确认。对于欠付工程款利息的起算时间，《施工合同司法解释》第18条规定："利息从应付工程价款之日计付。当事人对付款时间没有约定或约定不明的，下列时间视为应付款时间：（一）建设工程已实际交付的，为交付之日；（二）建设工程没有交付的，为提交竣工结算文件之日；（三）建设工程未交付，工程价款也未结算的，为当事人起诉之日。"双方签订的《建设工程施工合同》对工程款支付的时间约定为竣工验收合格之日一个月内支付工程量的85%，工程决算确认之日一个月内支付决算价的95%，但由于案涉工程既未竣工验收又未结算，无法按照合同约定进行处理，可视为双方对付款时间没有约定。依据上述司法解释的规定，当事人对付款时间没有约定的，建设工程实际交付之日为付款时间。案涉工程于 2011 年 12 月 24 日实际交付，二审法院认定替克斯阀门公司支付工程款时间为 2011 年 12 月 24 日，利息应从 2011 年 12 月 24 日起计付，原判从 2011 年 12 月 25 日起计付仅差一天，二审法院不再调整。

对利息的计算标准，双方《建设工程施工合同》明确约定利率按中国工商银行同期银行贷款利率计算。《补充协议书》中未约定主合同外增加工程量的工程款的付款时间和利息标准，但约定了补充协议未约定事宜，按主合同约定执行的条款，故主合同外增加工程量的工程款的付款时间和利息标准亦应按上述内容执行。

综上，原判本案欠付工程款 3 171 458.94 元的利息应从 2011 年 12 月 25 日起分段计算，利率按中国工商银行同期银行贷款利率计算至款项付清日，符合法律规定和合同约定。华丰建设公司上诉请求从 2012 年 1 月 27 日起以欠款 13 776 898.01 元为基数按银行贷款年利率10%计算利息，无事实和法律依据，二审法院不予支持。

焦点三，华丰建设公司主张优先受偿权是否超法定期限。根据《合同法》第286条规定，发包人未按照约定支付价款的，承包人可以催告发包人在合理期限内支付价款。发包人逾期不支付的，除按照建设工程的性质不宜折价、拍卖的以外，承包人可以与发包人协议将该工程折价，也可以申请人民法院将该工程依法拍卖。建设工程的价款就该工程折价或者拍卖的价款优先受偿。对于优先受偿权行使期限的认定，最高人民法院《关于建设工程价款优先受偿权问题的批复》第4条规定，建设工程承包人行使优先受偿权的期限为6个月，自建设工程竣工之日或者建设工程合同约定的竣工之日起计算。

本案双方签订的合同虽约定了竣工日期,但在施工过程中替克斯阀门公司变更设计增加工程量致工程延期,案涉工程未能在约定的时间内完工。在工程完工未经竣工验收情况下,替克斯阀门公司擅自进行了使用。鉴于本案没有实际竣工日期,原判依照《施工合同司法解释》第14条第3项规定,建设工程未经竣工验收,发包人擅自使用,以转移占有建设工程之日为竣工日期。将案涉工程转移占有之日作为竣工日期,认定华丰建设公司已超过优先权行使的法定期限。华丰建设公司上诉主张,其优先受偿权的行使期限应自双方合同解除之日起算。二审法院审查认为,由于上述司法解释的规定,并非针对优先受偿权问题而作出,从立法目的看,主要是针对建设工程施工合同纠纷中发包人恶意拖欠工程竣工验收时间,以达到拖延支付工程款的违法目的而做出的惩罚性规定,原判以此作为华丰建设公司主张优先受偿权行使的起算时间,与通过设定优先权来保护施工人实现债权的立法目的相悖,系适用法律不当,二审法院予以纠正。替克斯阀门公司于2011年11月24日在案涉工程未竣工验收的情况下擅自使用,且使用后不与华丰建设公司进行工程款结算,拖欠工程款至今。在诉讼中,替克斯阀门公司反诉请求解除双方签订的合同,华丰建设公司表示同意,故华丰建设公司上诉主张其优先受偿权的行使期限应自双方合同解除之日起算符合立法精神,二审法院予以支持。

(三)处理结果

依据《合同法》第93条第1款、第286条,《建筑法》第61条第2款,《民事证据规定》第2条,《施工合同司法解释》第13条、第14条第3项、第18条,《民事诉讼法》第64条第1款、第170条第2项、第175条之规定,判决如下:

(1)维持(2012)池民三初字第00032号民事判决第1、2、3、5项,即"解除华丰建设股份有限公司与替克斯阀门有限公司签订的《建设工程施工合同》;替克斯阀门有限公司于判决生效之日起三十日支付华丰建设股份有限公司工程款人民币3 171 458.94元及逾期利息(利息按中国工商银行同期贷款利率从2011年12月25日起计算,其中2011年12月25日至2012年1月13日的工程款利息按本金4 914 019.55元计息,2012年1月14日至2012年1月16日工程款利息按本金4 712 244.55元计息,2012年1月17日至2012年8月24日工程款利息按本金3 214 499.55元计息,2012年8月25日至款项付清日工程款利息按本金3 171 458.94元计息);华丰建设股份有限公司于本判决生效之日起向替克斯阀门有限公司交付已完工工程的竣工资料;驳回替克斯阀门有限公司其他反诉请求。"

(2)撤销(2012)池民三初字第00032号民事判决第3项,即"驳回华丰建设股份有限公司其他诉讼请求。"

(3)华丰建设股份有限公司就替克斯阀门有限公司高科技阀门制造基地项目工程

在替克斯阀门有限公司欠付工程款 3 171 458.94 元范围内对该工程享有优先受偿权。

(4) 驳回华丰建设股份有限公司其他诉讼请求。

案件评析

本案中，华丰建设公司投标替克斯阀门公司的项目中标后，双方签订了《建设工程施工合同》，约定总工期为 360 天。2011 年，双方又签订了一份《补充协议书》，就主合同之外增加的工程量及工程款达成了协议。上述合同及补充协议签订后，华丰建设公司于 2010 年 10 月 4 日开始施工，后因设计变更及工程量增加等原因工期相应顺延。2011 年 12 月 24 日，替克斯阀门公司将涉案工程正式投入使用，涉案工程并未办理竣工验收备案手续。

原一审法院认为，根据当时有效的《施工合同司法解释》第 14 条第 3 项规定："建设工程未经竣工验收，发包人擅自使用的，以转移占有建设工程之日为竣工日期。"所以，涉案工程的竣工日期被认定为 2011 年 12 月 24 日，华丰建设公司主张的优先受偿权已经超过法定期限，不能得以支持。事实上，该条规定并非是针对优先受偿权问题作出的。从立法目的上看，该条法律规定主要是针对建设工程施工合同纠纷中发包人恶意拖延工程竣工验收时间，以期达到拖延支付工程款的违法目的而做出的惩罚性规定。据此，华丰建设公司主张的优先受偿权的期限，不应将案涉工程转移占有之日作为竣工日期自此时开始计算期限，华丰建设公司主张行使优先受偿权的期限应自合同解除之日起计算。

第二节　司法鉴定

一、四川晋业建筑工程有限公司与朔州市皓鑫房地产开发有限公司建设工程施工合同纠纷[1]

基本案情

(一) 基本情况

四川晋业建筑工程有限公司（以下简称"晋业公司"）向一审法院起诉请求：①判令朔州市皓鑫房地产开发有限公司（以下简称"皓鑫公司"）支付拖欠晋业公司的工程价款 79 829 164.83 元；②确认晋业公司的建设工程价款优先受偿权；③诉讼费用由皓鑫公司承担。一审第一次庭审中，晋业公司根据证据交换情况，变更其诉讼请

---

[1]　(2015) 民终字第 409 号。

求第1项为：核减晨虹花苑小区1#楼18 468 969元、2#楼7 637 034.12元和3#楼11 729 311.79元，要求判令皓鑫公司支付拖欠晋业公司的工程价款52 784 092.7元。一审第二次开庭审理中晋业公司又变更其诉讼请求第1项为：判令皓鑫公司支付拖欠晋业公司的工程价款72 463 487.65元。

一审法院认定：2012年5月，祁县人民政府（委托人）与皓鑫公司（代建人）签订了《祁县保障性住房项目委托代建合同》，主要内容为："为了认真贯彻国家保障性住房政策在祁县能顺利实施，切实解决中低收入家庭住房困难问题，订立本合同"，项目名称：祁县保障性住房建设项目；建设地点及名称：北谷丰村（新御花苑）、南关村（晨虹花苑）。建设规模及代建内容：①新御花苑小区：建设经济适用房733套，6层，砖混结构，单套建筑面积70m^2-90m^2，建筑面积62 838.4m^2。②晨虹花苑小区：可安排经济适用房692套，6层，砖混结构，单套建筑面积70m^2-90m^2，建筑面积59 363.93m^2；安排廉租住房192套，单套建筑面积60m^2，以上2项共计建筑面积70 883.93m^2。

双方权责：委托人全权委托代建人投资实施项目建设。委托人的权责：负责土地征用，提供项目用地手续；制定项目整体规划设计、建设标准，并监督代建人执行；协助代建人办理项目实施中的一切行政事业性收费、政府性基金及相关税收的减免手续。代建人的权责：保质、保量、按时完成项目工程，维护委托人安居保障的住房形象；承担项目的全部投资（项目前期的土地征用、主体工程及配套设施等费用）及办理项目实施中的行政审批、行政许可等各项事宜所产生的费用。工期管理目标：新御花苑小区和晨虹花苑小区建设项目必须于2012年5月26日前开工建设，竣工日期不迟于2014年5月。

代建项目的认购价格及计算办法：委托人对代建经济适用住房和棚户区改造异地安置房的认购价格为：新御花苑小区1800元/m^2，晨虹花苑小区1700元/m^2，多层地下室价格为500元/m^2。按照《山西省经济适用住房价格管理实施办法》规定，认购价格由开发成本、税金和利润三部分构成，且认购价格不得变动。

价格计算办法如下：①开发成本：其一，按照法律、法规规定用于征用土地和拆迁补偿等所支付的征地和拆迁安置补偿费。其二，开发项目前期工作所发生的工程勘察、规划及建筑设计、施工通水、通电、通气、通路及平整场地等勘察设计和前期工程费。其三，列入施工图预（决）算项目的主体房屋建筑安装工程费，包括房屋主体部分的土建（含桩基）工程费、水暖电气安装工程费及附属工程费。其四，在小区用地规划红线以内，与住房同步配套建设的住宅小区基础设施建设费，以及按政府批准的小区规划要求建设的不能有偿转让的非营业性公共配套设施建设费。其五，管理费按照不超过上述1至4项费用之和的2%计算。②税金：依照国家规定的税目和税率计算。③利润：按照不超过开发成本中1至4项费用之和的3%计算。"

2012年10月25日，祁县住房保障和城乡建设管理局（发包人）和皓鑫公司（承包人）就新御花苑小区项目和晨虹花苑小区项目分别签订了《祁县保障性住房建设项目法人承包合同》，主要内容：新御花苑小区建设经济适用住房，6层，砖混结构，总建筑面积约77 776.12m²；晨虹花苑小区建设经济适用住房，6层，砖混结构，总建筑面积约77 114.53m²；资金来源：承包单位自筹；开工日期：2012年10月20日；竣工日期：2013年12月30日，合同工期总日历天数436天。合同价款金额：晨虹花苑小区均价为1730.04元/m²（含地下室，地下室面积折半计算）；新御小区均价为1794.24元/m²（含地下室，地下室面积折半计算）。同时还明确约定了工程项目的认购价格及计算办法。

2013年11月4日，祁县物价局作出祁价备〔2013〕01号和〔2013〕02号祁县物价局商品房价格备案通知《关于祁县新御花苑保障性住房预售价格备案申请的批复》和《关于祁县晨虹花苑保障性住房预售价格备案申请的批复》，主要内容为："同意新御花苑小区按以下价格备案销售：经济适用房住宅768套，平均价1794.26元/m²，最高价2140元/m²，最低价1222元/m²；同意晨虹花苑小区按以下价格备案销售：经济适用房住宅756套，平均价1730.006元/m²，最高价2060元/m²，最低价1189元/m²；此价格内包含供水、供电、供气、供热配套费等费用。具体价格见附表。"

该两份通知后分别附《新御花苑小区经济适用房价格计算表》《新御花苑小区经济适用房前期费用价格计算表》《晨虹花苑小区经济适用房价格计算表》《晨虹花苑小区经济适用房前期费用价格计算表》等，对新御花苑小区和晨虹花苑小区经济适用房价格计算进行了详细说明。

《新御花苑小区经济适用房价格计算表》的主要内容：征地费用（土地补偿费）：111.79元/m²；前期费用：95.7元；建安造价：903元；壁挂炉（配套设备）：50元；公共设施配套费：217.22元；管理费27.22元；利息：96.88元；税金：107.01元；额外费（不可预见费如百姓土地占用补偿、地方干扰费等）：18元；销售费用（展示中心运行等费用）5元；其他费（零星项目）：8元；劳保统筹金：12元；房产证：1元；财务费（手续费等）：0.5元；成本单方造价1653.66元；销售单价：1678.65元；利润单价：24.99元；利润比例：1.49%。同时表中备注一栏载明：1853元/m²为地上楼层销售单价，地下室销售为500元/m²，统一后地上地下综合销售单价为1678.65元。

《晨虹花苑小区经济适用房价格计算表》的主要内容：征地费用（土地补偿费）：74.49元/m²；前期费用：84.70元；建安造价：916元；壁挂炉（配套设备）：50元；公共设施配套费：220.08元；管理费：26.91元；利息：94.52元；税金：103.17元；额外费（不可预见费如百姓土地占用补偿、地方干扰费等）：12元；销售费用（展示中心运行等费用）5元；其他费（零星项目）：8元；劳保统筹金：12元；房产证：1元；财务费（手续费等）：0.5元；成本单方造价1608.37元；销售单价：1618.33元；利润单价：9.96元；利润比例：0.62%。同时表中备注一栏载明：1748元/m² 为地上楼层销售单价，地下室销售为500元/m²，统一后地上地下综合销售单价为1618.33元。

2012年7月11日，晋业公司与皓鑫公司签订了《建筑总承包合同》，主要内容：①工程概况：项目名称：晨虹花苑（除1#-3#）、新御花苑。②承包方式：工程总承包单价：建筑面积900元/m²，包括各种税金及工程招标费用。③工程款的支付方式：其一，6栋楼3层主体结构封顶后开始支付工程款，建筑面积乘以承包单价；以后每月25号报工程量，下月5号支付工程款。其二，主体工程支付合同价款的50%；其三，装饰工程支付合同价款的20%；其四，安装工程支付合同价款的10%；其五，工程竣工支付合同价款的10%；其六，工程验收支付合同价款的5%；其七，工程保质金5%，保质期为1年。④工程交工时房屋的成型标准：内墙：抹灰面；外墙：保温涂料；内门：入户防盗门每户一樘；外门：单元楼宇对讲门；外窗：中空塑钢；楼道：单元楼道内墙白色仿瓷涂料，钢制栏杆，踏步水泥砂浆面层；安装：水电表及配电箱（柜）；管道户内入户到设计位置；户外出散水；运行完成合格。地下室：钢制门窗。地面混凝土光面。楼面：地暖垫层。⑤工程工期：开工日期2012年7月10日；竣工日期2013年12月1日。双方还对主要材料的价格调整的承担、工程承包保险金做了约定。合同上有皓鑫公司的公章和法定代表人唐某的签字，以及晋业公司的公章和法定代表人罗某彬的签字。

2012年6月27日，晋业公司与皓鑫公司签订了新御花苑小区《山西省建设工程施工合同》，合同约定：工程内容：建筑高度19.6m；结构类型：砖混；层数：6层；资金来源：工程进度款。承包范围：总承包（小区所有6层楼建设）；开工日期：2012年6月30日，竣工日期2013年12月30日，合同工期总日历天数548天；合同价款：107 375 000元。合同第3部分专用条款第23.2条约定，该合同价款采用固定总价方式确定；第26条工程款（进度款）支付的方式和时间：每月5日支付全额工程款。第8条工程变更，相关部门确认后可以变更。合同附件3《房屋建筑工程质量保修书》第5项其他工程质量保修事项：其他工程保修费用为各项工程造价的5%。该合同上有发包方皓鑫公司的公章和法定代表人唐某的签字，以及承包方晋业公司的公章和法定代表人罗某彬的签字。同日，晋业公司与皓鑫公司还签订了晨虹花苑小区《山西省建设工程施工合同》，合同内容除合同价款为105 680 000元外，其余内容与上述祁县新御花苑小区《山西省建设工程施工合同》相同。

2013年7月5日，祁县住房保障和城乡建设管理局和祁县工程建设领域专项治理领导组办公室分别作出祁建罚字第002号和第003号《祁县住房保障和城乡建设管理局行政执法行政处罚决定书》，主要内容：皓鑫公司建设晨虹花苑、新御花苑经济适用性住房未招标的行为违反了《招标投标法》第3条的规定，依据《招标投标法》第49

条，决定对皓鑫公司分别作出罚款536 876元和罚款528 418元的行政处罚。

2013年9月23日晋中市住房保障和城乡建设管理局作出市建罚字〔2013〕第0100119号《行政处罚决定书》，主要内容为：晋业公司（房屋建筑工程施工总承包二级）未办理资质审查手续（注册、登记）擅自承包祁县晨虹花苑（廉租房、经济适用房）项目、祁县新御花苑小区项目的行为，违反了《山西省建筑市场管理条例》第8条的规定，依据《山西省建筑市场管理条例》第37条的规定，决定作出责令改正、处6万元罚款的行政处罚。

晋业公司履行了处罚决定书后，2013年9月26日晋中市建设工程招标投标管理站给晋业公司出具了两份《备案通知书》，内容分别：①确定晋业公司为新建祁县新御花苑经济适用住房项目的施工单位，予以备案。新建祁县新御花苑经济适用住房项目合同价10 737.533 5万元；工期659天；开工时间：2012年7月20日；竣工时间：2014年5月10日。②确定晋业公司为新建祁县晨虹花苑经济适用住房项目的施工单位，予以备案。新建祁县晨虹花苑经济适用住房项目合同价10 568.364 5万元；工期659天；开工时间：2012年7月20日；竣工时间：2014年5月10日。

2015年3月18日祁县住房保障和城乡建设管理局出具了《关于祁县晨虹花苑、新御花苑小区办理招标备案处罚手续的情况说明》，内容为"由朔州市皓鑫房地产开发有限公司负责代建的祁县2012年保障性住房项目的晨虹花苑、新御花苑小区，由于工期紧任务重，故没有及时履行工程招标程序。我局和祁县工程建设领域专项治理领导组办公室于2013年7月5日联合下达了祁建罚字（2013）第002号、003号《行政处罚决定书》。朔州市皓鑫房地产开发有限公司为了办理和完善工程招标备案手续，向晋中市招投标管理办公室提交了两份《山西省建设工程施工合同》格式文本。补办上述项目手续时没有在我局办理合同备案。"

一审庭审中，双方当事人认可《山西省建设工程施工合同》和《建设工程施工合同》均未履行工程招投标程序。

经一审庭审核对，双方当事人均认可，《山西省建设工程施工合同》与《建筑总承包合同》的主要区别为：①按照《山西省建设工程施工合同》约定的工程总价除以实际施工面积，工程单价约为1300元/m^2，而《建筑总承包合同》约定的工程单价为900元/m^2。②合同所约定的工程范围不同。《山西省建设工程施工合同》约定的工程范围是晨虹花苑、新御花苑；《建筑总承包合同》约定的是晨虹花苑（除1#、2#、3#楼）、新御花苑。③对于工程款的支付方式，《建筑总承包合同》有详细约定，而《山西省建设工程施工合同》仅约定，每月5日支付全额工程款。④对于材差问题，《建筑总承包合同》有约定，《山西省建设工程施工合同》没有约定。⑤对于工程交付标准，《建筑总承包合同》有约定，《山西省建设工程施工合同》没有约定。

经一审庭审核对，双方当事人均认可，新御花苑小区（1#-17#楼）晋业公司实际施工面积为 79 226.68m^2，晨虹花苑小区（4#-11#楼）晋业公司实际施工面积为 63 898.57m^2，竣工验收时间均为 2014 年 10 月 28 日。

一审法院认为，本案争议的主要焦点如下：

（1）关于原告的诉讼主体资格问题。一审庭审时，皓鑫公司提出晋业公司提交的起诉状上加盖的公章没有编码，而双方所签订的合同和施工中往来的单证上晋业公司使用的公章均是有编码的公章，主张晋业公司起诉状上加盖的并非晋业公司的公章，要求驳回起诉。晋业公司提交了泸州市公安局出具的《印章入网证》和晋业公司《临时股东会决议》，证实其向一审法院提交的民事起诉状为公司及全体股东的真实意思表示，起诉状上加盖的公章系其公司公章，因加盖时出现失误，未把公章下面的数字码全部加盖清楚。皓鑫公司主张晋业公司没有提供证据证明《临时股东会决议》上股东梁某秋是其本人签字。一审法院认为，皓鑫公司虽主张晋业公司没有提供证据证明《临时股东会决议》上股东梁某是其本人签字，但并未否认《临时股东会决议》的真实性，且一审两次开庭审理，晋业公司法定代表人罗某彬均到庭参加诉讼，对于罗某彬的身份，皓鑫公司并无异议，因而，皓鑫公司仅以晋业公司所提供的起诉状上加盖的公章没有编码，否认晋业公司的原告主体资格，缺乏事实和法律依据，不予支持。

（2）关于《建筑总承包合同》和《山西省建设工程施工合同》的效力问题。按照《招标投标法》第 3 条第 1 项，《工程建设项目招标范围和规模标准规定》第 3 条第 5 项、第 7 条，《施工合同司法解释》第 1 条的规定，本案所涉新御花苑小区和晨虹花苑小区属经济适用住房，且项目投资金额在 3000 万元以上，按照上述法律规定应当进行招投标，但晋业公司和皓鑫公司在未经招投标的情况下，就签订了《建筑总承包合同》和《山西省建设工程施工合同》，故《建筑总承包合同》和《山西省建设工程施工合同》均应认定为无效合同。晋业公司认为《山西省建设工程施工合同》虽未经招投标程序，但晋中市建设工程招标投标管理站已出具了《备案通知书》，诉争工程亦经过政府部门竣工验收，《山西省建设工程施工合同》应认定为有效合同的主张，与法律规定不符，不予支持。

（3）关于涉案工程款的结算问题。根据《施工合同司法解释》第 2 条规定，本案诉争工程新御花苑小区和晨虹花苑小区已于 2014 年 10 月 28 日竣工验收合格，按照相关法律规定，双方当事人所签订的《山西省建设工程施工合同》和《建筑总承包合同》虽均为无效合同，亦可按照双方实际履行的合同确定工程价款。

应认定晋业公司与皓鑫公司在实际施工中以及竣工验收时是按《建筑总承包合同》的约定进行的工程结算，故本案应以《建筑总承包合同》作为结算依据。虽晋业公司主张《山西省建设工程施工合同》进行过备案，但晋业公司除提供确定其为涉案住房项目的施工单位的《备案通知书》外，并未提供其他证据证实《山西省建设工程施工合同》在相关部门进行过备案，且如因招投标违法导致合同无效，即使合同经过有关部门备案,该合同仍然不能作为结算工程款的依据。因而,晋业公司认为应以《山西省建设工程施工合同》作为结算依据的主张,缺乏事实和法律依据,不能成立。

至于涉案工程是否需要鉴定的问题。按照《施工合同司法解释》第 22 条的规定,由于本案双方当事人对新御花苑和晨虹花苑建设项目的实际施工面积无异议,《建筑总承包合同》中对平方米单价亦有明确约定,只需将施工量对应合同约定的平方米单价,便能计算出工程造价。而对于施工过程中出现的工程变更签证问题,双方签订有《工程(增加)的变更、签证审核结算表》,且对工程变更签证费用无争议,因而本案无需另行对工程造价和工程量进行司法鉴定。故晋业公司要求对新御花苑和晨虹花苑工程造价进行鉴定的申请,不予准许。

(4)关于皓鑫公司已支付晋业公司工程款的数额问题。对于皓鑫公司已支付晋业公司工程款的数额,根据庭审调查情况,双方争议的款项有 3 笔。

关于 2013 年 6 月 16 日皓鑫公司付晋业公司工程款的数额。虽皓鑫公司主张 2013 年 6 月 16 日其向晋业公司共支付了 220 万元工程款,其中 200 万元系借款,实际支付晋业公司 184.4 万元,剩余 15.6 万元根据借款合同的约定预先扣除了利息,但由于晋业公司对借款利息抵顶工程款不予认可,而皓鑫公司未提供证据证实该利息应计入已付工程款中,故 2013 年 6 月 16 日皓鑫公司支付晋业公司的工程款应为 204.4 万元。对于晋业公司主张其给皓鑫公司出具 20 万元收条后,皓鑫公司并未实际支付该 20 万元的问题,鉴于皓鑫主张该 20 万元系现金给付,且提供了晋业公司出具的收款收据,而晋业公司对其主张并未提供证据予以证实,因而晋业公司主张该 20 万元不应计入已付工程款中,不能成立。

关于 2013 年 10 月 29 日皓鑫公司支付晋业公司工程款的数额。皓鑫公司主张其支付晋业公司 400 万元,并提供了 2013 年 10 月 29 日晋业公司出具的收款《收据》予以证实,晋业公司虽主张其仅收到 396 万元,但对收款《收据》的真实性并无异议,且未提供证据证实其主张,故 2013 年 10 月 29 日皓鑫公司支付晋业公司的工程款为 400 万元。

关于皓鑫公司提供的工程款支付情况表中第 51-59 项支付晨虹更换防盗门费用等 9 项费用合计 37 178 元的问题。晋业公司主张该费用是在皓鑫公司强行占有房屋后产生的费用,该费用不应由其承担。按照《建筑总承包合同》第 3 条第 7 项的约定,涉案工程保质期为 1 年。从皓鑫公司提供的房屋维修单来看,均在 1 年保修期内,对此事实晋业公司并无异议。按照《施工合同司法解释》第 13 条的规定:"建设工程未经竣工验收,发包人擅自使用后,又以使用部分质量不符合约定为由主张权利的,不予支持;但是承包人应当在建设工程的合理使用寿命内对地基基础工程和主体结构质量承担民事责任。"故建设工程未经竣工验收发包人擅自使用的,承包人才对工程质量不承担责任。而本案晨虹花苑和新御花苑小区属祁县人民政府的保障房项目,于 2014 年 10

月28日工程已竣工验收,虽晋业公司与皓鑫公司之间就工程结算问题未能协商一致,但晋业公司理应先将房屋移交皓鑫公司,保障房屋能按期交付经适房住户使用,对于工程结算问题再与皓鑫公司进一步协商或诉讼解决,晋业公司对于皓鑫公司通过更换门锁取得房屋,存有明显过错。故晋业公司仅以皓鑫公司通过更换门锁取得房屋,主张其不应承担保修期内产生的维修费用,缺乏事实和法律依据,不能成立。皓鑫公司主张维修费37 178元应计入已付工程款中,应予支持。

综上,皓鑫公司已付晋业公司的工程款为:124 199 619元-156 000元=124 043 619元。

(5)皓鑫公司是否应扣除质保金的问题。建设工程竣工验收后,发包人应按照合同约定及时向承包人支付工程结算价款并预留保证金。本案双方当事人均认可涉案房屋于2014年10月28日已竣工验收,按照双方所签订的《建筑总承包合同》第3条第7项的约定,"工程质保金5%,保质期为1年。"现新御花苑和晨虹花苑小区尚均在质保期内,故皓鑫公司可在应付工程款中预留5%的质保金,即131 560 518.6元×5%=6 578 025.93元。对于晋业公司主张涉案房屋系被皓鑫公司强行占有,不应扣除质保金的问题,鉴于晋业公司对于皓鑫公司通过更换门锁取得房屋,存有明显过错,且晋业公司并未提供相关法律依据证实其主张,故对晋业公司此项主张不予支持。

(6)皓鑫公司欠付晋业公司工程款的数额。新御花苑小区(1#-17#楼)、晨虹花苑小区(4#-11#楼)工程总价款131 560 518.6元-已付款124 043 619元-质保金6 578 025.93元=938 873.67元。故皓鑫公司应给付晋业公司工程欠款938 873.67元。

(7)晋业公司是否享有优先受偿权的问题。按照《合同法》第286条的规定,晋业公司应对所承建的晨虹花苑和新御花苑项目依法享有优先受偿权。至于晋业公司享有的优先受偿权的具体范围,按照《最高人民法院关于建设工程价款优先受偿权问题的批复》第3条的规定,晋业公司所主张的工程欠款并不包括违约损失,故应确定晋业公司应在工程欠款938 873.67元范围内,对晨虹花苑和新御花苑享有优先受偿权。

综上所述,一审法院判决:①皓鑫公司给付晋业公司欠款938 873.67元;②晋业公司在皓鑫公司欠付的938 873.67元工程款范围内,对晨虹花苑小区和新御花苑小区享有优先受偿权;③驳回晋业公司的其他诉讼请求。案件受理费440 946元,由皓鑫公司负担5186元,晋业公司负担435 760元。

一审判决作出后,晋业公司因不服(2015)晋民初字第2号民事判决,向最高人民法院提起上诉。

晋业公司上诉请求:撤销一审判决,改判皓鑫公司支付晋业公司剩余工程款人民币72 463 487.65元(包含质保金)或对诉争工程进行鉴定后根据鉴定结果支付剩余工程款;本案一、二审诉讼费用由皓鑫公司承担。

事实与理由:①一审判决认定事实不清。其一,关于双方之间签订的《建筑总承包合同》《建设工程施工合同》的效力和关联关系认定有误。《建设工程施工合同》系经过招投标行政主管部门以行政行为确认了效力的合同，是真正合法有效的合同。其二，关于本案诉争项目依据哪份合同履行及结算，一审法院认定有误。本案并非简单地按照《建筑总承包合同》履行，且一审法院对于案涉工程造价的认定也是错误的。其三，皓鑫公司备案验收材料出现巨大差异金额已经严重违法，涉嫌犯罪，同时也佐证了晋业公司上述事实，但是一审法院未予查清。②一审判决存在多处适用法律错误。其一，关于签证变更部分，本案签证变更部分，新御小区为 270 000 元，晨虹小区为 1 038 000 元，共计 1 308 000 元。晋业公司的一审证据 15、16 记载了上述金额的详细组成。皓鑫公司将晋业公司提出的进场未达到"三通一平"的标准产生的土方费用、自拌混凝土变为商品砼等施工中增加的费用全部归入上述 1 308 000 元签证费用中，却无证据予以证明。一审法院对此予以支持，是错误的。其二，关于皓鑫公司已付款部分适用法律错误。更换防盗门的 37 178 元不应由晋业公司承担。其三，关于质保金返还问题适用法律错误。依据《建设工程质量保证金管理暂行办法》的定义，质保金只能是承包人正常交付后产生的维修责任。由于皓鑫公司就本案的诉争项目没有与晋业公司结算，而是强行接收了房屋，所以，晋业公司不应承担瑕疵保修责任，应当返还质保金。

皓鑫公司辩称：①本案所涉及的 2 份《山西省建设工程施工合同》属于无效合同，不能作为本案所涉工程价款的结算依据。根据《招标投标法》第 3 条，《工程建设项目招标范围和规模标准规定》第 3 条、第 7 条，《施工合同司法解释》第 1 条的规定，应认定建设工程施工合同无效。②《建筑总承包合同》是皓鑫公司与晋业公司双方实际履行的合同，应参照其约定结算工程款。③晋业公司上诉所称本案所涉工程发生了增加工程款的变更，不符合客观事实，也未举出证据支持，且在二审开庭时，其已经明确放弃了工程鉴定后价款进行结算的诉讼请求。其一，晋业公司没有实行"三通一平"工程；其二，皓鑫公司在签订《建筑总承包合同》时即要求晋业公司使用商品混凝土，不存在晋业公司所称的从现场自拌变更为商品混凝土；其三，晋业公司所称补办建设手续导致其规费和税费增加的观点是错误的；其四，本案工程施工中，保温材料确实发生了变化，但结果是成本降低而非提高。④晋业公司作为施工单位应当承担保修义务，本案一审时工程质保期尚未届满，一审判决暂不支付质保金是正确的。⑤晋业公司上诉称皓鑫公司存在违规操作，套取国家资金，既与本案无关，也无证据支持。综上，请求驳回上诉，维持原判。

(二) 争议焦点

最高人民法院认为，本案争议的焦点问题是：①双方签订的《建筑总承包合同》和《山西省建设工程施工合同》的效力如何认定；②本案工程价款如何认定；③本案是否应当鉴定；④质保金应否扣除。

焦点一，关于《建筑总承包合同》和《山西省建设工程施工合同》的效力如何认定问题。最高人民法院认为，双方于2012年7月11日签订的《建筑总承包合同》、2012年6月27日签订的两份《山西省建设工程施工合同》，约定建设施工的新御花苑小区和晨虹花苑小区，属于经济适用住房，且项目投资金额在3000万元以上，按照《招标投标法》第3条第1项的规定，符合应当进行招投标的工程项目和规模标准，但晋业公司和皓鑫公司在未经招投标的情况下签订了上述合同，故根据《施工合同司法解释》第1条有关应依法进行招投标而未进行招投标所签订建设工程施工合同无效的规定，《建筑总承包合同》和两份《山西省建设工程施工合同》均应认定为无效合同。

焦点二，关于工程价款如何确定问题。

（1）关于诉争项目的结算依据问题。《施工合同司法解释》第2条规定："建设工程施工合同无效，但建设工程经竣工验收合格，承包人请求参照合同约定支付工程价款的，应予支持。"《合同法》第58条规定，合同无效时，因合同取得的财产，当事人应负返还、补偿或者赔偿的责任。在《建筑总承包合同》和《山西省建设工程施工合同》均无效的情况下，判断何为因合同取得的财产，应以体现双方真实意思表示并实际履行的合同为准。在本案中，存在着对同一建设工程签订两份合同的问题，此时应当确定以哪一份合同作为结算工程价款依据，尽管《施工合同司法解释》第21条规定："当事人就同一建设工程另行订立的建设工程施工合同与经过备案的中标合同实质性内容不一致的，应当以备案的中标合同作为结算工程价款的根据。"然而，该条款的适用前提应为备案的中标合同有效，当备案的合同无效时，则不能机械适用该条款。

本案中，《工程拨款单》和《工程价款支付情况核实表》业经各方签字盖章确认，其合法性、真实性无异议。从内容上看，上述结算单据载明了实际施工的面积、总价款、质保金等内容，实为工程款的结算。从结算单据看，双方实际是按照《建筑总承包合同》的约定履行的：①2014年1月23日的《工程拨款单》明确载明工程单价为900元/m²，且该《工程拨款单》中载明的实际施工面积和建筑配套面积、价款，与双方庭审中认可的实际施工面积和建筑配套面积、价款完全一致。②2014年1月23日的《工程拨款单》载明的合同金额130 252 014.6元，与2014年4月3日《工程款支付审核表》载明的工程总合同金额131 560 024.6元基本一致。③2014年10月29日新御花苑经济适用房1#-17#楼《工程价款支付情况核实表》载明的合同价款71 303 760元，与2014年1月23日的《工程拨款单》载明的新御1#-17#楼的合同价款71 303 760元是完全一致的。④2014年10月28日的晨虹花苑经济适用房2#-11#楼《工程价款支付情况核实表》中的合同价款70 426 899元，扣减了刘向兵实际施工的2#、3#楼的工程价款12 918 439元，为57 508 459.2元，亦与2014年1月23日的《工程拨款单》载明的晨虹花苑工程价款57 508 461元基本一致。⑤晋业公司庭审后的代理词中自认，皓鑫公司一审提供的"新御花苑、晨虹花苑小区项目成本分析"表明，两小区平方米单价分别为903元/m²、916元/m²，与《建筑总承包合同》约定的900元/m²相近，并非晋业公司主张的1300元/m²。综上，双方实际履行的是《建筑总承包合同》而非《山西省建设工程施工合同》，应当以实际履行的《建筑总承包合同》作为结算工程价款的参照依据。

（2）关于工程变更问题。①关于保温板和混凝土变更问题。在实际施工中，对于存在变更的部分，双方均签署有《工程（增加）的变更、签证审核结算表》。晋业公司虽主张工程施工中存在保温板和混凝土的变更，但并未提供证据证明上述变更需要在《建筑总承包合同》约定的900元/m²之外计算。②关于三通一平问题，晋业公司虽上诉主张其完成了三通一平工作，但其自认并无证据证明上述工作是其完成的，双方往来函件也并未提到三通一平的问题。对该问题晋业公司并未完成举证责任。③关于税费问题。《建筑总承包合同》第2条约定："建筑面积每平方米玖佰元（900元），包括各种税金及工程招标费用""乙方承担社会部门对此项目所收取的施工企业应承担的各项费用和税金。"故依据该合同约定，税费由晋业公司承担，已经包含在900元的单价中。虽然《建筑总承包合同》无效，但作为双方实际履行的依据，该合同是在双方协商下达成的，体现了双方的合意，符合双方的预期和利益平衡，且晋业公司并未提供证据支持其关于皓鑫公司应承担税费的请求。

焦点三，关于本案是否需要鉴定问题。依据《施工合同司法解释》第22条规定："当事人约定按照固定价结算工程价款，一方当事人请求对建设工程造价进行鉴定的，不予支持。"双方当事人对案涉项目的实际施工面积并无异议，单价亦已确定，对于施工过程中出现的工程变更签证问题，双方签订有《工程（增加）的变更、签证审核结算表》。从上述证据来看，本案的工程造价是可以确定的。在现有证据已经可以证明案件事实和确定工程款的情况下，无需对同样的问题再行鉴定。故一审未予准许晋业公司的鉴定申请，并无不当。

焦点四，关于质保金应否扣除问题。《建筑总承包合同》第3条约定："工程质保金5%，保质期为壹年"。本案双方当事人均认可涉案房屋于2014年10月28日已竣工验收，一审作出判决时间为2015年8月20日，保质期并未届满。根据《民事诉讼法》第168条、第170条的规定，二审的审理内容为，围绕当事人的上诉请求对一审裁判认定事实是否清楚、适用法律是否正确，即一审裁判是否存在错误作出判断。一审法院只能以作出裁判的时间点为准，进而认定事实并适用法律，不能苛求其对裁判日期之后发生的事实负责。故一审法院对质保金的判决并无不当，该上诉理由不能成立。

（三）处理结果

驳回上诉，维持原判。

案件评析

人民法院启动鉴定、确定鉴定事项遵循的原则之一为必要性原则，也即因争议事实涉及专门性问题，通过当事人的举证对争议事实无法达到高度盖然性证明标准，当事人申请鉴定的，人民法院可以准许；争议事实虽涉及专门性问题，但通过当事人的举证人民法院可以认定的，不予鉴定。

《最高人民法院司法观点集成（新编版）·民事卷Ⅲ》第 2078 页："当事人在建设工程施工合同中约定按照固定价结算工程款的，一般是指按施工图预算包干，即以经审定后的施工图总概算或者综合预算为准，有的是以固定总价格包干或者以平方米包干等方式。所有这些方式，都可以不通过中介机构的鉴定或者评估就可以确定一个总价款。承包人和发包人在履行建设工程施工合同过程中，如果没有发生合同修改或者变更等情况导致工程量发生变化时，就应该按照合同约定的包干总价格结算工程款。如果一方当事人提出对工程造价进行鉴定的申请，按照工程造价进行结算的，不管是基于什么样的理由，都不应予以支持。对于因设计变更等原因导致工程款数额发生增减变化的，在可以区分合同约定部分和设计变更部分的工程时，也不应导致对整个工程造价进行鉴定，只是根据公平原则对增减部分按合同约定的结算方法和结算标准计算工程款。"

根据当时有效的《施工合同司法解释》第 22 条的规定："当事人约定按照固定价结算工程价款，一方当事人请求对建设工程造价进行鉴定的，不予支持。"本案双方当事人对涉案项目工程的实际施工面积无异议，且《建筑总承包合同》系固定单价合同，施工过程中出现的工程变更双方也签订有相关结算表，对变更签证费用也没有异议，因此本案符合《施工合同司法解释》第 22 条规定的适用条件，本案无需对涉案项目工程进行造价鉴定。

二、阿坝太子岭投资有限公司与孔某全建设工程施工合同纠纷[1]

基本案情

（一）基本情况

2012 年 8 月 8 日阿坝太子岭投资有限公司（甲方，以下简称"太子岭公司"）与孔某全（乙方）签订了《建设工程合同》，约定由孔某全承包完成茂县九鼎山国际高山滑雪场（示范区）滑雪道、滑雪集中区等区域土石方的开挖、回填、转运、平整、碾压、边坡整修等工程。该合同第 6.1 条约定：经双方协商一致，同意本工

---

[1] （2014）川民终字第 832 号。

程按：挖土方包干单价 13.4 元/m³、回填包干单价 8.6 元/m³、土石方转运包干单价 8.58 元/m³、破碎石方（坚石）包干单价 41.8 元/m³ 进行计费。本工程施工过程中经甲方签字确认不须采用挖掘机运转的土石方，且运距大于 100m、小于 1000m 的视为土石方转运。第 6.2 条约定：本工程暂估挖填平衡土方工程量为 10 万 m³（即挖方、回填方暂估量各 10 万 m³，转运量暂无法估计），以实际开挖、回填、转运量结算总工程量。第 6.3 条约定：本工程施工过程中必须采取挖掘机进行两次以上挖方转土，具体位置详见合同附本，即"挖掘机挖方转土方区域图"。该部分工程完工后，以竣工测绘成果的挖方量乘以途中转运次数作为进入最终决算工程量的依据。第 6.5 条约定：若甲方要求乙方完成本合同约定以外的工作任务，则甲方应以实际现场签证作为结算依据。该合同约定结算方式为：若增加工作内容在本合同内有包干单价约定，均按本合同约定执行；若本合同无包干单价约定，则按"四川省 2009 清单"定额结算（人工费、机械、材料费不调整，总价不下浮，不计取措施费）。孔某全进场施工，完成各项施工任务，并于 2013 年 1 月 5 日将工程竣工结算资料报送给太子岭公司，由太子岭公司工程部人员黄兴君签收。太子岭公司未提供对该工程进行竣工验收的记录。该工程项目已于 2013 年 1 月投入使用。

2013 年 5 月 7 日，孔某全与太子岭公司召开会议并形成《会议纪要》，双方均在《会议纪要》上签字确认。该《会议纪要》载明：①雪道工程中翻挖的次数，根据实际情况，应包括一次挖、一次填（或一次弃土），即结算次数翻挖应减 2 次。②挖掘机臂长按 8m，回转直径按 16m 计算（高级道翻挖的签证除外），土方运转的实际距离根据此距离推算。孔某全于 2013 年 4 月 16 日提交茂县九鼎山国际高山滑雪场（示范区）土石方挖填工程《阶段结算承诺书》并承诺："结算资料真实、合法、完整，无错报漏报，如有错报漏报自行承担相应责任，不再补报。"太子岭公司已向孔某全支付工程进度款 340 万元，"7.10"洪灾后太子岭公司向孔某全支付工程款 100 万元，共计 440 万元。

在审理过程中，太子岭公司申请对该工程的工程总造价（包括按图纸开挖及增加工程量签证的部分）进行鉴定。孔某全申请对小湿地停车场的填方工程量及价款和运费进行价格鉴定。一审法院委托四川建业工程咨询有限公司（以下简称"建业咨询公司"）鉴定，该公司于 2014 年 4 月 15 日作出了川建业咨询（2014）字司法第 1-11 号《司法鉴定意见书》，又于 2014 年 4 月 15 日出具《关于川建业咨询（2014）字司法第 1-11 号报告有关问题的说明》。

一审法院判决认为：孔某全系自然人，无建设工程承包施工资质证书，孔某全与太子岭公司签订的《建设工程合同》违反了《建筑法》第 26 条第 1 款"承包建筑工程的单位应当持有依法取得的资质证书，并在其资质等级许可的业务范围内承揽工程"之规定，属于无效合同。孔某全在《建设工程合同》签订后进场施工并完成工程，虽该工程双方均未提交工程验收记录，但太子岭公司已经将其投入使用，且太子岭公司也未提出工程质量问题。根据《施工合同司法解释》第2条"建设工程施工合同无效，但建设工程经竣工验收合格，承包人请求参照合同约定支付工程款的，应予支持"、第16条第1款"当事人对建设工程的计价标准或者计价方法有约定的，按照约定结算工程价款"、第19条关于"当事人对工程量有争议的，按照施工过程中形成的签证等书面文件确认"的规定，孔某全请求由太子岭公司参照合同约定的价款及施工过程中形成的现场签证单结算并支付工程款的理由成立，法院予以支持。

孔某全于2013年1月5日将工程竣工结算资料报送给太子岭公司，并由太子岭公司签收。因孔某全与太子岭公司对工程结算存在争议，双方又于2013年5月7日召开会议并形成《会议纪要》，双方均在《会议纪要》上签字认可，《会议纪要》应视为双方对工程结算方量计算的约定。虽然《会议纪要》第2条约定不明，无法准确计算，不能作为结算工程款的依据，但《会议纪要》第1条约定明确，双方应当按照《建设工程合同》及《会议纪要》第1条的约定计算工程量及价款。孔某全称在《会议纪要》上为早日拿到工程款而被胁迫签字的事实无证据证明，其理由不成立，一审法院不予支持。双方于2013年5月7日召开会议，并形成了《会议纪要》，对土方翻挖结算进行了约定，因此，孔某全称已于2013年1月5日将工程结算资料报送太子岭公司并由太子岭公司签收，太子岭公司在10个工作日内无正当理由不办理结算，视为结算报告有效，太子岭公司应当以孔某全2013年1月5日的工程结算金额向其支付工程款的理由不成立，法院不予支持。

在本案审理过程中，孔某全与太子岭公司因工程价款结算无法达成一致意见，太子岭公司申请对该工程总造价进行鉴定，孔某全申请对小湿地停车场的填方工程量价款和运费进行价格鉴定。一审法院委托建业咨询公司鉴定，其鉴定意见分为A、B、C三种意见。一审法院认定B种意见应当作为双方的结算依据，即建业咨询公司依据孔某全与太子岭公司签订的施工合同约定的固定单价、《会议纪要》第1条约定、双方现场签证单及参考2009年定额作出的鉴定结论。

在孔某全结算报方量时，小湿地停车场土石方项目没有在太子岭公司当时的测绘图中反映出来，因此，该项目不属于孔某全漏报的项目。孔某全对该部分工程已实际施工完毕，太子岭公司应支付孔某全小湿地土石方项目工程款。经鉴定，小湿地停车场项目填方工程量价款为611 951.92元，运费为610 528.78元，共计1 222 480.7元。孔某全在起诉时对小湿地土石方项目的诉讼请求金额为290 445.82元，在庭审中（法庭辩论结束前）增加了该项诉讼请求的标的额，要求太子岭公司按照鉴定意见中确定的价款1 222 480.7元支付给孔某全。根据川高法〔2005〕480号《四川省高级人民法院关于规范民事诉讼举证、质证和认证的意见（试行）》第10条"当事人变更诉讼请求仅涉及诉讼标的金额的增加，无新的事实需要证明的，不受《证据规定》第三十四条第三款关于变更诉讼请求应当在举证期限届满前提出的限制，但应当在法庭辩论结束前提出"之规定，孔某全增加诉讼标的额是在法庭辩论结束前提出的，应予支持。太子岭公司应当依照鉴定意见向孔某全支付小湿地停车场的填方工程量价款 611 951.92 元，运费 610 528.78 元，共计 1 222 480.7 元。孔某全在庭审中称，除鉴定意见中已计算在内的机械台班费外，对起诉的其他机械租赁费用 290 445.82 元和其他费用 45 000 元予以放弃，另案起诉。对孔某全放弃两项诉讼请求的行为，一审法院尊重当事人的意见，不予审理。

孔某全要求太子岭公司支付自 2013 年 2 月 1 日起至今的违约金 981 865.14 元，因孔某全与太子岭公司未对违约责任进行约定，一审法院不予支持。

综上所述，依据鉴定意见中的 B 种意见，茂县九鼎山国际高山滑雪场（示范区）土石方挖填工程建设工程总造价为 14 290 812.57 元（包括按图纸开挖机增加工程量签证部分），小湿地停车场的填方工程价款为 1 222 480.7 元，两项共计 15 513 293.27 元，扣除孔某全与太子岭公司确认太子岭公司已向孔某全支付的工程进度款 340 万元，扣除"7.10"洪灾后太子岭公司已向孔某全支付的救急款 100 万元，太子岭公司还应向孔某全支付工程款 11 113 293.27 元。据此，经合议庭合议，并经一审法院审判委员会讨论决定，依照《民法通则》第 4 条，《施工合同司法解释》第 2 条、第 16 条第 1 款、第 19 条之规定，判决：①太子岭公司于该判决生效之日起 10 日内向孔某全支付茂县九鼎山国际高山滑雪场（示范区）土石方挖填工程和小湿地停车场填方工程的工程款 11 113 293.27 元；②驳回孔某全的其他诉讼请求。

二审法院判决认为：根据《建筑法》第 26 条第 1 款"承包建筑工程的单位应当持有依法取得的资质证书，并在其资质等级许可的业务范围内承揽工程"，《施工合同司法解释》第 1 条第 2 项"建设工程施工合同具有下列情形之一的，应当根据合同法第五十二条第（五）项的规定，认定无效：……（二）没有资质的实际施工人借用有资质的建筑施工企业名义的"的规定，孔某全个人不具有建筑施工企业资质，故 2012 年 8 月 8 日双方当事人签订的《建设工程合同》无效。

关于太子岭公司应否支付违约金、数额构成及依据问题。根据《民事证据规定》第 35 条"诉讼过程中，当事人主张的法律关系的性质或者民事行为的效力与人民法院根据案件事实作出的认定不一致的，不受本规定第三十四条规定的限制，人民法院应当告知当事人可以变更诉讼请求。当事人变更诉讼请求的，人民法院应当重新指定举证期限"的规定，双方当事人签订的《建设工程合同》无效，一审法院未向孔某全进行释明的做法不当，应予纠正。二审中，因合同无效，经法院当庭释明，孔某全已当庭将违约金请求变更为资金占用利息，且表明不主张其他损失。一审法院虽在一审中未向孔某全进行释明，因孔某全在二审庭审中明确表明变更违约金为资金占用利息，不主张其他损失，故其不存在重新举证的情形，据此，二审中向其释明并对其变更后的诉讼请求径行判决并不损害其合法权益，且不影响本案的实体处理，故准许其变更诉讼请求。太子岭公司因未及时支付工程款，已实际造成孔某全资金利息损失，孔某全请求支付欠付工程款利息的主张符合法律规定，法院予以支持。双方对欠付工程款利息未约定，根据《施工合同司法解释》第17条"当事人对欠付工程价款利息计付标准有约定的，按照约定处理；没有约定的，按照中国人民银行发布的同期同类贷款利率计息"、第18条"利息从应付工程价款之日计付。当事人对付款时间没有约定或者约定不明的，下列时间视为应付款时间：（一）建设工程已实际交付的，为交付之日；（二）建设工程没有交付的，为提交竣工结算文件之日；（三）建设工程未交付，工程价款也未结算的，为当事人起诉之日"的规定，本案中，案涉工程于2013年1月交付，孔某全主张从2013年2月1日起计算资金占用利息符合法律规定，法院予以支持。

关于鉴定的B种或C种意见应如何采信的问题。建业咨询公司经一审法院委托进行鉴定并作出鉴定意见。建业咨询公司在出具的说明中认为，结合当事人签订的《建设工程合同》及现场实际状况，三种鉴定意见中，B种意见比较符合客观实际，较为合理。同时认为，由于省造价站对咨询问题只是口头答复，未出示书面意见，且没有考虑当事人签订的施工合同及现场实际情况，因此，C种意见仅供法院了解情况。综上，原判采信B种意见正确。太子岭公司一方面上诉认为应以C种意见为依据计算工程价款，另一方面，二审庭审中又称鉴定程序存在过错、鉴定意见不科学，且认为应进行重新鉴定，其主张前后矛盾，且未提供证据证明存在应当进行重新鉴定的法定情形，故太子岭公司的该项上诉理由不成立，法院不予支持。

关于太子岭公司应否向孔某全支付剩余工程款的问题。

（1）关于太子岭公司应否支付高级道工程款的问题。孔某全要求计算第一次开挖的报废高级道工程价款，但其未提供证据证明双方对其主张的报废高级道工程的工程量及价款进行了签证确认，也未举证证明报废高级道的具体工程量，其主张缺乏依据。孔某全在二审中提供的一审证据20号《项目现场签证单》《技术、经济签证核定单》载明的内容中没有双方对报废高级道的工程量及价款进行确认的内容，不能证明其主张，但该证据已提交鉴定并通过计算得出了所涉工程的工程量及价款，其又无其他证据足以推翻该鉴定结果，故其该项上诉理由不成立，不予支持。

（2）关于02号《项目现场签证单》所涉挡墙工程的计算标准问题。孔某全上诉称该项工程计价太低，要求按150元/m³或125.7元/m³的标准计算工程价款，二审中，其提交了一审证据02号《项目现场签证单》予以证明。但该签证单中并没有关于双方确认该项工程的单价为150元/m³或125.7元/m³的内容，孔某全在一审中提交的02号《项目现场签证单》已作为结算依据提交鉴定，且建业咨询公司依据该签证单计算了该项工程价款，孔某全亦未提供其他足以推翻鉴定结果的证据，故原判认定并无不当，孔某全该项上诉理由不成立，法院不予支持。

（3）关于计算翻转土石方的单价问题。太子岭公司上诉主张翻挖土石方单价应以 2009 年定额计价,认为翻挖土石方与挖土石方含义不同,不应以合同约定的挖土石方计价。本案中,合同约定的工程内容系土石方开挖、回填、转运、平整、碾压、边坡修整等,双方在《建设工程合同》第 6.1 条中对挖土石方单价作出了明确约定,并在第 6.3 条中仅对挖掘机进行挖掘的工程量计算方式作出了特别约定,而未对单价标准进行特别约定,该事实证明双方约定的挖土石方内容已经包含了挖掘机翻挖土石方内容,挖掘机翻挖土石方单价即为挖土石方包干单价 13.4 元/m^3。据此,原判认定翻挖土石方单价为 13.4 元/m^3 正确,太子岭公司主张对翻挖土石方另行计价缺乏依据,其该上诉理由不成立,法院不予支持。

(4) 关于太子岭公司应否支付小湿地回填工程款的问题。根据《建设工程合同》第 6.4 条约定,太子岭公司负有组织第三方测绘单位测绘竣工后地貌高程的义务,但太子岭公司组织测绘的测绘图中未反映小湿地回填工程内容,由此导致孔某全在填报结算资料时无法填报该项工程内容的责任应由太子岭公司承担。本案中,孔某全已实际完成了该项工程内容,故应计算工程价款。一审中,孔某全在法庭辩论结束前变更该项请求的具体数额,不违反法律规定,对其主张应予支持。据此,太子岭公司该上诉理由不成立,法院不予支持。

综上,依照《民事诉讼法》第 170 条第 1 款第 2 项,《民事证据规定》第 35 条,《施工合同司法解释》第 17 条、第 18 条之规定,判决:①维持一审法院(2013)阿中民初字第 77 号民事判决第 1 项,即"太子岭公司于本判决生效之日起十日内向孔某全支付茂县九鼎山国际高山滑雪场(示范区)土石方挖填工程和小湿地停车场填方工程的工程款 11 113 293.27 元";②撤销一审法院(2013)阿中民初字第 77 号民事判决第二项,即"驳回孔某全的其他诉讼请求";③太子岭公司于本判决生效之日起 10 日内向孔某全支付欠付工程款 11 113 293.27 元的资金占用利息(利息从 2013 年 2 月 1 日起以 11 113 293.27 元为基数、按照中国人民银行同期同档贷款利率计算至付清之日止);④驳回孔某全的其他诉讼请求。

二审判决作出后,太子岭公司不服(2014)川民终字第 832 号民事判决,向最高人民法院申请再审。

太子岭公司申请再审称:①合同中并未约定翻转土石方单价,翻转土石方与挖土石方不同,不能使用同一单价,故本案以挖土石方包干单价作为挖掘机翻转土石方单价没有合同依据。建业咨询公司在无法确定唯一鉴定意见的前提下才出具了 3 种意见供人民法院参考,是否采纳以及采纳哪一种意见均应由人民法院决定,但是,建业咨询公司随后又出具了带有倾向性意见的说明,认为 B 意见更符合实际,直接导致人民法院采纳了 B 意见,将其意见作为证据,这属于明显的以鉴定代审判。除了被申请人孔某全之外,申请人也委托了其他具有资质的施工单位就同样的工作内容进行施工,在同等条件下,类似本案的翻挖土方包干价格均远低于原判认定的价格,这就造成非法承包人的结算价格反而高于合法承包人,严重扰乱了正常的市场秩序,对申请人而言也有失公平。《会议纪要》形成于2013年5月7日,是在工程尚未结算之前,由此可见,第2条约定的内容实际包含了两层含义:一是双方合意对签证中关于土方转运的工程量计算方式进行变更;二是双方达成了有关土方转运的工程量新的计算方式。就第一层含义,意思表示明确,应当获得法院认可,在此前提下,即使新的计算方式难以形成统一意见,也应当由人民法院根据《合同法》第61、62条的规定,按照条款约定、交易习惯等方式来确定。因此,原审法院完全不考虑双方当事人的意思表示,简单地按照鉴定机构的意见来认定法律事实,显然不当。②原判未将合同内项目和合同外项目进行区分,适用合同约定的单价计算合同外项目,属于适用法律错误。③二审判决改判支持由太子岭公司向孔某全支付资金占用利息超出了被申请人的诉讼请求。二审法院无权直接对被申请人变更后的诉讼请求进行审理和裁判。请求最高人民法院依法予以纠正。

孔某全书面答辩称:太子岭公司的再审申请没有任何事实和法律依据,请求最高人民法院依法驳回太子岭公司的再审申请。

(二) 争议焦点

最高人民法院认为:《民事诉讼法》第168条"第二审人民法院应当对上诉请求的有关事实和适用法律进行审查"的规定表明二审审理范围应限制在一审诉讼请求和审理范围之内,在一审中没有提出的诉讼请求不属于二审审理范围。本案中,孔某全在一审提出的诉讼请求是请求太子岭公司支付自2013年2月1日起至今的违约金981 865.14元,一审法院以双方未对违约责任进行约定为由驳回了孔某全的该项诉讼请求。孔某全在上诉状中仍坚持该项诉讼请求,只是在二审审理期间将该项诉讼请求变更为由太子岭公司向孔某全支付资金占用利息。孔某全变更后的诉讼请求属于新的诉讼请求,一审法院对此未予审理过。二审法院径行审理该项诉讼请求并作出判决,使太子岭公司丧失了对该项判决内容的上诉权,这对当事人来说是不公平的,对于二审法院的做法应予纠正。

本案所涉工程已于2013年1月投入使用。孔某全也于2013年1月5日将工程竣工结算资料报送给太子岭公司,并于2013年4月16日向太子岭公司出具承诺书,承诺:结算资料真实、合法、完整,无错报漏报,如有错报漏报自行承担相应责任,不再补报。双方当事人在《建设工程合同》第13.2条约定,工程竣工验收报告经太子岭公司认可之日起7个工作日内,孔某全向太子岭公司递交竣工结算报告及完整的结算资料进行工程竣工结算。

也就是说,孔某全是在明知涉案工程已经交付使用,其与太子岭公司之间仅是结算工程款关系的情况下向太子岭公司提交的结算报告,该结算报告是孔某全向太子岭公司主张结算工程款的依据。且孔某全对于该结算报告承诺无错报漏报,如有错报漏报自行承担相应责任,不再补报。该承诺应视为孔某全已经放弃了竣工结算报告范围以外的工程价款。太子岭公司未对小湿地回填工程组织测绘与孔某全依照合同约定主张其所作工程的工程款并不矛盾。孔某全在一审中起诉太子岭公司支付小湿地停车场回填工程290 445.82元的诉讼请求也非依据太子岭公司对小湿地回填工程测绘的结果。这也证明了孔某全主张小湿地停车场回填工程的工程款与太子岭公司是否对小湿地回填工程进行测绘没有必然联系。孔某全在结算报告中放弃对小湿地停车场回填工程的工程款主张权利,是孔某全对自己民事权利的处分,法院不应干涉。《施工合同司法解释》第23条规定:"当事人对部分案件事实有争议的,仅对有争议的事实进行鉴定,但争议事实范围不能确定,或者双方当事人请求对全部事实鉴定的除外。"故原审法院应仅就孔某全提交的竣工结算报告范围内的工程造价进行鉴定,不应包括小湿地回填工程。原审法院以太子岭公司组织测绘的测绘图中未反映小湿地回填工程内容,导致孔某全在填报结算资料时无法填报该项工程内容的责任应由太子岭公司承担为由判令太子岭公司支付孔某全小湿地填方工程价款1 222 480.7元是错误的。

(三)处理结果

指令二审法院再审本案,再审期间中止原判决的执行。

案件评析

人民法院应当根据当事人的申请,结合双方争议事项,依照《民事诉讼法》及相关司法解释的规定决定是否启动鉴定并合理确定鉴定事项。人民法院在确定鉴定事项时一般应遵循鉴定范围最小化原则,也即,人民法院在委托鉴定前应通过其他手段排除无争议项,只对有争议项进行鉴定。对于建设工程造价争议,应先根据诉辩意见及当事人举证质证确定争议项,再对争议项进行鉴定。

依据当时有效的《施工合同司法解释》第23条规定:"当事人对部分案件事实有争议的,仅对有争议的事实进行鉴定,但争议事实范围不能确定,或者双方当事人请求对全部事实鉴定的除外。"本案孔某全放弃对小湿地停车场回填工程工程款的主张,是其自行处分自己的民事权利,故本案在进行工程造价鉴定时,应当排除小湿地回填工程。

三、中铁十七局集团有限公司与冷某华建设工程施工合同纠纷[1]

基本案情

(一)基本情况

冷某华于2011年11月14日向长沙市天心区人民法院提起诉讼,请求判令:①湖

---

[1] (2016)最高法民再284号。

南省建筑工程集团总公司（以下简称"湖南建工集团"）和中铁十七局集团有限公司（以下简称"中铁十七局"）向冷某华支付拖欠的工程款6 633 415元；②湖南建工集团和中铁十七局向冷某华支付上述欠款自2003年1月1日起至付清之日止的逾期付款利息；③由湖南建工集团和中铁十七局承担本案全部诉讼费用。

一审查明：2002年1月12日，中铁十七局同三线青岛段项目部（甲方）与湖南建工集团（乙方）签订了一份《承包施工协议书》，合同约定：鉴于甲方以中铁十七局的名义已与业主签订了同三线疏港连接线莱西至两城段第十七合同段工程的施工合同，根据业主的要求及甲乙双方的愿望决定将甲方承担的第十七合同段内部分工程承包给乙方施工。在甲方与业主签订的工程承包合同及附件（称总合同）的基础上，双方平等互利、协商一致，依《合同法》签订本合同。自签订本合同之日起，乙方作为甲方施工力量的一部分进行施工，在本工程项目中乙方编制为同三线青岛段十七合同段第五施工公司。

工程概况：①工程名称为同三线青岛段第十七合同段（K17+850－K19+850段）。②工程施工地点为山东省胶南市。③合同工程内容为K17+850－K19+850段业主招标范围内所有工程的施工。④合同总价：人民币15 000 000元。⑤工程期限：工程自2002年1月12日开工，至2002年12月31日竣工，以业主对工程的要求为准。⑥工程结算：以业主批复的工程量清单内容计算的工程款收取管理费，管理费的提取比例为乙方承包工程总造价的2.5%，税金由业主代扣。

甲方负责与建设单位、监理部门和设计单位的接洽与联系。甲方负责按实际完成并由业主计量认可的工程量、照合同规定拨付工程款。甲方负责施工资料的检查、收集、整理和报送。符合约定情形，甲方有权对乙方工程进行分割或终止合同，如施工情况不能满足甲方要求，乙方分包或转包。乙方负责合同工程的施工、维修和养护，直至合同规定的缺陷责任期满。

乙方对工程质量负责，须做到：①严格照施工图及设计技术说明组织施工，满足国家和合同规定的施工技术规范；②配备必要的测量、试验设备、仪器及专业技术人员；③按照甲方提供工程指定的表格认真填写原始记录，每道工序结束后及时呈报甲方有关人员以便验收计量；④接受业主驻地监理及甲方指派的内部质检人员和现场技术人员全过程监理，对于已完成或新开工程的每一道工序，必须得到监理工程师的签认，特别是隐蔽工程，未得到监理的签认不得进行下一道工序。

乙方对工程工期负责。工程款的结算由甲方负责同业主进行，乙方应及时照规定向甲方报送各种结算报表及监理工程师签证的有关施工原始记录；甲方视业主工程款的支付情况，根据乙方的施工进度及施工情况，综合业主批复的支付证书金额按比例向乙方支付工程进度款；若由于乙方计价资料上报不及时，延误自身工程的计量与支付，甲方概不负责；若由于乙方原因，影响甲方计量及支付工作，甲方视具体情况有权采取相应措施。甲方每月按合同单价，按合同规定的时间、方式向乙方支付工程进度款，扣除甲方的管理费即业主支付进度款的2.5%，乙方的保留金即业主支付进度款的10%（与业主所扣比例相同），保留金的退还按招标文件的规定执行。

在合同签订前，乙方向甲方提供合同工程总价10%的履约保函或甲方认可的担保形式，甲方在收到乙方的履约保函后，照本合同规定的时间、方式及时支付给乙方开工预付款即合同工程总价的10%。

任何设计变更均不能使本合同终止或无效。由业主或监理工程师提出的设计变更，乙方接到甲方的通知后，必须执行；由乙方提出的设计变更，必须由甲方报业主和监理工程师批准后方能实施。甲方未能按照规定时期向乙方拨付工程款，按应付额的0.0055%/天支付利息，并承担由此引起的误工、工期延误造成的一切损失及连带责任。

双方在履行本合同过程中发生争议，协商不成，任何一方可提请管理机构仲裁或直接向人民法院起诉。本合同自签订盖章之日起生效，工程验收、合同结清尾款后失效。

上述合同签订后，2002年3月2日，湖南建工集团下属机构湖南建工集团路桥建筑工程有限公司一局（甲方）与冷某华（乙方）签订了一份《联营承包合同》，合同约定：甲方将所承接的青岛同三线莱西至两城段第十七合同段施工任务承包给乙方施工，具体工程范围详见甲方与业主签订的施工合同；甲方按照乙方承包本工程总造价的2%收取施工管理费，管理费不包括各种税费、劳保费用；乙方负责按甲方与联营方（乙方）签订的联营合同支付联营费用，甲方按计量款与上交比例扣交，如计量到人民币15 000 000元以上，则按总价的4%上交管理费；公司的管理费自第3期计量款开始后按比例收取；该工程未竣工验收前，乙方不得抽调工程款，否则甲方有权采取强制措施，直至合同中止；乙方在该工程结算前，每月上缴财务费用2000元。乙方对该工程项目实行全额承包施工；自垫所需资金，依法经营独立核算，自负盈亏，自担风险；乙方必须依法依规组织施工，全面履行甲方与业主签订的施工合同和甲方与联营方（乙方）签订的联营合同，并承担全部法律责任和经济责任。

上述合同由湖南建工集团路桥工程有限公司一局负责人罗某仰签名并加盖了一局公章。合同签订后，冷某华以湖南建工集团的名义自行组织施工人员、机械设备、自垫资金，对所约定的同三线青岛段第十七合同段（K17+850-K19+850段）工程进行了施工。施工过程中，湖南建工集团派罗某仰为施工现场负责人、刘某为财务负责人驻施工现场代表湖南建工集团监督管理工程施工。由于工程进度、工程质量及工程款支付等原因，中铁十七局要求湖南建工集团更换施工队伍，但湖南建工集团并未更换施工队伍。在中铁十七局的要求下，至2002年底，冷某华组织的施工队伍在未完成全部工程的情况下退出了工程施工，撤回了施工队伍和设备。由于中铁十七局不认可冷某华的施工主体资格，冷某华无法直接要求与中铁十七局进行工程结算，只能通过湖南建工集团路桥工程有限公司一局与中铁十七局进行结算。2003年3月，湖南建工集团路桥工程有限公司一局派刘某等去中铁十七局进行工程对审、办理结算，但没有形成最终结算协议。

湖南建工集团在冷某华施工队伍进场施工到退场期间，总计收到中铁十七局支付的工程进度款为2 616 275.93元。湖南建工集团付给冷某华的工程进度款，冷某华只认可2 379 275.93元，还主张扣除其向湖南建工集团支付的保证金165 000元后，实际只收到湖南建工集团支付的工程进度款2 229 275.93元。另，冷某华认可李某森、孙某波、常某军等施工队劳务人员系受其聘用，中铁十七局代付给他们的工程款285 892元，冷某华予以追认。另有用砼款19 880元、转台班材料款250元及领用表格款990元，冷某华也予以追认。根据湖南建工集团出示的冷某华的财务人员文某云、杨某伶、吴某国向湖南建工集团出具的收据，自2002年3月至2003年3月15日止，共计77张，收据总金额为2 879 545.70元。经双方核对，冷某华对其中2002年9月2日至9月20日7张收据计265 000元不予认可，认为该款系冷某华将自有资金交杨广伶付到工地，由会计文某云向杨某伶出具收据，并非收到的湖南建工集团的工程款，扣除此7笔计265 000元款项外，实际收款2 614 545.70元。此外，冷某华对2002年7月18日和7月19日由文某云单独签名出具的两份收据计333 000元款项也不认可，认为没有付款凭证为证。

2004年10月3日，中铁十七局同三线青岛段项目部与马某森（案外人）代表的湖南建工集团路桥工程有限公司签订了一份"同三线高速公路青岛段第十七合同段工程结算书"，结算金额为3 302 053元。甲方加盖中铁十七局同三线青岛段项目部公章，乙方加盖"湖南建工集团路桥建筑工程有限公司"印章，经办人由"马某森"签名。附件工程结算表，除有中铁十七局白某杰在制表格内的签名外，无其他签名。2005年1月17日，马某森向中铁十七局同三线青岛段项目部出具了一份由其签名并加盖"湖南建工集团路桥建筑工程有限公司"印章的收款收据，计人民币240 320.07元，附注为工程款。中铁十七局同三线青岛段项目部在收据下方出具说明如下：2005年1月17日，中铁十七局同三线青岛段项目经理部给湖南建工集团路桥建筑工程有限公司最后一次付款240 320.07元，已将工程款全部结清。

2003年1月18日，冷某华向湖南建工集团派出同三线青岛段第十七合同段的工程负责人罗某仰出具一份"承诺"，内容为"下述变更项目："第1.2.3.4.5.6.项总计4 285 888元。以上变更款我们公司同三线青岛段项目管理部只要'X'佰万壹拾肆万贰仟肆佰肆拾伍元整，余款转交给马某森同志使用。"承诺人冷某华签名，罗某仰签了"同意"二字并署名，落款日期为2003年1月20日。罗某仰于2004年4月因病去世。在冷某华于本次诉讼前提起的诉讼中，双方就该罗某仰签名字迹是否为其本人书写发生分歧。人民法院委托南京师范大学司法鉴定中心鉴定，2009 年 11 月 13 日，该中心出具了南师大司鉴中心（2009）复核鉴字第 223 号司法鉴定意见书，鉴定意见为"同意．罗某仰"字迹与样本字迹是同一人书写。

冷某华退出同三线青岛段第十七合同段工程施工后，不间断地每年都向湖南建工集团口头和书面催促结算，均未果。2007 年冷某华就工程施工合同纠纷向一审法院提起民事诉讼，因故于 2011 年 5 月 17 日撤诉，一审法院裁定准许其撤诉。撤诉后，2011 年冷某华自行委托湖南天兴工程造价咨询有限公司就同三线青岛段第十七合同段他已完成工程量的工程造价款进行咨询。该公司于 2011 年 8 月 9 日出具了《关于同三线青岛段十七合同段湖南建工集团完成工程的造价咨询报告》，意见为该工程已完成工程量造价为 9 133 415 元。因此，冷某华以该造价咨询报告为依据向一审法院第二次提起民事诉讼。

诉讼中，一审法院向青岛市高速公路管理处调取了中铁十七局同三线青岛段项目部文件同计支字（2002）第 1-9 号和（2003）第 1 号、第 7 号《关于申请第十七合同段第一——十一期支付的报告》及附件支付申请表、工程进度表、投资及工程支付月表、清单支付报表、中间计量支付明细表、工程变更一览表、承包人工程设备情况表。

第 1 期支付报告同计支字（2002）第 1 号及附件记载了中铁十七局作为同三线青岛段第十七合同段工程总承包人，截至 2002 年 3 月 25 日完成的第一期施工任务，本期完成工程 2 583 876 元，其中工程量清单部分 1 765 336 元，工程变更部分 818 540 元，至本期末累计完成 2 583 876 元，占有效合同价的 3.52%。

第 2 期支付报告同计支字（2002）第 2 号及附件记载了中铁十七局截至 2002 年 4 月 26 日完成的第 2 期施工任务，本期完成工程 5 190 169 元，其中工程量清单部分 4 371 629 元，工程变更部分 818 540 元，至本期末累计完成 7 774 045 元，占有效合同价的 10.58%。

第 3 期支付报告同计支字（2002）第 3 号及附件记载了中铁十七局截至 2002 年 5 月 26 日完成的第 3 期施工任务，本期完成工程 6 034 605 元，其中工程量清单部分 5 225 334 元，工程变更部分 809 271 元，至本期末累计完成 13 808 650 元，占有效合同价的 18.79%。

第 4 期支付报告同计支字（2002）第 4 号及附件记载了中铁十七局截至 2002 年 6 月 26 日完成的第 4 期施工任务，本期完成工程 11 131 317 元，其中工程量清单部分 11 131 317 元，工程变更部分 0 元，至本期末累计完成 24 939 967 元，占有效合同价的 33.94%。

第 5 期支付报告同计支字（2002）第 5 号及附件记载了中铁十七局截至 2002 年 7 月 26 日完成的第 5 期施工任务，本期完成工程 4 910 884 元，其中工程量清单部分 4 384 396 元，工程变更部分 526 488 元，至本期末累计完成 29 850 851 元，占有效合同价的40.63%。

第6期支付报告同计支字（2002）第6号及附件记载了中铁十七局截至2002年8月26日完成的第6期施工任务，本期完成工程5 263 775元，其中工程量清单部分5 128 017元，工程变更部分135 758元，至本期末累计完成35 114 626元，占有效合同价的47.79%。

第7期支付报告同计支字（2002）第7号及附件记载了中铁十七局截至2002年9月26日完成的第7期施工任务，本期完成工程5 225 596元，其中工程量清单部分4 992 932元，工程变更部分232 664元，至本期末累计完成40 340 222元，占有效合同价的54.90%。

第8期支付报告同计支字（2002）第8号及附件记载了中铁十七局截至2002年10月26日完成的第8期施工任务，本期完成工程5 506 014元，其中工程量清单部分5 235 212元，工程变更部分270 802元，至本期末累计完成45 846 236元，占有效合同价的62.39%。

第9期支付报告同计支字（2002）第9号及附件记载了中铁十七局截至2002年11月26日完成的第9期施工任务，本期完成工程16 980 228元，其中工程量清单部分13 761 882元，工程变更部分3 218 346元，至本期末累计完成62 826 464元，占有效合同价的85.5%。

第10期支付报告同计支字（2003）第1号及附件记载了中铁十七局截至2003年3月26日完成的第10期施工任务，本期完成工程9 403 264元，其中工程量清单部分9 053 806元，工程变更部分349 458元，至本期末累计完成72 229 728元，占有效合同价的98.3%。

第11期支付报告同计支字（2003）第7号及附件记载了中铁十七局截至2003年7月25日完成的第11期施工任务，本期完成工程17 042 972元，其中工程量清单部分12 259 667元，工程变更部分4 783 305元，至本期末累计完成89 272 700元，占有效合同价的121.5%。

根据上述支付报告及附表，中铁十七局从发包方承包的工程范围为同三线青岛段第十七合同段（K17+850-K26+600段）。以上工程包含了冷某华从湖南建工集团承包的K17+850-K19+850段工程，以上工程分十一期全部完工，其中累计变更量达11 144 614元。

诉讼中，第三人中铁十七局出具了其单方委托山西宝鹏会计师事务所有限公司出具的鉴定意见书一份，鉴定意见为：①中铁十七局同三线青岛段项目部与湖南建工集团路桥有限公司往来账目清楚，双方结算金额3 302 053元。中铁十七局同三线青岛段项目部实付湖南建工集团（路桥工程有限公司）工程结算款3 302 053元，已全部付清。②中铁十七局同三线青岛段项目部按照《承包施工协议书》的约定对湖南建工集团应该提取完成工程总造价的 2.5%的管理费。中铁十七局同三线青岛段项目部没有收取管理费 82 557.33 元。冷某华与中铁十七局均不认可对方单方委托所作出的鉴定意见。湖南建工集团也不认可冷某华出具的造价咨询报告，申请由人民法院就冷某华已完成的工程量造价进行司法鉴定。一审法院依法定程序委托湖南建业项目管理有限公司对冷某华完成的同三线青岛段十七合同段（K17+850-K19+850 段）工程造价进行鉴定。鉴定费 105 000 元，已由湖南建工集团垫付。

湖南建业项目管理有限公司于 2012 年 12 月 4 日出具了湘建咨询（2012）187 号《关于冷某华完成同三线青岛段十七合同段工程造价鉴定报告》，鉴定意见为：中铁十七局同三线青岛段项目文件及其附件中，明确是冷某华同三线青岛段第十七合同段（K17+850-K19+850 段）合同范围内的工程造价为 6 273 463 元；对于中铁十七局同三线青岛段项目部文件同计支字（2002）1、9 号《关于申请第十七合同段第一、九期支付的报告》及其附件中，桩号标为（K17+850-K26+600）的清理与掘除、路基填土、路基填石 3 个项目，按照（K17+850-K19+850）占（K17+850-K26+600）中长度比例计算冷某华合同范围内的工程量及造价，计 601 026 元，是否合理由法院裁决；法院采信的"2003 年元月 23 日冷某华与卿耀剑结算书及卿耀剑的庭审证言"中，K17+950 箱涵 21.414m，计量在中铁十七局同三线青岛段项目部文件同计支字（2003）1 号《关于申请第十七合同段第十期支付的报告》及其附件中，报告时间（2003 年 3 月 26 日）在冷仲华的退场时间之后，该项造价计 233 473 元，是否计为冷某华完成的造价由法院裁决；罗某仰签名的承诺中 K17+850-K19+850 挖弃石方及 K19+750-K19+812 路基填石方工程量及造价对应在中铁十七局同三线青岛段项目部文件同计支字（2003）7 号《关于申请第十七合同段第十一期支付的报告》及其附件中，报告时间（2003 年 7 月 25 日）在冷某华的退场时间之后，该部分造价计 1 485 948 元，是否计为冷某华完成的造价由法院裁决。

该造价鉴定报告由注册造价师陈某、工程造价师肖某纯、合同造价员冯某辉共同完成，报告末尾加盖了注册造价师陈某、工程造价师肖某纯、造价员鲁某的印章，冯某辉签字，湖南建业项目管理有限公司加盖了公司章。湖南建工集团和中铁十七局收到鉴定报告后提出了异议，认为鉴定人有一位未盖章，却有一位非鉴定人盖章，形式不合法，鉴定结论不客观，冷某华始终未提交施工现场原始资料等。湖南建工集团和中铁十七局要求鉴定人出庭接受质询。

一审法院于 2012 年 12 月 14 日通知鉴定人到庭接受质询。鉴定人接受质询意见如下：鉴定人依法只需要 2 名注册造价工程师签名并加盖执业专用章和编制单位印章即为合法，陈某和肖某纯系注册在本公司的造价工程师，已签署并加盖个人执业专用章，满足《湖南省建设工程造价管理办法》之要求。冯某辉和鲁某作为负责该项目的注册造价工程师的技术助理人员，参与了数据计算工作，他们签名与盖章不影响该报告的效力。鉴定人于某质询后出具了一份说明，内容与接受质询所表达的意见一致。

在本案审理过程中，中铁十七局提出中铁十七局同三线青岛段项目文件同计支字（2003）第1-9号和（2003）第1、7号《关于申请第十七合同段第一——十一期支付的报告》虽然真实，但不能证明该工程系冷某华完成，因为中铁十七局与冷某华不存在合同关系，而且湖南建工集团所派施工队伍的施工进度和工程量达不到业主及合同要求。中铁十七局只好自己另派施工队伍参与施工，其他施工队伍完成的工程量不能计入湖南建工集团的工程量名下。但经一审法院释明后，中铁十七局未向法庭提交由其他施工队伍完成工程量的证据。

长沙市天心区人民法院一审认为：

（1）湖南建工集团与中铁十七局同三线青岛段项目部所签《承包施工协议书》合法有效，该协议证明了中铁十七局将自己总承包的同三线青岛段十七合同段工程部分工程（K17+850-K19+850段）分包给了湖南建工集团施工。湖南建工集团路桥工程有限公司一局将湖南建工集团从中铁十七局承包的建设工程与冷某华签订《联营承包合同》，以联营承包形式实际转包给冷某华，违反了《合同法》第272条的规定，故该《联营承包合同》为无效合同。湖南建工集团路桥工程有限公司一局与冷某华所签《联营承包合同》虽然为无效合同，但冷某华按照该合同约定进行了工程施工，对冷某华完成的已经竣工验收合格的工程，冷某华依法有权参照合同约定要求支付工程价款。

（2）关于冷某华实际完成的工程量及工程价款。①中铁十七局提出已与湖南建工集团路桥工程有限公司签订了工程结算书，结算金额为3 302 053元，而签订该工程结算书的湖南建工集团代表为马某森（案外人），湖南建工集团提出中铁十七局提供的结算书并非湖南建工集团授权人员作出，也非湖南建工集团路桥建筑工程有限公司加盖的印章。冷某华则认为其完成的工程量还不止3 302 053元，而是9 133 415元，后经司法鉴定应为8 984 913元。②马某森非湖南建工集团或下属路桥公司员工，也非湖南建工集团或下属路桥公司授权委托办理工程结算的人员，而马某森所持湖南建工集团路桥公司印章，湖南建工集团在庭审中明确表示非该公司提供的印章，其与中铁十七局所签工程结算书不能代表湖南建工集团。此外，作为工程结算书附件的工程结算表，仅有中铁十七局工作人员白俊杰在制表栏内签名，没有湖南建工集团方签名，所以该工程结算书对湖南建工集团不发生效力。③湖南建工集团明确表示由马某森从中铁十七局领取工程款所出具的收据及加盖的公章均非湖南建工集团出具，中铁十七局在未获湖南建工集团授权领取工程款的情形下向马某森支付所谓的工程款，不应计入已付湖南建工集团工程款。对湖南建工集团此辩称理由，予以采纳。中铁十七局提交的湖南建工集团与青岛新冠实业有限公司所签联营协议复印件，湖南建工集团未认可其真实性，冷某华也不认可其真实性，故该证据不能采信。即使合同真实性可以确定，该合同也未授权马某森可以代表湖南建工集团收取工程款和办理工程结算。④关于中铁十七局提交的山西宝鹏会计师事务所有限公司出具的《同三线高速公路青岛段第十七合同段中铁十七局同三线青岛项目部与湖南省建筑工程集团总公司结算情况鉴定报告》，因系中铁十七局单方委托，且鉴定依据仅为中铁十七局所出具的结算审计汇总表及中铁十七局与马某森代表的湖南建工集团路桥公司所签工程结算书，未通知承包人提供鉴定资料，不具有合法性、公正性和科学性。冷某华与湖南建工集团均不认可，不予采信。⑤当事人对工程量有争议的，依据《施工合同司法解释》第19条规定，按照施工过程中形成的签证等书面文件确认。但承包人能证明发包人同意其施工，但未能提供签证文件证明工程量的，也可以按照当事人提供的其他证据确认实际发生的工程量。本案冷某华不能提交施工过程中形成的签证等书面文件证明自己完成的工程量，可以按当事人提供的其他证据予以确认。冷某华作为实际施工人提交了经中铁十七局认可的向发包人出具的中铁十七局同三线青岛段项目部文件同计支字（2002）第1—9号和（2003）第1号、7号《关于申请第十七合同段第一—十一期支付的报告》及其附件工程进度表、投资及工程支付月报、清款支付报表、中间计量支付明细表、工程变更一览表、承包人施工报告情况表等已证实同三线青岛段第十七合同段之K17+850-K26+600段在该十一期工期内完成的工程量及应计工程价款。中铁十七局在诉讼中称，该工程量及工程价款只是中铁十七局向建设方报送的申请支付报告，不是工程量及工程价款的最后应计数额，应以建设方最终确认的工程量和工程价款为准。一审法院认为确应如此，但因为中铁十七局作为该工程的总包人向发包人报送的申请支付报告，发包人仅会向中铁十七局进行工程量和工程价款的确认，湖南建工集团和冷某华作为分包人和实际施工人，不可能得到发包人与总承包人中铁十七局最终确认的工程量和工程价款的证据。中铁十七局有义务举证证明其与发包人最终确认的工程量及工程价款，但其经法院释明后仍未提交。所以，该工程量及工程价款虽然不是发包人与总包人中铁十七局之间确认的最终工程量及工程价款，但该工程量及工程价款是中铁十七局作为总包人向发包人和分包人作出的一个自认。所以关于K17+850-K19+850段所完成的工程量及工程价款可以依据上列支付报告及附件来予以确认。鉴于以上支付报告及附件包含了K17+850-K26+600段的工程量和工程价款，要证明K17+850-K19+850段在其中所占工程量及应计工程价款是属于会计审计专业的工作，人民法院依法委托湖南建业项目管理有限公司就冷某华完成的同三线青岛段第十七合同段（K17+850-K19+850段）工程造价进行司法鉴定。⑥关于湖南建业项目管理有限公司《关于冷某华完成同三线青岛段第十七合同段（K17+850-K19+850段）工程造价鉴定报告》的采信。其一，该司法鉴定报告是依法定程序委托具有司法鉴定资质的司法鉴定机构作出。其二，该司法鉴定是根据人民法院提交的鉴定资料作出。其三，鉴定报告由两名鉴定人签名盖章，并加盖了鉴定机构公章。对该鉴定报告真实性、合法性、关联性予以采信。⑦根据庭审查明的事实，冷某华于2002年初进场施工，到2002年底退场，施工期间可以认定为2002年2月至2002年12月31日。那么中铁十七局同三线青岛段项目部文件《关于申请第十七合同段第一至九期支付报告》及附表所计量的K17+850-K19+850段已完工工程应全部视为冷某华完成。湖南建工集团和中铁十七局称因工程进度缓慢等原因,中铁十七局另派施工队伍在K17+850-K19+850段工程进行施工,但未提交任何证据证明。根据法院委托湖南建业项目管理有限公司司法鉴定之鉴定意见第1项,K17+850-K19+850段合同范围内的工程造价为6 273 463元。该鉴定意见实际是对中铁十七局第一至九期(2002年3月-2002年11月26日)支付报告及附表中所列(K17+850-K19+850)段完成的工程量及计价进行统计得出。以上完成的工程量及计价量是经中铁十七局认可并报送业主审批的工程量及工程价款。一审法院依法采信该鉴定意见。⑧关于鉴定意见第2项(K17+850-K26+600)段的清理与掘除、路基填土、路基填石3个项目,由于第一至九期支付报告中未将K17+850-K19+850段分别计算,而是总含在K17+850-K26+600段内。鉴定意见按长度比例计算K17+850-K19+850段工程量及造价的意见体现了民法的公平原则。认定冷某华完成的清理与掘除、路基填土、路基填石工程价款应计算601 026元。⑨关于鉴定意见第3项所涉箱涵工程,根据庭审查明系卿某剑单独完成施工,冷某华与卿某剑已办理了结算。且湖南建工集团当时派驻工程项目工地的财务负责人刘某也证实卿某剑确实在该项目中与冷某华处承包了箱涵工程。而该箱涵工程在中铁十七局(2003)第1号第10期支付报告及附件中记载有K17+950箱涵21.414m,虽然该支付报告在冷某华退场后出具,但应认定为冷某华完成,所以工程价款233 473元应支付给冷某华。⑩关于鉴定意见第4项体现在中铁十七局同三线青岛段项目部文件第11期支付报告及附件中记有K17+850-K19+850挖弃石方及K19+750-K19+812路基填石方工程量,造价为1 485 948元。该鉴定意见只是对第11期支付报告及附件中记载了的K17+850-K19+850段挖弃石方和路基填石工程量进行了统计。2003年1月18日罗某仰签名的承诺中也记载了该部分变更工程量,只是冷某华当时罗列的变更量大于支付报告中所列工程量,可以证明中铁十七局是承认了该工程量存在的。由于该部分工程属于路基工程,该工程不可能是冷某华退场之后完成的,虽记载在2003年7月中铁十七局报告给业主的第11期工程量范围,应视为冷某华施工期间内完成,故该部分工程款应支付给冷某华。⑪中铁十七局同三线青岛段项目部文件同计支字(2003)第1号《关于申请支付第十七合同段第十期支付的报告》及附件中结合鉴定意见中鉴定说明第4条,该期支付报告及附件中包括有K17+850-K19+850段工程造价1 564 013元。冷某华退场时间认定为2002年12月31日,前9期支付报告所涉工程量及造价系2002年10月25日至2002年11月25日期间的工程量及工程造价,而第10期支付报告及附件所含工程量及造价为2002年11月26日至2003年3月25日4个月完成的工程量和工程造价。冷某华在该期内应计施工期40天,考虑冷某华年底退场因素按1个月施工期计算工程量和工程造价。在没有其他证据证实冷某华在一个月内完成的工程量少于退场后各个月完成的工程量的情况下，按每个月均等完成工程量计算工程造价较为公平。故将第10期完成的工程造价1 564 013元按4个月等份，从而认定冷某华在2002年11月26日至2002年12月25日完成工程造价为391 003元。综上，冷某华在施工期间完成的工程造价为6 273 463元+601 026元+233 473元+1 485 948元+391 003元=8 984 913元。⑫关于冷某华出具的经罗某仰签字认可的承诺，业经南京师范大学司法鉴定中心（2009）复核鉴字第223号司法鉴定意见书鉴定，罗某仰签名系本人书写。由于罗某仰系湖南建工集团委派的工程管理负责人，其认可的冷某华在施工过程中完成的工程变更量具有一定真实性，可以证实冷某华在施工过程中工程量变更事实的存在，但具体变更的工程量为多少仍应以中铁十七局支付报告及附件中记载的工程变更量为依据确定工程变更量。

（3）关于中铁十七局付湖南建工集团工程款数额之认定。中铁十七局根据所列对湖南建工集团付款明细台账中认为已付3 302 053元，由于湖南建工集团从未出具授权马某森领取工程款的书函，而马某森领取工程款时出具的湖南建工集团印章非湖南建工集团所提供，故中铁十七局向马某森支付的240 320.07元款项不应计入付湖南建工集团工程款。此外施工队试验费28 385元，湖南建工集团未出具收据而是中铁十七局在应付湖南建工集团工程款账内抵扣但湖南建工集团和冷某华均不予认可。该款不能视为中铁十七局已付湖南建工集团工程款。关于中铁十七局付给湖南建工集团而由湖南建工集团付给马某森的120 000元，马某森虽然在收条中表明不计入中铁十七局付湖南建工集团工程款，但无中铁十七局认可该说法的证据，只不过是马某森单方表示，该款仍应认定为湖南建工集团收中铁十七局工程款。其余部分均认定中铁十七局付湖南建工集团。综上，中铁十七局已付湖南建工集团工程款为3 302 053元-240 320.07-28 385元=3 033 347.93元。

（4）冷某华已收工程款之认定。湖南建工集团付给冷某华的工程款全部系从中铁十七局所收工程款转付。根据湖南建工集团提交的冷某华出具的收款收据77份，总计收据金额为2 879 545.7元。经法院组织冷某华和湖南建工集团质证，冷某华对其中文观云出具的7份收据注明"杨某伶交冷某华工程款"的收据，冷某华不认可，总计金额265 000元。经法院审理查明，杨某伶系冷某华聘用的会计，文某云系冷某华聘用的出纳。杨某伶对此也向法庭作出了一个书面说明证明冷某华作为工地老板，付到工地开支的现金，每次都是先将钱交给会计杨某伶，由杨某伶分批分次交文观云作为工程款使用，上列7份收据是文某云收到杨某伶交给文某云的款项后支付工地开支的资金与湖南建工集团和刘某无关。故上列注明"文某云收杨某伶交冷某华工程款"内容的收据，不能认定为冷某华收湖南建工集团工程款，应从湖南建工集团付冷某华工程款中扣除。冷某华对2002年7月18日和2002年7月19日两份由文某云向湖南建工集团所出具的金额为333 000元的收据，认为只有文某云个人签字，无杨某伶签字也无转账凭证不予认可。对此,法院认为文某云作为冷某华聘请的财务出纳,其行为属于职务行为,其向湖南建工集团出具收据,应视为冷某华收款。故湖南建工集团转付冷某华工程款数额应认定为 2 879 545.7 元-265 000 元=2 614 545.7 元。

此外,冷某华庭后追认李某森、孙某波、常某军系冷某华聘用的施工劳务人员,由湖南建工集团开具了收据而由中铁十七局代付李某森、孙某波、常某军等施工队工程款 285 832 元应由其承担,代付刘某工资 20 000 元也由其承担,对中铁十七局直接抵扣的用砼款 19 880 元也予认可,扣台班材料款 250 元和扣领用工程表格款 990 元冷某华也予以认可。但对中铁十七局所列试验费 28 385 元不予认可,因其时冷某华早已退场,不存在试验费的承担。对此,法院予以采纳。据此可认定冷某华实收湖南建工集团转付工程款和中铁十七局代付工程款及代扣费用共计 2 614 545.7 元+285 832 元+19 880 元+250 元+990 元=2 921 497.7 元。

综前所述,冷某华在承包同三线青岛段第十七合同段（K17+850-K19+850）段工程施工中已完成的工程量应获得的工程价款为 8 984 913 元,已得到支付的工程款为 2 921 497.7 元,尚有工程款 6 063 415.3 元未得到给付。湖南建工集团收到中铁十七局支付的工程进度款除 111 850.3 元外其余部分均已付给了冷某华,中铁十七局应付湖南建工集团工程款为 8 984 913 元,而仅向湖南建工集团支付 3 033 348 元,还应当向湖南建工集团支付 5 951 565 元。根据中铁十七局与湖南建工集团所签承包施工协议书,税金由承包人承担。由于冷某华系该工程的实际施工人,该工程系冷某华自筹资金、自行组织施工人员、自行提供施工设备、自负盈亏而施工的工程,所以该工程款中铁十七局应直接支付给冷某华,该工程应由承包人承担的税金转由冷某华承担。湖南建工集团应对已收到未付给冷某华的工程款 111 850.3 元范围内向冷某华承担支付义务。

（5）关于逾期支付工程款利息之认定。中铁十七局与湖南建工集团于 2002 年 12 月底已实际解除建设工程施工合同,冷某华作为该工程实际施工人也已于 2002 年 12 月底撤离施工场所,中铁十七局和湖南建工集团应立即就冷某华已完成的建设工程进行验收和结算,但一直没有依法进行结算,而冷某华所完成的建设工程已于 2002 年 12 月底已交付给了中铁十七局。自交付之日起,应视为冷某华完成的建设工程质量合格。依照《施工合同司法解释》第 10 条规定,建设工程施工合同解除后,已经完成的建设工程质量合格的,发包人应该按照约定支付相应的工程价款。中铁十七局作为与湖南建工集团建设工程施工合同的发包人,应当自建设工程交付之日起支付应付工程款而未完全支付,应自建设工程交付之日起按照中国人民银行发布的同期同类贷款利率标准向冷某华支付逾期付款利息,直至工程款付清之日为止。湖南建工集团收到了中铁十七局支付的工程款而有 111 850.3 元未转付给冷某华,所以湖南建工集团应自 2003 年 3 月 16 日起,按照中国人民银行发布的同期同类贷款利率标准向冷某华支付逾期付款利息至付清之日止。

（6）关于冷某华提出向湖南建工集团交纳了16.5万元工程保证金的问题。冷某华提交了2001年3月20日朱某仁出具的一张收条内容为今收到冷某华江西资格预审书中的信贷证明费用及押金15 000元整和冷某华与李某中的电话记录。一审法院认为该收条系朱某仁个人出具，出具时间为2001年3月20日，其用途与冷某华要证明的用途不同，故对该收条不予采信，冷某华要求湖南建工集团退还保证金16.5万元，不予支持。

综上，长沙市天心区人民法院据此作出（2011）天民初字2434号民事判决：①由湖南建工集团向冷某华支付工程款人民币111 850.3元；②由湖南建工集团按照中国人民银行发布的同期同类贷款利率标准向冷某华支付自2003年3月16日起至上述工程款付清之日止的逾期付款利息；③由中铁十七局向冷某华支付欠付工程价款人民币5 951 565元；④由中铁十七局按照中国人民银行发布的同期同类贷款利率标准向冷某华支付自2003年1月1日起至付清上述第3项工程款之日止的逾期付款利息；以上1至4项债务限湖南建工集团、中铁十七局于本判决生效之日起5日内一次性履行完毕。⑤驳回冷某华其他诉讼请求。

中铁十七局不服一审判决，向二审法院提起上诉。

二审认为，本案的争议焦点：①确认冷某华实际施工的工程量的依据；②冷某华实际施工的工程价款具体数额；③中铁十七局与湖南建工集团对冷某华工程款的具体分担。

关于确认冷某华实际施工的工程量的依据。中铁十七局主张称应以其与马某森代表的湖南建工集团路桥工程有限公司于2004年10月3日所签订的工程结算书，以及双方签字认可的《工程量计算汇总表》作为确认冷某华所完成工程价款的依据。对此，首先，马某森并非湖南建工集团或其下属路桥公司的员工，中铁十七局主张马某森具有办理结算的权利主要是基于湖南建工集团路桥工程有限公司与青岛新冠实业有限公司所签订的《联营协议》，然而该协议中仅明确马某森系湖南建工集团路桥工程有限公司所聘请的青岛新冠实业有限公司的工作人员，虽然马某森为项目副经理，但其工作职责为协助湖南建工集团路桥工程有限公司，湖南建工集团也并未明确授权马某森收取工程款及办理工程结算。而且从湖南建工集团于2007年10月22日派刘某和唐某清等3人前往中铁十七局办理涉诉工程的财务对账等事项的情况看，直至2007年10月，湖南建工集团与中铁十七局仍未就涉诉工程价款的结算达成合意。因此，马某森用非湖南建工集团提供的"湖南建工集团路桥建筑工程有限公司"印章于2004年10月3日与中铁十七局签订的工程结算书，并非湖南建工集团的真实意思表示，不能作为确认冷某华实际施工的工程价款的依据。

其次，中铁十七局所提交的工程量计算汇总表系中铁十七局于2007年单方所编制,汇总表上"刘某"的签字也是刘某在2007年一次性签的,加之湖南建工集团和冷某华对该工程量计算汇总表的真实性均不予认可,而且中铁十七局也未能提交制作工程量计算汇总表的基础单据,因此该院对中铁十七局提交的工程量计算汇总表的真实性不予认可,该汇总表不能作为确认冷某华实际施工工程量的依据。冷某华在施工过程中未形成签证等文件,但提交了中铁十七局同三线青岛段项目部文件同计支字(2002)第1-9号和(2003)第1号、7号《关于申请第十七合同段第一——十一期支付的报告》及其附件工程进度表、投资及工程支付月报、清款支付报表、中间计量支付明细表、工程变更一览表、承包人施工报告情况表等证据证明其实际施工的工程量。由于上述支付报告及其附件系中铁十七局认可并向发包人出具的,因此可以证明同三线青岛段第十七合同段之K17+850-K19+850段所完成的工程量。

中铁十七局抗辩称:上述支付报告中不仅包括冷某华施工的工程,还包括在冷某华停工后中铁十七局调集其他施工队所施工的工程,因此不能将上述支付报告作为确认冷某华实际施工工程量的依据。中铁十七局对上述抗辩主张应当提供其与其他施工队的施工合同、具体施工的工程量、工程款支付情况等相关证据予以证明,但中铁十七局未能提供充分的证据证明其上述主张,因此对于中铁十七局的抗辩主张,该院不予支持,冷某华所提交的中铁十七局同三线青岛段项目部文件同计支字(2002)第1-9号和(2003)第1号、7号《关于申请第十七合同段第一-十一期支付的报告》及其附件可以作为确认冷某华实际施工的工程量及相应工程价款的依据。

此外,冷某华于2003年1月18日书写的并由罗某仰签字同意的《承诺》,因罗某仰系湖南建工集团派驻同三线青岛段第十七合同段的工程负责人,故罗某仰在冷某华所出具的《承诺》上签字确认,可以证明冷某华施工的工程存在变更的情况,因此该院对该《承诺》予以采信。刘某与卿某剑系实际参与本案涉诉工程管理和施工的人员,他们的庭审证言可以证明相应的事实,予以采信。

综上,湖南建业项目管理有限公司基于法院的委托,根据冷某华提交的上述证据作出的《关于冷某华完成同三线青岛段第十七合同段(K17+850-K19+850)工程造价鉴定报告》依法有效,可以作为确认冷某华实际施工的工程价款的依据。

关于冷某华实际施工的工程价款具体数额。湖南建业项目管理有限公司作出的《关于冷某华完成同三线青岛段第十七合同段(K17+850-K19+850)段工程造价鉴定报告》确定了4项内容:①冷某华同三线青岛段第十七合同(K17+850-K19+850)段合同范围内的工程造价为6 273 463元;②(K17+850-K26+600)段的清理与掘除、路基填土、路基填石3个项目,按照(K17+850-K19+850)段占(K17+850-K26+600)段中长度比例计算冷某华合同范围内的工程量及造价,计601 026元;③中铁十七局同计支字(2003)1号第10期支付报告及附件中记载的K17+950箱涵21.414m,造价为233 473元;④中铁十七局同计支字(2003)7号第11期支付报告及附件中记载的 K17+850-K19+850 挖弃石方及 K19+750-K19+812 路基填石方的工程造价为 1 485 948 元。

关于第 1 项，因中铁十七局未能提供充分证据证明第十七合同段 K17+850-K19+850 段工程除了冷某华实际施工的工程外还有其他施工队也进行了施工及其具体工程量，故该院认定第十七合同段 K17+850-K19+850 段系由冷某华所完成，工程价款为 6 273 463 元；关于第 2 项，因支付报告中未将 K17+850-K19+850 段分别计算，中铁十七局也未能提供充分证据证明该段的清理与掘除、路基填土、路基填石 3 个项目低于 K17+850-K26+600 段的平均值，故该院认为鉴定报告按长度比例计算较为合理，予以确认；关于第 3 项，因卿耀剑在庭审中证明 K17+950 箱涵 21.414m 的工程系由其完成，并与冷某华签订了结算单，而且刘某也证实卿某剑确实承包了箱涵工程，中铁十七局抗辩称该部分工程系由他人所完成，但未能提供充分证据予以证明，故对于鉴定报告中的第 3 项内容，予以确认；关于第 4 项，因罗某仰签字确认了冷某华存在挖弃石方及路基填土石方的变更工程，但关于该变更工程的具体造价应根据第 11 期支付报告予以确定，故该院确认鉴定报告中的第 4 项工程价款应支付给冷某华。

另，湖南建业项目管理有限公司作出的上述 4 项鉴定结论并不包括 2002 年 11 月 26 日之后的工程造价，根据中铁十七局同计支字（2003）1 号第 10 期支付报告，2002 年 11 月 26 日至 2003 年 3 月 25 日所完成的工程造价为 1 564 013 元。根据刘某的庭审证言，冷某华在 2002 年年底才退场，而中铁十七局也未能提供充分证据证明第 10 期报告中的工程均系冷某华以外的施工队所完成，也未能证明自 2002 年 11 月 26 日至 2002 年年底期间施工的工程量及工程价款，因此原审法院按照公平原则认定冷某华在 2002 年 11 月 26 日之后完成的工程为第十期支付报告中工程造价的 1/4 并无不当，予以确认。

综上，冷某华实际施工的工程价款为 8 984 913 元。

中铁十七局与湖南建工集团对冷某华工程款的具体分担。由于中铁十七局对法院所认定的中铁十七局已向湖南建工集团支付了工程款 3 033 348 元，及湖南建工集团转付给冷某华工程款 2 921 497.7 元的事实并未提出异议，因此对该事实予以确认。根据《施工合同司法解释》第 26 条之规定，实际施工人可以以转包人、违法分包人为被告起诉。在本案中，湖南建工集团只出借建筑资质，将中铁十七局支付的工程款转付给冷某华，而实际支付工程款的主体为中铁十七局，因此中铁十七局所欠付的工程款应直接向冷某华支付。根据查明的事实，中铁十七局应当支付给冷某华的工程款为 8 984 913 元，已向湖南建工集团支付了 3 033 348 元，因此还应向冷某华支付工程款 5 951 565 元。因冷某华于 2002 年 12 月底就将工程交付给了中铁十七局，故中铁十七局应向冷某华支付自 2003 年 1 月 1 日起的欠付工程款利息。

另，由于湖南建工集团在收取了中铁十七局支付的工程款后，还有 111 850.3 元未支付给冷某华，因此湖南建工集团应在未支付的工程款范围内向冷某华承担给付责任。此外，中铁十七局提出一审法院审理本案超越了级别管辖权，并存在滥用审判权的行为，违反了法定程序。然而，考虑到本案立案时湖南建工集团有一系列诉讼案件正在一审法院审理，依据当时的《民事诉讼法》第39条第1款之规定移送至一审法院审理，因此一审法院审理本案符合法律规定。而且法院判决中铁十七局和湖南建工集团向冷某华支付工程款的前提是确定冷某华实际施工的工程款具体数额，因此一审法院根据当事人的申请追加中铁十七局为本案第三人及委托鉴定机构对涉诉工程的工程价款进行鉴定并无不当。

综上，一审法院的审理符合法定程序，一审判决认定事实清楚，适用法律正确，审理程序合法，中铁十七局的上诉理由不成立。据此，依据《民事诉讼法》第170条第1款1项，判决：驳回上诉，维持原判。

中铁十七局不服二审判决，向湖南省高级人民法院申请再审。

该院再审认为：冷某华在本案涉案工程实际施工过程中，因工程进度慢等原因引发业主及总包方不满而被要求中途退场，剩下工程量由中铁十七局另行组织施工队施工完成，而冷某华退场前实际完成工程量究竟是多少则是本次再审双方争议的主要焦点。

二审判决确定冷某华在此期间实际完成工程量的主要依据是湖南建业项目管理有限公司根据一审法院委托于2012年12月4日所出具的鉴定报告。该鉴定报告基于下列资料作出：①法院评估委托书；②2002年1月12日中铁十七局同三线青岛项目部与湖南建工集团所签承包施工协议书；③2002年3月2日冷某华与湖南建工集团路桥建筑工程有限公司一局所签联营承包合同；④一审法院自青岛市高速公路管理处调取的中铁十七局同三线青岛段项目部文件同计支字（2002）1-9号、（2003）1号、（2003）7号《关于申请第十七合同段第1-11期支付的报告》及其附件；⑤2003年1月20日冷某华出具的由罗某仰签名的《承诺》中，所涉及变更项目与上列第3项支付报告及附件中已计算部分相对应的工程量；⑥证人刘某于庭审中关于冷某华进场到退场时间及冷某华施工期间没有他人介入施工的陈述；⑦2003年1月23日冷某华与卿某剑结算书及卿某剑的庭审证言。

由于冷某华及其他当事人均未提供工程签证单等计量单据，因而上述鉴定报告依据的不是施工过程中形成的原始计量依据，而是一审法院经庭审后所采信的证据。依据《施工合同司法解释》第19条规定，当事人对工程量存在争议的，按照施工过程中形成的签证等书面文件确认，但承包人能证明发包人同意其施工，而未能提供签证文件证明工程量的，也可以按照当事人提供的其他证据确认实际发生的工程量。鉴定机构在没有签证等书面文件的情况下，主要依据中铁十七局同三线青岛段项目部文件《关于申请第十七合同段第1-11期支付的报告》及其附件所计量的（K17+850-

K19+850）段工程量确认实际工程量。该支付报告及附件是中铁十七局为向业主方申请支付第十七合同段工程款而出具的，虽然可能较业主方最终确认的工程量更高，但中铁十七局在经法院释明后并未提交其与业主方最终确认的工程量的证据。

因此，鉴定机构在现有证据条件下得出的鉴定结论是较为客观的。那么，鉴定结论所反映的工程量是否由冷某华全部完成则是本案关键所在。中铁十七局认为，依据《各施工单位完成工程量表》，冷某华累计完成的工程量对应价款仅为 2 720 304 元；其与建工集团一致认可的《工程量计算汇总表》及附件以及《工程结算书》达成的结算金额为 3 302 053 元，且已全部支付完毕；剩余的工程量均为其他施工队伍完成，并在本次再审中提交了 24 个施工队的结算书。

对此，二审法院认为，马某森与明某义于 2004 年 10 月 3 日签订的《工程结算书》，结算金额为 3 302 053 元，但马某森既不是湖南建工集团的职工，也不是实际施工人，签订上述结算书时也未得到湖南建工集团的授权。湖南建工集团在前次诉法中表示认可该结算书，但在本次诉讼中明确表示不认可，并强调以本次诉讼中的意见为准。刘某于 2007 年 10 月 22 日签认的《工程量计算汇总表》及附件，工程总价款亦为 3 302 053 元，该汇总表是中铁十七局单方编制，刘某于 2007 年 10 月 22 日一次性补签，所附工程量确认单也只反映了部分工程，且只有中铁十七局一方的人员签字，并无施工方的签字，对其是否形成于施工过程中难以作出判断。此外，湖南建工集团路桥建筑工程公司一局与冷某华签订的《联营承包合同》明确约定，向建设单位办理工程验收和结算手续的是实际施工方而不是转包方，该合同虽为无效合同，但约定的结算条款依法并不当然无效。《各施工单位完成工程量表》亦是中铁十七局单方制作，只有该局人员签名。因此，二审法院对中铁十七局提交的上述证据不予采信并无明显不当。

确认冷某华实际施工的时间段是确定其完成工程量的基础。对此，各方当事人均无直接证明冷某华何时退场的书面证据。因此，采信湖南建工集团派驻工地的人员刘某关于冷某华 2002 年春节过后开工、年底退场、退场前没有其他施工队进场施工的当庭证词，是目前证据条件下确认冷某华大致的施工时间段的适当选择。

因此，二审据此确认冷某华的施工期间为 2002 年 2 月至 2002 年 12 月 31 日并无不当。中铁十七局称其间还有其另派的施工队伍在 K17+850-K19+850 段工程进行施工，但在先前庭审中未提交证据证明。

司法鉴定意见第 1 项对中铁十七局第 1-9 期（2002 年 3 月至 2002 年 11 月 26 日）支付报告及附表中所列（K17+850-K19+850）段完成的工程量及造价进行统计得工程造价为 6 273 463 元。以上完成的工程量及造价是经中铁十七局认可并报送业主审批的工程量及工程价款，且在冷某华施工的时间范围内，认定为冷某华完成并无不当。

鉴定意见第 2 项（K17+850-K26+600）段的清理与掘除、路基填土、路基填石 3

个项目，由于第1-9期支付报告中未将（K17+850-K19+850）段单独计算，而是总含在K17+850-K26+600段内。鉴定意见按长度比例计算（K17+850-K19+850）段工程造价为601 026元的意见基于公平原则，较为合理，二审予以确认并无不当。

鉴定意见第3项所涉箱涵工程造价233 473元，根据庭审查明系卿某剑单独完成施工，冷某华与卿某剑已办理了结算，刘某也证实卿某剑确实在该项目中从冷某华处承包了箱涵工程。二审认定为冷某华完成有相应的事实依据。

鉴定意见第4项体现在中铁十七局同三线青岛段项目部文件第11期支付报告及附件中记有：（K17+850-K19+850）段挖弃石方及（K19+750-K19+812）段路基填石方工程量，造价为1 485 948元。虽然该支付报告形成于2003年7月，但记载的是（K17+850-K19+850）段挖弃石方及（K19+750-K19+812）段路基填石方工程量，属于冷某华施工路段。

2003年1月18日罗某仰签名的承诺中记载了冷某华施工过程中存在挖弃石方及路基填石方的变更工程量，与第11期支付报告及附件中变量工程相对应。且该部分工程属于路基工程，按施工顺序应为前期施工的部分。因此，二审认定该部分变更工程量为冷某华退场前完成有相应的依据。

该鉴定报告中鉴定说明第4条明确上述4项结论不包括2002年11月26日之后的工程造价。中铁十七局同三线青岛段项目部同计支字（2003）第1号第10期支付报告及附件中包括（K17+850-K19+850）段工程造价1 564 013元。由于冷某华退场时间被认定为2002年12月31日，第10期支付报告及附件所含工程量及造价为2002年11月26日至2003年3月25日期间4个月完成的工程量和工程造价。二审按1个月施工期计算冷某华完成的工程量、按每个月均等完成工程量计算工程造价为391 003元，在目前的证据条件下是适当的。

综上所述，二审依据鉴定报告及查明的其他相关事实，认定冷某华在施工期间完成的工程造价为8 984 913元（6 273 463元+601 026元+233 473元+1 485 948元+391 003元＝8 984 913元）有相应的事实依据。中铁十七局已向湖南建工集团支付工程款3 033 348元，湖南建工集团收到中铁十七局支付的工程进度款除111 850.3元外其余部分均已付给冷某华。中铁十七局应在欠付工程款范围内承担支付责任及相应利息，湖南建工集团应对已收到未付给冷某华的工程款111 850.3元范围内向冷某华承担支付义务及相应利息。依照2012年《民事诉讼法》第207条第1款、第170条第1款第1项之规定，作出（2014）湘高法民再终字第67号民事判决：维持（2013）长中民三终字第03883号民事判决。

中铁十七局仍不服，向检察机关申请监督。

最高人民检察院抗诉认为：首先，刘某及马某森对《工程量计算汇总表》及《工程结算书》的签字确认均是履行职务的行为，其法律后果应由湖南建工集团承担。湖南建工集团对前一诉讼中认可的事实全盘予以否定而没有提供相应的证据，在没有相反证据可以推翻其在前一诉讼中认可事实的情况下，上述证据应被采信作为认定案件事实的依据。上述再审判决中铁十七局提交的《各施工单位完成工程量表》《工程量计量汇总表》以及《工程结算书》等证据不予采信，适用法律确有错误。

其次，上述再审判决关于"湖南建工集团路桥建筑工程公司一局与冷某华签订的《联营承包合同》明确约定，向建设单位办理工程验收和结算手续的是实际施工方而不是转包方，该合同虽为无效合同，但约定的结算条款依法并不当然无效"的认定，适用法律确有错误。其一，根据合同相对性原则，《联营承包合同》中关于结算条款的约定只能约束合同签订方湖南建工集团与冷某华，而不能约束中铁十七局。而湖南建工集团与中铁十七局签订的《承包施工协议书》系合法、有效的合同，湖南建工集团与中铁十七局依据该合同中的结算条款结算工程款合法有效，冷某华如果认为该条款不能作为结算依据，也只能向湖南建工集团主张其权利。其二，2002年1月12日中铁十七局与湖南建工集团签订《承包施工协议书》后，湖南建工集团将分包工程交由其分公司路桥公司施工，路桥公司一局与冷某华签订了《联营承包合同》，将工程转包给没有资质的冷某华施工。该转包合同因违反了合同约定和法律的禁止性规定而无效。冷某华取得转包工程违反了法律的禁止性规定，因此其无权取得相应的非法利益。

最后，上述再审判决关于"鉴定机构在现有证据条件下得出的鉴定结论是较为客观的"的认定，系认定案件基本事实时缺乏证据证明，适用法律确有错误。其一，本案原告系冷某华，根据谁主张谁举证的举证责任分配原则，冷某华应提供原始的工程量计量依据，在其不能提供实际完成工程量的情况下，上述再审判决将该举证责任分配与中铁十七局，适用法律确有错误。其二，湖南建业项目管理有限公司出具的《关于冷某华完成同三线青岛段第十七合同段（K17+850-K19+850）工程造价鉴定报告》欠缺客观性、真实性，不能作为认定案件事实的依据。鉴定资料是鉴定结论的前提和基础，鉴定资料欠缺客观性、真实性、可靠性，则依据该资料作出的鉴定结论不具备客观性、真实性，可靠性。鉴定意见应明确、具体、规范，具有确定性、针对性和可适用性，该《鉴定报告》由于并未达到上述要求，因此其鉴定结论不能作为证据使用。上述再审判决依据该《鉴定报告》认定案件基本事实缺乏依据，适用法律确有错误。

中铁十七局申诉称：①原判决没有采信完整的资料，中铁十七局与湖南建工集团都是国家大型企业，签订协议合法有效。双方经过协议约定施工事项，不准转包，冷某华没有与中铁十七局签订任何协议。法院判决中铁十七局承担付款义务错误。②刘某及马某森对工程结算书等的签字确认是履行职务的行为，应由湖南建工集团承担，湖南建工集团在一审时认可的事实，没有相应的证据否定，应予采信。③法律规定谁主张谁举证，冷某华在先前的一审、二审、再审中始终没有举出任何证据而把其他人做的工程认定为是其做的。冷某华在纠纷发生的2年内一直没有起诉，到2年后才起诉，是恶意诉讼行为。④一原审法院违法鉴定。鉴定的资料都是虚假的，伪造的。法院依据错误的鉴定报告，作出错误的判决。综上，请求撤销原判决，驳回冷某华的诉讼请求。

冷某华在再审中辩称：①湖南建工集团明确表明结算书与其没有关系，结算书是虚假的，结算的内容也不真实。工程结算书没有附件，该结算书是5年之后补签的。印章不是湖南建工集团的印章。刘某斌签订的结算书没有被采信是因为结算书需要大量的资料来确定，刘某斌签的结算书没有被确定，而其证人证言是其可以感知的。因此证人证言可以被采信，签订的结算书不能被采信。②实际施工人向发包人主张权利有法律依据，《施工合同司法解释》有规定。③冷某华已经通过法院调取了证据，对方拒不提供证据，冷某华通过法院调取的证据可以作为鉴定的资料。综上，请求维持原判。

湖南建工集团在再审中辩称：湖南建工集团不认可该工程量结算书，对其真实性和合法性存有异议，也并未授权马某森和刘某斌与中铁十七局进行工程量结算，该二人对工程量并不了解，也不具备相应的资质。结算书加盖的公章，不是授权使用的公章。刘某斌是管理财务的工作人员，主要负责监督冷某华如何使用工程款。对本案工程量到底是多少，湖南建工集团并不知情。否认结算书，不是与冷某华合谋，而是基于本案的客观事实。综上，请求依法判决。

（二）争议焦点

最高人民法院认为，根据《最高人民法院关于适用〈中华人民共和国民事诉讼法〉的解释》第405条第1款"人民法院审理再审案件应当围绕再审请求进行……"之规定，结合检察机关的抗诉意见以及各方的申辩意见，本案需要解决如下几个关键问题：①刘某及马某森签字确认行为的认定及责任承担；②冷某华是否有权直接向中铁十七局主张工程款；③法院依据《关于冷某华完成同三线青岛段第十七合同段（K17+850-K19+850）工程造价鉴定报告》认定本案工程价款是否缺乏证据证明、适用法律错误。

焦点一，关于刘某及马某森签字确认行为的认定及责任承担问题。根据《民事证据规定》第74条"诉讼过程中，当事人在起诉状、答辩状、陈述及其委托代理人的代理词中承认的对己方不利的事实和认可的证据，人民法院应当予以确认，但当事人反悔并有相反证据足以推翻的除外"以及该规定第9条第4项中"下列事实，当事人无需证明：……（四）已为人民法院发生法律效力的裁判所确认的事实"之规定，作为中铁十七局申诉理由的关于《工程结算书》和《工程量计算汇总表》的陈述，系湖南建工集团在"另案诉讼"中《庭审笔录》中的陈述。基于另案诉讼已经撤诉，该庭审笔录不构成自认；该案最终亦未形成有法律拘束力的裁判，不应当对本案诉讼产生法律影响。且在本案诉讼中，湖南建工集团明确表示对上述《工程结算书》和《工程量计算汇总表》不予认可。故法院未采信上述事实，适用法律并无不当。

焦点二，关于冷某华是否有权直接向中铁十七局主张工程款问题。

根据《施工合同司法解释》第 2 条"建设工程施工合同无效，但建设工程经竣工验收合格，承包人请求参照合同约定支付工程价款的，应予支持"以及第 26 条"实际施工人以转包人、违法分包人为被告起诉的，人民法院应当依法受理。实际施工人以发包人为被告主张权利的，人民法院可以追加转包人或者违法分包人为本案当事人。发包人只在欠付工程价款范围内对实际施工人承担责任"之规定，虽然湖南建工集团路桥建筑公司一局与冷某华签订的《联营承包合同》系无效合同、冷某华与中铁十七局之间没有直接的合同关系，但冷某华已经完成经竣工验收合格的工程，其有权直接向中铁十七局主张工程款。

焦点三，关于法院依据《关于冷某华完成同三线青岛段第十七合同段（K17+850-K19+850）工程造价鉴定报告》认定本案工程价款是否缺乏证据证明，适用法律错误的问题

首先，冷某华已经向法院提交了关于其完成的工程量和应计工程价款的合理的初步证据。依据《施工合同司法解释》第 19 条"当事人对工程量有争议的，按照施工过程中形成的签证等书面文件确认。承包人能够证明发包人同意其施工，但未能提供签证文件证明工程量发生的，可以按照当事人提供的其他证据确认实际发生的工程量"之规定，建筑施工过程中所形成的签证等书面文件虽然是认定工程量和工程款项的主要依据，但并非唯一的依据。实际施工人在未能提供签证的情况下，提交了中铁十七局向发包人（业主）出具的中铁十七局同三线青岛段项目部文件同计支字（2002）第 1~9 号和（2003）第 1 号、7 号《关于申请第十七合同段第 1-11 期支付的报告》及其相关凭证等证据，已证实同三线青岛段第十七合同段之（K17+850-K19+850）段在该十一期内完成的工程量及应计工程价款。

其次，在冷某华已经举证初步证明工程量的情况下，作为掌握工程量证据的中铁十七局拒绝提供相关工程量证据作为鉴定依据的，法院采信以冷某华提供的初步证据作为鉴定材料的鉴定意见并无不妥。根据 2008 年《民事证据规定》第 75 条"有证据证明一方当事人持有证据无正当理由拒不提供，如果对方当事人主张该证据的内容不利于证据持有人，可以推定该主张成立"之规定，作为总包人的中铁十七局，是实际掌握具体支付报告及其他工程施工工程量计量法律文件的主体。对于工程量和工程价款，发包人（业主）仅会与工程总包人中铁十七局进行确认，湖南建工集团和冷某华作为分包人和实际施工人，不可能得到发包人与总承包人中铁十七局最终确认工程量和工程价款的证据。因此，如果中铁十七局认为法院所调取的《关于申请第十七合同段第 1-11 期支付的报告》及其附件所计量的（K17+850-K19+850 段）工程量与业主方最终确认的工程量不符，应当提供其与业主确认工程量和工程价款的相关证据。在冷某华已经举证初步证明工程量的情况下，作为掌握工程量证据的中铁十七局在本案

诉讼过程中经法院释明之后仍然拒绝提供相关工程量的证据作为鉴定依据，在这种情况下，法院采信冷某华提供的初步证据、以此作为鉴定材料提供给鉴定机构、并且最终采信该鉴定意见，并无不妥。

最后，法院根据鉴定报告确认冷某华完成的工程量，适用法律并无不当。虽然1-11期支付报告中未记载湖南建工集团或者冷某华的名称，但根据本案查明事实：①冷某华在2002年初到2002年12月31日进行（K17+850-K19+850）段工程施工；②在中铁十七局给发包方的工程量和工程造价的记载中，包含了冷某华从湖南建工集团承包的（K17+850-K19+850）段工程的工程量数据。③在中铁十七局未能证明另有其他的施工队伍对该（K17+850-K19+850）段进行了施工的条件下，法院依据1-11期支付报告中的工程量和工程价款，经过专业的鉴定部门的专业审定，确认冷某华完成的工程量，适用法律并无不当。

（三）处理结果

维持（2014）湘高法民再终字第67号民事判决。

案件评析

实务中，人民法院在准许当事人的鉴定申请后，应当对委托鉴定事项、范围等进行确定，并在人民法院指定的时间内提交鉴定材料，由人民法院组织双方当事人对争议事项的鉴定材料进行质证。

依据当时有效的《民事证据规定》第75条规定"有证据证明一方当事人持有证据无正当理由拒不提供，如果对方当事人主张该证据的内容不利于证据持有人，可以推定该主张成立"，本案涉案项目工程量的证据由中铁十七局掌控，但其拒绝提供相关证据作为鉴定依据，在冷某华初步举证证明工程量的情况下，法院采信了以冷某华提供的初步证据作为鉴定材料的鉴定意见，中铁十七局应承担相应的不利后果。

综上，如果总承包人拒绝提供其掌握的工程量证据作为鉴定依据，但实际施工人举证初步证明了工程量，则法院可以采信以实际施工人提供的初步证据作为鉴定材料的鉴定意见。

后　记

一九九一年九月到一九九五年七月，我在中国政法大学度过了四年最美好的时光。校园不大，但空气中充满了青春的气息。宿舍走廊、阶梯教室、图书馆、操场、礼堂……都是同学们经常聚集的场所。课余及周末，军都山上、水库旁边、八达岭长城……都是我们撒欢的天地。四年时间，从小山村走出来的我，学到了知识、开阔了视野、增长了见识。最重要的是，结交了许多良师益友。许多人成为了我一辈子的朋友或者兄弟。

在走出校门的那一刻，我已经意识到，此生和法律结下了不解之缘。在毕业近三十年的岁月长河里，人生绝大多数的时间都在和法律打交道，见过了太多的争吵、冲突、反目等人间世态。有时候我会想，人类社会如果一片和谐，就不需要法律和我们这些天天和纷争打交道的法律人了，如果这样，我情愿换个行业去解决自己的生计大事。但理性之下我也很清楚，这些想法就如同电影《天下无贼》里傻根所想的，只不过是怀揣一个乌托邦的梦想罢了。

因此，我还是要在法律这条道路上走下去，而且要走得更有力。二〇二二年七月七日，我带着一帮年轻律师创办了北京市中盾（昌平区）律师事务所。无心插柳的是，注册地址正毗邻母校，不知道是机缘还是宿命。不管怎样，希望能够和诸多同仁一起为中国的法治建设再奉献绵薄之力吧。

也是机缘巧合，我近年来代理了大量的建设工程纠纷案件，积累了一些经验，便滋生出编写一本实用类书籍的念头。和几位也在这领域从事法律服务工作的同仁和朋友一商议，便确定了下来。此为本书缘起。

从事文字工作的都知道，写作是个辛苦的过程，更何况我们这些不做理论研究的作者。本书的编写者都是各单位的专业骨干，有繁忙的本职工作，可以想见他们牺牲了多少假日和休息时间，付出了多少精力和心血。在此特向王明均先生、张冉先生、李瑞华律师、安维鹏先生、李硕律师、吴凌云律师、孟国利先生几位作者表示由衷的谢意。

也特别感谢中国政法大学出版社及各位编辑人员，没有你们的大力支持和辛勤付出，本书也不可能如期顺利出版。

最后也对多年来帮助过我的良师益友一并致谢。

王新明

2023 年 9 月